SDX & HARVARD-YENCHING
ACADEMIC LIBRARY

三联·哈佛燕京学术丛书

徐 畅 著

长安未远

唐代京畿的乡村社会

Living Near Chang'an

Rural Society in the
Metropolitan Area in the Tang

生活·讀書·新知 三联书店

This Academic Book
is subsidized by
the Harvard-Yenching Institute,
and we hereby express
our special thanks.

图书在版编目（CIP）数据

长安未远：唐代京畿的乡村社会／徐畅著. —北京：
生活·读书·新知三联书店，2021.4 （2025.7 重印）
（三联·哈佛燕京学术丛书）
ISBN 978 − 7 − 108 − 07069 − 2

Ⅰ. ①长… Ⅱ. ①徐… Ⅲ. ①长安（历史地名）−农村社会学−研究−唐代
Ⅳ. ① C912.82

中国版本图书馆 CIP 数据核字（2021）第 025795 号

特邀编辑　孙晓林
责任编辑　曾　诚
装帧设计　蔡立国
责任印制　李思佳
出版发行　**生活·讀書·新知** 三联书店
　　　　　（北京市东城区美术馆东街 22 号　100010）
网　　址　www.sdxjpc.com
排　　版　北京金舵手世纪图文设计有限公司
经　　销　新华书店
印　　刷　北京建宏印刷有限公司
版　　次　2021 年 4 月北京第 1 版
　　　　　2025 年 7 月北京第 3 次印刷
开　　本　880 毫米 × 1230 毫米　1/32　印张 13.25
字　　数　308 千字　图 16 幅
印　　数　7,001 − 8,000 册
定　　价　59.00 元

（印装查询：01064002715；邮购查询：01084010542）

本丛书系人文与社会科学研究丛书，
面向海内外学界，
专诚征集中国中青年学人的
优秀学术专著（含海外留学生）。

·

本丛书意在推动中华人文科学与
社会科学的发展进步，
奖掖新进人才，鼓励刻苦治学，
倡导基础扎实而又适合国情的
学术创新精神，
以弘扬光大我民族知识传统，
迎接中华文明新的腾飞。

·

本丛书由哈佛大学哈佛–燕京学社
（Harvard-Yenching Institute）
和生活·读书·新知三联书店共同负担出版资金，
保障作者版权权益。

·

本丛书邀请国内资深教授和研究员
在北京组成丛书学术委员会，
并依照严格的专业标准
按年度评审遴选，
决出每辑书目，保证学术品质，
力求建立有益的学术规范与评奖制度。

目　录

地图目录

插图目录

Living Near Chang'an:
Rural Society in the Metropolitan Area in the Tang

Contents

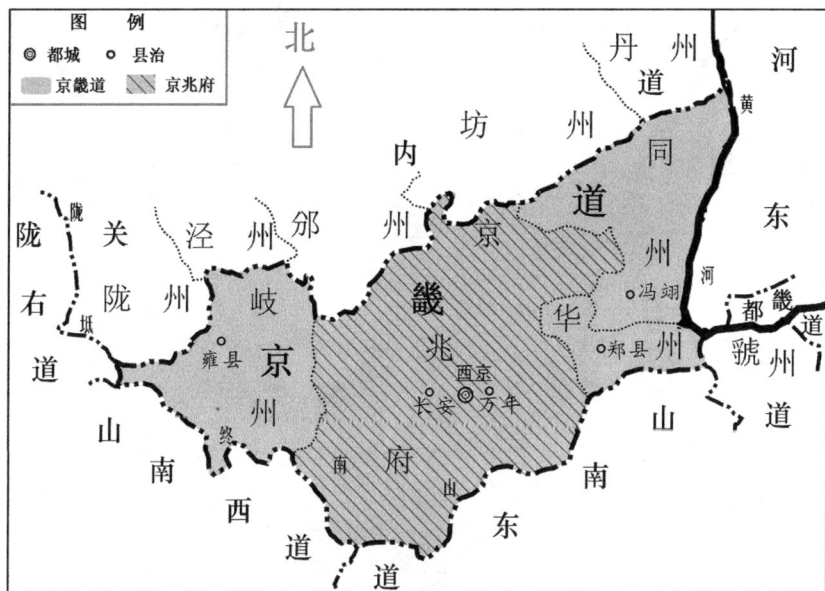

图例
◎ 都城　○ 县治
京畿道　京兆府

北

陇右道

陇坻

关陇

泾州

陇州

邠州

内州

坊州

丹州

州道

同道

州

华

州

河东道

黄

河

京畿道

虢州

州

岐

京州

雍县

岐

京兆府

畿

辅

西京
长安 ◎ 万年

冯翊

郑县

州

州

山南东道

山南西道

道

南

山

地图 -1　唐开元二十九年（741）京畿范围示意图

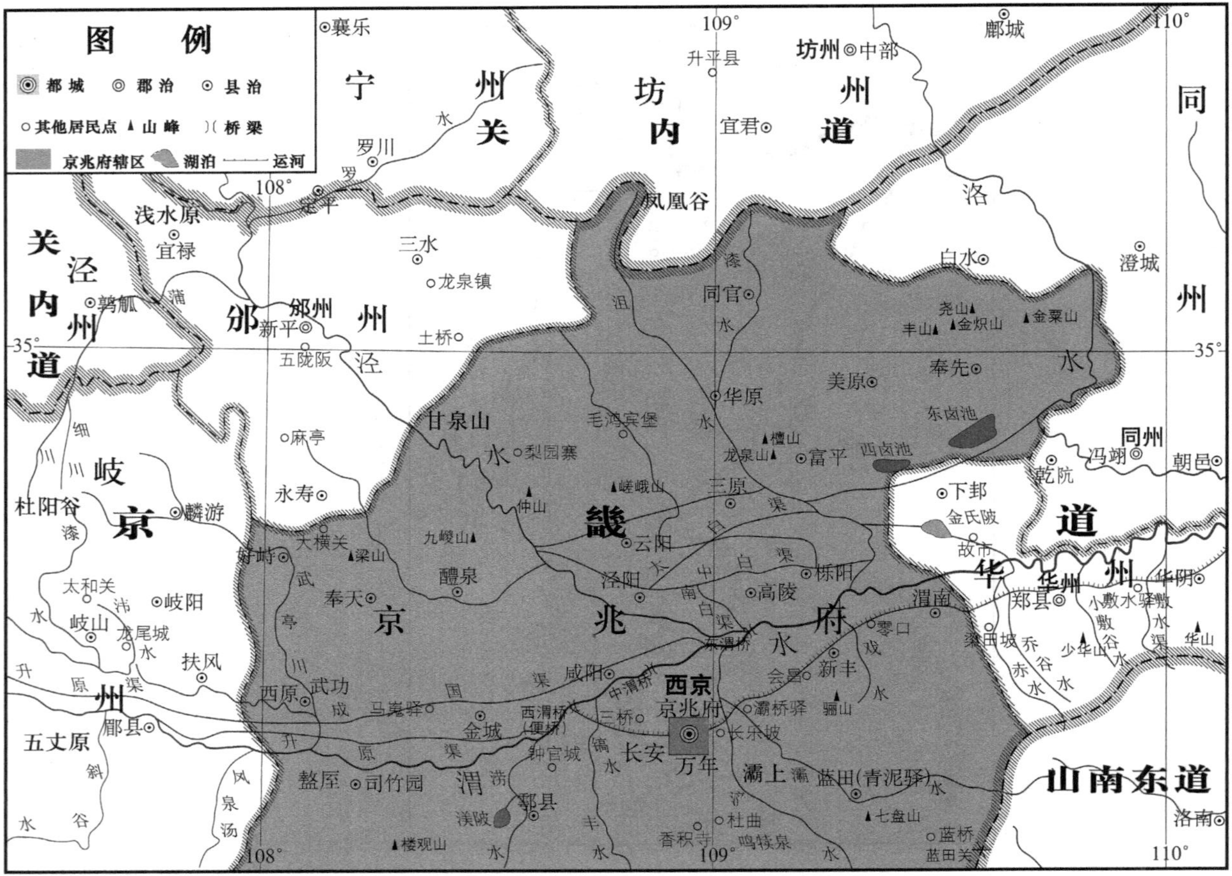

图 例

◎ 都城　◎ 郡治　◎ 县治
○ 其他居民点　▲ 山峰　潮泊
京兆府辖区　——运河　)(桥梁

地图 -2　唐开元中京兆府及近辅州辖县详图

序

区域社会史的研究，一直是中国古代史研究的一个重要领域。不过宋代以前由于地方史料较少，所以一般来说是很难做区域社会史研究的。然而，地域社会史研究是推动史学进步的一个有力视角，于唐史研究也不可或缺。早在 1997 年，日本京都大学爱宕元教授就汇集自己有关论文合集为《唐代地域社会史研究》；日本唐代史研究会也意识到这一问题的重要性，1999 年编辑出版的唐代史研究会报告集第八集，即为《东亚史上的国家与地域》：虽然都是散篇论文，未必都契合主题，但"地域社会"的问题意识十分强烈。当 2007 年中国唐史学会计划在上海师范大学召开学术研讨会时，我在筹备会上极力倡导以"地域社会"为主题，成果就是严耀中教授主编的《唐代国家与地域社会研究：中国唐史学会第十届年会论文集》一书，因材料原因，论题不集中，推进也有限。

幸运的是，唐朝两京地区保存史料相对多一些，特别是最近二三十年来大量碑志的出土，为这项研究提供了深入的可能。徐畅博士的这本著作，题为"唐代京畿的乡村社会"，选择唐代京畿地区作为区域社会史研究的探索领域，汇集传统文献、石刻资料、考古文物材料，乃至敦煌吐鲁番文书中的有关记载，深入检讨都畿地区特定的乡村社会。在京畿地区乡里的复原、当地户口的统计、民户生计的考察等方面，都有超越前人甚至填补空白之处。这项研究有不少方面是前人没有做过的工作，而这也正是历史学工作者责无旁贷的任务。与此同时，要处理这样一个城乡之间、都畿周边的地域社会历史，史料零碎而不系统，因此需要有自觉的理论思考。这方面，作者也做了充分的努力，其结论可以和宋元明清地域社会史研究相比较。

大概在 2006 年春季学期，我在中国人民大学给新成立的国学院学生上一门"西域胡语与西域文明"的课，徐畅是课代表，经常有机会和我交谈。我发现这个本科生学习认真，遇到问题追根到底，有做学问的资质。后来我和国学院的孟宪实教授一起合作整理"新获吐鲁番出土文献"，徐畅写了一篇关于"城主"的文章，孟老师介绍她来和我谈谈，我觉得相当不错，经过改订，推荐到《西域研究》上发表。以后徐畅从隋唐史转向秦汉史的学习，师从王子今教授，对于秦汉社会生活史、性别史以及出土简牍，都有些心得，在《历史研究》等刊物上发表了几篇文章，崭露头角。

2010 年，徐畅考入北京大学历史学系，跟从我攻读博士学位，又转到隋唐史的领域，先后参加过我所主持的"新获于阗汉文文书的整理与研究""大唐西市墓志的整理与研究""新出土及海内外散藏吐鲁番文献的整理与研究"项目，同时也参加社科院历史所黄正建先生主持的"《天圣令》读书班"和北大等单位的学者主持的"走马楼吴简读书班"等，受到了多方面的训练。她读书用功，勤于写作，完成多篇不同课题的论文，先后发表在《文史》《中华文史论丛》《简帛研究》《敦煌研究》《吴简研究》《文献》等刊物上。她还应汪海岚（Helen Wang）和韩森（Valerie Hansen）的要求，为她们所主持的"丝绸之路上作为货币的织物"（textiles as money on the Silk Road）项目，撰写了一篇关于唐朝钱帛并行的文章，翻译发表在《英国皇家亚洲学会会刊》（*Journal of the Royal Asiatic Society*）上，这对于一个博士生来说，是难能可贵的。

现在，徐畅的书稿经过多年的修订、打磨、增补、理论提升，终于纳入"三联·哈佛燕京学术丛书"，行将付梓，征序于我。因略述唐代地域社会史研究之学术脉络，以及与徐畅学术之交往如上，是为序。

荣新江

2018 年 7 月 31 日酷暑中完稿

于北大朗润园中所

导　言

一　从京畿民辅恒的人生史说起

长安是唐帝国的首都，也是中古时代东亚世界的政治中心与军事城池，物质文明闪烁，外来文化交融；自开元年间韦述作《两京新记》始，历代饱学之士热衷于描绘都市繁华，产生了一批介绍长安兴废变迁及人物遗迹的著作❶。近年来，随着唐城考古的进展，石刻墓志的刊布，唐人诗文中都市信息的再发现，长安研究迎来了新契机，有"长安学"的诞生❷。

本书关注唐都长安周边的乡村地域和生活在这里的社会群体，将依据物理形态划分的"郭"与"野"作为连续统一体来考察，在以汉唐都城作为研究宗旨的"长安学"中，扮演了另类角色。自着手进行这项研究起，我不断接受来自同行的提问，集中在两方面，

---

❶ 参读荣新江、王静《韦述及其〈两京新记〉》，《文献》2004 年第 2 期，收入荣新江《隋唐长安：性别、记忆及其他》，香港：三联书店，2009 年，第 203—234 页。

❷ "长安学"的发展情况与学科内涵，参《长安学研究》（第一辑）发刊词的介绍，北京：中华书局，2016 年，第 1—2 页。

一是为什么要研究"京畿乡村社会"，京畿的乡村与其他地域比有何特殊性？仿佛导演一部乡村题材的电影，如果我要展现的是田园风光、桃花源式社会，这和观众头脑中模式化的乡村并无二致，无须饶舌。二是怎样研究"京畿乡村社会"，基层社会史、庶民史在素乏资料的中古史领域，何以展开？

　　第二个问题我以全书作为回应。先交代我的研究动机。本书最初的创作灵感，来自我作为隋唐史方向研究生时所承担的一项学术工作。2011 至 2012 年，胡戟、荣新江先生带领研究团队对大唐西市博物馆所收新出墓志进行整理，我的工作是对墓志所涉地名进行通核，纠正误释，其中所涉长安城内坊里，由读书班上另一位同学用以增订西京城坊；因有这样的分工，我处理最多的是作为志主葬地的长安城外两京县及畿县的乡、里、村名；在地图上一一按证这些乡里的分布，对于唐都长安周边的自然地理渐趋熟识。但由于城外地名多作为葬地出现，彼时的我好奇作为死者兆域的静默之外，环长安区是否还有鲜活的日常，这里的居民如何在"京华烟云"之外安顿自己？直到在某次集体会读时遇到这方《辅恒墓志》❶，植根于京畿地域的一种别样人生史❷方跳脱于我眼前。

---

❶ 胡戟、荣新江主编《大唐西市博物馆藏墓志》，一五八号，北京大学出版社，2012 年，第 350—351 页。下文所引《辅恒墓志》释文及标点皆依该书。

❷ 人生史（Life History）是以被选择的人物生死之间的全部生活为考察对象的一种研究途径，是人类学家为纠正田野考察的碎片化而对"人"这一研究主角的回归，不同于西方已有的对日常生活（daily life）和过渡阶段（life passage）的研究，关注的不是人零散的生命片段，而是其整体一生；王铭铭认为接近于中国历史学中"人物志"的概念。除史传文献外，述死者世系、岁月与生平的墓志，更应是开展人生史研究的绝佳材料，但目前较少被利用。相关理论与实践参读王铭铭《人生史与人类学》，北京：三联书店，2010 年；郑少雄《汉藏之间的康定土司：清末民初末代明正土司人生史》，北京：三联书店，2016 年。

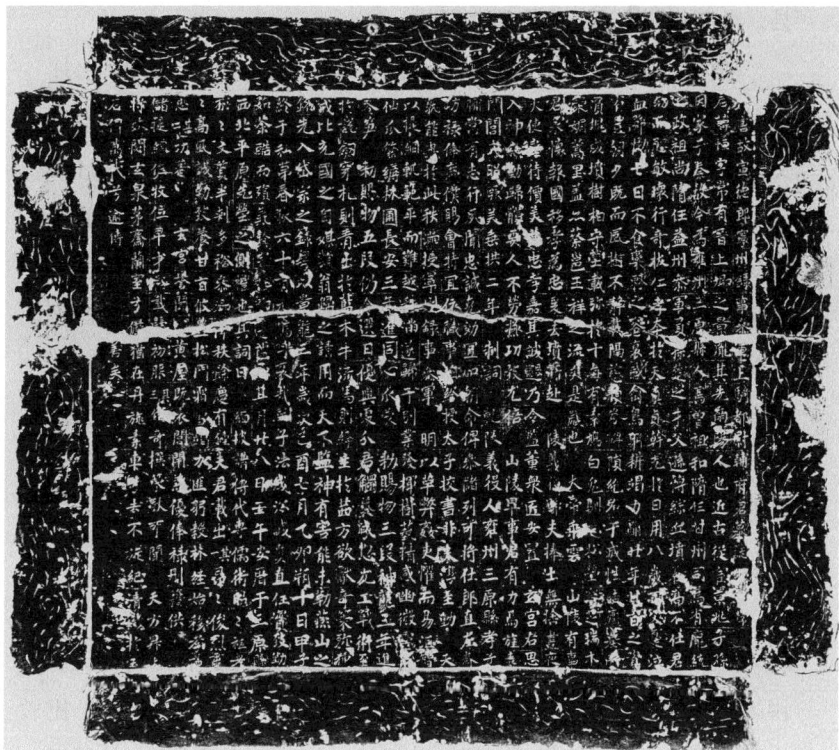

图导言 -1 《辅恒墓志》拓本

（胡戟、荣新江主编《大唐西市博物馆藏墓志》，北京大学出版社，2012 年，第 350 页）

　　志主辅恒（641—709），终官宣德郎（文散，正七品下），宁州
（属关内道，上州）录事参军（职事，从七品上），上骑都尉（勋，
第六转，比正五品），属终生沉沦下僚之唐基层文官。志文与铭文
看似平庸，之所以引起我的注意，首先是由于志主京畿民的身份。
志文述辅氏家族因仕宦移贯雍州三原县，据《长安志》，"三原县
（唐次赤，西南至府一百一十里）……唐武德四年（621），徙治清
谷南故汪城，改为池阳县。六年，又析故所，改为华池县，仍分
置三原县，隶北泉州。贞观元年（627），废三原县，改华池为三原

县，隶雍州"❶，属近畿之地。

辅恒的曾祖、祖父曾在隋出仕，为外州之"半刺""参卿"（甘州司马从六品上，益州都督府参军正八品下）❷，皆品秩不高。由志文推测，辅恒生于唐贞观中（贞观十五年/641），则至其父一代，已入唐；志文载"父逊，博综丘坟，养高不仕"，或许祖上在前代的微末官品入唐无存，辅逊并未出仕，无出身可供子孙荫庇，志文记辅恒"躬耕竭力"，证明其在有唐一代的四民分业中，应归于"肆力耕桑"的"农"人身份❸。当然，这并不代表辅恒是身亲陇亩的普通农户，他祖上至少两代为官，应积累了一定的田产、奴婢，或者掌握有佃户，父逊能高养不仕，应是以地主的身份在京畿县乡经营产业；志文后来讲到辅恒任官秩满后"归于别业"，即是辅氏产业的明证❹。

辅恒青少年时期的事迹，志文集中于渲染其"仁孝"，分别在8岁和30岁左右为父、母庐墓守丧（志文记其八岁丁父忧，又躬耕竭力，逾廿年，此后遇家慈见背，则丁母忧时年当逾三十），比为汉蔡邕、晋王祥一样的孝子。此后又十年，已过不惑之年的辅恒仍在三原县为农，这样的经历平淡到无法作为人生史（Life History）的关注标本。然而，在辅恒43岁的时候，他抓住了一次政治机遇，并迎来了人生的转折。

永淳二年（683）是唐高宗统治下的第35个年头，在此前一

---

❶ 《长安志》卷二〇，宋敏求、李好文《长安志 长安志图》，辛德勇、郎洁点校，西安：三秦出版社，2013年，第589—590页。
❷ 铭文部分述辅恒"昭々祖考，彬々文质。半刺多裕，参卿降秩"。
❸ 唐制："凡习学文武者为士，肆力耕桑者为农，功作贸易者为工，屠沽兴贩者为商。（工、商皆谓家专其业以求利者；其织纴、组纫之类，非也。）"《唐六典》卷三《尚书户部》，陈仲夫点校，北京：中华书局，1992年，第74页。
❹ 此承赖瑞和先生提示，谨致谢忱。

年，关辅等地发生了严重的自然灾害，为改善京畿饥馑的情况，高宗与武后率领群臣赴东都逐粮。到二年底，高宗风眩的旧疾急剧恶化，自知不起，十二月四日，匆忙改元弘道，开示治国精神，并祈求上苍延命得还长安，却于三日后崩于洛阳宫贞观殿；十一日，太子哲继位，军国大事仍由武太后执掌❶。由于高宗去世突然，生前并未选定陵址，陈子昂向武太后建议在洛阳近郊筑陵❷，但太后最终仍遵高宗遗愿，以吏部尚书摄司空韦待价为山陵使，在京西北奉天的梁山为其修筑山陵❸。

乾陵依山而建，而梁山为石灰岩质自然石山，要在半山腰凿洞建造墓道和玄宫，并建陵园四门、双阙、神道、华表及其他石刻，工程量十分浩大。韦待价临危受命，据史料记载，参与高宗山陵葬事的官员还包括霍王李元轨，侍中刘齐贤❹，中书舍人贾太隐，太常博士韦叔夏、裴守贞❺，将作大匠韦泰真等。若从弘道元年十二月高宗去世时算起，次年（684，先改元嗣圣、废中宗，又改元文明）五月，武太后令睿宗李旦与皇后刘氏护送大行皇帝灵驾西返，八

---

❶ 以上永淳至弘道年间帝王行踪，据《旧唐书》卷五《高宗纪下》的记载，北京：中华书局，1975年，第105—113页。

❷ 《新唐书》卷一〇七《陈子昂传》载其"文明初，举进士。时高宗崩，将迁梓宫长安，于是，关中无岁，子昂盛言东都胜垲，可营山陵。上书曰（下略）"，北京：中华书局，1975年，第4067页。

❸ 关于高宗生前是否选定陵址，乾陵的营修时间、营修主持者，学界有争议，可参杨东晨、李爽《乾陵营修和安葬等问题考辨》，樊英峰主编《乾陵文化研究》第二辑，西安：三秦出版社，2005年，第42—49页；李阿能、赵维娜《也论唐乾陵的营建者及始建时间——兼与杨东晨等先生商榷》，《文博》2015年第1期。本书从高宗驾崩后始营乾陵说。

❹ 《旧唐书》卷六四《霍王元轨传》记："高宗崩，（李元轨）与侍中刘齐贤等知山陵葬事，齐贤服其识练故事，每谓人曰：'非我辈所及也。'"第2430—2431页。

❺ 《旧唐书》卷一八九下《韦叔夏传》记："高宗崩，山陵旧仪多废缺，叔夏与中书舍人贾太隐、太常博士裴守贞等草创撰定，由是授春官员外郎。"第4964页。

月，埋葬大帝于乾陵，山陵营建至多花费了半年时间❶。

韦待价等人如何高效率地完成乾陵工程，《韦泰真墓志》透露了一些细节，"时方上事起，诏摄将作大匠，并吏部尚书韦待价驰赴乾陵。公昼则临视众作，夜则寝苫悲涕"，工程由将作大匠亲自监督，实际负责施工的，应当是包括工匠、畿内丁防和民众组成的役人群体。《韦泰真墓志》记其营建奉天宫，"又免丁防，令其版筑。公躬自巡抚，悦以使之。于是有不召而义役者千有余人，操畚而云集，百堵之制乃兴焉"❷。乾陵的营建情况当与之相似，包括不召而至的义役者，辅恒就是其中的一位，志文载其"永怀报国，移孝为忠。爰去坟所，赴陵义役。号夫捧土，无舍昼夜"。除了连夜赶作，延长工作时间外，辅恒还为整个工程中难度最大的玄宫安置贡献技艺，志文言"思入神奇，勤归体要。人不劳极，功致尤倍。山陵毕事，君有力焉"。《唐会要》载神龙元年（705）十二月武则天驾崩后，给事中严思善反对开乾陵合葬，上表中曾透露乾陵墓道的特殊封闭方法，"乾陵玄宫，其门以石闭塞，其石缝铸铁，以固其中"❸，或许就属于志文所谓"思入神奇"。

山陵使而下同心协力按期完成乾陵营建，使武太后大悦，（文明元年）九月下制大赦天下、改元，对山陵使、卤簿使和参与其事的基层人员，则另有别敕／制予以褒奖，"其营奉山陵使及卤簿使等，并依别敕处分"。❹据《梁师亮墓志》记载，志主起家左春坊别

<hr>

❶ 参《资治通鉴》卷二〇三高宗"弘道元年"至则天后"光宅元年"条所记武则天对高宗葬事的安排，北京：中华书局，1956年，第6530—6536页。

❷《大唐故使持节怀州诸军事怀州刺史上柱国临都县开国男京兆韦公墓志铭并序》，周绍良、赵超主编《唐代墓志汇编续集》垂拱017，上海古籍出版社，2001年，第291页。

❸ 王溥撰《唐会要》卷二〇《陵议》，上海古籍出版社，1991年，第458—459页。

❹ 高宗武皇后《改元光宅赦文》，董诰等编《全唐文》卷九六，北京：中华书局，1983年，第995页。

教医生，掌高宗晏驾后园陵修缮，"垂拱二年，以乾陵当作功别敕放选，释褐补隐陵署丞"❶，因此获得第一任官；而辅恒，或许是同时制/敕得官者："垂拱二年，制词：'乾陵义役人雍州三原县孝子辅常有，志行凤闻，忠诚克效。宜加朝命，俾参储列。可将仕郎，直左春坊，禄俸、庶仆、赐会，特宜依职事例给。'授太子校书。"《大唐西市博物馆藏墓志》一书释文，加引号至"授太子校书"前，以其前为制词内容，而太子校书殆非同时所得❷。制词前半部分所谓"志行""忠诚"是对授官人褒扬的套语，而其所得官是何种性质，容作具体分析。

将仕郎为文散最后一阶，从九品下。直左春坊，系太子东宫的直官，太子左右春坊分别相当于门下、中书省，左春坊设司经、典膳、药藏、内直、典设、宫门等局，各有专职❸，局内多有直官，吸收技术人员，如巢思玄武周时期任司礼寺太医正直左春坊药藏局❹。辅恒因工程技巧而获直左春坊，当然在情理之中。下面的问题是，太子校书（职事官）是否与上述散品、直官同时获得？而所谓"禄俸、庶仆、赐会，特宜依职事例给"该如何解释？

李锦绣先生曾对唐代直官进行过系统研究，指出直官本身无品级，需要借任直者原来身份的官品，有以散官、内外职事官、卫官、前资官、常选人等充直的情况，但最常见的是以散官充直❺。她注意到《唐六典》卷二一《国子监》"直讲四人"条下小注"俸禄、

❶ 《珍州荣德县丞梁君墓志铭》，《全唐文》卷九九四，第 10301 页。
❷ 《大唐西市博物馆藏墓志》，第 351 页。
❸ 《唐六典》卷二六《左右春坊内官》，第 656—658 页。
❹ 志文全文作："大周故司礼寺太医正直左春坊药藏局巢思玄神灵。久视元年五月十三日亡。"周绍良主编《唐代墓志汇编》久视 001，上海古籍出版社，1992 年，第 967 页。
❺ 李锦绣《唐代直官制初探》，原载《国学研究》3，1995 年，收入氏著《唐代制度史略论稿》第一部《唐代直官制》，北京：中国政法大学出版社，1998 年，第 1—45 页。

赐会，同直官例”，“大成十人”条下小注“……仍授散官，俸禄、赐会同直官例给”❶，却认为辅恒的“禄俸、庶仆、赐会，特宜依职事例给”，是直官（非伎术直）的普遍待遇，《六典》未提到直官有庶仆，仅是省略而已❷。

细读《唐六典》材料，似只能反映一般情况下，直官有自己的经济待遇体系，包括俸、禄、赐会等，但不享有防阁、庶仆类的贴身驱使或其纳课代役钱（在京司文武职事官享有）。《辅恒墓志》中的禄俸、庶仆、赐会依职事例给，应是由于志主在充直的同时，既有散品（将仕郎），又有职事（太子校书）❸，虽然职事官只是志主在充直时所带的阶官（本官），本人实际在左春坊工作，但以职事官充直者，理应得到职事官所享有的俸、禄料、侍从等待遇，而非从直官待遇。

辅恒垂拱二年由“农”的身份一跃进入流内官的行列，志文称美“非夫淳至动天，孰能与于此”，值得一提的是，其职事官太子校书虽只是直官寄禄所用，但作为校书郎行列之一员❹，却是时人称美的起家之良选，是由普通文官转入重要文官的捷径，非贡举高第、书判超然或志行清洁，而不轻授❺。而校书郎的迁出官，有拾遗、补阙、监察御史、大理评事，还有畿县丞、簿、尉，诸使从事

---

❶ 《唐六典》卷二一《国子监》，第561页。

❷ 李锦绣《唐代直官补考（下）——以墓志为中心》，《隋唐辽宋金元史论丛》第5辑，上海古籍出版社，2015年，第61—62页。

❸ 赖瑞和先生认为此处直左春坊应为使职，2017年9月25日来函。

❹ 据《唐六典》，太子弘文馆与司经局皆有校书，其中弘文馆校书郎官从九品上，而司经局校书郎官正九品下，辅恒为何司校书，难断。《唐六典》卷八，第255页；卷二六，第666页。

❺ 可参读孙国栋《唐代中央重要文官迁转途径研究》，上海古籍出版社，2009年，第7页；赖瑞和《唐代基层文官》第一章《校书郎》，北京：中华书局，2008年，第13—69页。

等各种情况，亦多为美官❶。《辅恒墓志》载其秩满后得授宁州录事参军。

我们说直官多在本司迁转，则辅恒为宁州录事参军时，是否仍在太子左春坊当直？志文在其宁州任后，交待治绩，"明以革弊，奸吏惧而易沮；智以提纲，轨范平而难越"，似表明志主的职事官为实任。虽然由校书郎直左春坊这样的近侍转为外官，但宁州属关内道，近三辅，作为此上州长官刺史手下核心僚佐，官从七品上的录事参军，亦属稍迁。

值得注意的还有辅恒宁州任满后的经历，我们分两段来解析。"秩满，遂归于别业。发挥树蓺，精感幽微。灵菓仙瓜，繁缛林圃"，依文意，应理解为，辅恒宁州任满，并未守选（依唐制，州县官考满再任需守选），而是选择回到别业（由辅恒的籍贯和葬地推测，此别业应位于三原县乡，京畿地区）从事园圃的栽培，重拾旧日农事。

"长安三年，进同心瓜，蒙敕赐物三段。神龙三年，进冬笋，敕赐物五段，仍令选日优与处分。"长安三年（703）是个特殊年份，自永淳元年（682）高宗、武后移驾东都后的二十年间，洛阳经历了李唐—武周嬗代，升格为神都，最高统治者始终不在长安。大足元年（701）十月，武则天由神都返回长安，至长安三年冬十月再次摆驾神都❷，辅恒抓住女主在长安的有限时间，投其所好，贡献符瑞。同心瓜，为瓜并蒂而结的情况，所谓"连理之木，同心之

---

❶ 孙国栋《唐代中央重要文官迁转途径研究》，第 7 页。

❷ 对于武则天长住洛阳的事实与原因，已有众多学者辨析，参朴汉济《武则天和东都洛阳——试论武则天长期居住在洛阳的原因和都城构造的变化》，赵文润、李玉明主编《武则天研究论文集》，太原：山西古籍出版社，1998 年，第 11—20 页；牛致功《武则天与洛阳》，《人文杂志》1986 年第 2 期。

瓜"❶，属常见的植物之瑞。

神龙三年（707）也是个特殊年份。神龙元年初，武则天被迫退位，中宗复辟，十一月，武则天崩，十二月，中宗就迫不及待地从洛阳回到长安。神龙三年是中宗回到长安的第二年❷，辅恒即向新主贡献冬笋，据《北户录》引《吴录》："马援至荔浦见冬笋，名曰苞笋，其味美于春夏笋也（即鸡胫竹笋）。"❸除春笋外，南方温暖之地产冬笋，味甘美，常作为土贡奉送至长安❹。辅恒精于园艺，在关中栽培出优质冬笋，作为口味贡博取统治者欢心，除了得到赐物外，还得到所谓"选日优与处分"的优待。实际上，神龙三年时辅恒已经 67 岁，这份优待已无实际意义；不过他虽年事已高，还精习战术，欲献奇策、建边功，直到景龙三年（709）在故乡三原县的别业去世前，他还做着勒石燕然的功名之梦。

我从这方墓志读到了唐前期一位京畿民的人生史，纵观他由"农"而"宦"，由"宦"而"隐"的一生，表象之外，还有一些经历应当放入这个小人物生活的历史情境中，再进一步玩味与深究。至少有三个疑问。第一，唐人有门荫、流外入流、贡举、军功、荐举、辟署等多种入仕渠道❺；辅恒祖仕隋，父无官，无门资可依凭，毕生都在寻求社会地位的晋升，却并未通过习学文武而应举入仕，也未从事兵役等冒险事业，而频繁诉诸义役及向统治者贡献符瑞、

---

❶ 《御定子史精华》卷一九《帝王部·符命》："（连理之木，同心之瓜，五采之鱼，珍祥瑞物杂沓其间者不必备）同心瓜，五采鱼……"影印文渊阁四库全书本，台北：商务印书馆，1986 年，第 1008 册，第 207 页。

❷ 参《资治通鉴》卷二〇八、二〇九对神龙元年至三年史事的记载，第 6700—6756 页。

❸ 唐段公路纂、崔龟图注《北户录》卷二"斑皮竹笋"条，丛书集成初编本，北京：中华书局，第 3021 册，叶 19。

❹ 《新唐书》卷四〇《地理志》载长庆年间（821—824）梁州（山南东道）土贡物中即有冬笋，第 1034 页。

❺ 对唐人出身法的梳理，详参宁欣《唐代选官研究》，台北：文津出版社，1995 年。

土贡等非常渠道；曾因赴乾陵义役而由"农"的身份被授予品官，正如辛文房慨叹郑良士所谓"以布衣一旦俯拾青紫，易若反掌，浮俗莫不骇羡，难其比也"。❶ 我们应该如何看待这种社会地位的急剧变动，以及如何在唐人选官史中定位辅恒入仕的特例？

第二，既然辅恒一生以功名为尚，晚年仍梦想建功边塞，他由校书郎直左春坊转任上州录事参军后，即使遵循常规迁转途径，中层官位亦或可期，为何选择在秩满后归隐别业？有唐州县官秩满后皆需守选，一般在三年或以上，辅恒是否因守选而不得不归隐？恐怕不是。他垂拱二年（686）得职事官太子校书，按四考满任算，当在689年（永昌／载初元年）转宁州录事参军❷，而长寿元年（692）任满归家，至神龙三年（707）进冬笋时仍未得官，时隔十五年之久，并且前官还是地位不低的上州僚佐，这种情况在唐前期殊为罕见。辅氏的归隐，恐怕另有隐情。

第三，辅恒归隐后，生活在民间，尽管具有前资官的身份，但毕竟与朝廷悬隔，他是通过何种途径频繁向最高统治者贡献，并得到敕赐物的厚待？

要解答上述三点疑问，除考虑李唐—武周易代的特殊政治形势外，我们还应注意到辅恒进身之路的展开地域——京畿，将其人生选择放入唐前期的京畿这一特定时空。与白居易笔下"家家守村业，头白不出门。生为村之民，死为村之尘"的外州县村民不同❸，生活在长安内、外的民众，时刻处于变动的社会急流中，有更多的

---

❶ 辛文房撰《唐才子传》卷一〇"郑良士"条记其因自表献诗而得敕授补阙，周绍良《唐才子传笺证》，北京：中华书局，2010年，第2202页。

❷ 据赖瑞和先生推测，校书郎满任后不需守选，参所著《唐代基层文官》，北京：中华书局，2008年，第26—30页。

❸ 白居易《朱陈村》，朱金城《白居易集笺校》，上海古籍出版社，1988年，第511页。

机会实现地位的晋升。

有唐常规的选官法，如贡举、流外入流，虽无地域差异一例执行，但实际上在帝国的核心区施行的力度最大。乡贡进士的考试、京兆府及近畿的同、华二州较易录取❶，而在京诸司执役的吏与流外群体也较外州县胥吏有更广阔的发展空间。

常选之外，统治者始终希望通过多渠道拔擢下僚，最极端的是"直达最高统治者"型选人法，如制科、献书献著、自举等。这种"非常"选人法，需跨越帝国官僚行政层级，以寻求出仕者与皇帝的直接对话为前提条件。参加制举者按规定时间到京集中，常由皇帝亲临殿试；自高祖即鼓励民有艺能者自举，垂拱二年，武后曾诏内外文武九品以上及百姓，咸令自举❷，而自举的渠道，有官职人可直接上奏，无官人除"诣阙"外，还可上表投匦❸；献著述的案例，也多由贡献人赴行在，如天宝十载（751）玄宗朝献太清宫，享太庙，有事于南郊，屡举进士不第、家在城南的杜甫抓住机会，"献《三大礼赋》，玄宗奇之，召试文章，授京兆府兵曹参军"。❹

我们知道，京畿近帝王所居，辖域内有皇帝行宫，国家礼仪、郊庙建筑，本朝及先代帝王陵墓，唐帝因执行相关事务需踏足畿内，而普通民众亦有较多机会入长安，接近统治高层。辅恒的人生史即以京畿为舞台。他的家乡三原虽在长安之外，但由于背依渭

---

❶ 《唐摭言》所谓"以京兆为荣美，同、华为利市，莫不去实务华，弃本逐末"，王定保《唐摭言》卷一"两监"，上海：古典文学出版社，1957年，第5页。

❷ 《旧唐书》卷六《则天皇后纪》，第117页。

❸ 《唐六典》卷九"匦使院"条："匦使院，知匦使一人。知匦使掌申天下之冤滞，以达万人之情状。立匦之制，一房四面，各以方色。东曰'廷恩'，怀材抱器，希于闻达者投之；南曰'招谏'，匡正补过，裨于政理者投之；西曰'申冤'，怀冤负屈，无辜受刑者投之；北曰'通玄'，献赋作颂，谕以大道及涉于玄象者投之。其匦出以辰前，入以未后。"第282页。

❹ 《旧唐书》卷一九〇下《杜甫传》，第5054页。

北台塬，面临平川，隔渭河与长安相望的天然地理造设，成为唐代帝王及高官权贵陵墓的密集分布地；县西北有景皇帝永康陵，北周以来于氏家族也世葬于此；县东有高祖献陵。三原的邻县高陵、富平、云阳、奉先、醴泉等皆处北山，辖境内也帝陵密布❶。山陵的营建，由长安至诸县送葬的仪式，山陵事毕后的管理与宿卫，除朝廷派出要员专知其事外，皆需要有当地农人、兵丁的协助。李唐皇室特别重视山陵之事，而每在帝王山陵修筑与相关礼仪完毕之后，发布大赦、德音，优劳参与其中的山陵诸使以及判官、军使、官健、押当宿卫所由、斋郎挽郎、巧儿工匠、应役人夫等，包括授官、赐爵、赐出身、赐物、加阶等非常赏赐❷。辅恒对于这些由丧仪带动的特殊机遇并不陌生，或许他身边不少邻里居民即因此踏入仕途。弘道元年他决定赴乾陵义役（当属于自举的一种方式），或许是酝酿已久的一次行动，也达到了一举得官的良好效果。

　　明了了辅恒入仕的背景，第二、第三个问题也可顺次得到解答。辅恒担任直左春坊这样的近侍之官，依直官的常规迁转，应长期在太子东宫任职，至少为京官，但任满后，却出为外州官；虽然宁州为近辅州，远好于偏远州郡，作为生活于天子脚下的"准"长安人，却因外任不得不离开政治中心。连雍州百姓在明知地狭役重的情况下尚不愿外徙❸，依据上文推测，辅氏在三原有田产置业，或

---

❶ 参《长安志》卷一九至卷二〇对渭北诸县自然地理的介绍，《长安志　长安志图》，第562—607页。
❷ 吴丽娱对唐帝的山陵礼仪程序、山陵职事人员等进行了梳理，详参所撰《唐代的皇帝丧葬与山陵使》，《魏晋南北朝隋唐史资料》第24辑，2008年，第110—137页。
❸ 《唐（七世纪后期）判集》记，虽然"雍州申称地狭"，"每经申请，无地可给"，"其人并是白丁卫士，身役不轻"，但"即欲迁就宽乡，百姓情又不愿"。唐耕耦、陆宏基编《敦煌社会经济文献真迹释录》第2辑，北京：全国图书馆文献缩微复制中心，1990年，第601页。

许于辅恒而言，与其在外州为"风尘吏"，还不如回到近帝王居的京畿故园，经营产业；也就是说，"归于别业""发挥树蓺"或许不是守选，而是辅恒为今后发展计的理性选择，从其归隐后的表现可见一斑。

辅恒虽然竭力于园艺农事，但仍密切注视着长安政治风云，见上文对献同心瓜、献冬笋时机的分析。武则天一生与祥瑞有着千丝万缕的联系，祥瑞在革唐为周的过程中发挥了关键性作用，导致在西京、东都生活的许多投机之士、普通民众争献符瑞，辅恒也是其中的一位。一般的进献途径是京官表上，外官、民众由所在州县表上❶。辅恒的进献，也有可能不是通过所在京兆府三原县常规上奏，他曾经在太子东宫充直，当熟悉宫中事，保留一些人脉关系，不排除由其僚旧代献，或直接从三原至长安诣阙贡献；总之渠道畅通，得到了唐帝的直接反馈——"敕赐物"。

唐人由布衣入仕的最主要途径是科举，然而唐前期，科举录取人数有限。据吴宗国先生研究，自武德至显庆40年间，进士及第者不足300人，其中贞观时期年均9人，永徽、显庆间年均14人；明经稍多，但不过进士三四倍。考试录取名额有限❷，导致缺乏政治与文化基础的普通地主视此途为黄粱梦❸。辅恒不由科举而青云直上的事例，更像是唐人的一个人生"奇迹"，这个奇迹的实现，正以京畿为背景。

---

❶《唐会要》卷二八《祥瑞上》，618页；并参读介永强《武则天与祥瑞》，赵文润、李玉明主编《武则天研究论文集》，第160—167页。

❷ 相关数据据吴宗国《唐代科举制度研究》，沈阳：辽宁大学出版社，1992年，第165—167页。

❸ 如唐人沈既济《枕中记》所载田间少年卢生由进士登第而出入中外、徘翔台阁的梦境，据李剑国辑校《唐五代传奇集》二编卷一，北京：中华书局，2015年，第450—466页。

我对这块地域的好奇心越来越浓烈，不再满足于读懂这位京畿民的一生，而更想透过小人物的人生史，去思考其所依托的京畿地域，具有怎样的社会特质，在唐帝国的运转中，扮演了何种角色？这种"特质""角色"，怎样影响了生长于斯的人群，乃至改变着除帝国精英外，在县、乡、里散居的普通民众的生活？

唐代区域史研究的既有成果集中在"河北""江南"与西陲等地域，限于史料，20世纪80年代之前，对唐帝国核心区——首都长安的研究，不及有纸文书出土的敦煌、吐鲁番两地[1]。在此之后，虽然屡有以长安为主题的考古报告、史地考证问世，但为我们提供的是观察长安、京畿城乡物理构造、地理形态的一些史料群。

托克维尔在《旧制度与大革命》中这样描述18世纪末革命前夜的首都巴黎，"在巴黎，一切都在沸腾，每时每刻都有一本政治小册子，阿瑟·扬在每座城市询问居民打算做什么时，其回答都如出一辙：'我们只不过是一个外省城市；必须看看巴黎是怎么做的。这些人甚至不敢有主见，除非他们已经知道巴黎在想些什么。'"[2]时人关注巴黎，并非从巴黎圣母院的高处鸟瞰其外观[3]，而以市民及其舆论传布，为首都社会跳动的脉搏。同理，对7—10世纪的长安而言，只有把握其人群流动与社会结构，才足以把握帝都特性，乃至把握唐帝国内核构造与运作机理。而社会史正是对社会结构进行

---

[1] 参拙文《对近年来唐代区域史研究的概览与思考》，《中国社会历史评论》第17卷上，天津古籍出版社，2016年，第251—260页。

[2] 托克维尔《旧制度与大革命》第七章《在欧洲各国中，法国如何成为这样的国家，其首都已取得压倒外省的重要地位，并吸取全帝国的精华》，冯棠译，北京：商务印书馆，1992年，第111—115页。

[3] 布罗代尔在研究法兰西的国家特性时，倾向于采取一种总体史的视野，他做了如下比喻："从蒙巴纳斯塔楼和巴黎圣母院的高处鸟瞰巴黎，并不是为了发现地平线，而是为了展望城市的全貌。"费尔南·布罗代尔著《法兰西的特性：空间和历史》，顾良、张泽乾译，北京：商务印书馆，1994年，第75页。

分析的最有力手段。

带着对京畿区域的所知和更多未知，我开始了本书的写作。

二　本书的研究对象

相关地理概念

本书是有关唐代京畿地域社会史的研究。京畿，即中国历代王朝统治中心所在——首都及其附近区域。自汉代以来，京畿的管理，多由国都所在州或郡统领，唐代也不例外。高祖武德年间（618—626），以雍州统京畿。贞观元年（627）太宗"始于山河形便，分为十道"❶，京畿归属十道中的关内道。武周天授（690—692）、玄宗开元中，又曾改雍州为京兆府，以府统京畿。开元二十一年（733）"又因十道分山南、江南为东、西道，增置黔中道及京畿、都畿，置十五采访使，检察如汉刺史之职"❷。但京畿道最初只是监察区，并无管理职能，京畿的管理模式仍为京兆府统领制。安史之乱后，随着肃宗至德元载（756）"置京畿节度使，领京兆、同、岐、金、商五州"❸，京畿道成为事实上的行政区，京畿由府统领制演变为道统领制。

雍州／京兆府下辖县情况，《唐六典》卷三《尚书户部》载："京兆、河南、太原为三都……凡三都之县，在城内曰京县，（奉先同京城。）城外曰畿县。"❹ 所言为三府之情况，京畿应仅涵盖京

❶《旧唐书》卷三八《地理志一》，第 1384 页。
❷《新唐书》卷三七《地理志一》，第 960 页。
❸《新唐书》卷六四《方镇表一》，第 1766 页。
❹《唐六典》，第 72—73 页。

兆府下两京县万年、长安，以及长安城周边之畿县。两京县相对稳定，而从武德元年起，唐统治者多次调整畿县的等第、归属和名称，或将其升为次赤●，或以其改属华、同等近辅州，或将数畿县析出另置州，故京畿辖县的数目不断变化。京兆府辖县沿革，学界有专门论述❷，可参本书附表 -1，京兆府辖区的大致地理范围，参书前地图 -1。

京畿地域内，以长安外郭城为界，又可划为京邑与畿内。京邑即京城，畿内的地理范围，似又较上文理解的畿县为广。天圣《赋役令》宋 16 条 "诸供京贮廪之属，每年度支豫于畿内诸县斟量科下" ❸，唐代文献中有与此类似的规定，见《唐六典》"虞部郎中"条："凡殿中、太仆所管闲厩马，两都皆五百里供其刍藁。"❹ 与宋令对比，"畿内"似以距京师五百里为限。这个范围的凤翔府、同、华、陇、坊、邠等州在社会风貌与文化特质上，常与京兆府联系在一起，而从属于更大的一片区域——关中。

周、秦、汉、北朝以来，关中因其特殊的政治地位、明朗的山河疆界而成为全国范围具有高度同质性的大区。关中—京畿—雍州（京兆府）—长安是一系列由广至狭的地理概念，但唐人似乎并

---

❶ 赤县与畿县之间有次赤的等级。次赤县多由畿县升级而来，唐前期只有一个次赤县奉先，而唐后期不同时段增设的次赤县，在京畿的有醴泉、云阳、富平、三原四县。关于唐代的州县等第及前后期的变化，参考翁俊雄《唐代的州县等级制度》，《首都师范大学学报》1991 年第 1 期。

❷ 参张荣芳《唐代京兆尹研究》第二章二节 "京兆府辖区"，台北：学生书局，1987 年，第 16—24 页；吴松弟《〈新唐书·地理志〉京兆府部分纠缪》，《中国历史地理论丛》1995 年第 4 期；贾玉英《唐宋京畿管理制度变迁初探》，《中州学刊》2007 年第 6 期。

❸ 李锦绣《唐赋役令复原研究》，天一阁博物馆、中国社会科学院历史研究所《天一阁藏明抄本天圣令校证（附唐令复原研究）》下册，北京：中华书局，2006 年，第 459—461 页。

❹ 《唐六典》卷七《尚书工部》，第 225 页。

不着意区分它们，如中唐名将郭子仪直呼"右控陇、蜀，左扼崤、函，前有终南、太华之险，后有清渭、浊河之固"的关中地域为"雍州之地"❶；武宗朝宰相李德裕陈诸回鹘国的外交辞令言："天地以沙漠山河，限隔南北，想蕃中故老，亦合备知。只如长安，东有潼关，西有散关，南有蓝田关，北有蒲关。"❷ 展示唐人理念中的大"长安"，可以囊括整个关中四塞之区。

因此，本书之"京畿"亦采用相对广义的地理概念，不完全拘泥于京兆府县的行政疆界，因话题论说的需要而伸缩为长安城、环长安区域、京畿县乡、关辅等相关区域范畴。

依唐《令》规定："诸户以百户为里，五里为乡，四家为邻，（三）［五］家为保。……在邑居者为坊，别置正一人，……在田野者为村，别置村正一人。"❸ 京畿区在县以下有乡、里、村、坊的基层建制。村、坊之别在于自然形态之不同，坊为"在邑居"，对应本区长安城及畿内诸县县城之下，均有里坊规划。长安城始建于隋文帝开皇二年（582），直至唐玄宗开元中最后完工，城为南北略窄的长方形，四周由版筑夯土墙围绕，《唐六典》记其东西广十八里一百一十五步，南北长十五里一百七十五步❹。城内以朱雀大街为界，街东54坊、1市，街西54坊、1市。畿县亦有城郭，有的县沿袭隋代旧郭，而中晚唐为抵御吐蕃骑兵的进攻，关内道筑城运动大兴，部分畿县的城郭得到重新修缮❺；郭下设坊，只是由于城址

---

❶ 《旧唐书》卷一二〇《郭子仪传》，第3457页。

❷ 李德裕《赐回鹘书意》，傅璇琮、周建国校笺《李德裕文集校笺》，石家庄：河北教育出版社，2000年，第65页。

❸ 杜佑《通典》，王文锦等点校，北京：中华书局，1988年，第63—64页。

❹ 《唐六典》卷七《尚书工部》，第216页。

❺ 参读爱宕元《唐代関内道の城郭規模と構造——畿内の辺境化との関連を中心にして》，氏著《唐代地域社会史研究》，京都：同朋舍，1997年，第155—180页。

的规模远不及长安，仅能容纳 1—2 坊❶。

村为"在田野"，即作为散布于郭外聚落之通称。长安城外郭城以外，即是散村，如五代王仁裕《开元天宝遗事》记："长安自昭应县至都门，官道左右村店之民，当大路市酒，量钱数多少饮之，亦有施者与行人解之，故路人号为'歇马杯'。"❷ 吐鲁番发现的记录长安城东居民典当情况的质库残帐历中出现"王祁村""苟家嘴小王村"，这两村都在长安城东南延兴门外附近❸。畿县郭外亦为村。乡、里为依据户数划分的行政单位，上述村、坊中的人口，依常理皆应被编入，因而在地名中出现某乡某里某村、某乡某村某里这样行政组织与属地单位混杂的表述。西安出土唐代墓志中关于志主卒地，尤其是葬地的记载，显示长安、万年两县及诸畿县在外郭以外部分，乡、里、村星罗棋布的画面。唐后期，朝廷对基层的政令传达与行政监控，开始以村为单元，村渐取代里的行政功能，人们习惯了"乡村"合称。

总括如上言之，本书所谓"京畿乡村"，包括万年、长安两京县、诸畿县，乃至近辅州辖区散布的乡、里、村。

从"长安"到"京畿"

依唐《令》，"坊"与"村"代表了在人为造设的城郭内、外

---

❶ 详本书第 4 章之介绍。

❷ 王仁裕撰《开元天宝遗事》卷下，曾贻芬点校，唐宋史料笔记丛刊本，北京：中华书局，2006 年，第 46 页。

❸ 整理小组命名为《唐质库帐历（？）》，唐长孺主编《吐鲁番出土文书》贰，北京：文物出版社，1994 年，第 331、336 页。陈国灿较早注意到这批帐目，指出此系质库的典质帐，质库应位于长安城东延兴门附近的新昌坊内或其附近，氏著《从吐鲁番出土的质库帐看唐代的质库制度》，收入唐长孺主编《敦煌吐鲁番文书初探》，武汉大学出版社，1983 年，第 316—318 页。

的两种聚落形态。隋唐帝国在汉魏—北朝长安城东南、龙首原上的六道高坡上另建新都城，导致京畿区的自然地理发生了结构性调整，原北周时代的城坊（旧长安城所在地）部分被划入新都以北的苑囿，部分演变为乡村；而北朝时位于长安城周边的大片乡村区域，被括入大兴—长安城❶，并规划了封闭式里坊。在废弃旧都，重筑新都的过程中，虽然帝国的统治阶层及社会精英选择了入新都城居；但渭河南北的大多数居民——普通百姓，应安然接受了居住形态的转换，甚至是由城居而村落散居。在他们头脑中，"坊"与"村"只是物理差别，尚未演化为城市与乡村的"二元"对立。

实际上，不仅在隋唐之际，由战国秦汉至唐中叶城市变革发生之前，城市（郭）与乡村（野），在政治、经济、法律上的地位，在社会文化中的基调，在国家礼仪中所扮演的角色，均未有显著区别；研究中国城市史的学者有感于此，曾提出中国"城乡连续统一体"（Continuum）的框架❷。城市只是人为筑造的政治中心与军事堡垒，在这个连续统一体内，在物质文明与传统文化领域具有"寄生性"，其发展要依靠广大乡村的供给。牟复礼曾将中华文化的统一体比喻成"网"——中国文明的料子织成网，中国城市只是在同一张网里用同一料子织的结子，质地虽较致密，但并非附丽于网上的异物，倍感"中国是一个农村的中国，中国文明的乡村成分或多或少是均一的，它伸展到中国文明所及的每一处地方，不是城市，而

---

❶ 详本书第 2 章的论证。

❷ Frederick W. Mote, "The City in Traditional Chinese Civilization", in James T. C. Liu and Wei-ming Tu eds., *Traditional China*, New Jersey: Prentice-Hall Inc., 1970, pp. 42-49; "The Transformation of Nanking, 1350-1400", in G. William Skinner ed., *The City in Late Imperial China*, California: Stanford University Press, 1977, pp. 101-154. 中译牟复礼《元末明初时期南京的变迁》，叶光庭译，收入施坚雅主编《中华帝国晚期的城市》，北京：中华书局，2000 年，第 112—175 页。

是乡村成分规定了中国的生活方式"。❶

唐帝国的首都长安，也只是京畿城乡社会网络中的一颗"结子"，基本不具有社会物质再生产的能力。长安城市运转所需物资，主要依靠周边乡村及河洛、江淮、河北等地供应；城市本身与公、私工程的建设，所需劳动力主要来自近畿农人。由于城市容纳力有限，城居的皇宗亲戚、士族豪强等常由长安溢出，在畿内乡村经营田宅、碾硙、别业等，并影占人口，使其沦为佃户❷。这些帝国精英因仕宦得到禄、俸、料等收入之外，乡村产业渐次成为他们的经济后盾。

由于知识精英的汇集，长安虽具有文化再生产的能力，但这种文化角色亦非城市独享。知识精英独特的隐逸哲学，文人官僚的独善思想，宗教人士的普法理念，士子的习业山林风尚，共同促成了"郊外"文明的发生❸。都城以外的京畿乡村，别庄、林亭、寺院、兰若、道馆、祠庙密布，并成为文人雅集、玄谈之所，宗教义理的传布之域。乡村文化生活的丰富性，与城市的同步性，从士人博取功名的所谓"终南捷径"❹亦可见一斑。

经济、文化一体之外，还存在着城、乡行政区划一体。最高统

---

❶ 牟复礼《元末明初时期南京的变迁》，叶光庭译，施坚雅主编《中华帝国晚期的城市》，第 117—118 页。

❷ 详本书第 9 章的介绍。

❸ 近年来中国中古都市史研究的新动向是都城的郊外，学者围绕北魏平城、南朝建康城、隋唐长安城等做了示范性研究，参读佐川英治《遊牧と農耕の間——北魏平城の鹿苑の機能とその変遷》，《岡山大学文学部紀要》47 號，2007 年；魏斌《南朝建康的东郊》，《中国史研究》2016 年第 3 期；妹尾達彦《隋唐長安城と郊外の誕生》，橋本義則編《東アジア都城の比較研究》，京都大学学術出版会，2011 年，106—140、269—329 页；等。

❹ 《通鉴》卷二一〇睿宗"景云二年"条记："尚书左丞卢藏用指终南山，谓（司马）承祯曰：'此中大有佳处，何必天台？'承祯曰：'以愚观之，此乃仕宦之捷径耳！'"第 6670 页。

治者并未因外郭的存在而对长安城内实行直管，而是以县统辖长安城与城周边的乡村，置万年、长安两京县，郭下以朱雀大街为界；郭外，长安县界西至沣水，万年县界东抵蓝田，而两县皆向南延伸至终南山区❶。应该说，长安与郊外，与京畿乡村，共同承担了唐帝国"核心区"的角色。

早期的"长安学"研究成果，多围绕都城制度、都市构造、里坊规划等话题展开❷。20 世纪 80 年代以来，随着中古社会史研究的勃兴，关注长安都城史的学者尝试走出上述常规课题，将都城制度沿革与社会文化生活变迁相结合；荣新江曾提出，长安学发展的新动向之一就是对长安进行不同社区的区分，如城内与城外的别墅、山林、寺院，从社会史的角度来探讨不同区域的特点，从而揭示长安社会的变化❸。相关学者在研究中也感到长安社会的流动性、连续性，可以跨越城郭内外。妹尾达彦曾考察官员阶层在长安城内的居住地变化，生活、移居所揭示的社会风貌，在统计资料时发现城居的官员大部分在城外经营园林别业，保持城乡两栖生活，于是移目长安城南郊终南山区及东郊灞浐一带，统计不同时期官员在此拥有别庄的情况❹，并进一步探讨文人官员在郊外园林的经营、生活与文学创作，提出所谓"郊外文学"❺；近来，在对大量新出唐人墓志

❶ 参史念海主编《西安历史地图集》所收"唐长安县、万年县乡里分布图"，西安地图出版社，1996 年，第 78 页。

❷ 相关研究成果参荣新江、王静《隋唐长安研究文献目录稿》，《中国唐史学会会刊》第 22 期，2003 年，第 57—86 页。

❸ 荣新江《关于隋唐长安研究的几点思考》，《唐研究》第 9 卷，北京大学出版社，2003 年，第 1—8 页。

❹ 妹尾達彦《唐代長安近郊の官人別荘》，唐代史研究会编《中国都市の歴史的性格》，東京：刀水書房，1988 年，第 125—136 页。

❺ 妹尾達彦《隋唐長安城と郊外の誕生》，《東アジア都城の比較研究》，第 106—140、269—329 页。

的志主卒地（城内坊里）、葬地（城外乡村）进行整理时，又将长安城官人居住地与郊外墓地的分布合并考察，分析两者在唐代不同时期的分布特点与对应关系，从而共同构成了一体化的长安都市圈❶。

王静观察到，长安城南更南的终南山区，地理面貌与长安都市迥异，但与京华烟云有着千丝万缕的联系，尝试分析了以终南山为代表的城外社会与长安城内社会的互动，城与山之相依❷；在此后的研究中，她不断寻找长安社会的延伸点，以联系城乡的构造（通化门、长乐驿、章敬寺）为视窗，描绘人群出入城门，跨越不同区域的场景，勾画因这种流动造就的城郭与郊外社会的联系❸。

不过我们目前看到的研究，还都是以长安城市为主体，基于延续感，跨出都市繁华的一小步尝试。既然长安只是京畿社会网络中的一个"结子"，而欲追寻唐帝国腹心地带的整体特质，索得生活在这块地域的社会大众的真实生活状态，应阔步走出封闭的坊里与城郭，关注文化、社会、地理意义上的大"长安"——京畿的社会全景。由于已往研究基本复原了区域内精英的生活面相（城市社会史），本书偏重于对京畿乡村地域做解剖，除了解其自然、地理条件，聚落等外在结构，还深入社会机制内部，重点还原乡村居民的生活样貌，历史上乡村区域内的人群（以农为主）如何在土地上安顿自己，这是在古今近乎同调的长安文献中深埋乃至被压抑的声

---

❶ 妹尾達彦《生前の空間、死後の世界——隋唐長安の官人居住地と埋葬地——》,《中央大学文学部紀要（史学）》62，2017年。

❷ 王静《终南山与唐代长安社会》,《唐研究》第9卷，北京大学出版社，2003年，第129—168页。

❸ 王静《城门与都市——以唐长安通化门为主》,《唐研究》第15卷，北京大学出版社，2009年，第23—50页。

音。如侯旭东先生所言，"今天的学者有义务、有责任挖掘出那些被抑制的声音，展现过去生活的多样性和复杂性"❶。

社会史

社会史是历史学科受到各种社会科学，尤其是社会学的理论与方法影响而衍生的史学分支，诞生在西方学术话语中。在西方世界，由于市民社会（civil society）的成熟与壮大，国家与社会之间有着清晰的畛域，所谓"二元对立"；而在传统中国，国人修辞中少见"国家""社会"对举的表述。如果我们将"朝廷"类比为"国家"，而将百姓的生活场类比为"社会"的话，由于专制皇权的强大，来自民间的声音微弱，这种中国式的"国家"与"社会"是浑融一体的。20世纪初，率先将西方社会史理论引入中国的学者，已感受到将"社会"自帝制中国剥离的难度，力图从"民史"入手，将史学革故鼎新。

时至今日，来自基层的第一手材料，涌现于中国史研究的几乎各个阶段，如反映河西边塞戍卒生活的居延、敦煌汉简❷，作为三国孙吴临湘侯国辖下乡里民众纳税交租记录的《嘉禾吏民田家莂》❸，登载魏晋隋唐普通民众姓名、年纪、丁中、家庭、财产情况的敦煌吐鲁番户籍文书❹，揭示唐末五代宋初敦煌民间社会组织与活动实态

---

❶ 侯旭东《北朝村民的生活世界——朝廷、州县与村里》，北京：商务印书馆，2005年，第22—23页。

❷ 利用居延汉简从事汉代河西军吏、卒日常生活研究的成果丰厚，较新的进展可参阅赵宠亮《行役戍备：河西汉塞吏卒的屯戍生活》，北京：科学出版社，2012年。

❸ 长沙市文物考古研究所、中国文物研究所、北京大学历史学系·走马楼简牍整理组编著《长沙走马楼三国吴简·嘉禾吏民田家莂》，北京：文物出版社，1999年。

❹ 与户籍相关的户口与派役文书，池田温统称为籍帐，并加以辑录，见氏著《中国古代籍帐研究》（录文），北京：中华书局，2007年。

的敦煌社邑文书❶，等等。学者们在利用这些古文书复原历史场景的同时，也开始重新思考"国家与社会"这一理论范式。

无论是从逻辑还是事实角度，个体不能脱离一定形式的共同体而存在，而社会都是人群的第一种组织形式。如恩格斯指出的，国家绝不是从外部强加于社会的一种力量，而是社会发展到一定阶段时产生其中并居于其上的力量，社会不仅是有别于，又是先于国家的领域❷。对于传统中国，只是专制王朝体制后来居上，并以政治强力包揽基层，乃至民众生活的主要领域，但政治力永远不可能填补皇帝与普通民众之间的所有生活场。生存所需，民众仍然通过血缘、地缘、信仰、业缘等形式组织起来，表现为宗族、邻里、民间信仰团体、行会等基层单位，通过各种机制与秩序运作，与国家之兴衰浮沉相表里❸。这种组织，这种介于朝廷、州县、乡村的生活场，就是本书所谓的"社会史"。

赵世瑜、邓庆平在回顾 20 世纪的中国社会史研究基础上，概括社会史学科的研究范围当包括社会结构、社会变迁、社会运行、社会控制、社会功能等宏观范畴以及社会生活、社会文化、社会风俗、社会群体、社会问题等具体问题❹。在本书拟定的时间（唐代）、空间（京畿）范围，限于材料，社会史研究的展开不是面面俱到的，重点希望达到两个目标：第一，用改良化的朝廷、州县、乡村

---

❶ 敦煌社邑文书的辑录整理，参土肥义和、石作勇责任编辑 Tun-huang and Turfan Documents Concerning Social and Economic History, She Associations and Related Documents, (A) (B) Introduction & Texts, Tokyo: The Toyo Bunko, 1988-1989；宁可、郝春文《敦煌社邑文书辑校》，南京：江苏古籍出版社，1997 年。

❷ 恩格斯《家庭、私有制和国家的起源》，张忠实译，北京：人民出版社，1954 年，第33 页。

❸ 牟发松曾尝试对中国古代社会组织形式进行归纳，见氏著《汉唐历史变迁中的社会与国家》之"传统中国的社会在哪里"，上海人民出版社，2011 年，第 109—143 页。

❹ 赵世瑜、邓庆平《20 世纪中国社会史研究的回顾与思考》，《历史研究》2001 年第 6 期。

三层构造模式❶解构京畿乡村的权力结构与社会秩序，包括皇权如何统治核心区的乡村；在政治高压下，本区域的民间是否存在自身的运转逻辑及"非官方"组织？第二，致力于通过史学分析、量化分析、人生史、田野考察等各种手段，揭示京畿地域的各种社会特质；思考这些特质与唐帝国齐整律令，与统治力之间的张力，以及京畿如何在张力下完成有唐一代核心区的角色。

具体来讲，本书将重点关注下面一些话题：

1. 帝国行政建制与京畿基层社会自有的组织形式。唐帝国基层行政编制县、乡、里在京畿的推行情况，与村、坊自然地域划分的并行、糅合，促成基层管理单元的重组；京畿基层社会的组成单元，包括因地缘关系结合而成的邻保等组织，因血缘结合而成的家庭、宗族，因共同信仰，在佛、道名义下从事公共活动的组织，等等。

2. 皇权深入本区乡村而形成的社会控制格局。京畿区域与外州县相比，皇权的影响力巨大，这一方面表现为皇帝意志可通过行政控制层级迅速下达至近畿，而处于行政金字塔下层的乡野民情能便捷上达统治者，推动区域问题的解决；另一方面，由皇权衍生的附加力量亦由城内溢出城外，或代表皇权，或从自身利益出发，在乡村争夺资源，挑战日常统治秩序；皇权的直接与间接"下乡"，与乡村本地的非官方力量相叠加，形成多元的权力网络与复杂的利益格局。

3. 京畿基层社会的组成单元在帝国政治力与乡里强干之家的交互影响下，遵循特定的秩序而形成的日常生活场景。如大姓宗族的经营策略在长安城、乡间的变化；士人地主群体为谋求进身之路在城、乡的居住选择与心理活动；小农家庭的谋生方式、日常农事安

---

❶ 侯旭东在从事北朝乡村研究时，为贴近古代中国情况，以朝廷、州县、村里的三层构造取代国家与社会二元对立，本书采纳之，参氏著《北朝村民的生活世界——朝廷、州县与村里》。

排、收入、支出；在地普通民众的思想观念与信仰世界等。

三　关于书名

　　基于前述各种理由，本书将对唐都长安及其周边区域（畿县、乡、村）进行统合研究。在展开观察与讨论之前，我们当然最关心历史现场与历史人物的实际感受，即在唐代京畿区域居住或活动的人群，是如何看待、描述畿内与长安的关系的。

　　农、工、商阶层应为京畿社会之大众❶，由于服役、纳税、营生、市易等各种活动，他们参与了长安与畿内、城坊与乡村之间的人员流动；但如"研究对象"部分指出的，大众处于"失语"状态，较难复原他们的生活轨迹，亦难推知他们转徙城、乡的心理感受。探讨时人的长安、畿内生活体验，有一个良好的样本群体——京畿县官。赤、畿县萃处京师，地位崇高，其令、丞、主簿、尉等为美官，是有唐士人竞相求取的对象；赤、畿令属中高层文官，而丞、主簿、尉品级虽不高，却是通往御史、拾遗、补阙、郎官的捷径，经迁转可官至中书舍人甚至宰执，仕宦前景辉煌。这类职位不是士人的释褐官（流外与视品官出身者亦被禁止充任），一般的入仕途径是进士及第或门荫出身——初任官——转任此官，或进士及第——中制科或博学宏词——授此官❷；这也意味着，这类职位基本上由唐代知识水平较高的青年才俊出任，他们有着当时一流的诗、赋、策、判的写作能力；而当他们走出书斋，初为抚民之官

---

❶ 唐人依士、农、工、商四民分业，详本书第 5 章对京畿乡村居民结构的分析。

❷ 赖瑞和以畿县尉为例，对唐代近畿县官的迁转、地位、职掌等进行了详尽分析，参所著《唐代基层文官》，第 115—126 页。

时，就开始直面长安之外，近畿的乡土与民情，必有感而作。

据相关学者统计，自天宝末至大历初，元和末至长庆初，畿县官吏诗人代出不穷❶，如柳宗元❷、白居易❸、沈亚之❹ 等。他们以不同的视角、不同的心境来观察、体味、书写近畿，并以近畿与长安做比较。白居易作尉盩厔时的生活与心态，本书第 7 章有摹写。这里首先关注中唐文人官员王建的京畿生活。

王建以诗知名，受到文学史研究者的关注，但关于其生平事迹与仕宦经历，史料记载有限，既有研究多据《唐才子传》❺ 等文献及诗人作品推测，围绕其是否进士及第，是否任校书郎、渭南尉，任职的具体时间等，各执一词❻。这里综合各家之说，略述王建的早期仕宦经历。

贞元后期，年逾三十的青年文士王建为求取功名，入幽州节度

---

❶ 参读徐贺安《唐代京兆府畿县与诗人及其创作》，西北大学硕士学位论文，2017 年。

❷ 柳宗元贞元九年（793）第进士，十二年登博学宏词科，授集贤殿正字，十七年转蓝田尉，据吴文治编《柳宗元资料汇编》，北京：中华书局，1964 年，第 55 页。

❸ 白居易贞元十六年举进士，十九年试书判拔萃科，授秘书省校书郎，元和元年（806）罢校书郎，登才识兼茂明于体用科，授盩厔县尉。朱金城笺校《白居易集笺校》，前言。

❹ 沈亚之元和十年登第，为泾原节度使掌书记，入朝为秘书省正字，长庆元年（821）登贤良方正能直言极谏科，授栎阳尉，据肖占鹏、李勃洋校注《沈下贤集校注》，前言，天津：南开大学出版社，2003 年。

❺ 参见傅璇琮主编《唐才子传校笺》卷四《王建》，北京：中华书局，1987 年，第 151—152 页。

❻ 对王建生平事迹的研究，参考谭优学《王建行年考》，《西南师范学院学报》1983 年第 4 期；迟乃鹏《王建生平事迹考》（上）（下），《成都师专学报》1990 年第 3 期，1991 年第 1 期；张耕《王建生平考论》，傅璇琮主编《唐代文学研究》第 9 辑，桂林：广西师范大学出版社，2002 年，第 541—558 页；王宗堂《王建年表》，王宗堂校注《王建诗集校注》之附录二，郑州：中州古籍出版社，2006 年，第 665—737 页；尹占华《王建系年考》，尹占华校注《王建诗集校注》，成都：巴蜀书社，2006 年，第 597—648 页。借助新出石刻对王建幽州、魏博幕府时期行事的研究，参考张天虹《重论中唐诗人王建与魏博幕府的关系——兼谈〈李仲昌墓志〉的作者》，《首都师范大学学报》2018 年第 3 期。

使刘济幕，开始了"从军走马十三年"❶的藩幕生活；贞元末，得随刘济北伐奚人；至迟于元和五年（810），离幽州赴魏博镇，入节度使田季安幕；此后数年间，历"五侯三任"❷，经过魏博军将争夺节钺的斗争，深受新任节度使田弘正的赏识；至迟于元和八年，由田氏举荐，离魏博，赴京师参加铨选，取得了与京畿近距离接触的机会；但选官一事并不顺利，滞留京师经年，自言"长安寄食半年余，重向人边乞荐书"❸；元和九年方得授昭应丞；至元和十二年底离任入京❹，官昭应的时间三年有余。

昭应为赤县（或言次赤），在长安城东五十余里，处京师东出趋潼关的交通要道❺，昭应丞官从七品上，是京畿县官中的美缺，且入补京官的可能性较大。官昭应的时间内，王建曾寄诗友人张籍，谈及自己的处境及对长安的看法，见《寄广文张博士》❻：

　　　　春明门外作卑官，病友经年不得看。莫道长安近于日，升天却易到城难。

王诗校注者多以此诗表达了郊野小县官的卑微心态及对功名所寄

---

❶ 句出《别杨校书》，王宗堂校注《王建诗集校注》，第478页。

❷ 句出《谢田赞善见寄》，王宗堂校注《王建诗集校注》，第398—399页。

❸ 句出《归山庄》，王宗堂校注《王建诗集校注》，第496—497页。

❹ 关于王建罢昭应丞入长安的时间，学界有争议，迟乃鹏、尹占华皆据其《留别张广文》诗"谢恩身入凤凰城，乱定相逢合眼明"句，指出"乱定"系元和十二年裴度平淮西、擒吴元济事，而"入凤凰城"系为京官，王建至迟应于元和十二年底转太府丞，本书从此说。参考迟乃鹏《王建生平事迹考》（上），《成都师专学报》1990年第3期；尹占华《王建系年考》，尹占华校注《王建诗集校注》，第625—629页。

❺ 《长安志》卷一五《临潼》，辛德勇、郎洁点校《长安志 长安志图》，第447—449页。

❻ 尹占华《王建系年考》据张籍任职国子监、广文馆的时间，将此诗系于元和十二年，尹占华校注《王建诗集校注》，第627—628页。

地——长安的向往，对"莫道长安近于日"句，解释为，长安，用以指代帝京；日，用以指代帝王；长安为帝王所居，昭应距长安仅一驿路程，故曰"近于日"❶。

细究此句的结构，牵涉出唐人诗文中常见的"长安"与"日"的比喻，如刘禹锡《谪居悼往》之二描述贬谪长沙卑湿之地的心境"郁郁何郁郁，长安远于日"❷，权德舆《惠昭皇太子挽歌词二首》曰"天归京兆新，日与长安远"等❸。再究用典，又牵涉出永嘉之乱、司马氏南渡后，围绕晋元帝与其太子（后之晋明帝）之间发生的一段对话，《世说新语·夙惠第十二》记：

> 晋明帝数岁，坐元帝膝上，有人从长安来，元帝问洛下消息，潸然流涕。明帝问何以致泣，具以东渡意告之。因问明帝："汝意谓长安何如日远？"答曰："日远。不闻人从日边来，居然可知。"元帝异之。明日，集群臣宴会，告以此意，更重问之。乃答曰："日近。"元帝失色，曰："尔何故异昨日之言邪？"答曰："举目见日，不见长安。"❹

与王敦、王导共天下，偏安江左的司马睿，对晋王室重振基业，还于长安、洛下旧都的前景盘桓未卜，借用孔子对两小儿日初、中远近之问❺，以日与长安之远近，询诸膝上爱子。幼童之明帝初以常识

❶ 参王宗堂校注《王建诗集校注》，第 486 页。
❷ 卞孝萱校订《刘禹锡集》，北京：中华书局，1990 年，第 408 页。
❸ 郭广伟校点《权德舆诗文集》，上海古籍出版社，2008 年，第 133 页。
❹ 徐震堮《世说新语校笺》，北京：中华书局，1984 年，第 323—324 页。
❺ 徐震堮曰，唐本有案语引桓谭《新论》："孔子东游，见两小儿辩。问日远近，一儿以日中时远，一儿以日初出远。日中远者曰：'初出大如车盖，日中裁如盘盖；此远小而近大也。'言日初出远者曰：'日初出怆怆凉凉，及中如探汤；此近热远怆乎！'"《世说新语校笺》，第 323—324 页。

断之，次日群臣宴集时，又改口"举目见日，不见长安"，可以说敏锐捕捉到了其父及南渡衣冠对北方故土的怀念。后世由此衍生出"日近长安远"的典故，用以比喻帝京遥远，虽向往而不可至，寓指功名难遂❶。

明了此典基础上，再玩味王建此诗之旨趣，至少包含两个层面。一方面，承认其为官的昭应"喜得近京城"❷，近在春明门外（长安城东出的重要城门），即长安近。另一方面，强调以昭应为代表的近畿与长安的区隔，即长安似近实远；所谓区隔，于诗人而言，主要是仕宦层面的，虽然赤县佐官的理想迁出官是侍御史、郎官等京官，但回转入京，有相当的难度，需要特殊契机。王建本人沉沦昭应县多年，自然慨叹"升天却易到城难"；但他的仕途旋即出现了转机，元和十二年底，得授太府丞（从六品上）；当"谢恩身入凤凰城"❸，再入长安时，这位新任京官，应亦跻身高颂皇恩近的朝臣队伍了。

王建的昭应—长安经历只是唐人长安城、乡生活经历的一个剪影，却折射了京畿区域的社会特质——近长安。与外州县相比，这种"近"，首先是道里（地理距离）的近，王建所在之昭应为长安东出近县；而京兆府所属诸县中较偏远的盩厔，到长安亦不过一百余唐里，依照唐人行程，快马一日可至❹；畿内则以距京师五百里为限。政治距离的近，也是京畿的突出特点，最高统治者及其侧近者阶层因执行相关礼仪与事务，频繁踏足畿内，甚至对畿

---

❶ 如陆尊梧、李志江编著《历代典故辞典》之"日近长安远"条，北京：作家出版社，1992 年。

❷ 句出《归昭应留别城中》，王宗堂校注《王建诗集校注》，第 237 页。

❸ 句出《留别张广文》，王宗堂校注《王建诗集校注》，第 519 页。

❹ 详本书第 7 章对盩厔县情的介绍。

县、乡、村实行直达式指导，而民众有更多的机会接触高层政治人物，将下情迅速上达，这里"天高皇帝近"。对于王建、辅恒这样的仕宦求取者而言，京畿的魅力更在于功名近而易得，长安是"凤凰城"，是"名利地"❶；如果不能直跨帝京，选择先寄居畿县、乡、村，在此探求长安官场态势，把握政治机遇，寻求多元化的进身渠道❷，实为唐人屡试不爽的"终南捷径"。

本书虽然提倡走出长安，关注近畿乡村区域的聚落地理与社会形态，自视为长安学的"另类"作品，但并不赞成"去长安化"。京畿乡村最近长安，与长安在政治、经济、文化、社会风习等层面阴晴相依，不应在京华烟云之外。从事京畿地域史的研究，不能离开帝国核心区的特质来孤立地看长安繁华，更不能刻意回避长安以及京畿近长安的特质；这种辩证性，是本书展开研究的前提。

综上，我们采用以王建为代表的当时在地者对长安—京畿关系的表述，以"长安未远"作为本书的书名。

四　相关研究回顾

本书对唐代京畿乡村社会史的研究，涵盖基层行政、地理、人口、经济、社会信仰等子课题，与每个话题相关的研究情况，于各编、各章开头做简要提示；这里仅对有关于总课题的研究予以简要回顾。

---

❶ 如白居易《首夏同诸校正游开元观因宿玩月》诗末句云"长安名利地，此兴几人知"，朱金城笺校《白居易集笺校》，第 271 页。

❷ 详本书导言部分对辅恒进身路径的剖析。

魏晋隋唐乡村史研究回顾

唐代京畿乡村社会研究议题的展开，无法避开中国上古、中古史领域关于乡村与地域社会诸问题业已积累的学术土壤。以往战国秦汉至唐宋"村"的研究中，中外学者论著纷出，关注点集中在三个问题：1. 村的起源与聚落形态，2. 村与豪族的关系，3. 国家对乡村的控制❶。

魏晋南北朝乡村研究中，有代表性的观点出自宫川尚志和谷川道雄。宫川氏《六朝时代的村》一文，是关注所说三个问题中的第一个，认为六朝时代村十分普遍，前身是汉代的"聚"，魏晋动乱时期废弃的县城也是村来源之一，村是对人口新聚居地的称呼，主要分布在比较偏远的地区，六朝时期的坞壁是人们认为"村"的一个原型，由此出现了由坞壁而北朝村落，由聚而南朝村落的南北差别现象❷。宫崎市定亦指出由先秦至魏晋六朝，乡村聚落经历了由城居为代表的集聚居住至以散村为代表的分散居住这一转变❸；何兹

---

❶ 鲁西奇重点关注了日本学者的乡村研究理路，一是从"都市国家"理论预设出发，考察先秦至南北朝是否存在着由以"城居"为代表的集聚居住方式向以"散村"为代表的分散居住方式的演化；二是从"村落共同体"的理论预设出发，考察传统中国乡村是否存在相对自治的"村落共同体"。观点详见所撰《古代乡村聚落形态研究的理路与方法》，《历史学评论》第一卷，北京：社会科学文献出版社，2014年，第200—227页。

❷ 宫川尚志《六朝时代の村について》，初刊于1956年，中译文《六朝时代的村》，刘俊文主编《日本学者研究中国史论著选译》第四卷（六朝隋唐），北京：中华书局，1992年，第70—79页。

❸ 宫崎市定《中国における聚落形体の变迁について—邑·国と乡·亭と村とに对する考察》，《大谷史学》1957年第6號，中译收入刘俊文主编《日本学者研究中国史论著选译》第三卷（上古秦汉），北京：中华书局，1993年，第1—29页；《中國における村制の成立——古代帝國崩壊の一面》，《東洋史研究》第18卷第4號，1960年，中译收入中国科学院历史研究所翻译组编译《宫崎市定论文选集》，北京：商务印书馆，1963年，第33—54页。

全、韩昇、陈琳国等都支持此说，以为从两汉的聚落到魏晋南北朝的坞壁，可视为由城市到乡村的变化，坞壁是由秦汉乡里亭到隋唐村落制的过渡形态，乡村组织由此而产生❶。

对魏晋南北朝"散村论"，有学者提出不同意见。鲁西奇依据对汉水流域古聚落、城址的实地考察，结合《水经注》等文献记载，指出六朝时长江中下游河谷地带的聚落形态普遍表现为规模较大，四周围以城垣或壕栅等安全防御措施的集居聚落；而在北方，中原地区为坞堡所占据，有如聚落之城，两汉以来散居于平原之村落无存❷。这与宫川氏观点全然相反。有学者着重对战乱时产生的坞壁之形态、功能、类型等进行了探析，以其为一种类似城堡的封闭式集居共同体，亦不同意其形同散村❸。

而谷川道雄则侧重于上述第二个问题，他以日本近世的村社共同体为参照系，在对村的研究中构建了"地域共同体"理论，认为六朝的地域社会是以名望家为中心建立的。地方宗族以名望家为中心，通过村的形式聚居在一起，形成了乡党。豪族通过乡论获得做官资格，并参与国家政治，六朝名望家与宗族、乡党构成的地域连带关系，被称为"豪族共同体"❹。

---

❶ 参读何兹全《从城乡关系看两汉和魏晋南北朝社会经济的变化》，《北京师范大学学报》1958 年第 2 期；韩昇《魏晋隋唐的坞壁和村》，《厦门大学学报》1997 年第 2 期；陈琳国《十六国时期的坞堡壁垒与汉人大姓豪族经济》，《晋阳学刊》2007 年第 3 期。

❷ 观点详见氏著《城墙内外：古代汉水流域城市的形态与空间结构》之《〈水经注〉所见汉水流域的城邑聚落及其形态》，北京：中华书局，2011 年，第 1—140 页。

❸ 参见赵克尧《论魏晋南北朝的坞壁》，《历史研究》1980 年第 6 期；黎虎《汉魏晋北朝中原大宅、坞堡与客家民居》，《文史哲》2002 年第 3 期；具圣姬《两汉魏晋南北朝的坞壁》，北京：民族出版社，2004 年。

❹ 谷川道雄《北魏末の内乱と城民》，《隋唐帝国形成史論》，東京：筑摩书房，1971 年，夏日新译文见《日本学者中国史论著选译》第四卷，第 134—171 页；又马彪译《中国中世社会与共同体》第 4 编第 2 章，中华书局，2002 年，第 286—315 页。

上述研究理路，与其说是关注乡村聚落的形态、乡村社会的组织方式等问题，莫如说是服务于社会分期，为揭示乡村在国家政治进程中的地位与作用而预设之讨论。在理论争锋中，学者的思路难免僵化，乡村社会研究中可以开展的多种话题被忽视。

避开旧有理路，独辟蹊径地研究北朝乡村基层社会的是侯旭东。他在关注北朝乡里制、聚落形态的基础上，引入德国哲学家胡塞尔提出的生活世界（Life-World）概念，由形态、机制而及于"人"，用北朝石刻造像及其他材料，探讨北朝村民的家庭结构、日常生活，从造像发愿文中玩味村民的国家观念与认同，并以并州安鹿交村为个案，对北朝的村进行了剖析❶。上述工作在魏晋乡村研究中尤显鲜活可爱❷。

隋唐基层社会研究亦受到上述理路的影响，喜好讨论城、乡的外部构造与聚落形态。由于唐时城址多有遗迹可寻，便于开展考古调查工作，对地方城市形态的研究较多，如宿白将隋唐城址分为京城、都城、大型州府城、中型州府城和县城五种类型，对其形制、规模予以介绍❸；爱宕元对太原府城、扬州城、蒲州河中府城、河阳三城，以及华中、华南、京畿地区县城城郭构造，筑城、改造、扩张年代有系列考察❹；李孝聪讨论了坊里制在幽州、苏州、扬州、敦煌县城、成都府城的实施，以太原、扬州城等为例探究了唐代城市的地域结构，以魏州、常州等为例考察了坊市制崩溃过程中城市

❶ 侯旭东《北朝并州乐平郡石艾县安鹿交村的个案研究》，《史林》2005 年第 1 期。

❷ 侯旭东《北朝村民的生活世界——朝廷、州县与村里》，北京：商务印书馆，2005 年。

❸ 宿白《隋唐城址类型初探（提纲）》，北京大学考古系编《纪念北京大学考古专业三十周年论文集》，北京：文物出版社，1990 年，第 279—285 页。

❹ 爱宕元《唐代太原城の規模と構造》《唐代の揚州城とその郊区》《唐代の蒲州河中府城と河陽三城——浮梁と中潭城を伴った城郭》《唐代関内道の城郭規模と構造——畿内の辺境化との関連を中心にして》《唐末五代期における城郭の大規模化——華中·華南の場合》，倶收入氏著《唐代地域社会史研究》，京都：同朋舎，1997 年。

外廓形态之变化❶；鲁西奇则依实地考察梳理了汉水流域十四州州城规模，城内之里坊或坊市，县级治所的规模，得出唐前中期大部分州县治所城市中并不存在封闭式里坊制的结论❷。

遗憾的是，唐代考古中并未发现类似内黄三杨庄那样的汉代乡村聚落遗址，对于乡村聚落形态及名称、分布的研究，集中在个别区域，显得较为零散。如李正宇依据敦煌地志复原了唐宋时期敦煌县城诸乡的位置及渠系分布❸，吐鲁番绿洲王国的县、乡、里皆树城郭的聚落特质，也引起了学界注意❹。圆仁《入唐求法巡礼行记》记录了其来华后在东部沿海地带乡里村聚的生活点滴，学界据之讨论唐代山东半岛等地乡村的名称、聚落形态❺；刘再聪对唐朝村制度的起源、"村"与"野"的关系、"村"的命名等问题进行了综合探讨，并系统考察了村制在正州、羁縻州的实施❻。西安、洛阳出土唐人墓志中的地理记述推动了对京兆府万年、长安二县，河南府洛阳、河南二县下辖乡、里、村名称、位置的考订❼；赵其昌利用房

❶ 李孝聪《唐代城市的形态与地域结构——以坊市制的演变为线索》，李孝聪主编《唐代地域结构与运作空间》，上海辞书出版社，2003 年，第 248—306 页。

❷ 鲁西奇《唐宋时期汉水流域州县城的形态与空间结构》，《城墙内外：古代汉水流域城市的形态与空间结构》，第 149—274 页。

❸ 李正宇《唐宋时代敦煌县河渠泉泽简志》(一)，《敦煌研究》1988 年第 4 期；(二)，《敦煌研究》1989 年第 1 期；《唐宋时代沙州寿昌县河渠泉泽简志》，《敦煌研究》1989 年第 3 期。

❹ 相关讨论如张广达《唐灭高昌后的西州形势》，收入氏著《西域史地丛稿初编》，上海古籍出版社，1995 年，第 110—133 页。

❺ 如王福昌《日人圆仁视野中的唐代乡村社会》，《华南农业大学学报》2007 年第 1 期；刘再聪《"在田野者为村"——以〈入唐求法巡礼行记〉为中心的考察》，《中国农史》2010 年第 1 期。

❻ 刘再聪《唐朝"村"制度研究》，厦门大学博士学位论文，2003 年。

❼ 长安乡、里、村考订的既有工作和新进展详参本书第一章介绍；洛阳乡、里、村的辑考也在持续进行，参考赵振华、何汉儒《唐代洛阳乡里村方位初探》，赵振华主编《洛阳出土墓志研究文集》，北京：朝华出版社，2002 年，第 101—120 页。

山石经对唐幽州幽都县、蓟县下的乡村进行了还原❶。

隋唐乡村研究中,学者还着重探讨国家对基层社会的控制。早期的成果如清水盛光、气贺泽保规等的研究❷。中村治兵卫讨论唐代的乡,认为唐初曾设有乡长,尔后并无乡一级的官员,开元中设置的望乡只是乡村的耆老,承担教化任务,并不是官员,乡级单位造籍、征税、维持治安事务等,均由里正承担❸;孔祥星则借助敦煌吐鲁番所出西州、沙州两地行政文书,系统讨论了唐代里正的行政级别、职掌、与基层社会的关系等,亦认为里正的工作重心在乡,可称为乡官❹;赵吕甫的观点与中村、孔二氏相反,认为唐代依然存在乡一级的行政管理者,虽然今天看来判断有偏差,但他条梳了乡级行政管理者在造籍、均田、催督赋役、协助司法、参加重大典礼、办乡学等事务中所发挥的作用,对乡里行政与控制的研究,仍有示范作用❺;杉井一臣借助《金刚经碑》《百门陂碑》等石刻资料讨论了唐代乡村社会呼为"乡望"者的身份、地位、人选,在乡村治理中的角色,以及与开元二十九年(741)设置的望乡的关系❻。在此基础上,近年来,相关学者继续发掘新出吐鲁番文书中的资料,讨论里正与基层政务运行的关系,细化了其在县、乡两级政权中的

---

❶ 赵其昌《唐幽州村乡初探》及《唐幽州村乡再探》,首都博物馆编辑委员会《首都博物馆十五周年论文选》,北京:地质出版社,1996年,第209—211、214—215、222页。

❷ 参读清水盛光《中國鄉村社會論》,東京:岩波書店,1951年;氣賀澤保規《隋代鄉里制に関する一考察》,《史林》58卷4號,1975年。

❸ 中村治兵衛《唐代の鄉——元和郡縣圖志よりみた》,《鈴木俊教授還暦記念東洋史論叢》,1964年;《再び唐代の鄉について——望鄉と耆老》,《史淵》第96號,1966年。

❹ 孔祥星《唐代里正——吐鲁番、敦煌出土文书研究》,《中国历史博物馆馆刊》1979年第1期。

❺ 赵吕甫《从敦煌、吐鲁番文书看唐代"乡"的职权地位》,《中国史研究》1989年第2期。

❻ 杉井一臣《唐代前半期の鄉望》,唐代史研究会编《中国の都市と農村》,東京:汲古書院,1992年,第297—323页。

表现❶。

隋唐乡村史研究，由于资料较上古丰富，思路并未局限于聚落形态或乡村基层控制。例如，学者们也关注唐代乡村生活与风俗，讨论乡村中的农耕生活、祭祀活动、社日，利用唐诗和《入唐求法巡礼行记》透视乡村的聚落形态、自然环境、民间礼俗等❷。齐涛从村落管理、命名、规模，生态环境、自然灾害、水利事业、草市、农业生产等诸方面，铺开了一幅唐代乡村的全景❸，而刘兴云则把目光投向地域上所谓的"中州"，关注中州乡村民众的社会与生活状态❹。借敦煌、吐鲁番文书之助，唐沙州、西州成为探讨唐代乡村民众家庭结构、生计、衣食住行、世俗文化、信仰、禁忌、结社活动的园地，涌现出众多研究成果❺。

唐代县乡基层社会研究中，个案研究还不充分，值得一提的是

❶ 李浩《论里正在唐代乡村行政中的地位》，《山东大学学报》2003年第2期；谷更有《唐宋国家与乡村社会》，北京：中国社会科学出版社，2006年，第104—126页；李方《唐西州诸乡的里正》，《敦煌吐鲁番研究》第9卷，北京：中华书局，2006年，第187—217页，又氏著《唐西州官吏编年考证》第五章，北京：中国人民大学出版社，2010年，第299—340页；赵璐璐《里正与唐代前期基层政务运行》，中国人民大学硕士学位论文，2007年；张雨《吐鲁番文书所见唐代里正的上直》，《西域文史》第2辑，北京：科学出版社，2007年，第75—88页。

❷ 参考傅晓静《论唐代乡村社会中的社》，《青岛大学师范学院学报》2000年第1期；熊梅《唐诗中的乡村》，《古今农业》2006年第2期；王福昌《日人圆仁视野中的唐代乡村社会》，《华南农业大学学报》2007年第1期；孙军辉《传承与价值并存：唐代乡村社会的祭祀和农耕生活》，《学术交流》2010年第6期，等等。

❸ 齐涛《魏晋隋唐乡村社会研究》，济南：山东人民出版社，1995年。

❹ 刘兴云《唐代中州乡村社会》，兰州：甘肃人民出版社，2007年。

❺ 代表性论著如杨际平、郭锋、张和平《五—十世纪敦煌的家庭与家族关系》，长沙：岳麓书社，1997年；郝春文《唐后期五代宋初敦煌僧尼的社会生活》，北京：中国社会科学出版社，1998年；余欣《神道人心：宋元之际敦煌民生宗教社会史研究》，北京：中华书局，2006年；谭蝉雪《盛世遗风：敦煌的民俗》，兰州：甘肃教育出版社，2008年；孟宪实《敦煌民间结社研究》，北京大学出版社，2009年；王三庆《从敦煌斋愿文献看佛教与中国民俗的融合》，台北：新文丰出版公司，2009年；朱凤玉《朱凤玉敦煌俗文学与俗文化研究》，上海古籍出版社，2011年；等。

爱宕元利用仁井田陞提及的《周村十八家造像塔记》中记录的家族成员题名，展开唐前期河南修武县周村的个案研究，探讨了村落的地理形势、家庭结构、人口规模、官僚化人口诸问题❶；而刘淑芬则借助河北获鹿本愿寺的九方唐代石刻，讨论了一座地方寺院的发展史，由此折射出地域社会的官员、家族、普通僧人的生活与互动，获鹿地区经济的荣枯，居民成分的变化，等等❷，这种拉近焦距式的深描（thick description）❸，值得借鉴。

总体上说，唐代乡村史的研究，尚未完全跳出上古乡村研究喜好理论争鸣的窠臼，新话题有待拓展，以展现乡村世界丰富多彩之样貌。

对京畿地域的著录与先行研究

长安作为唐帝国首都三百年间，鼎盛繁华一时，唐代的地理书如《元和郡县图志》曾对京兆各县行政沿革、县内地理、名胜略做介绍❹。宋、元、明、清人都乐于描绘唐都的街道坊里、宫室苑囿，周边山川风物，产生了数部介绍古都的图、志及游记，我们称之为"长安"文献。

宋神宗熙宁九年（1076）成书的《长安志》中，有目前能见到的最早的对于唐长安周边城、台、祠庙、山川、原谷、漕河、陂

---

❶ 爱宕元《唐代前期の華北村落の一類型——河南修武縣周村の場合》，收入氏著《唐代地域社会史研究》，第247—270页。

❷ 刘淑芬《从本愿寺石刻看唐代的地方社会》，《劳贞一先生九秩庆论文集》，台北：兰台出版社，1997年，收入氏著《中古的佛教与社会》，上海古籍出版社，2008年，第115—144页。

❸ Clifford Geertz, "Thick Description: Toward an Interpretive Theory of Culture", in *The Interpretation of Cultures: Selected Essays*, Hutchinson, 1975, pp.1-30.

❹ 李吉甫撰《元和郡县图志》卷一、卷二"关内道"，贺次君点校，北京：中华书局，1983年，第1—46页。

池、渠道、驿路的描述，宋敏求用十卷的篇幅介绍了北宋时万年、长安、咸阳、兴平、武功、临潼、鄠、蓝田、醴泉、栎阳、泾阳、高陵、乾祐、渭南、蒲城、鏊屋、奉天、好畤、华原、富平、云阳、同官、美原诸县的行政沿革、人口，乡、村、里建制等，并重点关注各县保留的汉唐名胜遗迹❶。

元丰三年（1080），任龙图阁待制知永兴军的吕大防考长安故图时觉其讹误，率京兆府户曹参军刘景阳及弟吕大临等重新考察测量，绘成新的《长安图》，又别为《唐太极宫图》《唐大明宫图》《唐兴庆宫图》（称《三宫图》）。长安全图中除了汉都城、三宫、北郊近苑、皇城、城内里坊外，尚有渭河周围区域，以及城南外终南山麓的部分，是研究城外的第一手资料❷。

哲宗元祐元年（1086），浙人张礼与友人陈明微相约同游京兆城南，从宋代安上门南出，游历唐皇城以南外郭城，并出唐启夏门，走唐外郭城外，直至终南山下，最后由含光门再入，沿途考求唐长安城南的地理、风物、聚落形态，汇成《游城南记》❸。

---

❶ 宋敏求、李好文《长安志　长安志图》，辛德勇、郎洁点校，西安：三秦出版社，2013年。

❷ 《长安图》碑石经兵火碎成多片，中外学者致力于寻求善拓以复原长安城、乡全景。复原研究工作如吕大防《长安图（残图）》，平冈武夫主编《唐代的长安与洛阳·地图》，图版二·第二图，京都大学人文科学研究所，1956年，上海古籍出版社，1989年；周铮《吕大防长安图碑和三宫图碑》，曹婉如等编《中国古代地图集·战国一元》，北京：文物出版社，1990年，第25—30页；福山敏男《唐长安城的東南部——吕大防長安図碑の復原》，《古代學》2：4，1953年，收入氏著《中国建築と金石文の研究》（《福山敏男著作集》六），東京：中央公論美術出版社，1983年，第185—202页；妹尾达彦《都城图中描绘的唐代长安的城市空间——以吕大防〈长安图〉残石拓片图的分析为中心》，朱凤玉、汪娟编《张广达先生八十华诞祝寿论文集》，台北：新文丰出版公司，2010年，第211—244页；胡海帆《北京大学图书馆藏吕大防〈长安图〉残石拓片的初步研究》，《唐研究》第21卷，北京大学出版社，2015年，第1—64页。

❸ 张礼撰，史念海、曹尔琴校注《游城南记校注》，西安：三秦出版社，2003年；張禮撰、趙蕤撰《遊城南記／訪古遊記》，愛宕元訳注，京都：京都大学学術出版会，2004年。

至南宋初，程大昌有介绍关中古迹的《雍录》，内容仍偏重唐代，其中卷六"汉唐都城要水说"之"长安诸水、桥梁河津"等条目，介绍到唐代京郊的河道与水利设施，卷七介绍到京郊唐县到宋县的演变❶。

元人李好文在宋吕大防长安故图的基础上制作长安图二十二幅，分为三卷，其中上卷之《城南名胜古迹图》《唐骊山宫图》；中卷之《唐昭陵图》（分上下两幅）《唐建陵图》《唐乾陵图》，所附《唐陵图说》，以及《图志杂说》十八篇之"小儿原""邶名""樊川""杜陵""前代陵冢""关中碑刻"等；下卷之《泾渠总图》《富平县境石川溉田图》，内容涉及唐长安郊县的离宫、帝陵、庄园、村落、碑刻、水利设施等❷。

元成宗元贞二年（1296）成书的骆天骧《类编长安志》十卷，意在广集宋金以前长安地区故事，使"览之者不劳登涉，长安事迹，如在目前"。骆《志》在内容上主要承宋敏求《长安志》，但打破街坊属县的体系，分"京城""宫殿室庭""圜丘郊社""山水""川谷""泉渠""镇聚""邮驿""石刻"等共 31 类，每类以周、秦、汉、唐、宋为序，有则述之，无则阙，涉及唐代京畿郊县自然和人文景观❸。

从传世长安文献中对唐代长安城外的著录与介绍不难看出，不论是宋敏求实用主义的地志书写，吕大防、李好文的考察、测绘，

<hr />

❶ 程大昌撰《雍录》，黄永年点校，北京：中华书局，2002 年。

❷ 与《长安志》合刊，见宋敏求撰《长安志 附长安志图》，丛书集成初编本，第 3210—3212 册，中华书局 1991 年据经训堂丛书本影印。新整理本见辛德勇、郎洁点校《长安志 长安志图》，第 24—116 页。

❸ 骆天骧撰《类编长安志》，黄永年点校，北京：中华书局，1990 年。黄永年对骆《志》的篇章安排和分类方法评价不高，参所撰《述〈类编长安志〉的史料价值》，《中国古都研究》第 1 册，杭州：浙江人民出版社，1985 年，第 102—123 页。

还是张礼充满文人浪漫的游记，皆笼罩在一种考求汉唐长安形胜、旧日繁华的情绪下，对长安都市的书写、描绘是主体，对城外郊县、乡村的介绍是余绪。介绍仅及于唐人遗留下的名胜古迹，于其风土民情、社会经济、人事等均很少注意。

　　长安的周边并未被现代学术研究忽视。历史地理学者一直致力于对关中平原与汉唐长安周边地理、自然环境，气候、水利建设的考察与探讨，并重构了唐长安附近水路、陆路、馆驿、都亭交织而成的交通网络[1]；另热衷于借助出土墓志考订长安、万年两县城外的乡、里、村名及其形态位置[2]，爱宕元从事这项工作时间较长，收集材料亦较广，考订范围扩展至京兆、河南府界内所有县下的乡、里、村[3]。

---

[1]　相关研究如严耕望《唐代交通图考》第一卷《京都关内区》，"中研院"史语所专刊之83，1985年。史念海主编《汉唐长安与黄土高原》，西安，1998年；《汉唐长安与关中平原》，《中国历史地理论丛》1999年增刊；《西安历史地图集》，西安地图出版社，1996年；史念海《环绕长安的河流及有关的渠道》，《中国历史地理论丛》1996年第1期；《唐长安城外龙首原上及其邻近的小原》，《中国历史地理论丛》1997年第2期。碳波護《唐代の畿内と京城四面関》，唐代史研究会编《中國の都市と農村》，東京：汲古書院，1992年，第185—202页。李健超《霸上与长安》，《西北大学学报》1984年第1期；《唐长安临皋驿》，《考古与文物》1984年第3期。廖幼华《史书所记唐代关中平原诸堰》，《汉唐长安与关中平原》，《中国历史地理论丛》1999年增刊，第149—178页。辛德勇《唐长安都亭驿考辨——兼述今本〈长安志〉通化坊阙文》，《唐史论丛》第1辑，1988年；《隋唐时期长安附近的陆路交通——汉唐长安交通地理研究之二》，《中国历史地理论丛》1988年第4期；《汉唐期间长安附近的水路交通——汉唐长安交通地理研究之三》，《中国历史地理论丛》1989年第1期；《长安城兴起与发展的交通基础——汉唐长安交通地理研究之四》，《中国历史地理论丛》1989年第2期，均收入氏著《古代交通与地理文献研究》，北京：商务印书馆，2018年，第100—156页。
[2]　学界对长安周边乡、里、村名的增补工作，详本书第3章的回顾。
[3]　早期的工作如爱宕元《唐代両京郷・里・村考》，《中国聚落史の研究》，東京：刀水書房，1980年，第58—68页。《唐代両京郷里村考》，《東洋史研究》40卷3號，1981年，收入氏著《唐代地域社会史研究》，京都：同朋舍，1997年，第3—23页。扩大范围的研究见《唐代京兆府・河南府郷里村考》，《東アジア史における国家と地域》，東京：刀水書房，1999年，第163—190页。

考古工作者在发掘唐长安外郭城及城内建筑遗址同时，在长安城外也进行了许多工作。包括：1. 对京郊离宫的调查与发掘。如隋仁寿宫唐九成宫遗址、华清宫遗址、玉华宫遗址、翠微宫遗址[1] 等。2. 长安城与外界沟通的桥梁遗址。1994、2002 年在西安东郊发掘了隋灞桥遗址[2]，1980 年代初发掘了唐东渭桥遗址[3]。2012 年后在西安未央区汉长安城厨城门、洛城门附近发现 5 处汉唐间使用的木质结构桥梁遗址[4]。3. 长安周边的帝陵考古。1950 年代至今对太宗昭陵等十余座帝陵进行了发掘或勘查、测绘工作；对其陪葬墓也进行发掘清理工作，成果丰富[5]。唐代墓葬的考古发掘并不局限在帝陵及皇室、贵族墓，也兼及长安东郊、南郊、北郊的中小型唐墓[6]，为研究

---

[1] 参考中国社会科学院考古研究所西安唐城队《隋仁寿宫唐九成宫 37 号殿址的发掘》，《考古》1995 年第 12 期；中国社会科学院考古研究所编著《隋仁寿宫·唐九成宫：考古发掘报告》，北京：科学出版社，2008 年。华清宫考古队《唐华清宫汤池遗址第一期发掘简报》，《文物》1990 年第 5 期；《唐华清宫汤池遗址第二期发掘简报》，《文物》1991 年第 9 期；骆希哲编著《唐华清宫》，北京：文物出版社，1998 年。董彩琪《铜川调查唐玉华宫遗址》，《中国文物报》1996 年 6 月 23 日。李健超等《唐翠微宫遗址考古调查简报》，《考古与文物》1991 年第 6 期。

[2] 1994 年的发掘资料见《陕西省志·文物志》，西安：三秦出版社，1995 年；2002 年发掘资料尚未发表，参看侯卫东、李鑫、王昭宗、李燕霞、冯涛《灞河再现隋唐古桥》，《文博》2004 年第 4 期。

[3] 孙德润、李绥成、马建熙《渭河三桥初探》，《考古与文物》第一届年会论文集，1984 年。董国柱《陕西高陵县耿镇出土〈唐东渭桥记〉残碑》，《考古与文物》1984 年第 4 期。

[4] 参读渭桥考古队《西安汉长安城北渭桥遗址发掘再获成果——发现渭河北端、渭河北岸，确定渭河北移时间上限》，《中国文物报》2015 年 8 月 14 日第 8 版；《西安市汉长安城北渭桥遗址出土的古船》，《考古》2015 年第 9 期。

[5] 相关情况参陕西省考古研究院隋唐考古研究部《陕西南北朝隋唐及宋元明清考古五十年综述》，《考古与文物》2008 年第 6 期。

[6] 如近年对西郊热电厂、南郊马腾空、紫薇田园都市工地、长安区郭杜大学城、上塔坡村清凉山森林公园项目的唐墓进行的清理发掘工作，参西安市文管会《西安西郊热电厂基建工地隋唐墓葬清理简报》，《考古与文物》1991 年第 4 期；陕西省考古研究所《西安市南郊马腾空唐墓发掘简报》，《江汉考古》2006 年第 3 期；《西安紫薇田园都市工地唐墓清理简报》，《考古与文物》2006 年第 1 期；西安市文物保护考古研究院《西安南郊上塔坡村 132 号唐墓发掘简报》，《文博》2016 年第 1 期。

唐都郊区居民的生活，提供了重要的材料。

考古、历史地理学研究信息提供了京畿乡村区域的外部图景，但很少触及其社会变动与人群结构。近年来，长安社会史研究者开始关注不同人群在城外的活动，如福山敏男、妹尾达彦等关注城内精英在城外经营别业、两栖生活的情况；武伯纶尝试利用数目不多的平民墓砖来讨论郊区人民的居住环境、生活与生计[1]；詹宗祐探讨城南终南山区士、庶民众的生活、赋役等[2]。不过，作为城市社会史话题的延伸，乡村社会的研究才刚刚起步。

---

❶ 武伯纶《唐代长安郊区的研究》，《文史》第 3 辑，中华书局，1963 年；收入氏著《古城集》，西安：三秦出版社，1987 年，第 88—138 页。

❷ 詹宗祐《隋唐时期终南山区研究》，台湾中国文化大学史学研究所博士学位论文，2003 年，参看第三章《终南山区的士庶生活》，第 181—200 页。

第一编

聚落地理

京畿地区的自然地理图景

一　地形地貌

唐代京畿地区的主体是关中平原，但其全境并不属于平原一个地形区，而包含了黄土台塬、渭河河流阶地、秦岭北麓冲积扇等多种构造。其中北部的好畤、奉天、醴泉、三原、富平、美原、奉先等县处于黄土高原与关中平原的分界点，沿着渭北台塬，自西向东有一系列低山丘岭，俗称"北山"，据宋敏求《长安志》记载，醴泉县境内有九嵕山、武将山、芳山、覆甑山、承阳山、无劳山❶，蒲城县境有丰山、金粟山、白堂山、不群山、金炽山、尧山、重山、铜斗山、马冢山❷，奉天县境有梁山❸，美原县境有频山、石叠山、万斛山、金粟山、玉境山、玉女山❹，好畤县境有塊山、明月山、石门

---

❶ 宋敏求《长安志》卷一六，辛德勇、郎洁点校《长安志　长安志图》，西安：三秦出版社，2013 年，第 495 页。

❷ 《长安志》卷一八，《长安志　长安志图》，第 544—545 页。

❸ 《长安志》卷一九，《长安志　长安志图》，第 564 页。

❹ 《长安志》卷二〇，《长安志　长安志图》，第 606 页。

山，三原县境有截嶭山、尧门山，云阳县境有嵯峨山、甘泉山等❶，皆为石土质山地，灰岩上覆薄层黄土，山一般较低矮，海拔不过1500米。

中部咸阳、长安、万年诸县正处关中平原核心。关中平原是三面环山向东敞开的河谷盆地，呈喇叭状，东部宽阔，南北距离由东部到西部逐渐从三四百里减少为百十里，地势西高东低，海拔在325—900米之间❷。渭河横穿中部，河床为不对称的阶地与台塬，阶地平坦，台塬广阔，即古称"八百里秦川"。

南部鄠县，东南蓝田、新丰，西南的武功、盩厔，处于秦岭北坡。《长安志》记载终南山在鄠县南二十里❸，去盩厔县三十里❹；蓝田县境内有黄山、倒虎山、峣山、虎候山、金山、七盘山、王顺山、阜儿山等山脉❺，其中王顺山海拔2311米，为秦岭北侧高峰之一❻；新丰之骊山则成为皇家避暑胜地。秦岭北坡的山间河流众多，在河水冲刷下，形成自主脊向北延伸的深度切割河谷，或呈U型，或呈V型，称为峪道，峪道沟通秦岭南北，在河谷谷口处，地势趋于平坦，是山中的人口与耕地聚集区❼。有学者曾对南山谷口的分布进行介绍❽。沿峪道翻越浅山，进入秦岭中的深山区，

❶ 《长安志》卷一九，《长安志　长安志图》，第567—568页。

❷ 参照宋德明主编《陕西省志》第三卷《地理志》七章《地貌》，西安：陕西人民出版社，2000年，第277—279、254页。

❸ 《长安志》卷一五，《长安志　长安志图》，第466页。

❹ 《长安志》卷一八，《长安志　长安志图》，第553页。

❺ 《长安志》卷一六，《长安志　长安志图》，第482—483页。

❻ 数据参照《陕西省志》第三卷《地理志》后附《陕西省主要山脉、山峰一览表》，第321页。

❼ 《陕西省志》第三卷《地理志》，第261、280—281页。

❽ 毛凤枝撰，李之勤校注《南山谷口考校注》，西安：三秦出版社，2006年。书后附《南山诸谷道示意图》值得参看。

地质学上称为太白山古冰川高山。盩厔、鄠县境内的翠峰山、终南山、南五台海拔在 1800—2800 米[1]，山高谷深，是真正"不识两京尘"[2]的区域，而盩厔西南的太白山海拔 3767.2 米，是秦岭最高峰[3]。《长安志》卷一四《武功》"太白山"引《三秦记》曰："在（武功）县南，去长安二百里，不知高几许。俗云：'武功太白，去天三百。'山下军行不得鸣鼓角，鸣鼓角则疾风暴雨兼至也。"又引《水经注》曰："太白山南连武功山，于诸山最为秀杰，冬夏积雪，望之皓然。"[4]

京畿地区台塬、山地、河谷平原，低山、中山、高山等多种地形兼备，其中山地与平原大约各占总面积之一半[5]。

二 气候、物产与水资源

从竺可桢以来，相关学者对历史时期关中气候变迁、隋唐气候冷暖变化展开了全方位研究与激烈争论。竺可桢通过隋唐长安种植梅树、柑橘以及驯象等现象，从物候学角度得出公元 7 世纪是一个相对温暖湿润期的结论[6]。但满志敏以为这些长安物候现象带有人

---

[1] 《陕西省志》第三卷《地理志》后附《陕西省主要山脉、山峰一览表》，第 319—320 页。

[2] 李洞《寄太白隐者》，彭定求等编《全唐诗》卷七二二，北京：中华书局，1960 年，第 8281 页。

[3] 此数据采自王安泉主编，《周至县志》编纂委员会编《周至县志》，西安：三秦出版社，1993 年，第 347 页。

[4] 《长安志 长安志图》，第 437 页。

[5] 据西安市地方志编纂委员会《西安市志》第一卷《自然地理志》统计，西安出版社，1996 年，第 270 页。

[6] 竺可桢《中国近五千年来气候变迁的初步研究》，《中国科学》1973 年第 2 期。

工保护痕迹，不能作为气候温暖的指示，他同时收集了唐代气候冷暖两方面的证据，认为唐代不是一个稳定的温暖时期，或者说，唐代中期（8世纪中期）以后气候转冷❶。王铮等在此基础上又提出唐代气候属于混沌（Chaos）状态，不存在稳定的趋势❷。在反对声音下，吴宏岐、党安荣依据物候、动物分布、孢粉、雪线、海平面等相关资料，对隋唐气候波动状况做了深入研究，肯定了竺氏的基本结论，以唐时平均气温较今日高1℃左右，气候带的纬度北移1°左右，不过他们吸纳了满志敏气候转折的意见，将隋唐五代北宋的气候分为第一个温暖期（550—800）、第二个温暖期（950—1050），而将气候转冷点定于德宗贞元十三年（797）前后❸。据统计，唐代关中地区冬无冰雪的记载多达16年，这在中国历史上各王朝绝无仅有，说明唐代确实温暖❹。

学者们对区域气候的研究，也都说明唐代在中国两千年历史上属于温暖湿润时期❺，气候变化对农作物生长有着最直接的影响，据推定唐长安年均气温比今约高1—2℃，绝对最低气温高于零下8℃，这便使得农作物的生长周期增长、熟制增加，复种指数与单位面积产量增大❻。由于暖湿相伴，许多在较低纬度才能生长的亚热

❶ 满志敏《唐代气候冷暖分期及各期气候冷暖特征的研究》，《历史地理》第8辑，上海人民出版社，1990年，第1—15页。
❷ 王铮、张丕远、周清波《历史气候变化对中国社会发展的影响——兼论人地关系》，《地理学报》1996年第4期。
❸ 吴宏岐、党安荣《隋唐时期气候冷暖特征与气候波动》，《第四纪研究》1998年第1期。
❹ 朱士光等《历史时期关中地区气候变化的初步研究》，《第四纪研究》1998年第1期。
❺ 郭声波《成都荔枝与十二世纪的寒冷气候》，《中国历史地理论丛》1989年第3期；盛福尧《初探河南历史时期的寒暖》，《历史地理》第7辑，上海人民出版社，1990年，第160—170页；蓝勇《近2000年来长江上游荔枝分布北界的推算与气温波动》，《第四纪研究》1998年第1期；陈家其《江苏省近两千年气候变化研究》，《地理科学》1998年第3期。
❻ 蓝勇《唐代气候变化与唐代历史兴衰》，《中国历史地理论丛》2001年第1期。

带作物，比如梅、竹类、柑橘、水稻，乃至江南常有的菱芡、菰米等水生生物，都出现在北方的长安。

唐长安与今日陕西西安的植物景观殊为不同。唐时关中有大面积的竹林分布，官方在鄠县等县设司竹监，管理相关资源❶；大概到唐中后期气候转寒时，竹已不适合在关中生长，到南宋时，罗大经记录："余闻秦中不产竹，昔年山崩，其下乃皆钜竹头。由是言之，古固产竹矣。"❷ 可见当时竹子在秦地绝迹已久。唐长安城东的蓝田辋川，庄园里是一派"漠漠水田飞白鹭，阴阴夏木啭黄鹂"的景象❸，城南曲江中有"卧蒋黑米吐，翻芰紫角稠"❹，于朱坡下的池亭中，可观赏"楸梧叶暗潇潇雨，菱荇花香淡淡风"❺，俨然都是江南水乡所见物候，今天在陕南汉水谷地才可见到。

今天的关中平原几不产水稻，陕西水稻产地主要在陕南，以至于影响了陕人的饮食结构，乾隆《同官县志》记："民食以麦为主，而五谷皆可种。稻则独鲜，以山多故也，故其价两倍于他处。"❻ 邠州淳化县"欲得稻米，必购自他邑，民鲜知味者"❼。而唐时水稻种植的北界在幽州—并州—绛州—同州—京兆府—陇州—

---

❶《唐六典》卷一九《司农寺》载："司竹监：监一人，正七品下……（今在京兆鄠、鄠屋，怀州河内县）……司竹监掌植养园竹之事；副监为之贰。凡宫掖及百司所需帘、笼、筐、箧之属，命工人择其材干以供之；其笋，则以时供尚食。"第529页。

❷ 罗大经《鹤林玉露》丙编卷四，王瑞来点校，北京：中华书局，1983年，第300页。

❸ 王维《积雨辋川庄作》，赵殿成笺注《王右丞集笺注》，上海古籍出版社，1998年，第187页。

❹ 张籍《城南》，《全唐诗》卷三八三，第4298页。

❺ 许浑《朱坡故少保杜公池亭》，《全唐诗》卷五三三，第6088页。

❻ 袁文观纂修《(乾隆)同官县志》卷四《风土·物产》，《中国地方志集成·陕西府县志辑》第27册，南京：凤凰出版社，2007年，第560页。

❼ 万廷树修、洪亮吉纂《(乾隆)淳化县志》卷八《风土记·五谷》，《中国地方志集成·陕西府县志辑》第9册，第465页。

渭州—兰州一线❶，京兆府以北的同、华二州，皆植粳稻，咸阳有万顷稻苗❷，城南鄠杜有"稻花香泽水千畦"❸，渼陂周围亦广植香稻❹。概而言之，由于温暖时期的到来，唐时关中地区的植物比寒冷时期更具多样性。

与气候转向暖湿相伴的是唐时关中水资源的丰沛。水资源由地表水和地下水组成，地表水包括河流、湖泊、沼泽、冰川等，地下水包括孔隙水、熔岩水、裂隙水和黄土水等❺。今天的西安市水资源严重不足，地表水人均占有量 408 m³，为世界人均占有量的 4.5%❻，而唐时长安周围八水环绕，湖沼池陂密布，为水乡泽国。今日渭河水系，渭北的泾河、洛河等因流经黄土高原，含沙量特大，渭河咸阳段多年平均输沙量为 18146 万吨❼，而渭南的支流黑河、涝河、沣河、灞河等，短小流急，年径流变化极大❽。夏秋易成洪灾，冬春又无水可引，几近断流。唐时渭河水系诸水径流量大，河域宽广，含沙量小，水量供给充足，有余者还通过

❶ 华林甫《唐代水稻生产的地理布局及其变迁初探》，《中国农史》1992 年第 2 期。
❷ 李华《咏史十一首》有"咸阳古城下，万顷稻苗新"句，《全唐诗》卷一五三，第 1587 页。
❸ 韦庄《鄠杜旧居二首》，《全唐诗》卷六九八，第 8038 页。
❹ 杜甫《秋兴八首》其八："……紫阁峰阴入渼陂。香稻啄残鹦鹉粒，碧梧栖老凤凰枝。"仇兆鳌《杜诗详注》，北京：中华书局，1979 年，第 1497 页。
❺ 参考王双怀的定义，见所撰《五千年来中国西部水环境的变迁》，《陕西师范大学学报》2004 年第 5 期。
❻ 数据来自西安市地方志编纂委员会《西安市志》，第 323 页。
❼ 王双怀《五千年来中国西部水环境的变迁》文。
❽ 据现代水文观测，黑河在黑峪口最大流量 1880 m³/秒，最小流量 1.0 m³/秒；涝河在涝峪口最大流量 904 m³/秒，最小流量 0.33 m³/秒；沣河在秦渡镇最大流量 710 m³/秒，最小流量 0.01 m³/秒；灞河在马渡王最大流量 1600 m³/秒，最小流量 0.01 m³/秒，数据引自张仁甫《保护水源、防止水荒——对西安地区供水问题的几点建议》，《陕西省地理学会 1981 年学术年会西北大学地理系论集》，西北大学地理系，1981 年 12 月。

各种引水渠道，或充盈长安城内园林池沼，供文人游赏，美化环境；或推动碾硙等大型机械，加工粮食；或灌溉稻田；或冲淡、改良长安东部盐卤湖泊之水质。

如果说河流之流量变化还不是很明显的例证，唐以后关中湖沼面积、数量的变迁则可谓巨大。今天的西安市内湖泊仅有兴庆湖、莲湖两处，而周边的湖沼亦不足 10 处，水量极小，多供观赏之用。而据不完全统计，隋唐时期关中地区有名称可考的大小湖沼多达 191 个，其中长安城内 113 个，城外诸县 78 个，这一数目为历史最高点[1]。

湖沼的规模普遍广大，据《元和郡县图志》和《长安志》记载，周回在二十里以上的大湖就有盐池泽（周回二十里）、马牧泽（南北广四里，东西二十一里）、煮盐泽（周回二十里）、龙台泽（周回二十五里）、八部泽（周回五十里）、小盐池（纵广二十余里）、滈池（周匝二十一里，尽地二十三顷）[2]，数量超先秦、秦汉、魏晋时期[3]。而唐昆明池的规模，据考古发掘，东西约 4.25 公里，南北约 5.69 公里，池岸周长约 17.6 公里，面积约 16.6 平方公里，比起前述诸湖，又为宏大[4]。湖沼的蓄水量极为丰富。昆明池在汉代即可承载高十余丈的楼船，而唐时池岸又有扩大，有 2 条进水渠和

❶ 参照赵天改之统计，见所撰《关中地区湖沼的历史变迁》，陕西师范大学硕士学位论文，2001 年，第 16—27 页。

❷ 李吉甫撰《元和郡县图志》卷一《关内道一》、卷二《关内道二》，贺次君点校，第 10、25、27、30 页；《长安志》卷一一至一九，《长安志 长安志图》，第 355—588 页。

❸ 据赵天改统计，先秦与秦汉魏晋北朝两时期周回二十里以上湖沼各有 5 个，《关中地区湖沼的历史变迁》，第 5—12 页。

❹ 中国社会科学院考古研究所汉长安城工作队《西安市汉唐昆明池遗址的钻探与试掘简报》，《考古》2006 年第 10 期。

3条出水渠，水量不会少于汉时❶。唐人的游昆明池诗描述其"神池望不极，沧波接远天。仪星似河汉，落景类虞泉""掩映生云烟"❷"坎垹四十里"❸，水中有大鲸，可泛舟。连周回仅十四里，以产鱼闻名的渼陂，亦可泛舟，可见"波涛万顷堆琉璃"❹"舟移城入树，岸阔水浮村"❺的景色。

　　湖沼之外，诸畿县境内池潭湫泽密布，如美原县东北隅的神泉："平地可深百许尺，东西延袤七八十尺。下积渊泉，泓渟镜澈，莫测其底。南流出界，虽云汉昭回，而渗漉无竭，则所谓上善利物，谷神不死。"❻武周时万年县霸陵乡庆山之醴泉涌出，"山南又有醴泉三道，引注三池，分流接润，连山对浦，各深丈余，广数百步。味色甘洁，特异常泉"。❼长安城东南灵应台的三娘子湫"与炭谷相近，水波澄明，莫测深浅。每秋风摇落，未尝有草木飘泛其上"❽，常漂没人口。《长安志》记兴平县灵宝泉"周数十步，深不可测"❾。

　　江河湖沼池陂，除发挥灌溉农田作用外，其中丰富的水生生

❶ 中国社会科学院考古研究所汉长安城工作队《西安市汉唐昆明池遗址的钻探与试掘简报》文。

❷ 李百药《和许侍郎游昆明池》，《全唐诗》卷四三，第535页。

❸ 储光羲《同诸公秋日游昆明池思古》，《全唐诗》卷一三八，第1397页。

❹ 杜甫《渼陂行（陂在鄠县西五里，周一十四里）》，仇兆鳌《杜诗详注》，第179页。

❺ 岑参《与鄠县群官泛渼陂》，陈铁民、侯忠义校注《岑参集校注》，上海古籍出版社，1981年，第136页。

❻ 韦元旦《五言夏日游神泉诗并序》，陈尚君辑校《全唐诗补编》，北京：中华书局，1992年，第117—118页。

❼ 张说《为留守奏庆山醴泉表》，熊飞校点《张说集校注》，北京：中华书局，2013年，第1160页。

❽ 康骈撰《剧谈录》卷上《华山龙移湫》，《唐五代笔记小说大观》，萧逸校点，上海古籍出版社，2000年，第1474—1475页。

❾ 《长安志》卷一四，《长安志　长安志图》，第427页。

物，也为京畿民众带来可观的经济效益，泾阳县之龙泉陂"多蒲鱼之利"❶，奉天县之莲子池"旧有莲藕之利"❷，栎阳县之清泉陂"多水族之利"❸，渼陂"有五味陂，陂鱼甚美"❹。水产品经简单加工后可进入市场流通，取得收益，故曰"有利"。

---

❶ 《长安志》卷一七，《长安志 长安志图》，525 页。
❷ 《长安志》卷一八，《长安志 长安志图》，546 页。
❸ 《长安志》卷一七，《长安志 长安志图》，519 页。
❹ 《长安志》卷一五《鄠县》引《十道志》，《长安志 长安志图》，469 页。

第2章

唐长安的基层聚落形态

　　基层社会的地域构造与聚落形态在先秦秦汉—魏晋六朝—隋唐这一长时段的发展演变，曾得到学者的热烈关注与讨论[1]。目前较为普遍的看法是，战国秦汉以来，中央与基层的聚落形态就可以划分为有城郭围绕的（城）邑，以及城邑之外散布的自然聚落；只是这些自然聚落具有多样性，内部布局形态非一，而名称各异，先秦时称为"落""聚""邑""庐"等[2]；考古发现汉代的自然聚落有辽阳三道壕、河南遂平小寨、河南内黄三杨庄等[3]；六朝时的城郭外聚落有称为墟、野、场、林、丘、渚、沟、洲、浦等各种情况。侯旭东推测，大概晚至刘宋，"村"才从南方林林总总的自

---

[1] 相关研究参见导言部分"相关研究回顾"一节的梳理。

[2] 先秦秦汉的聚落情况，参考池田雄一《中国古代における聚落の展開》《中国古代の聚落形態》，收入氏著《中国古代の聚落と地方行政》，東京：汲古書院，2002年，第39—47、65—88页。

[3] 东北博物馆《辽阳三道壕西汉村落遗址》，《考古学报》1957年第1期；河南文物研究所《河南遂平县小寨汉代村落遗址水井群》，《考古与文物》1986年第5期；河南省文物考古研究所、内黄县文物保护管理所《河南内黄县三杨庄汉代庭院遗址》，《考古》2004年第7期。对后一遗址更具体的解读可参看邢义田《从出土资料看秦汉聚落形态和乡里行政》，黄宽重主编《中国史新论：基层社会分册》，台北：联经出版公司，2009年，第17—48页。

然聚落名称中脱颖而出❶。

一　城郭内外

作为律令制国家，唐建国伊始，就以《令》规范基层行政建置与聚落形态，见《旧唐书·食货志》："武德七年（624），始定律令：……百户为里，五里为乡。四家为邻，五家为保。在邑居者为坊，在田野者为村。村坊邻里，递相督察。"❷ 以居住地为原则，将自汉魏以来或称闾里、或称里坊的城郭内封闭式地理单元固定为坊；对城邑之外纷繁复杂的聚落进行整顿，在名称上统一为村，从制度上实施统一管理❸；同时在北朝、隋屡有变化的基层行政管理方式之外，重新采用乡里邻保的人口编组方法，这看似向汉晋乡里制的复归，实则运转着新型大一统帝国的生命活力。

开元年间定令时，又对村、坊的设置情况进行了细化，《唐六典》记："百户为里，五里为乡。两京及州县之郭内分为坊，郊外为村。里及村、坊皆有正，以司督察。"❹《通典》引开元二十五年（737）令："诸户以百户为里，五里为乡，四家为邻，（三）［五］家为保。每里置正一人，……掌按比户口，课植农桑，检察非违，催驱赋役。在邑居者为坊，别置正一人，掌坊门管钥，督察奸非，并免其课役。在田野者为村，别置村正一人。……诸里正，县司选

---

❶ 侯旭东《汉魏六朝的自然聚落——兼论"邨""村"关系与"村"的通称化》,《中国史新论：基层社会分册》，第127—181页。

❷《旧唐书》卷四八《食货上》，第2089页。

❸ 参看刘再聪《唐朝"村"制度研究》第二章，第30—37页。

❹《唐六典》卷三《尚书户部》，第73—74页。

勋官六品以下白丁清平强干者充。其次为坊正。若当里无人，听于比邻里简用。其村正取白丁充。"❶ 第一，从制度层面将城郭、城外散聚之差别定格为村坊之别，并强调此制普遍施行于两京及外州县；第二，明确了基层行政单位和基层聚落的管理者（里正／坊正、村正）以及他们在职掌上的差别；第三，规定了里正／坊正、村正的任职、简选标准。

从《通典》所引唐令可知，里正和坊正是从同一群体内选拔并任用，也就是，当处既设里正，掌户口赋役，又设坊正，掌治安，包伟民称此为唐代基层管理的"双轨制"❷。由此可理所当然地推出，乡里制作为人口编组与基层行政单位，应普遍适用于城内、郭外之聚落，即乡里制与坊、村制并行。宫崎市定总结这种现象为"重复平行"❸，吉田孝进一步将其归纳为"二重构造"说❹，其大旨可示意如下：

$$\text{自然区分} \begin{cases} \text{邑居……坊—邻} \\ \text{田野……村—邻} \end{cases}$$

人为区分　邑居·田野……乡—里—保

从律令的普适性来看，"二重构造"当行用于唐帝国全境，作为首都的长安，当最为示范。自唐以来即产生的以长安历史文化、地理为主题的城市文献，细致描述了城市内部的聚落形态、宫室宅邸、

---

❶ 杜佑撰《通典》卷三《食货三》，第 63—64 页。

❷ 观点见包伟民《宋代城市研究》，北京：中华书局，2014 年，第 114 页。

❸ 宫崎市定《中國における村制の成立——古代帝國崩壊の一面》，中译文收入《宫崎市定论文选集》上卷，第 39—40 页。

❹ 井上光贞等校注，日本思想大系《律令》之《户令》，東京：岩波書店，1976 年，第 550—551 页。感谢侯振兵兄代为检视原书。

街道坊里❶；而其建筑形制、外观、规模、功用等，在 20 世纪 50 年代以来开展的唐城考古工作中，又得到更加科学、数字化的表达❷。

借助西安出土唐人墓志葬地的记载，外郭城以外，长安周边的聚落形态也得到渐次呈现，具体成果见诸学者对长安、万年两县下辖乡、里、村及其位置的考证❸。长安城门外，紧依外郭城墙即有村，村作为自然聚落名，与行政单位乡、里并行。见于墓志葬地有万年 / 长安县某乡＋某村，某里＋某村，某乡＋某里＋某村，某乡＋某村＋某里等各种表达方式❹，村名有时在里名之下，这是村落住户稀疏，数个村凑足一里编组的情况；村名在里名之上，则是村落住户稠密，一个自然村下依户口划分为若干里的情况，直观地表明了村与里的重叠。

是否可以说，唐都长安城郭内外的聚落形态已全然明晰？恐怕不是。在长安城郭以内，里坊 / 坊里作为被精心规划的居住单元，几乎占据了研究者的全部视野。对于"百户为里，五里为乡"的人口划分是否亦行用于宫墙、坊墙、城墙林立的封闭区域这一基础性问题，却很少见学者给出正面的思考和系统的论证。支持"二重构造"者，想当然以长安城内有乡里，如宫崎市定、坂上康

---

❶ 如《两京新记》《历代名画记》《寺塔记》等，妹尾达彦称之为"都市志"，参考所撰《韦述的〈两京新记〉与八世纪前叶的长安》，《唐研究》第 9 卷，北京大学出版社，2003 年，第 12—13 页。

❷ 参陕西省文物管理委员会《唐长安城地初步探测》，《考古学报》1958 年第 3 期；中国科学院考古研究所西安发掘队《唐代长安城考古纪略》，《考古》1961 年第 11 期。

❸ 相关研究成果如武伯纶《唐万年、长安县乡里考》，《考古学报》1963 年第 2 期；《唐代长安郊区的研究》，《文史》第 3 辑，第 157—183 页。爱宕元《唐代两京乡·里·村考》，《中国聚落史的研究》，東京：刀水書房，1980 年，第 58—68 页等。

❹ 如上几种表述方式，均见于爱宕元所条列的万年、长安县所管乡、里、村名，收入氏著《唐代地域社会史研究》，第 3—23 页。

俊等。坂上氏以唐《令》规定里正与坊正从一个群体中选拔，具体职掌不同，由法条分析，长安城内肯定有乡、里行政区划❶。但从事唐代长安历史地理研究的学者无论从传世文献，还是出土墓志中，基本没有检索到位于外郭城之内的里名，尤其是乡名❷，他们大部分选择避开直接讨论此问题，例如在估算长安及周边人口数量时，直接以乡作为城外统计单元，以坊作为城内统计单元，而不说明理由❸。近来有学者正面论及这一问题，刘再聪以目前能掌握材料有限，不能得出唐两京城内有乡、里基层建制❹；成一农倾向于长安、洛阳城中的所有里之上都设乡，但未做分析❺。坂上康俊的想法游移不定，支持"二重构造"说之外，又依据唐长安坊由数米高围墙环绕的事实，认为很难想象或一坊区划数里，或若干坊组成一乡、一里的情况在坊墙存在情况下如何运作；他尝试提出了一种圆融的解释，在两京（长安）不存在人为区分（乡里）与自然区分（坊里）重叠结构的实质，是乡里被坊制制约，而不能正确表现实态❻。

---

❶ 参读坂上康俊《唐代の都市における郷里と坊の関係について》，《東北亞歷史財団企画研究》51《8世紀東アジアの歷史像》，2011年；何东译文《论唐代城市乡里与坊的关系》，收入周东平、朱腾主编《法律史译评》，北京大学出版社，2013年，第89—117页。

❷ 做长安、万年县乡、里、村名考证的学者如武伯纶、爱宕元、杜文玉、尚民杰等，基本都认为唐代的基层行政单位是城内分为坊，郊区分为乡与里。

❸ 观点如李之勤《西安古代户口数目评议》，《西北大学学报》1984年第2期；爱宕元《唐代京兆府の户口推移》，唐代史研究会编《律令制：中国・朝鲜の法と国家》，1986年，收入氏著《唐代地域社会史研究》，第95—121页；龚胜生《唐长安城薪炭供销的初步研究》，《中国历史地理论丛》1991年第3期；妹尾達彦《唐長安人口論》，《堀敏一先生古稀記念論集・中国古代の国家と民衆》，東京：汲古書院，1995年，第561—597页。

❹ 刘再聪《唐朝"村"制度研究》，第42—43页。

❺ 成一农《里坊制及相关问题研究》，《中国史研究》2015年第3期。

❻ 坂上康俊《论唐代城市乡里与坊的关系》，《法律史译评》，第115页。

从以上研究回顾看，乡里村坊制在唐长安的实施，看似明了，但乡里制是否推行于城内，一直疑而未决。随着近年来西安周边唐人墓志的新发现与刊布，我们又发现卒葬地记述中某乡＋某坊，某乡＋某里＋某坊，某坊＋某里，乡名与坊、里名同见的情况❶，这是特例，还是以往不见的乡里与坊制并行的明证？唐都长安的基层聚落形态究竟如何，与外州县有何联系与区别？本章将尝试对这一唐代区域地理研究中的难题予以解析与回应。

二　唐长安城内的基层聚落形态

要弄清乡里制在长安城内的实施与否，需先对外郭城以内的聚落形态作考察。

唐长安城承袭隋文帝开皇二年（582）六月至三年三月所筑之大兴城，《隋书·地理志》载："京兆郡（开皇三年，置雍州。城东西十八里一百一十五步，南北十五里一百七十五步。东面通化、春明、延兴三门，南面启夏、明德、安化三门，西面延平、金光、开远三门，北面光化一门。里一百六，市二）。"❷隋大兴城沿用北魏洛阳城、北齐邺南城的封闭式里制，在外郭之内规划106里，亦称坊。坊之原意为四周设有障壁的区域❸，北魏洛阳城之里（坊）规划为边长三百步，周长一千二百步，一里见方（约合 0.09 km²）的封

---

❶ 这样的特例更多见于洛阳出土墓志，坂上康俊也收集到一些，《论唐代城市乡里与坊的关系》，第109—115页。

❷ 《隋书》卷二九《地理志上》，北京：中华书局，1973年，第808页。

❸ 关于作为首都城内区块"坊"的原始含义，曾我部静雄做了梳理，见《都市里坊制の成立過程について》，《史學雜誌》58：6，1949年。

闭聚落，四边环以坊墙❶。隋大兴城之坊亦有坊墙，文献中可考索到一些在隋新都中筑坊的信息，如《长安志》卷一〇记醴泉坊："本名承明坊，开皇二年，缮筑此坊，忽闻金石之声，因掘得甘泉浪井七所，饮者疾愈，因以名坊。"❷ 可知大兴城建筑的同时，城内的聚落——坊即被规划，坊墙也被树立。

唐都在大兴城基础上扩建，永徽五年（654）筑京师罗郭❸，隋代的坊亦被沿袭，数量有调整。《唐六典》记开元时："皇城之南，东西十坊，南北九坊；皇城之东、西各一十二坊，两市居四坊之地；凡一百一十坊。"❹ 以朱雀大街为中轴线，街东南北向 5 行纵坊，东西向 13 排横坊，共 54 坊、1 市；街西南北向 5 行纵坊，东西向 13 排横坊，共 54 坊、1 市（图 1-1）。规划更为精细。坊周围有坊墙，据考古实测，墙基厚度约 2.5—3 m；坊之形制大小不一，城内之坊按面积大小可分为三类：1. 皇城以南、朱雀大街两侧四列坊，南北长 500—590 m、东西宽 558—700 m；2. 皇城以南其余六列坊，南北长 500—590 m、东西宽 1025—1125 m；3. 宫城、皇城两侧诸坊，南北长 838 m、东西宽 1115 m❺。

除第 1 类不开北门外，"每坊皆开四门，有十字街四出趣门"。❻ 宿白

---

❶ 《洛阳伽蓝记》卷五记北魏："京师东西二十里，南北十五里，户十万九千余。庙社宫室府曹以外，方三百步为一里，里开四门。"周祖谟《洛阳伽蓝记校释》，北京：中华书局，1987 年，第 228 页。《魏书》卷一八记广阳王元嘉"迁司州牧，嘉表请于京四面，筑坊三百二十，各周一千二百步"，北京：中华书局，1974 年，第 428 页。

❷ 《长安志 长安志图》，第 337 页。

❸ 《旧唐书》卷四《高宗纪上》，第 73 页。

❹ 《唐六典》卷七《尚书工部》，第 216 页。

❺ 长安城内坊里设计及其形制规模，参考宿白《隋唐长安城和洛阳城》，《考古》1978 年第 6 期；妹尾达彦《韦述的〈两京新记〉与八世纪前叶的长安》，《唐研究》第 9 卷，第 9—52 页。

❻ 《长安志》卷七，《长安志 长安志图》，第 256 页。

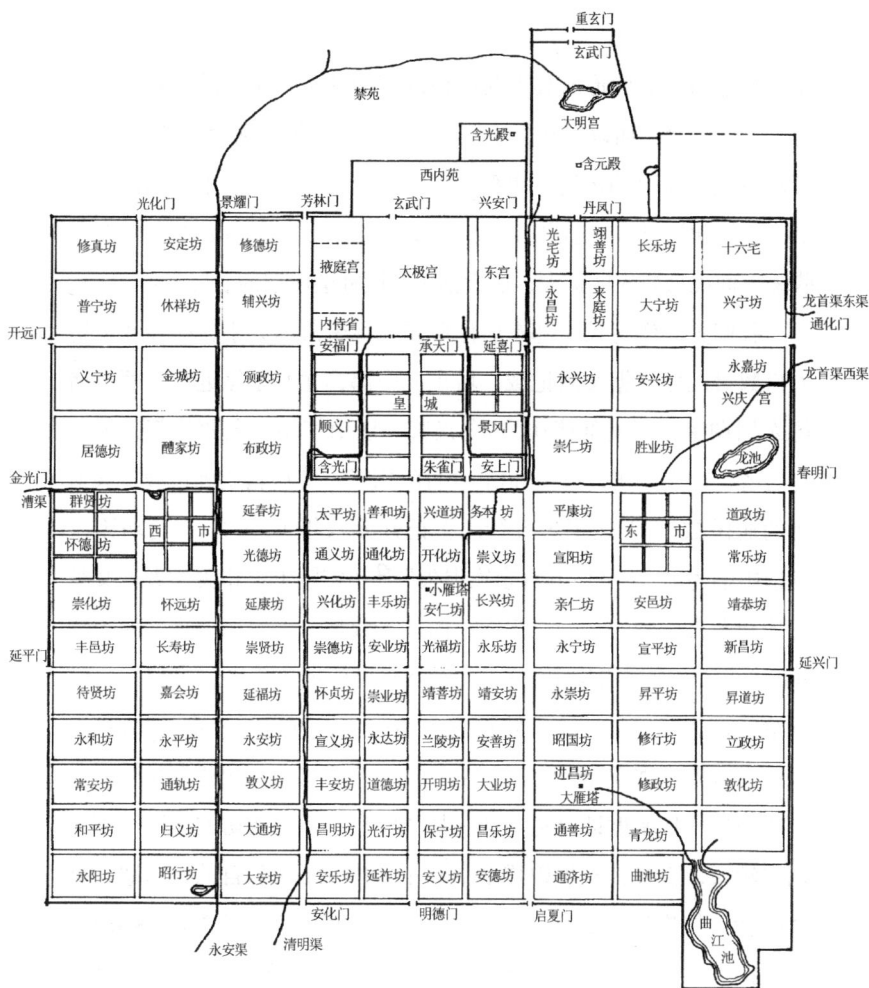

图 1-1　唐长安城里坊分布图

（摘自李孝聪《中国城市的历史空间》，北京大学出版社，2015 年，第 77 页）

先生指出坊内构造法：先用十字街将全坊分为 4 区，每面各开一门，再用"井字巷"划分，形成 16 区格局❶。城内以笔直大道划出一里见方的区域，筑以坊，而坊内又 4 分、16 分，在区划上不断地从大到

---

❶　宿白《隋唐长安城和洛阳城》文。

小进行缩减，如此形成具有几何精确度的基本单元（详图 1-2）；再与"人"结合，居以民众，坊便成为唐都长安最有活力的基层聚落，带动着整座城市的运转。唐都长安与汉长安、汉魏洛阳城相比，更加"平民化"，城市规划中宫殿、官邸、宗庙、社稷等建筑空间有所收缩，而民众居住区扩大，坊囊括了不同社会阶层的居民。

我们关心作为长安基本居住单元或称聚落的大小，就涉及诸坊人口数量问题，据文献记载，城东、中部，尤其是靠近东、西市诸坊人烟稠密，而南部诸坊，"自兴善寺以南四坊，东西尽郭，虽时有居者，烟火不接，耕垦种植，阡陌相连"。[1] 史籍明确记载了兴道坊的居民数，《旧唐书·五行志》记开元八年（720），兴道坊因一夜暴雨陷为池，"一坊五百余家俱失"[2]。实际上，相关学者据文献记载和考古实测的长安坊东西、南北步数估算，每坊的宅基面积约 500 唐亩[3]；而据唐均田制："凡天下百姓给园宅地者，良口三人已下给一亩，三口加一亩；贱口五人给一亩，五口加一亩，其口分、永业不与焉。"[4] 理论上一户可占一亩庄宅。如此，可推测长安城中坊的理想居住密度即兴道坊的一坊 500 户。不过诸坊的居民密度差别比较大，王社教先生曾详细估算了城内 111 坊各自的人口数，据其统计，住户达 1000 户的坊不下 30 个，其中义宁坊多达 1800 户。户数接近百户的仅靖善坊（尽一坊之地大兴善寺）、崇业坊（玄都观）、大业、昌乐、安德、永达、道德、先行、延祚、平安、昌明

---

❶ 《长安志》卷七，《长安志 长安志图》，第 260 页。

❷ 《旧唐书》卷三七《五行志》，第 1357 页。

❸ 贺从容从建筑学角度对长安城内的宅基面积进行了推算，详所撰《隋唐长安城坊内百姓宅地规模分析》，王贵祥主编《中国建筑史论汇刊》第 3 辑，北京：清华大学出版社，2010 年，第 275—303 页。

❹ 《唐六典》卷三《尚书户部》，第 74—75 页。

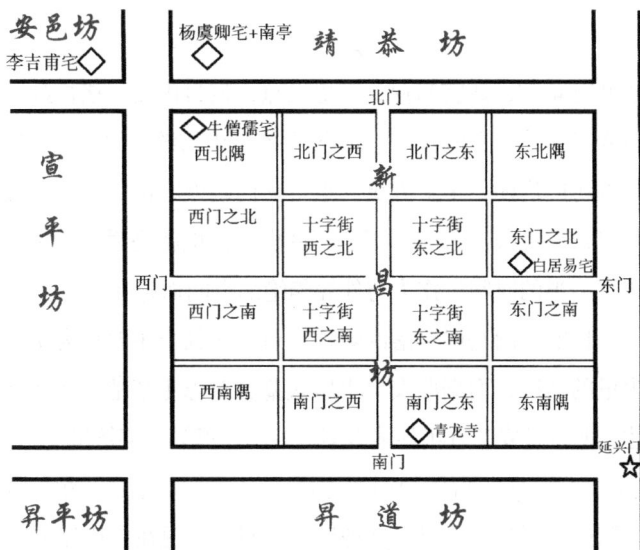

图1-2　新昌坊复原示意图

（据齐东方、申秦雁主编《花舞大唐春——何家村遗宝精粹》附图改绘，北京：文物出版社，2003年，第52页）

等住户稀疏之坊❶。要言之，长安城内的聚落坊，虽经过精确规划，大小相仿，一里见方，但坊内人口数量时常多少不一。

同时，我们更应认识到坊这种聚落形态的封闭性，四周的坊墙和坊内区划形成密闭空间，虽便于户口管理、治安维持，某种程度上也阻碍了人口的自由流动。长安城内实行宵禁，据唐《杂律》"犯夜"条疏议引《宫卫令》："五更三筹，顺天门击鼓，听人行。昼漏尽，顺天门击鼓四百搥讫，闭门。后更击六百搥，坊门皆闭，禁人行。"又云："闭门鼓后、开门鼓前，有行者，皆为犯夜。"❷《新唐书》卷四九上载："日暮，鼓八百声而门闭；乙夜，街使以骑

---

❶ 王社教《论唐都长安的人口数量》，史念海主编《汉唐长安与关中平原》，《中国历史地理论丛》增刊，1999年，第88—116页。

❷ 刘俊文点校《唐律疏议》，北京：中华书局，1983年，第489—490页。

卒循行啴哗，武官暗探；五更二点，鼓自内发，诸街鼓承振，坊市门皆启，鼓三千挝，辨色而止。"❶ 城内坊统一由鼓声为准，由坊正负责坊门启闭，早上五更二点自宫内晓鼓，诸街鼓顺序敲动，坊门开启，每晚鼓声敲响关闭，不许出入；也就是说，日常生活中，各坊有一半的时间是作为与外界隔绝的空间而存在。

长安城内基层聚落的名称，唐代文献中主要称为坊，但亦有称为里的情况，而据西安出土唐人墓志对志主卒地（多在城内）的表述，西京长安／万年县某里第、某坊之里第、某坊里之私第❷，其中"里"与"坊"指代相同的地域空间，里为坊之异称，而不同于乡里制中"百户"之里。这种情况，不独出现在唐代都市。

三　唐长安城市坊里制的历史渊源与现实运作

1. "坊里"制与人口编制关系溯源

唐都长安坊里制的性质必须放回中国中古（汉唐间）都市发展的历程中予以考量，已有许多学者做过类似工作。一般将唐制追溯至北魏平城—洛阳新型都市构造❸，不过宫崎市定已将唐代的坊制与汉代的里制相联系，以坊为汉魏六朝里制之"复活"❹。"坊里"制之"里"的原初含义，起码可追溯至汉代城邑中封闭的聚落闾里，

❶ 《新唐书》卷四九上《百官志》，第 1286 页。
❷ 坂上康俊氏利用出土墓志，对卒于长安、洛阳城内之人的殁故地表述方式有系统总结，可参所著《论唐代城市乡里与坊的关系》，第 103—105 页。
❸ 学者在讨论隋都市市制度时，多称其源于魏晋，参读齐东方《魏晋隋唐城市里坊制度——考古学的印证》，《唐研究》第 9 卷，第 60、64 页；张金龙《北魏洛阳里坊制度探微》，《历史研究》1999 年第 6 期；包伟民《宋代城市研究》，第 105—106 页。
❹ 宫崎市定《漢代の里制と唐代の坊制》，《東洋史研究》21 卷 3 號，1962 年。

《三辅黄图》卷二记："长安闾里一百六十，室居栉比，门巷修直。有宣明、建阳、昌阴、尚冠、修城、黄棘、北焕、南平、大昌、戚里。"❶ 之所以称为"里"，大概是在地域规划上一里见方，一开始就仅指代一块地域，如坂上康俊所言，具有属地性❷。东汉洛阳、曹魏邺城中皆存在有意规划的居民区——里，但具体形制不太清楚❸。北魏旧京平城亦有人为规划的居住区坊，据《南齐书·魏虏传》："其郭城绕宫城南，悉筑为坊，坊开巷。坊大者容四五百家，小者六七十家。"❹ 由平城至洛阳，在鲜卑族汉化的愿望驱动下，顺应部族原有结构，以规划齐整的"方三百步为一里"的区块安顿新型城民，促成了由上古而来的里坊制的严格化❺。由于北魏洛阳令元轨之规划，东魏北齐邺南城之制"乃全袭北魏太和洛阳之旧规"❻，《隋书》记后齐邺南城所属邺、临漳、成安三县，各下设"里"作为基层单位，总计 323 里（坊）❼。

北朝坊里制被隋、唐全盘接受，在这一长时段中，封闭区块的名称，早期正式名称为"里"，而俗称为"坊"；至隋文帝筑大兴城，建立起坊墙围绕的严格坊里制，改以"坊"为其正式称呼，炀

---

❶ 何清谷校注《三辅黄图校注》，西安：三秦出版社，2006 年，第 125 页。

❷ 坂上康俊《论唐代城市乡里与坊的关系》，《法律史译评》，第 98—100 页，

❸ 中国社会科学院考古研究所、河北省文物研究所邺城考古工作队《河北临漳邺北城遗址勘探发掘简报》，《考古》1990 年第 7 期；亦可参考齐东方《魏晋隋唐城市里坊制度——考古学的印证》，《唐研究》第 9 卷，第 60 页。

❹ 《南齐书》卷五七《魏虏列传》，北京：中华书局，1974 年，第 985 页。

❺ 齐东方较为强调鲜卑游牧民族的汉化企图与固有传统在北魏洛阳城建设中的作用，参读《魏晋隋唐城市里坊制度——考古学的印证》，《唐研究》第 9 卷，第 60—65 页。

❻ 陈寅恪《隋唐制度渊源略论稿》之《礼仪　附都城建筑》，北京：三联书店，2009 年，第 80 页。

❼ 见《隋书》卷二七"后齐"："邺、临漳、成安三县令，……邺又领右部、南部、西部三尉……凡一百三十五里，里置正。临漳又领左部、东部二尉……凡一百一十四里，里置正。成安又领后部、北部二尉……七十四里，里置正。"第 761 页。

帝大业中又曾改"坊"为"里"❶。入唐，再度以律令规定正式名称为"坊"，而民间仍保留其旧称"里"，对此宫崎市定、曾我部静雄等学者已有梳理❷。可见，称"坊"为"里"，并不是有唐一代的特殊现象。

坊里制只是聚落划分，其与历代王朝人口编组的关系，学界亦有所论及，但主要强调其区别，如曾我部静雄追溯了由《周礼》发展而来到唐都市里坊制的演变，敏锐指出都市之"里"是以区划为称，与百户为里之乡里制决然不同，应完全区别开❸；邢义田先生认为汉长沙国箭道封域图中出现的"里"是因地形等自然条件形成的聚落，不是地方行政中的乡里组织❹；张金龙称，北魏洛阳城里坊制下之"里"以面积大小为准，与三长制下以民户数量为准的"里"有本质区别❺；张剑指出北魏洛阳有城内坊里、城外乡里之分❻，等等。却较少考虑二者之间的联系，或者说二者是否重叠。

我们对西汉长安、东汉洛阳、曹魏邺城中的闾里（坊里）的内部构造并不清楚，这里从具有成熟里坊结构的北魏洛阳谈起。齐东方曾推测北朝都城人口编组应以"三长制"为基础❼；张金龙、张剑则利用《洛阳伽蓝记》等传世文献及北朝墓志，对洛阳城及其周

❶ 《隋书》卷二八《百官志》："京都诸坊改为里，皆省除里司，官以主其事。"第803页。

❷ 参读宫崎市定《漢代の里制と唐代の坊制》；曾我部静雄《都市里坊制の成立過程について》，感谢石洋兄惠寄日文资料。

❸ 曾我部静雄《都市里坊制の成立過程について》文。

❹ 邢义田《从出土资料看秦汉聚落形态和乡里行政》，《中国史新论：基层社会分册》，第27—34页。

❺ 张金龙《北魏洛阳里坊制度探微》，《历史研究》1999年第6期。

❻ 张剑《关于北魏洛阳城里坊的几个问题》，洛阳市文物局，洛阳白马寺汉魏故城文物保管所编《汉魏洛阳故城研究》，北京：科学出版社，2000年，第533—540页；《洛阳出土墓志与洛阳古代行政区划之关系》，赵振华主编《洛阳出土墓志研究文集》，北京：朝华出版社，2002年，第133—162页。

❼ 齐东方《魏晋隋唐城市里坊制度——考古学的印证》，《唐研究》第9卷，第56—57页。

边的地理进行了全面研究，发现北魏洛阳城所在的洛阳县域仅设 1 乡——都乡，下辖 12 里，另直辖 41 里，而墓志中出现的其余乡里连称地名，应属洛阳城外❶；也就是说，在洛阳内城和外郭城中的里坊，大部分直属于县，而未被纳入乡里人口编制中❷。张金龙还指出，北魏全国通行的"五家立一邻长，五邻立一里长，五里立一党长"❸的基层行政制度"三长制"也没有在首都洛阳出现❹。

由于东魏北齐邺南城毁于战乱，形制较为难考，王仲荦、牛润珍等学者借助北朝墓志，先后添补了邺城下辖之里名、坊名❺，墓志志主卒地多写作邺县 / 都 / 城某某里 / 坊之舍 / 宅 / 第，而葬地则表述为某某乡某某里，可推测邺都郊外实行了乡里制，但城内依然只有规划的坊里，坊上不设乡。从《通典》卷三所录北齐令，也可较为清楚地获知当时坊里制与人口编制的关系："人居十家为邻比，五十家为闾，百家为族党。一党之内则有党族一人，副党一人，闾正二人，邻长十人，合有十四人，共领百家而已。至于城邑，一坊侪旧或有千户以上，唯有里正二人，里吏二人。里吏不常置。隅老四人，非是官府，私充事力，坊事亦得取济。"❻北齐的编户制度与三长制略有不同，有邻比、闾、族党等单位；但城邑之内，分为坊里，无论一坊户口多寡，仅以聚落为单位，置里正、里吏，隅老，

❶ 张剑《关于北魏洛阳城里坊的几个问题》，《汉魏洛阳故城研究》，第 533—540 页；张金龙《北魏洛阳里坊制度探微》文。

❷ 都乡情况除外，北魏洛阳城内洛阳县下仅此一乡，应是对汉晋以来县级治所称都乡旧制的模仿。可看寇克红《"都乡"考略——以河西郡县为例》，《敦煌研究》2014 年第 4 期。

❸ 《魏书》卷一一○《食货志》，第 2855 页。

❹ 参读张金龙《北魏洛阳里坊制度探微》一文。

❺ 见王仲荦《北周地理志》卷一○，北京：中华书局，1990 年，第 921—923 页。牛润珍《东魏北齐邺京里坊制度考》，《晋阳学刊》2009 年第 6 期。

❻ 《通典》卷三《食货三·乡党》，第 62 页。

而并不按人口数量设置党族、闾正、邻长等，也就是说，邺城内坊里亦不纳入基层人口编组。

《隋书·高祖纪》记开皇九年二月"制：五百家为乡，正一人，百家为里，长一人"❶，表明基层人口、行政编制向汉晋乡里制复归，大兴城内的坊是否纳入乡里人口编制？史籍无正面记载，但从西安出土隋代的两方墓志中我们发现了一种比较独特的地域表述法，《赵长述志》记："开皇十七年四月十九日 雍 州长安县修仁乡故民赵长述铭，住在怀远坊。"《杨士贵志》记："仁寿元年正月廿六日长安县礼成乡洽恩里住居德坊民故杨士贵铭记。"❷ 怀远坊在隋大兴城街西自东向西第四排，北临利人市，近西侧城墙；居德坊在怀远坊更西一排，紧邻金光门；修仁乡、礼成乡，据学界对隋大兴城周边地名的考订，皆在外郭以外，出金光门，相当于今西安西郊权杨村一带❸。赵、杨二人居住城内坊里，在户籍编制上却编入城外乡里，说明城内不存在乡里户口编制。

综上，自北朝至隋，城郭内似皆不存在作为聚落形态的坊里与作为人口编组的乡里重叠并存的情况。

2. 坊里制在唐都长安的运作

唐代城郭外的自然聚落村是被纳入乡里人口编组的，第一节提到存在小于里的村，若干村为一里；大于里的村，若干里为一村的情况，齐东方据此推测唐代城市中里与坊应有类似关系❹。上文又介

---

❶ 《隋书》卷二《高祖纪》，第 32 页。

❷ 王其祎、周晓薇主编《隋代墓志铭汇考》，156 号、187 号，北京：线装书局，2007 年，第 237—238、360 页。

❸ 可参考王灵《隋代两京城坊及其四郊地名考补——以隋代墓志铭为基本素材》，陕西师范大学硕士学位论文，2007 年。

❹ 齐东方《魏晋隋唐城市里坊制度——考古学的印证》，《唐研究》第 9 卷，第 57 页。

绍了唐都长安诸坊的人口密度，极不均匀，有的坊内户口规模在百户左右，或相当于百户之里，而有的坊辖五百户，相当于一乡，另有不少坊容纳千户以上，是否坊下划数个里？杨宽曾据《李娃传》及《太平广记》"张幹"条故事中长安城内"里胥""里长"的记载，推定城内诸坊下有十多个到几十个里正[1]，实际情况是否如此？试想，城内的坊里，即每个独立空间内的户口数不可能正好是100户、500户，也就是说，若进行百户为里、五里为乡的人口编组，就必然存在着若干坊共同编为一乡，或者较大的坊编为若干乡、若干里后，剩余的片区需与临近坊再编组成里、乡的情况。问题在于，长安城内的基层聚落是一种封闭性的地域单元，各单元之间有坊墙阻隔，若不同坊之地划归同一乡、里，难以想象乡里定期跨越坊墙进行"按比户口，课植农桑，检察非违，催驱赋役"[2]等事务；况且各坊之门仅在白天开放，夜间紧闭。

从现实运作的角度看，人口高度聚集的城市必须建立一种基于地域的管理制度。我们再次回看北魏以来的都市管理，《洛阳伽蓝记》卷五记北魏洛阳城："方三百步为一里，里开四门，门置里正二人，吏四人，门士八人，合有二百二十里。"[3]张金龙的理解是，里中以门为单位设置管理人员，四门共置里正8人，吏16人，门士32人，计56人[4]。当从其说。《魏书·元孝友传》记东魏武定年间元孝友奏，言及邺都："邑诸坊，或七八百家，唯一里正、二史，庶事无阙，而况外州乎？"[5]《通典》卷三载北齐令："至于城

---

❶ 杨宽《中国古代都城制度史研究》，上海人民出版社，2003年，第240—241页。

❷《通典》卷三《食货三·乡党》，第63页。

❸ 周祖谟《洛阳伽蓝记校释》，第227—228页。

❹ 张金龙《北魏洛阳里坊制度探微》文。

❺《魏书》卷一八《太武五王列传》，第423页。

邑，一坊侨旧或有千户以上，唯有里正二人，里吏二人。里吏不常置。隅老四人，非是官府，私充事力。"❶ 可见邺都内的置吏，是以聚落为单位，所置里正、里吏是聚落管理者，有定员，其员额并不随聚落内人口多少而发生变化。入隋，大兴城内里坊亦只是"每里置里司一人"❷。如此推想，唐长安城内诸坊／里，亦应仅有基于区域的管理者，所不同的是，由于"坊"成为城市内封闭聚落的法定名称，其管理者随之称为坊正❸。

都城内的坊里往往为人口荟萃地，构成规模庞大的地域单元。这种大单元仅置数名管理者，可否承担人口管理、赋役征派、坊门启闭、坊内治安等多重事务？《魏书·甄琛传》记宣武帝末年河南尹甄琛上表讨论京邑的管理问题，提到在里正上置经途尉与六部尉，"司察盗贼"❹，由于聚落管理者负担较重，一些职掌由他官分有。而据唐令记载，首都及其他城市的坊正，仅"掌坊门管钥，督察奸非"，则是否与北魏相类似，城内存在其他管理人员以相分工？张国刚先生在观察唐代基层管理者时指出，虽然存在里正掌行政，村、坊掌治安的分工，至唐中后期，由于代表实际居住地，村、坊日益成为国家政策关注重点，唐代基层管理倾向于按自然村模式进行；玄宗之后，村正甚至直接面临催役赋役的任务❺。这种现象可能并不仅仅在中唐以后出现在城郭以外的自然聚落，在国家规

---

❶ 《通典》卷三《食货三·乡党》，第 62 页。
❷ 宋敏求《长安志》卷七，《长安志　长安志图》，第 255 页。
❸ 成一农认为北朝至隋，城中可能没有管理坊的胥吏，坊正之置较晚，甚至迟至唐代，参所撰《里坊制及相关问题研究》文。无论坊正这一职称何时出现，北朝隋唐大都市基于地域的管理制度一以贯之，只是管理者的名称前期称里正、里吏，后改称坊正。
❹ 《魏书》卷六八《甄琛传》，第 1515 页。
❺ 参读张国刚《唐代乡村基层组织及其演变》，原载《北京大学学报》2009 年第 5 期，收入《中国史新论：基层社会分册》，台北：联经出版公司，2009 年，第 183—216 页。

划建成的首都长安，亦应存在人为划分的居住聚落坊与基层行政区划的重叠；聚落的管理者坊正，同时承担行政职责，不再另设乡官里吏。杨宽征引唐人小说中的里胥、里长，应只是坊正之别称，而非行政单位"里"之长官。

曾我部静雄提示，日本藤原、平城、长冈、平安诸京皆实行一元化的条坊制，而里仅存在于城外，因此京内基层管理者坊令／坊长民治、治安两者并掌❶，见《养老令・户令第三》之"置坊长条"："凡京，每坊置长一人，四坊置令一人（掌检校户口，督察奸非，催驱赋徭）。"❷ 一般的观点认为，日、中古代都市管理方式有别，中国为里正、坊正双轨制❸，但据以上分析，至少就长安而言，可能也是单轨制。这一判断可以得到印证。北宋《两朝国史志》记太祖、太宗："诸乡置里正主赋役，州县郭内旧置坊正，主科税。开宝七年，废乡，分为管，置户长，主纳赋，耆长主盗贼、词讼。"❹ 北宋立国之初的所谓"旧"，显然是指唐五代，也就是说，不仅是在宋代坊正承担各种行政管理职能，唐五代城郭内的坊正亦"主科税"，负责推排户籍、差发夫役、察奸弭盗等事务。

坊正由社区治安管理者而成为全面的基层管理者，在基层日常政务运作中的根本依托是邻保、伍保制，唐令所谓"四家为邻，五家为保"❺。邻保制广泛实行于城乡，作为最为基础的人口组织单位，一方面在治安上为村坊服务，如《旧唐书・宪宗纪》元和十二

❶ 曾我部静雄《都市里坊制の成立过程について》一文。
❷ 《令义解》卷二，东京：吉川弘文馆，1983年，第91页。
❸ 曾我部静雄《都市里坊制の成立过程について》文；坂上康俊《论唐代城市乡里与坊的关系》，《法律史译评》，第115—117页。
❹ 徐松《宋会要辑稿》职官四八之二五引《两朝国史志》，北京：中华书局，1957年，第3468页。
❺ 《通典》卷三《食货三・乡党》，第63页。

年（817）"敕京城居人五家相保，以搜奸慝"❶；一方面在赋役摊派上为乡里服务。这种基层组织，将行政与治安统合而掌之。此外，据包伟民先生研究，宋代城市中的赋税、差役都以坊（实际居地）为单位征发❷。《宋史·食货志》记："宋制岁赋，其类有五……曰城郭之赋，宅税、地税之类是也。"❸ "城郭之赋"多以居民在城郭内拥有园宅为基础征发，而夫役则按坊"排门差拨"。唐代城市居民的户口编制、赋役征派情况不明，不过牛来颖先生也据《延喜式》推测，唐都长安或许存在工商业者缴纳"地子"（地税）用于都市公共建设的情况❹。基于聚落而置的坊正，完全有条件处理基于居住地而开展的各项行政事务。

四　唐都长安"无乡里"说与"二重构造"

　　讨论长安城市基层建制，最可依凭的资料是唐人自己的地域描述，上文已据西安出土唐人墓志中的卒地记载讨论城内地域单位，里与坊异名而同指，仅指代聚落名称，而不存在统辖百户行政之里。而对于出现在志主葬地中的长安／万年县某某乡某某里，学者曾利用墓志出土时地信息，将其一一对应到唐代长安地图中，发现这些乡里都分布于两县在外郭城以外的区域❺；传世文献如《元

---

❶ 《旧唐书》卷一五下《宪宗纪下》，第 458 页。

❷ 包伟民《宋代的城市管理制度》，《文史》2007 年第 2 辑，收入氏著《宋代城市研究》，第 102—171 页。

❸ 《宋史》卷一七四《食货志》，北京：中华书局，1980 年，第 4202 页。

❹ 参读牛来颖《论唐长安城的营修与城市居民的税赋》，《唐研究》第 15 卷，北京大学出版社，2009 年，第 91—110 页。

❺ 参见史念海主编《西安历史地图集》，"唐长安县、万年县乡里分布图"，第 78 页。

和郡县志》《长安志》《太平寰宇记》等所记唐乡名，也都在长安周边，不在城内。种种迹象提示我们，或许唐都长安无乡里。

上述推测最大的未安之处在于，《唐令》曾明确提及，"诸里正，县司选勋官六品以下白丁清平强干者充。其次为坊正。若当里无人，听于比邻里简用" ❶，且做了里正掌赋役、坊正掌治安的分工，也就是说，里正、坊正在国家法令的语境中是同时存在的，乡里制与坊制应在唐帝国辖境内重叠，即上文提及的"二重构造"。如果作为首都的长安都不存在二重构造，何以解释律令的效力？

要疏通这一矛盾，我们要先把目光转移至唐代地域广大的地方城市。在地方城市，确实存在坊上设乡、坊下辖里的情况，坊制与乡里制并行，如鲁西奇对唐代汉水流域州县城市的个案研究 ❷。问题是，上文依据长安坊里制的封闭性提出乡里户口编组方式无法跨越坊墙而存在，地方城市中亦实行坊里制，为何却能融入乡与里？要解释这第二个问题，我们要关注学者对唐代地方城市形制、规模、形态的研究。宿白先生较早关注隋唐城址，将其分为京城、都城、大型州府城、中 / 小型州府城、县城几个等级，其中州府城下辖 4—16 坊不等，小型州城、县城仅辖 1 坊 ❸；可以推想，大部分的县级城市，城内居民数量有限，或不足一乡规模，坊上设乡，当是普遍情况。

需要特别提示的是，学者们在探讨地方城市形制时普遍认识到，制度规定之下，城墙、坊墙在地方城市中是否普遍修建，很难

---

❶ 《通典》卷三《食货三·乡党》，第 64 页。

❷ 鲁西奇《城墙内外：古代汉水流域城市的形态与空间结构》第二章《唐宋时期汉水流域州县城的形态与空间结构》，第 149—274 页。

❸ 参见宿白《隋唐城址类型初探（提纲）》，北京大学考古系编《纪念北京大学考古专业三十周年论文集》，第 279—285 页。

有确切结论❶。爱宕元对唐代州县级城郭的系统研究显示，可考筑城年代的164个城郭，有90个是唐天宝后修筑的（占55%）❷；鲁西奇对唐前中期汉水流域58座州县治所城市逐一排查，指出只有2座城郭为隋及唐初新筑或重修，有40座沿用魏晋南北朝时旧城垣，其余16座在唐前期可能并无城郭，进而有大多数州县治所在唐前中期（天宝以前）并未修筑城垣的推断。城墙的建筑情况尚且如此，恐怕更谈不上仿照两京制度规划城内坊里了。鲁西奇又指出，唐代地方城市中虽有里坊名目，但未见里坊为封闭式记载，或者没有坊墙，所谓唐中叶以后坊墙的倒塌而引发"中世纪城市革命"，或许只是某种理论预设下对史料的"选精""集粹"❸。

联想到唐令中"二重构造"法，应正是唐前期地方城市的写照。由于当时城市之城郭主要延续南北朝之戍城，规模小，主要部署官署、军营等军政设施（称为子城），故而城内不能容纳太多居民，普通民众大多选择附郭居住，或被包入大城（罗城），或没有；其居住形态，据鲁西奇对汉水流域城市的研究，多是以街巷为中心，向两边展开的街区，这些街区下亦划为坊，但往往不筑坊墙，为开放的山水田园区。以唐襄阳府治所襄州城为例（详图1-3）：

子城内填塞山南东道节度使、襄阳县衙署，空间狭促，鲁西奇据墓志考证出靖安、旌孝、明义三里（坊）名，这三个里坊或有封闭性。但子城外西、南、东三面有广大居住街区，这些街区下亦有

---

❶ 如李孝聪的观点，参所撰《唐代城市的形态与地域结构——以坊市制的演变为线索》，李孝聪主编《唐代地域结构与运作空间》，第248—306页，又李孝聪《中国城市的历史空间》，第61—112页。

❷ 爱宕元《唐代地域社会史研究》一书后附《唐代州县城郭一览表》，第451—487页。

❸ 详参鲁西奇《"城墙内的城市"？——中国古代治所城市形态的再认识》，《中国社会经济史研究》2009年第2期；《唐代地方城市里坊制及其形态》，所著《城墙内外：古代汉水流域城市的形态与空间结构》，第149—274页。

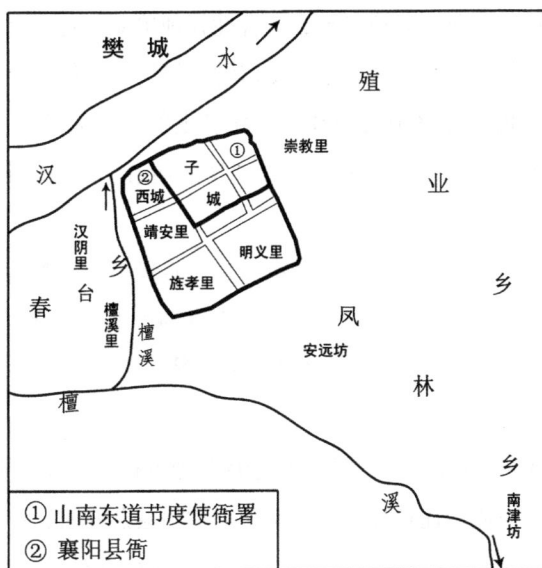

图 1-3　唐代襄州城内外里坊示意图

（据鲁西奇《城墙内外：古代汉水流域城市的形态与空间结构》
第 188 页示意图改绘）

坊，如城南安远坊、南津坊，这些坊只是居住区块名称，没有封闭
性，在行政管理中，亦编入乡；据墓志记载，城南两坊属凤林乡；
而城东有崇教里（坊），属殖业乡，城西春台乡下有汉阴里、檀溪
里（坊）❶，这些里名皆出现在志主卒地（某某里之私第），应为坊
里之"坊"，因而存在乡里制与坊制的重叠。这或许能代表唐南方
城市的一般情况。

　　包伟民在研究宋代地方财政史过程中曾提出制度在执行过程中
的"地方化""非制度化"现象❷，我们尝试以之解释乡里村坊制在
唐长安的施行问题。长安作为唐帝国首都，由于城市建设、管理的

---

❶　鲁西奇《城墙内外：古代汉水流域城市的形态与空间结构》，第 178—194 页。

❷　参包伟民《宋代地方财政史研究》，上海古籍出版社，2001 年，第 181—194 页。

特殊需要，以坊里形成综合性管理单元，是完全可以理解的。唐令所叙述的，是唐代地方城市的一般情况。但唐令并非完全没有照顾到长安和洛阳的特殊性，新发现的宋《天圣令》保存了唐《赋役令》原文，其中唐15条是对唐前期诸色人的规定：

> 诸正、义及常平仓督，县博士，州县助教，……诸州医博士、助教，两京坊正，县录事，里正，州县佐、使［史］、仓史、市史……并免课役……❶

诸色人中的一些人群，属于唐代地方行政系统中的杂任❷，因固定在官府服役而免课役。令文在列举州县杂任时，单单拈出两京坊正与里正对举。渡边信一郎、牛来颖、赵璐璐等认为是因为唐前期坊制先从两京实行，在地方尚不普遍❸。但依据上文介绍，唐代外州县城有坊之设置（只是或许不存在坊墙），为何要在坊正前贯以两京之限定？本书以为，正是由于两京城郭内没有里正之设，仅有坊正，而坊正应全面承担本区域内的行政、治安、民事等各项事务。国家在定令时，对两京的这种特殊性有所考虑。

---

❶ 天一阁博物馆、中国社会科学院历史研究所《天一阁藏明钞本天圣令校证（附唐令复原研究）》下册《赋役令》校录本，北京：中华书局，2006年，第272页。

❷ 参考《天圣令·杂令》唐15条之定义："州县录事、市令、仓督、市丞、府、史、佐、计（帐？）史、仓史、里正、市史，折冲府录事、府、史，两京坊正等，非省补者，总名杂任。"《天一阁藏明钞本天圣令校证（附唐令复原研究）》之《杂令》校录本，第377页。

❸ 观点见渡边信一郎《北宋天聖令による唐開元二十五年賦役令の復原並びに訳注（未定稿）》，《京都府立大学学術報告：人文·社会》57，2005年；赵璐璐《唐代"杂任"考——〈天圣令·杂令〉"杂任"条解读》，《唐研究》第14卷，北京大学出版社，2008年，第495—507页。牛来颖在社科院历史所《天圣令》读书班《赋役令》研读中亦曾发表过类似见解。

五　规划与顺应：对城中乡的一种解释

唐都长安"无乡里"说是得到大量出土文献（墓志）支持的，但来自墓志的还有一些长安某乡某里某坊的记载，似表明城中有乡有里，从事长安城郊乡、里、村考证的学者遇到类似情况，多简单解释为虽然制度规定上在城曰坊，在乡曰里，但每混称❶。虽然数量极少，但我们无法漠视这些特例的存在。在坂上康俊之后，笔者尝试尽可能全面地收集了隋唐长安城中乡与城外坊的例证，依时间顺序列举如下，于每例后，先依常理稍加分析：

例1.《梁龛志》记："大隋开皇十四年（594）岁次甲寅四月乙丑十五日乙卯，大兴县安道乡常乐坊民梁龛铭记。"❷ 隋初平民墓志较简单，此处地理记述的是梁氏户籍地，还是居地？不太清楚，常乐坊在隋大兴城最东一排自北向南第六坊，东邻春明门❸；安道乡，未见诸传世文献及墓志记载，应属大兴县下之乡。此例确实表明，隋都城内之坊上设乡。

例2.《安万通砖志铭》铭文末作："永徽五年（654）十二月一日，长安县安国乡普宁坊。"❹ 该志出土于西安市西郊枣园村西，枣园村以东为龙首乡，西为安国乡，属长安县；普宁坊为长安城西北角落一坊，紧临开远门（详图1-4）。李健超、杜文玉等都以普宁

---

❶ 如武伯纶《唐万年、长安县乡里考》，《考古学报》1963年第2期。

❷ 王其祎、周晓薇主编《隋代墓志铭汇考》，134号，第140—141页。

❸ 参考辛德勇《隋大兴城坊考稿》，《燕京学报》新27期，北京大学出版社，2009年，第25页。

❹ 《补遗》第2辑，西安：三秦出版社，1995年，第129—130页。按：限于篇幅，本书引用常见墓志资料，皆采用缩略书名，参附表—2《全书引用墓志资料缩略语对照》，下同。

坊、安国乡分别为安万通的卒（居住地）、葬地❶，但志文中提及安氏"永徽五年十二月一日，葬于城西龙首原"，可知文末同日期下之"安国乡""普宁坊"应为一处地名，即志主葬地。隋、唐《丧葬令》皆有去京城七里之内不得埋葬的规定❷，长安城内的坊名不可能出现在墓志葬地书写中，安国乡普宁坊应在城外，或许此处之普宁坊实为安国乡下"普宁里"之误记？我们又注意到敦煌文书P.3417《十戒经盟文》的信息：

> 大唐景云二年（711）……清信弟子王景仙……诣雍州长安县怀阴乡东明观里中三洞法师中岳先生张〔泰〕，受十戒十四持身之品，修行供养，永为身宝。❸

东明观，在普宁坊东南隅，三洞法师居于"雍州长安县怀阴乡东明观里中"，正说明城中坊确实与乡里编制重叠，联系《安万通砖志》，恐亦非误记。城内之普宁坊被安国、怀阴乡交叉编入。

例3.《唐董君夫人戴满墓志》："夫人讳满，……粤以显庆四年（659）岁次己未二月戊申朔廿五日壬申卒于长安县弘安乡嘉会坊私第。"❹弘安乡，现有墓志及传世史料未见长安、万年县下有此乡名；嘉会坊在街西第四街自南向北第五坊，西接待贤坊，近延平门，

---

❶ 徐松撰，李健超增订《最新增订唐两京城坊考》，西安：三秦出版社，2019年，第313页；杜文玉《唐长安县、万年县乡里补考》，史念海主编《汉唐长安与关中平原》，第397—398页。

❷ 《隋书》卷八《礼仪三》："在京师葬者，去城七里外。"第157页。天圣《丧葬令》唐4条："诸去京城七里内，不得埋葬。"吴丽娱《唐丧葬令复原研究》，《天一阁藏明钞本天圣令校证（附唐令复原研究）》，第691—692页。说明此制沿袭时间较长。

❸ 池田温编《中國古代寫本識語集録》，東京大学東洋文化研究所，1990年，第282页。

❹ 《汇编》显庆099，第290页。

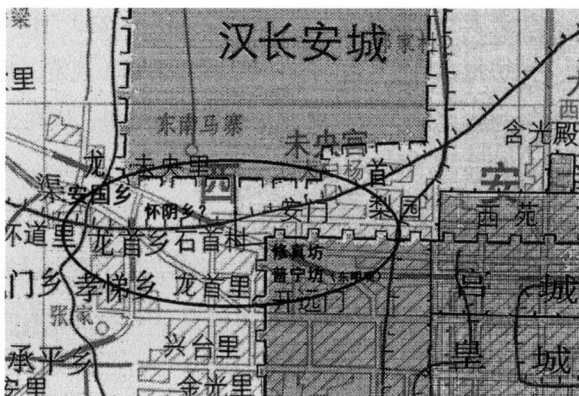

图 1-4 《安万通砖志铭》中的乡、坊位置示意图
（据史念海主编《西安历史地图集》之"唐长安县、万年县乡里分布图"，第 78 页）

属城郭边缘之坊。此例为志主卒地，应确在长安城内，但坊上有乡。

例 4.《张府君妻田雁门县君墓志》记志主："以其年（天授二年，691）六月三日，迁窆于城东龙首原长乐乡王柴村南一里，向南与寿春坊路通也。其地北带泾渭，南望秦原，四塞之固，名箸安葬，自无殃柩，必出公侯。"❶ 万年县长乐乡有王柴村❷，但所谓"村南一里，向南与寿春坊路通也"，令人殊为不解，唐代长安城有城墙，坊有坊墙，皆为封闭式，进出需通过坊门与城门，长乐乡在通化门外，其下之村怎么能有路与城内之坊相通？且查寿春不见于长安坊名，依据上述唐都长安的埋葬制度，长安城内的坊不可能是葬地。以上都说明寿春坊应为误记，长乐乡下有寿春里，"坊"应为"里"之讹误。

---

❶ 《汇编》天授 019，第 806 页。
❷ 长安、万年县下辖乡、里、村名的考订随长安墓志不断出土而持续进行，较新的工作参阅本编第 3 章。下文涉及相关乡、里、村的存在与地理分布皆据此，不再一一注明。

例 5.《折夫人曹氏墓志》记其开元十一年（723）"十一月廿三日迁窆于金光坊龙首原之礼也"❶。依唐《丧葬令》规定，此处金光坊亦不可能是城内之坊，查长安县龙首乡有金光里，因在金光门外而得名，此处坊或为"里"之讹误。

例 6.《崔蕃墓志》记其大和七年（833）"十一月八日归葬于京兆□□县宁安乡曲□域"，《汇编》录文如此❷，坂上康俊以为当录作"京兆府万年县宁安乡曲江坊"❸，细审图版，"江"字没有问题，但其下一字仅存左半边之"土"，无法辨识❹。

《杨崇夫人甘氏墓志》记其乾符三年（876）葬京兆府万年县宁安乡曲池坊❺。宁安乡属万年县，紧邻长安东南角，而曲池坊为长安城最东南角一坊，两者相毗邻，但两例皆志主葬地，应在城外，注意到宁安乡下恰有曲池里和曲江池村，则《甘氏墓志》中之"曲池坊"应为"曲池里"之讹误，而《崔蕃墓志》本当作"曲江域"，坂上康俊之改录不可从。

例 7.《续高僧传》卷二七《释玄览传》："京东渭阴洪陂坊侧。"❻此处"渭阴"当为乡名，其地在禁苑以北，紧靠渭河，为万年县较北之乡，《西安历史地图集》以其下有洪陂里❼，论者皆以此处"坊"

❶ 《汇编》开元 183，第 1284 页。

❷ 《汇编》大和 064，第 2142 页。

❸ 坂上康俊《论唐代城市乡里与坊的关系》，《法律史译评》，第 109 页。

❹ 图版参考北京图书馆金石组编《北京图书馆藏中国历代石刻拓本汇编》第 30 册，郑州：中州古籍出版社，1989 年，第 141 页；孙兰风、胡海帆主编《隋唐五代墓志汇编·北京大学卷》第 2 册，天津古籍出版社，1992 年，第 95 页。

❺ 《朝仪郎杨崇夫人甘氏墓志铭》，藏碑林博物馆，见李子春《三年来西安市郊出土碑志有关校补文史之资料》一文著录，《文物参考资料》1957 年第 9 期。感谢郭桂坤兄提示资料出处。

❻ 释道宣《续高僧传》卷二九，《大正新修大藏经》，财团法人佛陀教育基金会，1990 年，第 50 册，第 683 页中。

❼ 史念海主编《西安历史地图集》，第 78 页。

为误记。

　　例8.《太平广记》卷三六一《牛成》："京城东南五十里，曰孝义坊。"[1] 查长安城内无坊名孝义，但此坊在京城东南五十里，考其里数，唐万年县境东西三十七里，南北二十七里，据《长安志》载，较远之白鹿乡在万年县南四十五里，东接蓝田县[2]，则孝义坊极有可能属蓝田县。

　　考诸以上特例，除明显讹误或其他理由外，尚不能排除乡坊连称的有效特例是例1、2、3，这三例有一个共同特点，即从属于乡的坊，常乐、普宁、嘉会坊都处于城郭边缘，而坊所属之乡，如安国乡，在长安城西北，临龙首乡，距城不远；甚至已被排除的例6，曲池坊亦在城内边缘，而宁安乡在城外紧靠外郭城，坊与乡毗邻，本可相连而为一体。坂上康俊研究长安周边地理时注意到，长安城内的坊名与城外乡名有重复的情况，如长乐乡、长乐坊，永平乡、永平坊，布政乡、布政坊，很难说它们之间全无关系，以这种情况可解释为包含此坊的乡延伸至城外[3]。问题在于，都城内的坊为独立基层单元，外隔坊墙，与城外又隔城墙，为何会出现跨越高墙，连接城郭内外的乡？

　　我们须将这个疑问置于北朝至隋唐长安地区历史地理变迁的背景下考量。魏、周长安城沿袭汉长安城旧址，而隋文帝开皇中，于汉长安城故址东南另觅新址置大兴城，新王朝营建新都的举措，造成了长安及周边区域聚落形态的巨大变化，原北周的城郭被划入禁苑或演变为乡村，而北周时为乡村的大片区域被划为宫禁或独具匠心地设计为具有几何学精确度的封闭式里坊。

---

❶ 《太平广记》卷三六一，出《纪闻》，北京：中华书局，1961年，第2869页。
❷ 《长安志》卷一一《万年县》，第357页。
❸ 坂上康俊《论唐代城市乡里与坊的关系》，《法律史译评》，第109—111页。

这种地理变迁，在文献中可寻找到一些踪迹：《旧唐书·五行志》："隋文时，自长安故城东南移于唐兴村置新都，今西内承天门正当唐兴村门。今有大槐树，柯枝森郁，即村门树也。有司以行列不正，将去之，文帝曰：高祖尝坐此树下，不可去也。"[1]《西京记》记："长安朝堂，即旧杨兴村，村门大树今见在。初周代有异僧，号为枨公，言词恍惚，后多有验。时村人于此树下集言议，枨公忽来逐之曰：'此天子坐处，汝等何故居此？'及隋文帝即位，便有迁都意。"[2] 北朝之唐兴村、杨兴村，入隋被括入宫城，地当宫城南承天门，以及（太极宫）朝堂。又《历代名画记》卷三记隋兴化坊空观寺："本周时村佛堂，绕壁当时名手画，佛堂在寺东廊南院，佛殿南面东西门上，袁子昂画，又有三绝。"[3]《寺塔记》记长乐坊安国寺："佛殿，开元初，玄宗拆寝室施之。当阳弥勒像，法空自光明寺移来。未建都时，此像在村兰若中，往往放光，因号光明寺。寺在怀远坊，后为延火所烧，唯像独存。"[4] 隋唐都城内的坊里空间，在北周时皆为城郭之外的散村。《两京新记》更记载了隋初在北朝郊外筑坊的情形："金城坊。本汉博望苑之地。初移都，百姓分地板筑，土中见金聚，欲取便没。"[5]

试想，北朝郊野的村聚中实行乡里人口编制，而当新都的城

[1]《旧唐书》卷三七《五行志》，第 1375 页。
[2]《太平广记》卷一三五《隋文帝》引，第 969 页。
[3] 张彦远撰《历代名画记》，秦仲文、黄苗子点校，北京：人民美术出版社，1963 年，第 62—63 页。
[4] 段成式《寺塔记》卷上，据段成式《酉阳杂俎》，方南生点校，北京：中华书局，1981 年，第 247 页。
[5] 辛德勇《两京新记辑校·大业杂记辑校》，西安：三秦出版社，2006 年，第 336 页。这样的例子还有：隋宣阳坊净域寺佛殿东廊有古佛堂，其地本雍村；隆政坊济法寺，地本梁村之佛堂，参照辛德勇《隋大兴城坊考稿》之梳理，《燕京学报》新 27 期，第 20、33 页。

墙、坊墙在这些区域被树立时，旧乡里的辖区，可能被全部包裹入新城，代之以新式坊里，也有可能部分括入新城，跨越了人为筑造的村坊分界。在相当一段时间，尤其是坊墙、外郭城墙未能普遍修缮完备的情况下，对于旧乡里，极有可能顺应其原有辖区，从而造成已划为城内坊的部分，仍从属于紧邻城郭的乡里，故而出现城中乡这种少见的现象。

考察上述有效特例的时间，例1在隋代大兴城初建工程完成后不久，例2、3皆在唐高宗统治期。隋大兴、唐长安城的修筑，并非一蹴而就，都经历了相当长的修补、增筑过程。隋文帝开皇二年（582）至三年初城大兴，至炀帝大业九年（613）三月"丁丑，发丁男十万，城大兴"❶，有增筑；大业末杨玄感反，又增筑之❷。入唐，又对大兴城进行扩建，永徽五年十一月："筑京师罗郭，和雇京兆百姓四万一千人，板筑三十日而罢，九门各施观。"❸考古工作者认为，这次主要是重修门道的木构、城门楼观，将路面加高，夯平❹。又《唐会要》卷八六《城郭》载："开元十八年（730）四月一日，筑京城，九十日毕。"❺开元二十二年，户部尚书、京师留守杜暹还曾"抽当番卫士，缮修三宫，增峻城隍"❻。城墙在开元年间又经过整修。可能到这时，长安城的外郭城、城门、城内诸坊的坊墙才逐渐被树立而成为定制。注意到例2，安万通埋葬时间正好是永

---

❶《隋书》卷四《炀帝纪》，第 84 页。

❷《隋书》卷三七《李敏传》："杨玄感反后城大兴，敏之策也。"第 1124 页。

❸《旧唐书》卷四《高宗纪上》，第 73 页。

❹ 西安唐城工作队在对明德门遗址进行发掘工作时发现，明德门经过二次修建，唐代路面下有早期路面，并有清晰车辙，应为隋代建成，一直使用至永徽五年，此后新造路面。见中国社会科学院考古研究所西安唐城工作队《唐长安城明德门遗址发掘简报》，《考古》1974 年第 1 期。

❺《唐会要》，第 1877 页。

❻《旧唐书》卷九八《杜暹传》，第 3076 页。

徽五年，当时长安城西北角的外郭很可能正在修建中，位于安国、怀阴两乡交叉点的这块地域，被括入城内，甫成就新的"普宁坊"，墓志书手在葬地记述中，依然延续旧地名，将"普宁坊"置于安国乡下，造成了城内"坊"从属于城外"乡"的特例。

这种包夹城郭内外区域的乡，在隋、唐前期曾存在过，但在城坊普遍建立后的首都，或已无法作为基层行政单位而管理、运作。《天宝十道录》残卷记唐前期长安县辖 79 乡，万年县下辖 62 乡[1]，而到《太平寰宇记》《长安志》反映的唐中后期长安、万年县下辖乡数目分别减至 59、45 乡[2]，由此看来，唐中期以后，长安及周边的乡里区划确实进行过调整。

宋人吕大防在《隋都城图》题记中，曾盛赞大兴城之建设："隋氏设都，虽不能尽循先王之法，然畦分棋布，闾巷皆中绳墨，坊有墉，墉有门，逋亡奸伪无所容足。而朝廷官寺，居民市区不复相参，亦一代之精制也。"[3] 我们从隋大兴、唐长安城城郭内外基层管理单元的规划设计，乡里村坊制在超大都市的施行与变通中，亦能对所谓"一代之精制"有深入体会。

❶ 残卷录文及解析参考吴震《敦煌石室写本唐天宝初年〈郡县公廨本钱簿〉校注并跋》，《文史》第 13 辑，1982 年，第 98—101 页。
❷ 《长安志》卷一一《万年县》记唐四十五乡，卷一二《长安县》记唐五十九乡，第 356、381 页。乐史撰《太平寰宇记》卷二五至卷二七《关西道·雍州》于每畿县下记旧乡数与今乡数，王文楚点校，北京：中华书局，2007 年，第 521、527、553、555、556、562、563、565、566、577、579、583、586 页。
❸ 吕大防《隋都城图》题记，此据辛德勇《隋唐两京丛考》，西安：三秦出版社，1991 年，第 5 页。

第3章

唐万年、长安县乡、里、村新考

一 前续考订

万年、长安两县是唐代京畿地区的两个重要属县，县治设于长安城内，而县域突破了外郭城限制，延伸至近郊，两县在城内以朱雀大街为分界，街东为万年县，街西为长安县，城外亦依此，城西郊西至沣水一带归长安县，万年县占据城外东部，直抵蓝田县西界。唐制："百户为里，五里为乡。两京及州县之郭内分为坊，郊外为村。"❶ 依自然聚落划分，两县在外郭城内分别领有45个坊及市，而在城外领有附郭之村。乡里是按户口数编制的基层行政单位，本应普遍推行于城郭内外，但由于长安城市建设、管理的特殊性，在城内，坊里既是实有空间，又是行政、人口编制，乡里制未得推行；在城外，乡里制则与村聚并行，在地名上出现乡、里、村并称的情况❷。

---

❶《唐六典》卷三《尚书户部》，第73页。

❷ 具体论证详本书第2章。

自成书于开元年间的《两京新记》以降，韦述、宋敏求、徐松等文士，嗜以史籍小说按证长安城之坊里巷曲，书写都市内部构造❶，承此余绪，对城外万年、长安两县所辖乡、里、村名、位置的考订，也成为古、今学人接续未断的一项工作。

宋敏求在《长安志》万年、长安县部分，主要罗列宋代乡里村社，亦略追溯唐乡，记万年县"唐四十五乡。灞桥东有大陵乡，元载祖墓在黄台乡，真光（贞观）中有霸城乡，余不传"，长安县"唐五十九乡，有渭阴乡见于下，余不传"❷。此后陆续有清人毕沅、陆耀遹、毛凤枝的增订，已有文论及，不赘❸。

近人考证万年、长安乡里，始于原陕西历史博物馆馆长武伯纶，他利用西安附近出土墓、砖志，举证出唐万年县 40 乡、30 里、11 村，长安县 30 乡、8 里、7 村❹；此后又做补充，在万年县下增加金龟乡卧龙里，在长安县下增 3 乡（归化乡、昆明乡、安国乡）1 里（长乐乡王柴里）❺，还以《华阳国志》载汉有建章乡，疑唐亦有同名之乡（然迄今资料未见）。同时，武氏还利用墓志出土地信息，将志主葬地中的唐代乡、里、村名与今地对应，每考证出一新乡，必试述其今分布范围。武伯纶的工作模式及结果，在唐长安近郊乡、里、村考订这一学术领域具有开创性和示范意义❻，但并未立即引起反响。约 20 年之后，爱宕元氏才重拾这一课题，除墓志外，

---

❶ 以汉唐长安历史、文化、地理为主题的著作，在唐时即有《两京新记》《寺塔记》《历代名画记》数部，而宋、元、明、清间出。

❷ 辛德勇、郎洁点校《长安志 长安志图》，第 357、381 页。

❸ 参考户崎哲彦对长安、万年县乡里研究史的回顾，见所撰《唐京兆府万年县乡里补考》，《中国历史地理论丛》2010 年第 2 期。

❹ 武伯纶《唐万年、长安县乡里考》，《考古学报》1963 年第 2 期。

❺ 武伯纶《唐万年、长安县乡里补考》，附于所撰《唐代长安郊区的研究》一文之末，收入氏著《古城集》，第 135—138 页。

❻ 武伯纶《唐代长安郊区的研究》，收入氏著《古城集》，第 88—138 页。

他把目光扩大至碑刻、史籍、佛教文献、小说等，共考证出万年县42乡，比武氏增加积福乡、崇德乡；长安县33乡，比武氏增加梁升乡、弘政乡、合郊乡（后二为隋乡）❶；此后该研究结集出版时，又有增补，列《万年县所管》表中乡数为43，《长安县所管》表中乡数为36，同时也收集了未明所属县或所属乡的里与村。在辑补名称基础上，爱宕元对比了敦博藏地志残卷与《太平寰宇记》《长安志》所记万年、长安乡数异同，推想有唐三百年间两县基层区划应进行过调整，后期乡数缩减；他还讨论了乡、里、村名各自的命名规则，以及考证中万年县得乡率高于长安县的原因❷。

1996年出版的史念海主编《西安历史地图集》专列《唐长安县、万年县乡里分布图》一幅，将之前纸面文字的考订按诸图像，其中涉及万年县的乡约41个，长安县的乡32个，在武伯纶、爱宕元基础上，实际万年县增补了金龟乡卧龙里，而长安县增补昆明、福阳二乡，唯史氏态度严谨，万年县黄台、安福、上好、平原、青盖5乡，因位置难以确定，未绘入图，而山北、大明、安盛3乡，仅知为隋乡，故删去❸。1998年西安碑林博物馆对馆藏360余方西安出土隋唐墓志的发现时、地信息进行整理，在此基础上亦列举了长安乡名、村名、原（地势高处称为原）名，但无新补❹。1999年，杜文玉于万年县下新补长安、滋川、卢陵3乡，于长安县下新

❶ 爱宕元《唐代两京乡・里・村考》,《中國聚落史の研究》, 第 58—68 页;《唐代两京乡里村考》,《東洋史研究》40 卷 3 號, 1981 年, 收入氏著《唐代地域社会史研究》, 京都: 同朋舍, 1997 年, 第 3—23 页。

❷ 爱宕元《唐代地域社会史研究》第一章《两京乡里村考》二节《西京长安》, 第 6—23 页。

❸ 史念海主编《西安历史地图集》, 第 78 页。

❹ 王原茵《隋唐墓志的出土时地与葬地》,《碑林集刊》第 6 集, 西安: 陕西人民美术出版社, 2000 年, 第 185—206 页。

第 3 章 唐万年、长安县乡、里、村新考　*089*

补新昌、弘政、布政、弘安4乡，并确定了它们在地图上的方位，重新考订了黄台乡与崇道乡的位置，讨论了《安万通砖志铭》中安国乡、普宁坊连称的原因❶。2004年，尚民杰又有推进，共考证出万年县45乡，长安县37乡，较以上研究增补了万年县鹑首乡、丰润乡，长安县神泉乡，他也关注了各乡下辖的里与村，对于万年县45乡名已全获知，而长安县有差距的事实，以《长安志》所记59乡或为误记，长安县之乡或许在50左右❷。

　　随着西安周边墓志的新发现，2006年，程义广采新资料并综合前说，对两县辖乡里情况进行了总结，程文第一次系统区分隋乡与唐乡，由于隋唐之间乡、里、村名有很大的继承性，此前的考订工作采用墓志，并不注意时代，程文注意到隋、唐间乡名有变化，补出隋大兴县10乡2里，长安县9乡6里。唐乡，程文言新补万年县5乡，实际新乡名仅永寿乡，较大的突破在于长安县，增补14乡，实际新乡名有务德、高平、洞口、积德、福民、务道，至此，长安县乡名达到48❸，长安县仅50乡的推测或不能成立。程文对两县下的村与里也做了大量补充；其理论思考也值得重视，以往考订两县下乡，皆是以《长安志》所记乡数为基准，但实际《长安志》记载只是某个时间点的情况，程文以为近于《两京新记》成书之开元十年（722）❹。

　　程义后，又可见户崎哲彦、高铁泰两人之见解，户崎氏补万年

❶ 杜文玉《唐长安县、万年县乡里补考》，史念海主编《汉唐长安与关中平原》，395—402页。

❷ 尚民杰《唐长安、万年乡村续考》，西安市文物保护考古所编《西安文物考古研究》，西安：陕西人民出版社，2004年，第365—390页。

❸ 程义列表给出48乡，实际上其所列卢陵乡、长安乡，出土墓志葬地书写已证明均属万年县。

❹ 程义《隋唐长安辖县乡里考新补》，《中国历史地理论丛》2006年第4期。

县 2 乡，淳风乡与凤栖乡，通观前人考订成果，提出几点意见：1. 以长安、万年两县下皆有永寿乡，实际上永寿乡姜村应属长安县；2. 墓志中所记"万年县长安乡"令人生疑，或为长乐乡之讹；3. 万年县鹑首乡，疑为龙首乡之讹；4. 前人通列安盛乡、大明乡、山北乡于唐，但其为隋乡，应删；5. 否定唐万年县有少陵乡，以其为宋乡；6. 质疑见于宋人记载的苑东、东陵、薄陵三乡为唐乡❶。高铁泰与户崎商榷，提醒最早记录两县乡数的是敦博天宝地志，以薄陵三乡应为唐乡；对义善乡位置重新厘定❷。

二　新出墓志对乡、里、村的订补

从程义进行总结式研究的 2006 年至今十余年时间，可称为唐人墓志爆炸式发现期，仅陆续问世的以长安、洛阳两地为主的墓志出版物，就不下十种。本书将主要据此开展万年、长安乡、里、村的订补工作，同时通检传世文献及此前刊布的唐代碑刻，查找遗漏；按照先万年、再长安，先乡名，再里、村名的顺序，逐一介绍新考得之成果。订补中使用的墓志资料均为缩略语，详附表 –2。

唐万年县乡、里、村补

到户崎哲彦为止，学界实际考证出乡名计 52 个，但对其中若干乡存疑，或否定。如上述户崎氏意见，永寿乡应属长安县，质疑

---

❶ 户崎哲彦《唐京兆府万年县乡里补考》，《中国历史地理论丛》2010 年第 2 期。

❷ 高铁泰《对〈唐京兆府万年县乡里补考〉的异议》，《唐都学刊》2011 年第 4 期。

长安、鹑首、少陵、安盛、大明、山北、苑东、东陵、薄陵诸乡❶，又程义新增之步昌乡，出土墓志中只有步昌原❷，由乡而原，猜想成分太大。先剔除永寿、步昌二乡，对有存疑而无确证者姑且保留，剩余 50 乡（见附表 -3：1-50），下面新增补：

1. 鄷国乡汍汭里

唐《韦滔墓镇墓文》前有道教符箓，后志文为："大唐镇国大将军行左羽林卫大将军修文馆大学士上柱国谯国公赠司徒使持节并州大都督韦滔，灭度五仙，托质大阴，今于雍州万年县鄷国乡汍汭里中庀形。"❸ 鄷国或鄷国乡，未见于唐代长安周边乡里名、地名，考《长安志》《类编长安志》所记宋、金（元）长安乡名，亦无迹可寻。"汍汭"又作"妫汭"，古水名，郑樵《通志·氏族略》言："虞有二姓，曰姚曰妫。舜因姚墟之生而姓姚，因妫水之居而姓妫。因而史称妫、陈、田、姚、胡为妫汭五姓。"❹ 妫水源于历山，西流入黄河，在今山西永济南。墓主终并州大都督，或此乡此里应属并州？然镇墓文明言"雍州万年县"，当信从其为万年县下之乡里。

2. 细柳乡

据《李□倩墓志》，志主葬万年县细柳乡细柳原❺；《唐刘辟恶墓志》记其显庆三年（658）与妻"合葬于万年县细柳乡之原"❻，《宋公夫人张氏墓志》记其元和六年（811）"归葬于万年县细柳乡新店原，近给事故夫茔侧置一坟墓"❼。

❶ 户崎哲彦《唐京兆府万年县乡里补考》一文。
❷ 程义《隋唐长安辖县乡里考新补》一文。
❸ 《长安》，第 326—327 页。
❹ 郑樵撰《通志二十略》，王树民点校，北京：中华书局，1995 年，第 155 页。
❺ 《碑林新藏》，第 597 页。
❻ 《秦晋豫》，第 166 页。
❼ 《西市》，第 761 页。

细柳这一地名汉代即有，《汉书·文帝纪》后元六年（前158）冬下记："河内太守周亚夫为将军，次细柳。"对其具体位置，汉唐间诸注家争执不定，或以在渭北，或以在渭南阿房宫西北，或以在渭南昆明池南❶。《太平寰宇记》卷二五记"细柳原，在（长安）县西南三十三里"❷，《长安志》卷一二、《类编长安志》卷七记细柳位置、里数❸皆与《寰宇记》一致，《长安志》记交水流程："东自万年县界流入，《水经注》曰：交水又西南流，与丰水支津合，其北又有汉故渠出焉，又西至石碣，分为二水。一水西流注丰，一水自石碣北经细柳诸原，北流入昆明池。"❹三书同于渭南昆明池之旧说，所言之细柳原，在唐长安西南，今西安王寺村附近，正是唐人墓志中较常出现的长安县细柳原／细柳乡地。

唐长安周边以细柳原为名者非此一处，又有在万年县者，《元和郡县图志》卷一记："细柳营，在（万年）县东北三十里。相传云周亚夫屯军处。"❺而《奉天皇帝长子新平郡王墓志铭》载其永泰元年（765）"迁窆于万年县龟川乡细柳原"❻。龟川乡属万年县，在霸（灞）河之东，今邵平店北一带，是万年县最东界，这与《元和志》所记细柳营的位置正相符。此"细柳原"上散布的唐乡，除龟川乡外，据上引诸墓志，还有细柳乡。

3. 智原乡

《徐德墓志》，志主"粤以显庆三年岁次戊午十月庚戌朔廿四日

❶ 《汉书》卷四《文帝纪》，北京：中华书局，1962年，第130页。
❷ 乐史撰《太平寰宇记》，王文楚点校，第528页。
❸ 骆天骧撰《类编长安志》，黄永年点校，第206页。
❹ 《长安志》卷一二，《长安志 长安志图》，第387—388页。
❺ 李吉甫撰《元和郡县图志》卷一《关内道一》，贺次君点校，第4页。
❻ 李昉等编《文苑英华》卷九三五，北京：中华书局，1982年，第4919页。

癸酉，安厝于雍州万年县少陵原之智原乡"❶。检索《长安志》《类编长安志》未见此乡，据墓志知该乡在少陵原上。少陵原是樊川北的一个大原，据史念海考证，名本自汉宣帝许后之少陵，距宣帝杜陵甚近，原上有洪固、高平、大陵、洪原、少陵乡，南至义川乡❷。智原乡大致在此范围。

4. 尚书乡

《段文楚墓志》记志主广明元年（880）四月葬，嫡孙"敛葬于京兆府万年县尚书乡细柳原，从先茔，礼也"❸，则细柳原上还有尚书乡。据本书下一章考证，唐昭应县下亦有乡名尚书。细柳原在万年县最东，紧邻昭应县，推测此尚书乡正处两县交界处。

5. 少陵乡为唐乡

此前学者已据《长安志》记载推测唐有少陵乡。唯户崎哲彦疑其不见于唐代记载，应为宋乡，举出四点理由❹。但新出唐人墓志如《韦应墓志》即言其开成二年（837）"葬万年县少陵原少陵乡临川里"❺，而西市藏《刘真仪墓志》更出现了唐少陵乡下的村名，志主以咸通七年（866）"归葬于万年县少陵乡中刘村"❻。少陵乡当然是唐乡。

6. 平泉乡

《刘夫人裴氏墓表》载志主安史之乱中殁，六十余年后迁葬，"以元和九年（814）正月廿五日改卜于万年县平泉乡焦村高原，礼

---

❶ 《西市》，第 129 页。

❷ 史念海《唐长安城外龙首原上及其邻近的小原》。

❸ 《秦晋豫续》，第 1323 页。

❹ 户崎哲彦《唐京兆府万年县乡里补考》文。

❺ 《秦晋豫》，第 965 页。

❻ 《西市》，第 977 页。

也"❶。传世文献及其他石刻中皆未载万年县此乡名，据本书下章，唐云阳县下有乡名平泉，应与此处无关。又据下文考证，万年县高平乡下有平泉里、有焦村，则此处之平泉乡，或为平泉里之误记？若确有乡名平泉，或应与高平乡毗邻？姑置于此。

万年县辖里名与村名，还可增补：

1.浐川乡有北姚里、上傅里，古城村

《赵恭墓志》记其咸通十五年（874）"归葬于万年县浐川乡北姚里先茔也"❷，按浐川乡下已知有北姚村，这里系同名之里。《韩处章墓志》记其乾符三年（876）葬于京兆府万年县浐川乡上傅里，浐川乡下已知有上傅村，此系同名之里❸。《赵文信墓志》记志主会昌六年（846）"葬于万年县浐川乡古城村，祔于先茔，礼也"❹，长乐乡下亦有古城村，则此村当处两乡交界处。

2.长乐乡有陈张里，有陈张村、郑村，或有长乐村？

《张德之墓志》记其会昌中葬于万年县长乐乡陈张里□原❺。《贞元新定释教目录》记三藏法师义净"于京延兴门东陈张村阁院内葬"❻，唐长乐乡在长安城东春明门外，隋长乐宫旧址，离延兴门亦不远，此处之陈张村，当属长乐乡。《唐韩孝恭玄堂铭》记其大中十三年（859）五月"窆于京兆万年县长乐村陈张村"❼，由于地理记载中往往县、乡、里、村逐级排列，此处"长乐村"之"村"或为"乡"之误写。但文献记载中亦有"长乐村"，如《太

---

❶《百品》，第181页。

❷《碑林新藏续》，第644页。

❸《西市》，第1005页。

❹《汇编续集》会昌027，第963页。

❺《碑林新藏》，第722页。

❻圆照《贞元新定释教目录》卷一三，《大正新修大藏经》第55册，第871页中。

❼《碑林新藏》，第795页。

平广记》"长乐村圣僧"："开元二十二年（734），京城东长乐村有人家，素敬佛教，常给僧食。"❶乡下往往有同名之里与村，长乐乡下或有长乐村❷。《郭传则墓志》中有"京兆万年县长乐乡郑村"❸，则长乐乡下补一郑村。

3. 龙首乡有东陈村、西陈村、南陈村

《唐赵仕良墓志》，志主"大中六年（852）三月，迁奉于京兆府万年县龙首乡东陈村之原"❹。《何贞裕墓志》记其大中八年窆于京兆府万年县龙首乡西陈村❺。《李行素墓志》记志主于"咸通十年十二月葬于京兆府万年县龙首乡南陈村，祔先茔"❻。

4. 崇道乡有崇道里，有崇道村、李姚村，或有滋阳村

唐《严令元墓志》称其与妻"合祔于万年县崇道里白鹿原蛇村"❼，此前已知崇道乡下有蛇村，则崇道里应为乡下同名之里；《屠公墓志》记其开元十年（722）迁奉于崇道村北百步之原❽，则崇道乡下不仅有同名里，亦有同名村。《梁承政墓志》记志主于咸通十二年窆于京兆万年县崇道乡李姚村❾。据王昌龄诗《灞上闲居》"鸿都有归客，偃卧滋阳村"❿，武伯纶以此村在崇道乡⓫，而李浩则以为在浐川乡⓬，滋阳或即芷阳，姑置于此。

---

❶ 《太平广记》卷一〇〇，出《纪闻》，第 667 页。
❷ 唐人笔记记乡间传闻，对基层聚落的等级表述，随意性较大。
❸ 《新·陕》贰，第 235 页。
❹ 《碑林新藏》，第 763 页。
❺ 《秦晋豫》，第 1017 页。
❻ 《百品》，第 216 页。
❼ 《新·陕》贰，第 97 页。
❽ 《补遗》第 7 辑，西安：三秦出版社，2000 年，第 362 页。
❾ 《补遗》第 8 辑，西安：三秦出版社，2005 年，第 215 页。
❿ 《全唐诗》卷一四一，第 1432 页。
⓫ 武伯纶《唐代长安郊区的研究》，《古城集》，第 93 页。
⓬ 李浩《唐代园林别业考论》（修订版），西安：西北大学出版社，1996 年，第 177 页。

5. 义丰乡有更始里，孙村

《吕翁归墓志》记会昌五年（845）："以府君归葬于京兆万年县义丰乡更始里，夫人弘农杨氏合祔焉。"[1]《董媛墓志》记其开成四年（839）"葬于万年县义丰乡孙村"[2]。

6. 霸城乡有细柳里

《朱士幹墓志》记大中八年朱府君"葬于万年县霸城乡细柳坊"[3]，据上乡名增补条目2"细柳乡"，万年县亦有细柳原，在县东北霸水以东，此附近数乡如龟川乡、细柳乡、霸城乡皆应在细柳原上，故霸城乡下有"细柳"地名。墓志葬地记为"坊"，与唐制郭内为坊、郊外为村不符，查志文下曰"里人张逢观其存殁"，可知细柳当为里名，朱氏葬于晚唐，基层统治单位的名称或已不甚严格。

7. 宁安乡有青明里，有王角村、方赵村

《路谠墓志》记其咸通七年"殡于长安城南之宁安乡青明里三赵村"[4]，补宁安乡下一里名青明，亦知三赵村属青明里。据《清源县君王氏墓志》，志主大和九年（835）"权窆万年县宁安乡干角村"[5]；《唐徐公妻王慕光墓志》，志主大中八年十二月"卜宅兆京兆府万年县宁安乡方赵村凤栖原"[6]，知宁安乡下有王角村、方赵村。

8. 洪固乡有黄沟里、洪固里

《王客卿墓志》记其贞观二十三年（649）与妻"合窆乎雍州万年县洪固乡黄沟里之神和源"[7]，而据唐《衡智场墓志》，志主"窆

---

[1]《西市》，第895页。

[2]《西市》，第879页。

[3]《碑林新藏续》，第599页。

[4]《西市》，第979页。

[5]《碑林新藏续》，第532—533页。

[6]《秦晋豫续》，第1221页。

[7]《西市》，第89页。

葬于雍州城南少陵原洪固里"❶，此洪固里应为与乡同名之里。

9.高平乡有平泉里，夏侯村

《柳雄亮暨妻费氏墓志》记志主显庆三年"葬于雍州万年县高平乡平泉里少陵原"❷，《唐韦羽及夫人崔成简墓志》记二人于元和十四年："祔迁于万年县少陵原高平乡夏侯村先府君之茔，礼也。"❸可知高平乡在少陵原上。

10.山北乡有长原（元）里❹、归明里

《韦君妻故成德县主（李瑶）墓志铭》记其显庆四年，"厝于万年县北山乡长原里神和之原"❺。《牛名俊墓志》记其以元和五年"卜兆于京兆府万年县山北乡归明里，从周制也"❻。按户崎哲彦曾疑山北乡仅见于隋代墓志记载，或非唐乡❼，不确。实际上山北（北山）一名在北朝就曾作为长安地名而存在，北京图书馆藏北魏熙平元年（516）三月四日《王文爱铭记》砖志有"雍州京兆郡山北县民"字样❽，至隋以乡分县❾，方更名为"山北乡"。

11.洪原乡有丰仁里、黄渠里、洪济里、揖阳里、延信里，有大赵村、张村、张屈村、小赵村、司马村、曹村、庞流村

该乡隋时已有，下有洪原里，《长孙汪墓志》记其与妻大业

❶《长安》，第50—51页。
❷《碑林新藏续》，第115页。
❸《西市》，第803页。
❹"长原里"，有的墓志中记为"长元里"，为同一地。
❺《秦晋豫》，第173页。
❻《西市》，第757页。
❼ 户崎哲彦《唐京兆府万年县乡里补考》文。
❽《王文爱铭记》，赵超《汉魏南北朝墓志汇编》，天津古籍出版社，1992年，第83页。
❾ 参考滨口重国《论隋的所谓废止乡官》，黄正建译，《日本学者研究中国史论著选译》第四卷，第315—333页。

十二年（616）"合葬于京兆郡大兴县洪原乡洪原里"❶。西市藏《张弼墓志》及其妻《杨芷墓志》分别记载两人以调露元年（679）十月十四日："合窆于雍州明堂县洪原乡丰仁里，礼也。""丰仁"为唐里名❷。又有黄渠里，毕沅据权德舆撰《右仆射姚南仲神道碑》"与夫人之殡合祔于少陵原黄渠里"推测其属唐少陵乡❸，而据新刊《杨守澹暨妻独孤法王墓志》，龙朔三年（663），夫妻"合葬于雍州万年县洪原乡黄渠里"❹，实际上该里应属洪原乡。洪原乡在少陵乡南，为黄渠西北行经，故有此里名。又有延信里，据《赵纂墓志》，其于大和六年正月"葬于万年县洪源乡延信里西"❺；洪济里，《韦君夫人崔氏墓志》记其大中六年五月"祔于万年县洪原乡洪济里少陵原之西，神禾原之北"❻；又有里名揖阳，见《韦楚客墓志》，志主元和九年十月"葬于万年县洪源乡少陵原揖阳里"❼，但不知与乡下邑阳里是否为同一里。

《唐柳积墓志》记其龙朔二年（662）三月"窆于万年县洪原乡黄渠里大赵村西北一里"，知黄渠里下有大赵村❽。《卢婉墓志》记其开元廿七年"殡于京兆府万年县洪原乡张村之南"❾。《崔侸墓志》记志主以大和二年"归葬于长安城南洪源乡张屈村，礼也"❿。《周

---

❶ 《秦晋豫》，第 127 页。

❷ 《西市》，第 226—230 页。

❸ 《长安志》卷一一《万年县》，《长安志 长安志图》第 357 页。

❹ 《碑林新藏续》，第 131—132 页。

❺ 《秦晋豫续》，第 1134 页。

❻ 《百品》，第 200—201 页。

❼ 《秦晋豫续》，第 1050 页。

❽ 《秦晋豫》，第 293 页。

❾ 《西市》，第 513 页。

❿ 同上书，第 823 页。

涯墓志》，志主大和四年"迁窆于万年县洪原乡小赵村"❶。《杜式方妻李氏墓志》记李氏大和七年七月"奉裳帷于京兆府万年县洪原乡司马村，奉续遵合袝之礼也"❷。《崔文龟墓志》记其以大中十二年"葬于京兆府万年县洪源乡曹村少陵原，从先榁，礼也"❸。《杜光义妻李绰墓志》记其文德元年（888）十一月"葬于长安县之东南弘原乡庞流村"❹。

12. 义善乡有兴寿里、鸿原里、高望里、小仵里、义善里、鲍陂里，有鲍村、鲍陂村、王斜村、王李东村、曹村、东仵村、小仵村

《陈叔达妻王女节墓志》记其贞观十年（636）"窆于雍州万年县义善乡兴寿里山，礼也"❺；《刘源墓志》叙志主元和二年（807）冬"迁葬于京兆府万年县义善乡兴寿里凤栖罜"❻，知乡下有兴寿里。有鸿原里，《唐张君母樊氏墓志》记其龙朔二年（662）"窆于万年县义善乡鸿原里之凤栖原"❼。有高望里，《胡君妻高氏墓志》记其开成五年十一月"归袝于长安万年县义善乡高望里凤栖原之先茔"❽。有小仵里，《李毗墓志》记其以咸通三年"袝于卢夫人之茔于京兆府万年县义善乡小仵里"❾。《江师武墓志》记其咸通二年"归葬于京兆府万年县义善里鲍村"❿，里名为"义善"，或当属义善

---

❶ 《碑林新藏续》，第 591 页。
❷ 《秦晋豫续》，第 1138 页。
❸ 《西市》，第 949 页。
❹ 《秦晋豫续》，第 1329 页。
❺ 《碑林新藏续》，第 52 页。
❻ 同上书，第 455—456 页。
❼ 《长安》，第 75 页。
❽ 《秦晋豫续》，第 1180 页。
❾ 《碑林新藏续》，第 624 页。
❿ 《西市》，第 955 页。

乡，乡下有村曰鲍村。

又有两方墓志，《令狐览暨妻薛氏墓志》记夫妻"以会昌三年十月十五日合祔于京兆府万年县乡鲍陂里夫人之旧茔"❶，而《大唐陇西李夫人墓志》记其长庆元年（821）"厝于万年县鲍坡［陂］村程氏先茔"❷，出现同名之里与村，但均未记乡名。鲍陂，据张礼《游城南记》："黄渠水，出义谷，北上少陵原，西北流经三像寺。鲍陂之东北，今有亭子头，故巡渠亭子也。北流入鲍陂。鲍陂，隋改曰杜陂，以其近杜陵也。自鲍陂西北流，穿蓬莱山，注曲江，由西北岸直西流，经慈恩寺而西。"❸ 今此地仍有鲍陂村，而唐义善乡辖区在杜曲兴教寺北，甚近，故鲍陂里、鲍陂村或亦归义善乡。

《韦韫中墓志》记国子监主簿裴处弼妻大和八年迁窆于京兆府万年县义善乡王斜村北原❹。《唐故洛阳郡南宫夫人墓志铭》记其"会昌二年十一月卜于万年县义善乡王李东村"❺。《卢虔懿墓志》记其以大中九年"葬于万年县义善乡曹村"❻。《段宏墓志》记其："以大中九年八月十四日，卜葬于万年县义善乡东仵村旧茔之原，礼也。"❼《唐李毗妻卢氏墓志》记其大中十年十一月葬于京兆万年义善乡小仵村之地❽，小仵村应属小仵里。

13. 黄台乡有张戈村

《李仁钊墓志》记其于后唐同光三年（925）"葬于京兆府万年

---

❶《碑林新藏续》，第568—569页。

❷《长安》，第243页。

❸ 史念海、曹尔琴校注《游城南记校注》，第42页。

❹《西市》，第855页。

❺《碑林新藏》，第724页（又见《西市》，第923页）。

❻《西市》，第1003页。

❼ 同上书，第923页。

❽《秦晋豫续》，第1230页。

县黄台乡张戈村"❶，虽时已入五代，地名，尤其是村名的延续性很强，唐万年县下即有黄台乡，推测"张戈村"亦为唐村名。

14. 崇义乡有胡村

《南单德墓志》记其以大历十一年（776）"葬于万年县崇义乡胡村白鹿之西原"❷，该墓志出土于今西安市灞桥区红旗乡（街道），可知崇义乡今地。

15. 神禾乡有兴盛里

《武周李正因墓志》载志主天授三年（692）二月"窆于雍州明堂县神禾乡兴盛里"❸。

16. 乐游乡有嘉德里

《张文绪墓志》（贞观中）开头作"雍州万年县乐游乡嘉德里故张君墓志"❹，知乐游乡下有是里。

17. 青盖乡有乐儿里

《韦濛墓志》载，志主以大中二年"疫殁于本郡万年县胄盖乡乐儿里别业"❺，以往学者已考证出万年县下有青盖乡，唐时乡名多有雅意，据《续汉书·舆服志》"皇太子、皇子皆安车，朱班轮，青盖，金华蚤"❻，知汉制诸皇子所乘车曰青盖，而所谓"胄盖"语意不详，审墓志图版，此字上部笔画略多，释文似误为"胄"，当作"青"。由志主卒地知乡下有里名"乐儿"。

18. 少陵乡有临川里、中刘村。参上乡名增补条目5"少陵乡为唐乡"。

---

❶《碑林新藏续》，第700页。
❷《碑林新藏续》，第381页。
❸《秦晋豫续》，第431页。
❹《碑林新藏续》，第55页。
❺《碑林新藏续》，第602页。
❻《后汉书》卷二九，北京：中华书局，1973年，第3647页。

19. 丰润乡有王村

《马国诚墓志》载其"乾符三年（876）归葬于京兆府万年县丰润乡王村之原"❶。

20. 细柳乡有故郡村

《王彦真墓志》记其以咸通六年"葬于万年县细柳乡故郡村"❷。

21. 未知属乡的村名

午村，《姚孟宗墓志》记其景云二年（711）六月权殡于万年县午村南❸。兰村，《王永夫人张氏墓志》记其元和十二年葬于万年县兰村❹。长郝村，《王蒙墓志》记其元和十二年"归葬于万年县少陵原长郝村之礼也"❺，知少陵原上有此村。李姚村，《唐李太均墓志》记其弟太恭以"会昌四年闰七月十日安厝于京兆府万年县浐水东李姚村，权也"❻。按浐川乡有许多村名"姚"，或属浐川乡。朱赵村，《李公夫人韦氏墓志》记其大中九年"葬于万年县朱赵村"❼。第五村，据《唐韦府君夫人柏氏墓志》，志主大中十年"安厝于万年县第五村"❽，按长安县义阳乡下有第五村，近今第五桥，此前万年县未见此村名。中赵村，《薛刍墓志》记其有唐大中十年"归葬于万年县中赵村"❾。上好村，《郭佐思墓志》记其大中十五年"葬于万年县东界王好店上好村"❿，按万年县有上好乡，乡下有上好里，此

---

❶ 《碑林新藏》，第 886 页。

❷ 《西市》，第 961 页。

❸ 《百品》，第 110 页。

❹ 《补遗》千唐志斋新，西安：三秦出版社，2006 年，第 365 页。

❺ 《碑林新藏续》，第 482 页。

❻ 《碑林新藏》，第 731 页。

❼ 《西市》，第 945 页。

❽ 《长安》，第 289 页。

❾ 《碑林新藏续》，第 605 页。

❿ 《碑林新藏》，第 869 页。

村或属。

现尝试将至本书为止考证出的万年县乡、里、村名列表,并标示唐乡对应今天的大致位置,限于篇幅,附于全书之后,参附表 -3。

唐长安县乡、里、村补

到户崎哲彦为止,学界实际考证出乡名 46 个,程义所列卢陵乡应属万年县❶,不计入,见附表 -4 编号 1-46,下面新增补:

1. 怀阴乡

见于 P.3417 敦煌《十戒经盟文》:

> 大唐景云二年(711),太岁辛亥八月生三月景午朔廿四日己巳,雍州栎阳县龙泉乡凉台里男 生 清信弟子王景仙,年廿七。……景仙虽昧,愿求奉受,谨赍信如法,诣雍州长安县怀阴乡东明观里中三洞法师中岳先生张〔泰〕,受十戒十四持身之品,修行供养……❷

"怀阴"不仅未见于目前所知唐长安周边地名,亦不见于《长安志》《类编长安志》所记宋、金长安乡里、地名。但东明观,为长安道教名观,在长安城西北角普宁坊东南隅❸。则怀阴乡应距此不远,或为城外紧邻开远门之一乡,与龙首乡、孝悌乡、龙门乡接近。

---

❶ 程义《隋唐长安辖县乡里考新补》文。"万年县卢陵乡"的表述如《唐穆宜长墓志》,"雍州万年县卢陵乡人上骑都尉、通直郎、义州司马穆宜长",《汇编》仪凤 022,第 640 页。

❷ 池田温编《中國古代寫本識語集錄》,第 282 页。

❸ 参照史念海主编《西安历史地图集》之《唐长安寺观图》,第 97 页。

2. 弘安乡

据《董君夫人戴满墓志》，志主"以显庆四年（659）岁次己未二月戊申朔廿五日壬申卒于长安县弘安乡嘉会坊私第"❶，弘安乡名，于唐宋地志中无线索，嘉会坊在朱雀街西第四街自南向北第五坊，西邻待贤坊，靠近延平门❷，则推测弘安乡应为延平门外不远之乡，或近善政乡、布政乡。上两例，城内之坊为何在地理上归属于长安县之乡，参本书第 2 章之解释。

3. 上林乡

《穆孝憨墓志》记其武德八年（625）六月终于雍州长安县上林乡弘德里❸，而《杜威戎墓志》记其长庆三年（823）与父母"同归祔于京兆长安县上林乡绍信里旧茔"❹，可见有唐一代上林乡较为稳定地存在，疑乡名得之于上林苑。对应今地不明。

4. 福水乡

《唐李义墓志》记其咸亨二年（671）三月"葬于雍州乾封县福水乡"❺，乡名得之于长安城南之福水。《长安志》卷一一载："福水，即交水也。《水经注》曰：上承樊川御宿诸水，出县南山石壁谷，南三十里与直谷水合，亦曰子午谷水。"❻ 宋张礼《游城南记》介绍交水得名的原因，"有樊川御宿之水交流，谓之交水"❼。《关中胜迹图志》记交水流向："交水，在长安县南三十二里，源出咸宁

---

❶ 《汇编》显庆 099，第 290 页。

❷ 参《西安历史地图集》之《唐长安城图》，第 82—83 页。

❸ 《高阳原》，第 47—48 页。

❹ 《补遗》第 8 辑，西安：三秦出版社，2005 年，第 135 页。

❺ 《高阳原》，第 99 页。

❻ 《长安志　长安志图》，第 365 页。

❼ 史念海、曹尔琴校注《游城南记校注》，第 123 页。

县南山，西北流至县界入丰水。"❶乡域应在长安县内交水流域，对应今高阳原上西北大学长安校区附近。

长安县下里名与村名还可增补：

1. 龙首乡有兴台村、王阳村、南漕村

《唐刘世通夫人王氏墓志》载其永徽元年（650）卒"大唐雍州长安县龙首乡兴台里，葬于兴台村南三百步"❷，知兴台里下有同名之村。《唐唉宪玉墓志》记志主以建中四年（783）八月与夫人刘氏合葬于长安县龙首乡王阳村❸。《唐杨景球墓志》记其咸通十五年（874）十月窆于京兆府长安县龙首乡南漕村❹。

2. 承平乡有昌合里，有李村

《闾克积墓志》记其咸通十五年十一月葬于（长安县）承平乡昌合里❺。《唐宗进兴妻杨氏墓志》载其大中七年（853）"葬于长安县承平乡李村"❻。

3. 义阳乡有义阳里、姜翟里，有宋满村、郭杜村

《唐君妻曹令姝墓志》记其贞观七年（633）"葬于雍州之长安县高阳原义阳里"❼，未记属乡名，唐长安县下有义阳乡，在外郭城西南义阳、高阳原上，此义阳里当属。《陶�墓志》记其大中二年正月祔葬于长安县义阳乡姜翟里❽。《李秀炎墓志》载其元和七年（812）"祔于长安县义阳乡宋满村高阳原大茔之右"❾。《史从及墓

---

❶ 毕沅撰《关中胜迹图志》卷三，张沛校点，西安：三秦出版社，2004年，第72—73页。
❷《新·陕》贰，第19页。
❸《秦晋豫续》，第918页。
❹ 同上书，第1296页。
❺《汇编续集》咸通104，第1116页。
❻《秦晋豫》，第1014页。
❼《碑林新藏续》，第49页。
❽《百品》，第203页。
❾《碑林新藏》，第639页。

志》记其会昌二年（842）"卜葬于京兆府长安县义阳乡郭杜村"❶，唐义阳乡对应今长安区郭杜街道，可知唐时已有"郭杜"地名。

4.丰邑乡有冯籍村

《李芙墓志》记其咸通五年"葬于长安县丰宜乡冯籍村之别墅"❷，按唐长安县下有乡名丰邑，宋亦沿之❸。"丰邑"意即丰镐之都邑，《长安志》"总叙"："京兆府……古丰镐之地，周文、武之所都，毛诗曰：'作邑于丰'，又曰'宅是镐京'。"❹《李芙墓志》中之"丰宜"当即丰邑，在丰水之西，乡下有村名冯籍。

5.居安乡有杜河村

《唐孙宥颜墓志》载其贞元十六年（800）"归葬于长安县居安乡杜河村高阳原"❺。

6.同乐乡有仁智里

《胡演墓志》记贞观廿年夫妻"合葬乎雍州长安县同乐乡仁智里之细柳原"❻。

7.福阳乡有安定里、脩福里，有仟村

《唐李胤墓志》记其于显庆元年"厝于雍州长安县福阳乡安定里之高阳原"❼。《何邕墓志》记其建中元年十一月窆于长安县高阳原福阳乡脩福里❽。《吴君故夫人李氏墓志》记其开成二年（837）

---

❶《碑林新藏续》，第 562 页。

❷ 同上书，第 629 页。

❸《长安志》卷一二《长安县》记："丰邑乡。在县西二十里，管龙台里。"《长安志 长安志图》，第 382 页。

❹《长安志》卷一，《长安志 长安志图》，第 117 页。

❺《秦晋豫》，第 846 页。

❻《西市》，第 77 页。

❼《秦晋豫》，第 164 页。

❽《秦晋豫续》，第 907 页。

"卜葬长安县福阳乡任村之北原"❶。

8. 积德乡有居安里

《唐万幹墓志》记其大和二年十一月"卜宅于京兆府长安县积德乡居安里胡赵村"❷，可知积德乡下有居安里，而胡赵村属居安里。

9. 务道乡有冯胡里

《唐樊公墓志》记其咸通九年"葬于京兆府长安县务道乡冯胡里马祖原"❸。

10. 未知属乡的村还有：

府娄村，《张据墓志》记其长庆元年（821）"葬长安县府娄村"❹。小姜村，《刘伯刍墓志》记其元和十二年："奉宁神座于长安县小姜村高阳原先茔之东北隅，礼也。"❺知此村在高阳原。按，永寿乡下有姜村。尹村，据《冯镈墓志》，志主咸通十年"卜宅于京兆长安县之尹村神和原，祔于先茔"❻，知其在神禾原上。

至本书为止，考证出的长安县乡、里、村名表详附表—4：

又笔者在检索墓志时还发现一些未知属县的长安村名，如祝村，《李冲墓志》记其大和中"将其枢归祔于京兆祝村先茔之北隅，礼也"❼。现将已考订出的未知属县的长安村名列举如下：

费村（在国门之南）、小赵村（京师之南）、大万村、程郭村、魏村、晖村（均在终南山）❽、祝村（京兆）

---

❶ 《长安》，第 271 页。

❷ 《高阳原》，第 249 页。

❸ 《长安》，第 301—302 页。

❹ 《西市》，第 865 页。

❺ 《西市》，第 794 页。

❻ 《西市》，第 989 页。

❼ 《西市》，第 831 页。

❽ 详参爱宕元氏考证，《唐代地域社会史研究》第一章《两京乡里村考》所列《所管乡未详の里・村》，第 24—25 页。

三 几点思考

上文在前人长安乡、里、村名考证基础上，依据近年来新出石刻碑志，新考证出（存疑者不计）唐万年县下 5 乡（鄠国乡、细柳乡、智原乡、尚书乡、平泉乡），28 里，41 村；唐长安县下 4 乡（怀阴乡、弘安乡、上林乡、福水乡），9 里，12 村，以及未知属县的村名。

利用墓志葬地信息进行乡、里、村的考订，是一项相对机械的工作；如何从海量出土文献传递的混杂地理信息中，梳理出有唐一代两京县基层管理单位演变的线索，本书以为应遵循如下原则：

1. 不拘泥于定制，长时段、多角度思考问题

《长安志》记唐万年县下 45 乡、长安县下 59 乡，共 104 乡❶，成为武伯纶以来学者的源头性依据，乡里考工作的终极目标即考证出此 104 乡，便可完满。故当尚民杰搜集到 45 个万年县乡名时，即言万年乡名已全部获知，而长安县仅得 37 乡，距 59 乡有很大差距❷；程义将长安县乡名推进至 48❸；到本书为止，目前已知唐万年县下乡名达 55，长安县下乡名达 50，长安县乡名考证取得了突破，而万年县下乡数又远超《长安志》的记载。该如何看待这种差异？

《长安志》成书于宋代，仅于介绍宋乡时略带过唐乡情况，所记唐乡，只是某一个确定时间点的数字，并不能代表有唐三百年间的发展变化。《长安志》所记究竟是唐代哪一时段的情况呢？程义以《两京新记》卷三残卷中标明的地名建筑与《长安志》吻合而推

---

❶ 《长安志》卷一一《万年县》、卷一二《长安县》，《长安志　长安志图》，第 356、381 页。

❷ 尚民杰《唐长安、万年乡村续考》，《西安文物考古研究》，第 388—390 页。

❸ 程义《隋唐长安辖县乡里考新补》文。

定后者所记乡数来源于《两京新记》，是开元十年前后的乡数❶。恐非是。我们从敦博 58 号《天宝十道录》中看到了京兆府诸县乡数的记载，其中长安县下记 79 乡，万年县下记 62 乡❷，这个数字远多于《长安志》记载，若以《长安志》所记为开元乡数，开元中到天宝初，长安乡级区划当不会发生如此大变，而同是成书宋代的《太平寰宇记》记唐长安 59 乡，万年 45 乡，与《长安志》数字完全相同，这两者反映的当是唐代中晚期，宋人所能获知的情形，而《十道录》是盛唐时的数字。至于唐前期，承隋制，乡里建制情况如何，尚不太清楚。利用墓志考订长安乡、里、村，除应区别隋乡与唐乡外，不可能细化到区分有唐不同时间段的乡名，只能以唐全期为研究对象。我们认为唐政府曾数次对长安周边的乡里区划进行调整，故从墓志中考出的乡名，绝不会拘于《长安志》104 乡的定数，而甚至比《十道录》记载数目更多。

相似的情况，按唐制，以百户为里，五里为乡，也就是说，一个规范化的唐乡下应有五里，但在实际考订中会发现，万年县浐川乡、长乐乡、崇道乡、宁安乡、洪固乡，长安县的龙首乡下所辖里数都超过了 5，万年县长乐乡、洪固乡下甚至多达 10 个里，这一方面由于我们所收集的材料不分时段，或有更替；另一方面也应考虑到，唐令记载只是一种理想状态，长安人口稠密，万姓萃处❸，城外虽不及城内，恐怕也时常超过五百户。这反映了京畿乡里的特殊情况。

---

❶ 程义《隋唐长安辖县乡里考新补》文。

❷ 定名参荣新江《敦煌本〈天宝十道录〉及其价值》，《九州》第 2 辑，北京：商务印书馆，1999 年，第 116—129 页；录文参吴震《敦煌石室写本唐天宝初年〈郡县公廨本钱簿〉校注并跋》，《文史》第 13 辑，1982 年，第 98—101 页。

❸ 据王社教估计长安城内一坊人口最多达 3 万余人、1800 户，参所撰《论唐都长安的人口数量》，史念海主编《汉唐长安与关中平原》，1999 年，第 88—116 页。

2. 质疑与疑所不当疑

程义之前的学者，对复原长安乡、里、村做了最大限度的努力，当然都希望成果最大化。除对墓志中出现的乡里名全部采纳，还有些乡名并未直接出现于唐代文献，乃是据隋乡、宋乡乃至汉乡的推测。如武伯纶以汉建章乡推唐亦有建章乡，据《长安志》中的宋乡苑东、东陵、薄陵推其亦为唐乡❶，此后学者据隋代墓志补出的乡名，直接计入唐乡等。这种做法受到了户崎哲彦的质疑，不仅以汉、隋、宋乡名皆非唐名，还否定了墓志中出现的万年县长安乡、鹑首乡❷。

前一个问题涉及乡、里、村名称在一个较长时段的传承与变革，从名称看，唐乡中长乐、灞城、少陵、薄陵、昆明、细柳等，皆与汉代地理有若干联系，而考察北朝长安附近的乡里，山北、洪固、永贵、畴贵（寿贵）、胄贵这些名称已经出现，后入隋至唐，一直被保留，连其对应地点亦未变。现代地名学上有一种判断以为，越是小地名越稳定❸，一千多年过去，唐长安的许多村名还能保存在今天的陕西地名中，可见乡、里、村名稳定性。则据前后断代乡名推测唐乡的做法，是有可行性的。户崎哲彦的批判，有疑所不当疑之嫌。不过推测之乡名，总没有十足之把握，我们在工作中起码可以做到，第一，区分隋代与唐代墓志，隋志中出现的乡名，不经查证，不轻易计入唐；再次，每增补出一乡里名，同时标明其出现的具体年代；复次，借助不断涌现的新材料，随时修正自己的判断。

---

❶ 武伯纶《唐代长安郊区的研究》，氏著《古城集》，第 102—103 页。

❷ 户崎哲彦《唐京兆府万年县乡里补考》一文。

❸ 杨光洛《试论地名的特征》，邱洪章主编《地名学研究》第二集，沈阳：辽宁人民出版社，1986 年，第 17 页。

第 **4** 章

唐京兆府畿县辖乡、里、村新考

一 乡里村坊制在畿县的实施

《唐六典》卷三《尚书户部》载:"京兆、河南、太原为三都……凡三都之县,在城内曰京县(奉先同京城),城外曰畿县。"❶京兆府辖县,则始终以万年、长安二县为京县(赤县);唐前期余县皆畿县,此后多次调整畿县的等第、名称和归属,如畿县之上又立次赤,或以数畿县析出另置州,但畿县数目大约维持在20—22个。从《元和郡县图志》所记元和中京兆府"管县十二,又十一":万年、长安、昭应、三原、醴泉、奉天、奉先、富平、云阳、咸阳、渭南、蓝田、兴平、高陵、栎阳、泾阳、美原、华原、同官、鄠、盩厔、武功、好畤❷,我们可以知道京畿管辖的地理区域之大概。

前文主要考察了唐代"百户为里,五里为乡""在邑居者为坊,

---

❶《唐六典》,第 72—73 页。

❷《元和郡县图志》卷一《关内道一》,第 2 页;卷二《关内道二》,第 25 页。

在田野者为村"❶ 的地理区划在长安及近郊的实施。京兆府的畿县推行乡里村坊制效果如何？《长安志》卷一三至二〇记载了唐畿内之诸县在宋时的县城城郭规模及乡、村、里、社设置，并与唐时情况对比，略提及唐乡数目、名称及唐代城郭规模❷。爱宕元在此基础上，根据近代对长安、昭应等城址的调查数据，讨论了唐代关内道下诸县城郭的规模与建造情况，指出唐前期，诸畿县多沿用前代城郭，或无成规模的城墙；而中晚唐，京畿地区极易受到吐蕃威胁，为抗御强大的骑兵进攻，关内道诸县筑城运动大兴，既有城郭也得以修缮，城壕的幅深与外州县相比显得异常深阔；奉天、华原等县甚至有子城、罗城、羊马城等多重城结构。这种现象，他称之为关内道的"边境化"❸。

根据爱宕元提供的京兆府诸县城郭修造数据❹，唐代大部分时期畿县是有城郭的，只不过有的是沿袭隋代旧郭，有的为新筑，这与有的学者观察到的外州县无城墙情况不同❺。则畿县当与万年、长安县情况类似，县城郭下分为坊，而城外散布乡、里、村。

与长安城的情况不同，畿县县城规模有限，宿白先生曾推测唐代县级城址下可能仅领一坊❻，妹尾达彦在估测长安人数时亦以诸畿县每县郭内仅有一坊计❼。畿县城内的坊名，目前尚未见到，但从

❶ 《通典》卷三《食货三》"乡党"条引大唐令，第63页。

❷ 《长安志 长安志图》，第401—610页。

❸ 爱宕元《唐代関内道の城郭規模と構造——畿内の边境化との関連を中心にして》，氏著《唐代地域社会史研究》，京都：同朋舎，1997年，第155—180页。

❹ 爱宕元《唐代地域社会史研究》一书后附《唐代州県城郭一覧表》，第451—453页。

❺ 参看鲁西奇《城墙内的城市？——中国古代治所城市形态的再认识》，《中国社会经济史研究》2009年第2期。

❻ 宿白《隋唐城址类型初探（提纲）》，北京大学考古系编《纪念北京大学考古专业三十周年论文集》，北京：文物出版社，1990年，第279—285页。

❼ 妹尾達彦《唐長安人口論》，《堀敏一先生古稀記念論集·中国古代の国家と民衆》，東京：汲古書院，1995年，第561—597页。

墓志中可以找到一些有用信息：《郭府君墓志》记其"寝疾于泾阳县龙泉里"，而"窆于泾阳县西北五里录泽乡五袴村南一里原之礼也"❶。从长安、万年县情况看，官员之私第常在城内的里坊，而葬地在城外，畿县的情况或与之相类似；郭府君亦是卒于泾阳县城内，"龙泉"极有可能是泾阳县下之坊名。

二　畿县辖乡、里、村补考

学界热衷于考察两京县下的乡里名目，但移步于再外围之畿县乡、里、村的，笔者管见所及，仅有爱宕元，他不仅逐一考证了 21 畿县下的乡、里、村名，还结合《长安志》等地志及实测地图大致厘定其位置❷。但十几年过去了，作为考订依据的西安周边唐人墓志被大规模披露，本书将继续这项工作，仍依爱宕元氏的畿县排列顺序，于每县辖下，述新发现之乡、里、村名，略作考证，末列畿县乡、里、村名表：

鄠县

灌钟乡：据《处士挈行基墓志》"处士讳行基，雍州鄠县灌钟乡之人也"❸，《王求古墓志》记其"祖因官迁京兆，今为鄠杜人……贞元十五年（799）夫妻合葬于鄠县北灌钟乡漕南之原"❹。《三辅黄图》卷一载："钟宫，在鄠县东北二十五里。始皇收天下

❶《西市》，第 891 页。
❷ 爱宕元《唐代京兆府・河南府郷里村考》，唐代史研究会编《東アジア史における国家と地域》，東京：刀水書房，1999 年，第 163—190 页。
❸《长安》，第 88—89 页。
❹《秦晋豫》，第 591 页。

兵销为钟镰，此或其处也。"陈直曰："《元和郡县图志》卷二云：'钟官故城，一名灌钟城，在（鄠）县东北二十五里。秦始皇收天下兵器销为钟镰处。'《太平寰宇记》卷二十六亦同。《元和》作钟官，极为正确，盖为水衡都尉钟官令铸钱之地，为上林铸钱三官之一。"❶《太平寰宇记》卷二六鄠县下："钟官故城，一名灌钟城，在县东北二十五里。盖始皇收天下兵器，销为钟镰，此或其处。"❷ 可知乡因灌钟城得名，在县东北。

鄠东乡蒲池村：据元稹《酬乐天东南行诗一百韵》："序：元和十年（815）三月二十五日，予司马通州。二十九日，与乐天于鄠东蒲池村别，各赋一绝。到通州后，予又寄一篇。"❸ 元稹贬通州司马第二次入川，由长安出发向西南，度沣水，过鄠县，再西取傥骆道，此路需经一村名蒲池，又见于白居易同时期所作《醉后却寄元九》："蒲池村里匆匆别，沣水桥边兀兀回。行到城门残酒醒，万重离恨一时来。"❹ 村名上的地名为"鄠东"，仅仅是鄠县以东的方位表述，还是乡名？西安曾出土前秦《崔子墓砖铭》，铭文曰："秦建元十三年（377）三月乙未朔二日，京兆鄠东乡临利里崔子条从刘兴甫。"❺ 前秦都长安，可知十六国时期长安西已有乡名鄠东，唐元稹所言鄠东，也极有可能是旧乡名的沿用。

封峦乡长乐里：唐《令狐览暨妻薛氏墓志》记令狐氏会昌二年（842）冬"终于京兆府鄠县封峦乡长乐里之郊"❻，此乡或与秦汉时所筑甘泉宫有关。《类编长安志》卷二"甘泉宫"条下记："……后

❶ 陈直《三辅黄图校证》，西安：陕西人民出版社，1981年，第53页。
❷ 乐史撰《太平寰宇记》，王文楚点校，第554页。
❸ 杨军主编《元稹集编年笺注·诗歌卷》，西安：三秦出版社，2002年，第767页。
❹ 朱金城《白居易集笺校》，第906页。
❺ 《新·陕》叁，第1页。
❻ 《碑林新藏续》，第569页。

筑甘泉苑。建元中（前140—前135）作石阙、封峦、鸸鹊观于苑内。南有棠梨宫。"卷三"露寒观"条："武帝建元中作，在云阳甘泉宫外。又石阙观、封峦观、鸸鹊观、旁皇观、储胥观。"❶乡域或在甘泉宫外封峦观旧址，因而名之。乡下有里名"长乐"。

平原里：《赵藤墓志》载元和五年（810）"前京兆府昭应县丞赵公返真于鄠县平原里之别墅，春秋五十五"❷，官员之宅邸多在城内，而别墅在城外，据此推平原里为鄠县城外之里，属乡不知。

蓝田县　无新补

咸阳县

杜尤乡：《王恭墓志》记其永徽五年（654）三月与夫人合葬于雍州咸阳县杜尤乡❸。此乡名诸书未见。

平城乡：据《孟孝立墓志》，志主开元十五年（727）"迁祔于咸阳县平城乡原"❹，此乡诸书未见。而此墓志出土于今咸阳市秦都区双照乡（街道）庞村，应为此乡对应之今地。

渭城乡：《王处俊墓志》载其以（开元）廿七年"迁窆于京兆咸阳渭城乡之北原"❺，此乡名诸书未见，渭城，多见于汉唐文献。

醴泉县

神迹乡常丰里：据《王君愕妻廉穆墓志》，"永徽六年，夫妻合葬于雍州醴泉县神迹乡常丰里昭陵之旧茔"❻，则神迹乡为奉昭陵之

---

❶ 骆天骧撰《类编长安志》，黄永年点校，卷二，第51页；卷三，第99页。

❷《西市》，第765页。

❸《秦晋豫》，第965页。

❹《新·陕》壹下册，第118页。

❺《西市》，第511页。

❻《新·陕》壹下册，第37页。

乡，据此墓志出土地，今礼泉县昭陵乡（镇）庄河村南约 650 m，可大致确定神迹乡域。

安乐乡下有普济里，东赵村：《尉迟敬德妻鄂国公夫人苏氏墓志》载显庆四年，"夫妻合葬于昭陵东南十三里安乐乡普济里之所"❶。《李承乾墓志》载其开元廿五年："奉敕官供陪葬昭陵柏城内京兆府醴泉县安乐乡普济里东赵村，西北去陵一十八里。"❷ 据出土地信息，安乐乡普济里大致对应今礼泉县烟霞乡（镇）东周新村、上营村一带。

东峕里：《唐晏曜墓志》载其与妻"合祔葬于醴泉县东峕里"❸，既是葬地，则东峕里应在城外。

美泉乡阳陆村：《续高僧传》载唐雍州醴泉沙门释遗俗"以唐运初开，游止雍州醴泉县南美泉乡阳陆家"，及卒葬时，"一县士女咸共仰戴，诵持之流又倍恒度，乃函盛其舌，于阳陆村北甘谷南岸为建砖塔"❹。

祁村：据乾符三年（876）二月《琅琊王氏墓铭经幢》记王氏葬于"醴泉县祁村"❺。

据《唐会要》卷二〇《亲谒陵》载"诸陵各取侧近六乡百姓，以供养寝陵之役"❻，则醴泉县奉昭陵六乡，目前已得五乡名，分别是安乐乡、白鹿乡、长乐乡、瑶台乡、神迹乡。

---

❶ 《新·陕》壹下册，第 37 页。
❷ 同上书，第 124 页。
❸ 《碑林新藏》，第 786 页。
❹ 释道宣《续高僧传》卷二九，《大正新修大藏经》，第 50 册，第 690 页上。
❺ 《陕西金石志》卷一九，《石刻史料新编》第 1 辑，22 册，台北：新文丰出版公司，1979 年，页 16628—16629。
❻ 《唐会要》卷二〇，第 465 页。

三原县

淳化乡：据让皇帝第十一男琄母《韦贞范墓志》，志主天宝元年（742）迁归于京兆府三原县淳化乡之北原**❶**，查宋三原县无此乡，而唐富平县下有同名乡，白居易所撰《唐扬州仓曹参军王府君墓志铭》记其"以永贞元年（805）十月二十五日，迁祔于京兆府富平县淳化乡之某原"**❷**。据后列畿县乡、里、村名表，23 畿县下之乡名未见有重复者，有重复的情况，皆是由于奉陵缘故，乡在相邻县之间流转。唐富平县与三原县相邻（参本书地图—2），且县境内都分别有四个以上皇陵，两县之间乡的交换已有其例：大和元年（827）因奉敬宗庄陵，富平县析从化乡隶三原，而开成五年（840）六月因奉文宗章陵，三原县析仁化乡隶富平，则淳化乡两见，亦应作如是观。天宝时此乡尚隶三原，永贞初已改隶富平，极有可能是德宗初年因奉代宗元陵，三原县将淳化乡割隶富平。由此也可大致判断淳化乡应在三原县东，与富平县接壤处。

吕村、任村、王村、刘村、朱村、唐禄村、房村、袁吕村、谢村：金石著作中皆著录有贞观十三年齐士员献陵造像，但未有完整录文，1985 年在三原县、富平县交界的献陵东北，此造像与刻经被重新发现。据造像记，唐高祖献陵守陵官员"右监门中郎将、延陵子齐士员"同十位官员、九村宿老在贞观十三年（639）正月初一为报太武皇帝与穆皇后之恩而造像，其中提到的吕村等应是奉陵户编组之村**❸**，据《长安志》卷二〇《三原》"高祖献陵，在县东

❶ 《西市》，第 525 页。
❷ 朱金城《白居易集笺校》，第 2724 页。
❸ 关于齐士员造像的著录、发现、研究情况以及新录文，参考张总《初唐阎罗图像及刻经——以〈齐士员献陵造像碑〉拓本为中心》，《唐研究》第 6 卷，北京大学出版社，2000 年，第 1—18 页。

一十八里龙池乡唐朱邨"❶，可知宋代此地有唐朱村，与唐之朱村、唐禄村，应有继承关系。

泾阳县

杜原乡：《唐李凤墓志》载其开元六年窆于泾阳县之杜原❷，而《刘府君夫人李氏墓志》记其证圣元年（695）"迁祔于鼎州泾阳县杜原乡之旧茔"❸。

录泽乡五袴村：《郭府君墓志》记其会昌三年"窆于泾阳县西北五里录泽乡五袴村南一里原之礼也"❹，可知乡域在县西北。

善明乡：《刘初墓志》记其以垂拱元年（685）"葬于泾阳县善明乡白渠北之原同所"❺，可知乡域在白渠之北。

众善乡有孙王村：《唐李清国墓志》记其开成三年（838）十一月"葬于京兆府泾阳县众善乡孙王村"❻。

仙圃乡有张保村：《田夫人墓志》记其开成五年"归葬于泾阳县仙圃乡张保村"❼。

闻义里：《邵子真墓志》载志主开元二十七年（739）"终泾阳东闻义里之私第"，志主为处士，居住畿县乡间❽，此"闻义里"应为泾阳县城外，县域东部之里名，未知属何乡。

---

❶《长安志》卷二〇《三原县》，《长安志 长安志图》，第594页。

❷《秦晋豫》，第455页。

❸《汇编续集》证圣001，第338—339页。

❹《西市》，第891页。

❺《汇编续集》垂拱005，第282页。

❻《秦晋豫续》，第1169页。

❼《西市》，第893页。

❽《碑林新藏续》，第297页。

栎阳县

龙泉乡凉台里：P.3417《十戒经盟文》记栎阳县道教信徒从东明观法师受戒事，开头作："大唐景云二年（711），太岁辛亥八月生三月景午朔廿四日己巳，雍州栎阳县龙泉乡凉台里男[生]清信弟子王景仙，年廿七。"❶

五陵乡：据唐《师晖墓志》，其武德六年（623）"终于五陵乡里舍"，未言属何县，志载师夫人为雍州高陵人❷，但高陵县下并无是乡，而据《长安志》宋栎阳县下有五陵乡，在县东，应沿袭唐乡名而来❸。

高陵县

佐辅乡：《姜子荣墓志》记其元和十四年十一月"窆于高陵县佐辅乡阳原"❹。

临泾乡临泾里：《辛谦墓志》记其以显庆三年（658）"与妻元氏合葬于雍州高陵县临泾乡临泾里泾阳之原"❺，乡域不详，从乡名看，应临泾水。

修真乡：《尹客仁母张氏墓志》记"贞观廿二年三月"，"雍州高陵县修真乡尹客仁母夫人张氏之灵"❻。据《长安志》卷一七，宋高陵下有修真乡，在县东一里，亦应为唐乡❼。

---

❶ 池田温编《中國古代寫本識語集錄》，第282页。
❷ 《西市》，第101页。
❸ 《长安志》卷一七《栎阳》，《长安志 长安志图》，第518页。
❹ 《百品》，第189页。
❺ 《碑林新藏》，第89页。
❻ 《新·陕》贰下册，补遗，第389页。
❼ 《长安志 长安志图》，第527页。

奉先县

昌宁里：据《范颜墓志》，贞元十三年（797）"有唐高士范公卒于京兆府奉先县昌宁里之私第"❶。

奉天县　暂无新补

富平县

义亭乡：据《李眘交墓志》，志主开元十八年安窆于京兆富平县义亭乡中慎原❷。据《长安志》卷一九，宋富平县有义亭乡，在县南，得名于义亭城，为古之乡亭❸。唐乡应同，乡境跨中慎原。

脾阳乡永固里：据上栎阳县五陵乡条引《师晖墓志》，志主永徽三年（652）"迁窆于脾阳乡永固里荆原之茔"，志主为高陵人，但高陵县辖无是乡，据《长安志》卷一九，宋富平县辖有同名乡，在县南❹，又志文提及荆原，全名为荆阳原，据《梁胤墓志》，其以开元十一年与妻合葬于富平县薄台乡荆阳之原❺。可知荆阳原确在富平县，故又补出富平县下一乡一里。

石保村：杜光庭《录异记》卷六记："长安富平县北定陵后通关乡……其山下通关乡，多姓公孙，贾家山上石保村，多姓阎氏、麻氏。"❻

好畤县　不唯爱宕元检索不到相关资料，本书亦无补正。

---

❶《汇编续集》元和 001，第 799 页。

❷《碑林新藏》，第 373 页。

❸《长安志　长安志图》，第 577 页。

❹《长安志　长安志图》，第 577 页。

❺《秦晋豫》，第 491 页。

❻ 杜光庭撰《录异记》，萧逸校点，《唐五代笔记小说大观》，第 1538—1539 页。

金城（始平、兴平）县

延寿乡临泉里：唐《贾雄墓志铭》载其为"京兆兴平人……开成元年殁于兴平县延寿乡临泉里别业……窆于延寿乡之川"，约今兴平县西郊月斯村一带❶。

槐里乡、龙泉乡：敦煌文书 S.6014《始平县图经》中残留始平县下三乡，槐里乡、汤台乡、龙泉乡，其中有两乡可补以往记载之缺，并依李并成考证，唐槐里乡在兴平西二十五唐里（13.5 km）的槐里故城，而龙泉乡因汉龙泉庙命名，在县东北二十四唐里，今兴平市定周村、于史村左近❷。

华原县

待贤乡弘善里：据《折娄惠墓志》，志主"永隆元年（680）葬于雍州华原县待贤乡弘善里白草之原"❸，知乡域有原曰白草原。

宜川乡弘善里：《魏成仁墓志》开篇作："君讳成仁，雍州华原县宜川乡弘善里人也。"志主永徽五年（654）卒，仍葬县之西原❹，可知唐华原县有乡名宜川。值得注意的是，弘善里在此处属宜川乡，或许待贤、宜川二乡毗邻，弘善里处两乡交界处。

观相乡通洛里：《支茂墓志铭》记"君讳茂，字德荣，京兆华原人也"，志主永徽二年"葬于本县观相乡通洛里鹳雀之北原"❺，知观相乡下有里曰通洛。观相乡又写作"观想乡"，见《赵怀哲墓

---

❶《新·陕》贰下，第 191 页。

❷ 李并成《〈始平县图经〉残卷研究》，《敦煌研究》2005 年第 5 期。

❸《碑林新藏》，第 179 页。

❹《新·陕》叁，第 8 页。

❺《新·陕》叁，第 8 页。

志》："君讳怀哲，字怀哲，京兆府华原县观想乡，天水郡人也。"❶

云阳县

金龟乡石洪里集阳村：《维大唐光宅寺殁故禅□和尚道广荼毗遗记》末记"京兆府云阳县金龟乡石洪里集阳村神埵兰若"❷。

青龙乡青龙里、向义里：据圆照撰《悟空入竺记》介绍长安僧悟空："师本京兆云阳人也，乡号青龙，里名向义，俗姓车氏，字曰奉朝，后魏拓拔之胤裔也。"❸而又据真化府折冲都尉《车府君墓志铭》记"公讳□，……其先京兆云阳青龙里之人也"❹，两人又都姓车，当出自一地，青龙里当为青龙乡下同名之里。

武功县

立节乡丰义里：《唐庆善宫大监樊方墓志铭》记其"窆于雍州武功县立节乡丰义里"❺。

扶风里：《王祖墓志》载其葬于扶风里之武功东原❻。

盩厔县

阳化乡：《唐殷恪妻熊休墓志》记其以开成四年"殁于京兆盩厔县阳化乡之别业"❼，据《长安志》卷一八，宋代县下有乡名阳化❽，

---

❶《汇编》开元 144，第 1256 页。

❷《补遗》第 1 辑，1994 年，第 461 页。

❸ 圆照《大唐贞元新译十地经》记后附，《大正新修大藏经》第 17 册，第 715 页下栏。

❹《汇编》大和 060，第 2139 页。

❺《补遗》第 9 辑，西安：三秦出版社，2007 年，第 428 页。

❻《新·陕》壹下，第 81 页。

❼《补遗》第 8 辑，三秦出版社，2005 年，第 161 页。

❽《长安志　长安志图》，第 551 页。

应承袭唐乡而来。

仙游乡任袁村、薛良村:《唐卢岑改葬墓志》记其以贞元十九年"薨于京兆府盩厔县仙游乡任袁村之别业……窆于其乡薛良村之原"[1],据《长安志》卷一八,宋代有同名乡在县西南二十里,概因县内仙游观而得名[2]。

望仙乡望仙里:《柳子贡墓志》载其于调露元年(679)终于"盩厔县望仙里之别业"。柳子贡为高蹈不仕之处士,推测此处望仙里应非县城内坊里[3]。查《长安志》,宋代盩厔县下有"望仙乡","在县东四十里,管社一十四";有望仙泽,"在县东南三十七里"[4],则柳《志》所言"望仙里"即有可能在此地域范围,宋之望仙乡应延续唐乡名,即唐盩厔县下有望仙乡望仙里。

美原县

频阳乡黄崖里:据《阎彪墓志》,志主大和二年"寝疾长安而终,扶护归美原县频阴乡黄崖里之私第"[5],据《长安志》卷二〇,美原本秦汉频阳之地,"应劭曰,在频水之阳,旧县在今县南三里频阳故城是"[6]。而宋时县下又有频阳乡,此处"频阴"或为"频阳"之误。

渭南县

神佑乡张武里:《唐班鼷妻李氏墓志》记志主大和五年终于京

---

❶《汇编续集》开成 011,第 930 页。
❷《长安志》卷一八《盩厔》,《长安志 长安志图》,第 552 页。
❸《碑林新藏续》,第 317—318 页。
❹《长安志》卷一八《盩厔》,《长安志 长安志图》,第 556 页。
❺《西市》,第 829 页。
❻《长安志 长安志图》,第 605 页。

兆府渭南县神佑乡张武里之别业❶，唐人之别业往往在城郭以外的郊区，推测这里的神佑乡张武里在渭南县城外。

王尚乡：据《崔浩墓志》，志主乾符六年（879）卒于"渭南县王尚乡之旧业"❷。《长安志》记宋渭南县"王尚泽，在县西十五里"❸，乡名或得之于此。

长乐乡当作长源乡：爱宕元据新、旧《唐书·李渤传》补长乐乡❹，查中华书局标点本《旧唐书》《新唐书》之《李渤传》，均作"渭南长源乡"，亦无相异版本之指出❺，《通鉴》卷二四一载李渤上奏亦作"长源乡"❻。

同官县

凤安乡光明里：《唐马仁轨墓志》记其天宝三载十一月"窆于同官县伯乐谷光明原凤安乡光明里祔先茔"❼。据志文可补同官县辖一乡名凤安，一里曰光明，因在光明原上得名，光明原即新丰原。

昭应（新丰）、（会昌）县

尚书乡昌稼村：《韦藉墓志》记其贞元六年终于昭应县尚书乡旧里❽。另外墓志中出现的昭应境内地名还有广乡原、铜人原，不再举证。铜人原跨万年县与昭应县境。《唐李君妻刘氏墓志》记其大

❶《高阳原》，第255页。
❷《碑林新藏续》，第672页。
❸《长安志》卷一七，《长安志 长安志图》，第536页。
❹《唐代京兆府·河南府乡里村考》，《東アジア史における国家と地域》，第176页。
❺《旧唐书》卷一七一，第4438页；《新唐书》卷一一八，第4283页。
❻《通鉴》卷二四一，第7771页。
❼《秦晋豫续》，第735页。
❽《长安》，第207页。

中二年四月权窆于京兆府昭应县尚书乡昌稼村❶。

目前为止，考证出的畿县乡、里、村名及其大致位置，详本书后附表－5，以供相关学者之参照。

三　畿县辖乡数的变动

上节仅考证乡、里、村名称，未言及各畿县下乡的数量问题，本书第3章在讨论万年、长安二县乡数时已介绍过，目前可依据的三种记载：《天宝十道录》《太平寰宇记》及《长安志》，认为分别代表天宝中和唐中后期的数字，现将不同时期畿县辖乡情况列表如下❷。

表1-1　唐不同时期京兆府属县辖乡数量

文献 县名	《天宝十道录》/ 乡数	《太平寰宇记》/ 乡数	《长安志》/ 乡数
长安	79	59	59
万年	62	45	45
鄠	34	24	24
蓝田	28	22	22
咸阳	20（18）	20	20
醴泉	23	16	16
三原	24	24	20

❶《秦晋豫续》，第1203页。

❷ 诸地志所记诸县辖乡数，表格中大部分予以采纳，唯好畤、华原县情况需特别说明。好畤县，《十道录》记其10乡，《寰宇记》记其唐后期仅7乡，而《长安志》记其下有30乡，颇值得质疑。华原县，《十道录》记其14乡，而《长安志》记其下40乡，爱宕元以为数值差距太大，"四十"或为"十四"之讹误，并推测中后期，华原县下或辖19乡，详所撰《唐代京兆府の户口推移》，唐代史研究会编《律令制：中国朝鲜の法と国家》，1986年；收入氏著《唐代地域社会史研究》，第95—121页。

文献 县名	《天宝十道录》/ 乡数	《太平寰宇记》/ 乡数	《长安志》/ 乡数
泾阳	24	18	18
栎阳	28	25	25
高陵	26	7	7
奉先	20	22	22
奉天	23	19	19
富平	29	40	44
好畤	10	7	30？
金城	24	20	20
华原	14	（19）	40？
云阳	24	11	20
武功	20	14	14
鳌厔	17	17	17
美原	15	10	12
渭南	26	19	19
同官	11	6	6
新丰	11	18	18
总计	592	482	537

说明：表中小括号内乡数为爱宕元推测，除华原县外，总计时暂不计入

从中可略见，有唐一代，除去长安、万年两京县以外，畿县辖乡数目的消长，总体的趋势是，唐后期各县乡数普遍有所缩减，王仲荦氏以为"盖经唐代离乱，都城周围，户口凋残，乡数亦多见并省故也"[1]，乡数减少当然有户口锐减的原因，关于此问题爱宕元氏有专论[2]，此处不赘。

---

[1] 王仲荦《敦煌石室地志残卷考释》，北京：中华书局，2007 年，第 10—11 页。

[2] 爱宕元《唐代京兆府の户口推移》，氏著《唐代地域社会史研究》，第 95—121 页。

这里挑出乡数前后反差较大的县：高陵26乡—7乡，美原15乡—10乡，渭南26乡—19乡，富平29乡—44乡。关于高陵、富平乡数消长，爱宕元以为富平、奉先人口激增的原因主要是奉陵户的编入❶，户口的编入当然是以乡里的形式，即因为供奉皇陵，处于县与县管辖边界的乡常在各县之间流动。具体情况，两《唐书·地理志》《唐会要·州县改置》等都有些许记载❷，不够系统。本书附表-5畿县乡、里、村名表中列出了相关县辖乡的出入情况，但不够直观，现用线流程图表示如下：

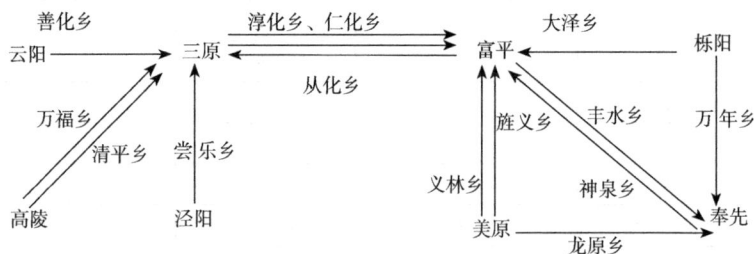

图 1-5　乡在畿县间的流转

从中可以看出，因奉陵问题，各县之乡的编入与迁出情况：

云阳—1　高陵—2　三原+5—2　富平+6—2　栎阳—2

美原—3　奉先+3—1

富平因独奉五陵，得到县的净收入最多，奉先（奉五陵）、三原（奉四陵）紧随其后。高陵、栎阳、美原境内本无皇陵，损县较多，这也是高陵人口于唐后期锐减的原因之一。奉陵乡的流动是否影响到县际关系，史无明载，从《唐会要》相关记载中或可看出一些端

---

❶ 爱宕元《唐代京兆府的户口推移》，《唐代地域社会史研究》，第108—113页。

❷ 《旧唐书》卷三八《地理志一》，第1395—1396页；《新唐书》卷三七《地理志一》，第961—964页；《唐会要》卷七〇《州县设置上》"关内道"，第1471—1473页。

倪:"会昌元年七月,京兆府奏:'得三原县申,当县仁化乡,开成五年六月敕,割送富平县,充奉章陵讫。准承前流例,合于陵近县界接近割还当县,以奉庄陵。'"❶"承前流例"提示,因山陵事起而划乡奉陵,事毕后来自他县之乡应奉还,但这里三原县还要申(京兆)府请求归还,可见唐中后期,借乡不还在各陵县成为常事,这必然造成贡出乡诸县的损失。富平县曾因奉文宗章陵,割用三原县仁化乡,但逾期不归还,三原县便以供奉本境内庄陵为借口,请求归还。可想而知,若本境无陵可供之县,处于何等之劣势!

---

❶《唐会要》卷七〇《州县改置上》,第 1472 页。

第二编

户口居民

第 5 章

京畿乡村的人口数量与居民结构

一 乡村人口数量蠡测

人口稠密是长安所在京畿区域社会的一个特质，唐人屡言所谓"地狭人稠，耕植不博"❶"土狭人稠，营种辛苦"❷，敦煌文书保留的唐判集描述盛唐时京畿"少地者二万二千户，全无地者五千五百人"❸。要展示这种特质，最直观的途径是对长安内、外的户口数进行计量分析。

传世史书如两《唐书》之《地理志》❹、《元和郡县图志》❺及

---

❶ 《旧唐书》卷七八《高季辅传》载其上封事，北京：中华书局，1975 年，第 2701 页。

❷ 高宗武皇后《置鸿、宜、鼎、稷等州制》，《唐大诏令集》卷九九，北京：商务印书馆，1959 年，第 498—499 页。

❸ 《唐（七世纪后期）判集》，唐耕耦、陆宏基编《敦煌社会经济文献真迹释录》第 2 辑，第 601 页。

❹ 《旧唐书》卷三八《地理志一》，第 1396 页；《新唐书》卷三七《地理志一》，北京：中华书局，1975 年，第 961 页。

❺ 李吉甫撰《元和郡县图志》卷一《关内道》，贺次君点校，北京：中华书局，1983 年，第 1 页。

《太平寰宇记》❶ 对于唐京畿区的人口总数皆有交代，即立足不同时期的京兆府户、口数，现将四书保留之数据列表如下，并对户均口数略加计算：

表2-1 唐不同时期京兆府户、口规模

时期	县数	户数	口数	户均口数	出处
贞观十三年（639）	18	207650	923320	4.45	旧《志》
开元期（713—741）	23	362909	.		《元和志》《寰宇记》
天宝元年（742）	20	362921	1960188	5.40	新《志》
元和期（806—820）	23	241202			《元和志》

京畿户口规模甚巨，据《新唐书·地理志》数据，开元、天宝间，全国领"户八百四十一万二千八百七十一，口四千八百一十四万三千六百九"❷，则京畿区的户、口数都达到唐王朝全境总数的1/25以上。

京畿区域民众的居住形态主要有城居与城外散居两种，城市人口包括居住在长安城内及畿县郭下这两种情况，而乡村人口，散布在长安城墙外及诸畿县县城之外的广阔区域。史书对于京畿总户口数有载，但无详细的城、乡户口数字。其中长安城内人口数量的推定，曾引起众多学者关注，已有相当的学术积累❸，虽然众说纷纭，从五十万到一百七八十万不等，迄无定论，但相关学者使用的估算人口之方法，值得重视。如严耕望、妹尾达彦按城市人口类别计

---

❶ 乐史撰《太平寰宇记》卷二五《关西道一·雍州一》，王文楚点校，北京：中华书局，2007年，第517—518页。

❷ 《新唐书》卷三七《地理志一》，第960页。

❸ 相关研究成果参见荣新江、王静《隋唐长安研究文献目录稿》之梳理，《中国唐史学会会刊》第22期，2003年，第57—86页。对城市人口研究理路与方法的总结，参考张天虹《再论唐代长安人口的数量问题——兼评近15年来有关唐长安人口研究》，《唐都学刊》2008年第3期。

算❶，王社教则依据城内不同组成部分实际居住人口来做总体推测❷，尤其是妹尾氏估算长安城内县辖人口时所采用的乡坊平均户计，可作为测算乡村人口之基本方法❸。

对京畿乡村户口情况的研究，目前仅见爱宕元讨论唐代前、后期京兆府畿县辖乡数、县乡人口数的消长，分析新丰、富平、奉先县乡人口缩减，高陵县人口激增的原因，但对京畿户口数未置意见❹。本书将尝试做一估算。

知道京兆府在唐初、开元天宝及元和时的户口数，最直观的办法是以京兆府人口总数剔除长安城和21个畿县城的人数，便可得到乡村人口。对长安城的人口数量学界已有估算，但畿县县城的户口数，缺乏记载，恐难估算。我们只能转换思路。注意到宋代地理书《太平寰宇记》《长安志》皆完整保留了唐代京兆府诸县乡数❺。本书第2章已说明，京畿区的城郭内实行坊里制，乡、里、村只设于城外，则只要抓住京兆府的乡里，便代表了乡村的全部区域。而唐制百户为里，五里为乡，即一乡为五百户，理论上，用京兆府辖乡数×500户，就是乡村地区的户数。

实际推算可能不会如此简单。问题主要在于唐乡里制在京畿地

---

❶ 严耕望《唐代长安人口数量的估测》，《第二届唐代文化研讨会论文集》，台北：学生书局，1994年，第1—20页。

❷ 王社教《论唐都长安的人口数量》，史念海主编《汉唐长安与关中平原》，《中国历史地理论丛》增刊，1999年，第88—116页。

❸ 妹尾达彦《唐长安人口论》，《堀敏一先生古稀记念论集·中国古代的国家与民众》，东京：汲古书院，1995年，第561—597页。

❹ 爱宕元《唐代京兆府の户口推移》，氏著《唐代地域社会史研究》，京都：同朋舍，1997年，第95—121页。

❺ 《长安志》《太平寰宇记》记载皆代表唐中后期数据，但《长安志》对诸畿县唐时乡数记载不够精准，爱宕元已有质疑与辨析，详下文列表及介绍。《太平寰宇记》依宋代区划介绍关西道各县旧（指唐后期）、今领乡情况，对应的唐京畿23县，散见卷二六至三九，第515—835页。

区，在不同时间段，被执行情况如何？相关学者围绕长安、万年县所辖乡里的辑补一再告诉我们，长安周边人口密集，一乡辖里数往往超过5❶；而据元和十四年李渤所上《请免渭南摊征逃户赋税疏》："臣自出使，力求利病。窃知渭南县长源乡本有四百户，今才四十余户。"❷ 虽然李渤所言渭南县长源乡为特例，但中唐以后京畿乡里规模转小，人口缩减是不争的事实。

那京畿地区一乡的平均户、口，该如何确定呢？《太平寰宇记》《长安志》记录的京兆府各县乡数，代表9世纪以降，中晚唐的情形；而敦煌县博物馆藏《天宝十道录》则为我们保留了天宝初年京兆府诸县乡数的信息❸（数据详本书表1-1）。我们恰有京兆府唐天宝元年户口数、元和期户口数，受妹尾达彦计算长安城内人口方法之启发❹，可做如下估算：

1. 京兆府乡坊合计数

天宝中：《天宝十道录》所载京兆府乡数 592＋长安城内坊数 111＋诸畿县坊数 21（权以一县一坊计❺）＝乡坊合计数 724

元和中：《寰宇记》所载京兆府乡数 482＋111＋21＝614

---

❶ 如程义以万年县洪固乡为例，指出已考得其下 7 个里名，所撰《隋唐长安辖县乡里考新补》，《中国历史地理论丛》2006 年第 4 期。

❷ 《全唐文》卷七一二，北京：中华书局，1983 年，第 7310 页。

❸ 录文参考吴震《敦煌石室写本唐天宝初年〈郡县公廨本钱簿〉校注并跋》，《文史》第 13 辑，1982 年，第 98—101 页。

❹ 妹尾達彦《唐長安人口論》，《堀敏一先生古稀記念論集·中国古代の国家と民衆》，第 561—597 页。

❺ 宿白曾依据考古发掘，对唐代不同类型城址的规模、构造进行过梳理，其所列第五种类型"小型州城和县城城址"，城大约有一个坊的面积，见所撰《隋唐城址类型初探（提纲）》，收入《纪念北京大学考古专业三十周年论文集》，北京：文物出版社，1990 年，第 279—285 页。京兆府畿县的情况当与之相似。

2. 京兆府乡坊的平均户口数

天宝中：《新唐书》所载户数362921÷乡坊合计数724≈乡坊
平均户数501

《新唐书》所载口数1960188÷724≈平均口数2707

元和中：《元和志》所载户数241202÷614≈乡坊平均户数393

可知唐开元、天宝年间京畿一乡的户数，是几近于唐令五百户的规
定的，而元和中的情况，也没有李渤描述的特例那么糟糕。

3. 京畿乡村的总户数

天宝中：乡坊平均户数500（权以500计）×《天宝十道录》
所载乡数592＝296000户

元和中：乡坊平均户数390（权以390计）×《寰宇记》所载
乡数482＝187980户

《天宝十道录》代表唐前期、《太平寰宇记》《长安志》代表唐
中后期的数字，参上估算，权以前一情况下每乡为500户，而后一
情况下每乡有390户。每户下的家口数，唐代家庭史研究中对唐型
家庭的类型和规模存在不同意见❶，出土文书的实例似更接近于户均
五口的核心家庭❷，具体到京畿地区的情况，据表2-1估算，京兆府
户均口数在五上下浮动，权以一户五口计算，下面以列表形式将京
畿23县的乡村户、口数及户口总数推算如下：

---

❶ 杜正胜有"汉型家庭"与"唐型家庭"的划分，以唐代家庭平均人口明显较汉代五
口之家为多，通常为八口，氏著《传统家族试论》，黄宽重、刘增贵主编《家族与社
会》，北京：中国大百科全书出版社，2005年，第1—88页。而有学者据对出土文书
户籍的统计得出相反结论，如冻国栋《唐代人口问题研究》，武汉大学出版社，1993
年，第34页。

❷ 参见杨际平、郭锋、张和平《五—十世纪敦煌的家庭与家族关系》一书之统计，第
12—14页。

表 2-2　京畿 23 县之乡村户口数推定

出处	敦博藏《天宝十道录》			《太平寰宇记》			《长安志》		
县名	乡数	推定户数	推定口数	乡数	推定户数	推定口数	乡数	推定户数	推定口数
长安	79	39500	197500	59	23010	115050	59	23010	115050
万年	62	31000	155000	45	17550	87750	45	17550	87750
鄠	34	17000	85000	24	9360	46800	24	9360	46800
蓝田	28	14000	70000	22	8580	42900	22	8580	42900
咸阳	20（18）	10000	50000	20	7800	39000	20	7800	39000
醴泉	23	11500	57500	16	6240	31200	16	6240	31200
三原	24	12000	60000	24	9360	46800	20	7800	39000
泾阳	24	12000	60000	18	7020	35100	18	7020	35100
栎阳	28	14000	70000	25	9750	48750	25	9750	48750
高陵	26	13000	65000	7	2730	13650	7	2730	13650
奉先	20	10000	50000	22	8580	42900	22	8580	242900
奉天	23	11500	57500	19	7410	37050	19	7410	37050
富平	29	14500	72500	40	15600	78000	44	17160	85800
好畤	10	5000	25000	7	2730	13650	30？	11700	58500
金城	24	12000	60000	20	7800	39000	20	7800	39000
华原	14	7000	35000	（19）	（7410）	（37050）	40？	15600	78000
云阳	24	12000	60000	11	4290	21450	20	7800	39000
武功	20	10000	50000	14	5460	27300	14	5460	27300
盩厔	17	8500	42500	17	6630	33150	17	6630	33150
美原	15	7500	37500	10	3900	19500	12	4680	23400
渭南	26	13000	65000	19	7410	37050	19	7410	37050
同官	11	5500	27500	6	2340	11700	6	2340	11700
新丰	11	5500	27500	18	7020	35100	18	7020	35100
总计	592	296000	1480000	482	187980	939900	537	209430	1047150

说明：华原县辖乡数，《太平寰宇记》未载，爱宕元推测为 19，因目前尚无更可靠资料，暂从其说

由表 2-2 可知唐代全盛时期（天宝年间），京畿乡村总约有 296000 户，1480000 口，也即是说人口总数可达 150 万左右。而中

后期元和时代，京畿乡村的人口略缩至 90—100 万之间。

传世文献对京兆府辖县的户数鲜有记载，但《唐会要》记奉陵县置陵户规定，保留了一些数据，卷二〇《亲谒陵》记："开元十七年十一月十日，上朝于桥陵，（陵在奉先县）……所管万三百户，以供陵寝，即为永例。"[1] 开元中奉先县有 10300 户，而上表估算天宝年间奉先县乡村辖户 10000，如果再加上县城内一坊的户数[2]，正好与这个数据相吻合。

以上对唐代京畿乡村区域人口的研究，只是初步的尝试工作，不能说完全准确。比如讲京兆府总户数平均到乡坊，而求得一个基层单元的平均户数，实际上没有将城外之乡与城内之坊加以区别，城内、外人口密度与规模当有差别；然而这种差别，据现有记载，恐难以量化。我们只能期望稍近真实，而对唐代城乡社会经济史的研究有所推进。

二 乡村居民的稳定性与流动性

一般而言，城市居民流动性应大于乡村，乡村民众的生业在于土地，因而世代坚守，安土重迁，其生活形态并不以政事之变迁而改易，如白居易《朱陈村》所描绘的古村："家家守村业，头白不出门。生为村之民，死为村之尘。"[3] 唐代京畿地区的乡村，亦不乏永日田居，乃至"不识两京尘"[4] 的农人。乡村的稳定性，可从上

---

[1] 王溥撰《唐会要》卷二〇，上海古籍出版社，1991 年，第 464—465 页。

[2] 长安城内诸坊平均户数为五百户，详本书第 2 章的介绍，畿县坊的规模或不如长安城。

[3] 朱金城《白居易集笺校》，上海古籍出版社，1988 年，第 511 页。

[4] 李洞《寄太白隐者》，《全唐诗》卷七二二，北京：中华书局，1960 年，第 8281 页。

一编所论北朝至隋唐乡、里、村名的稳定性中见之一斑；见诸户籍的乡村定居人口，从开元天宝、元和至唐末，数量虽有起伏，但大体保持稳定。

然而，京畿乡村与外州县乡村相比，最大的特点还是人口成分错杂，流动性较强，《隋书·地理志》记："京兆王都所在，俗具五方，人物混淆，华戎杂错。去农从商，争朝夕之利，游手为事，竞锥刀之末。"❶ 唐代长安周边地区，更是"末业日滋，今大率百人才十人为农"❷，其中长安县"所领四万余户，比万年为多，浮寄流寓，不可胜计"❸，京西南鄠厔由于靠近骆口关，为通汉中、巴蜀的傥骆道之先导，"三蜀移民，游于其间。市闾杂业者，多于县人十九"❹，在鄠厔更西，属凤翔府岐州的郿县，"郿多美田，不为中贵人所并，则籍东西军，居民百一系县。自郿南平行二十五里，至临溪驿，驿抱谷口，夹道居民，皆籍东西军"❺。"岐下九县，郿为破邑，有壤地不能自保，日受侵吞，有凋户不能自存，岁用奔走"❻。这一京西小县的民众，有条件者皆投充禁军；而豪强大户的侵蚀耕地，也导致单贫之家失去土地，无以自存，流亡为浮逃户。总之，县民属籍乡里者寥寥。

导致京畿农人无法安于本业，沦为浮客户，或租佃地主庄园耕种，或迁出畿内、远走他乡的主要原因，是京畿地狭，史称"地狭

---

❶ 《隋书》卷二九《地理上》，北京：中华书局，1973 年，第 817 页。

❷ 《新唐书》卷二一五上《突厥上》，第 6026 页。

❸ 《长安志》卷一〇，《长安志 长安志图》，西安：三秦出版社，2013 年，第 337 页。

❹ 沈亚之《鄠厔县丞厅壁记》，肖占鹏、李勃洋校注《沈下贤集校注》，天津：南开大学出版社，2003 年，第 94 页。

❺ 孙樵《兴元新路记》，《全唐文》卷七九四，第 8327 页。

❻ 《唐开元二十四年九月岐州郿县尉勋牒判集》，《敦煌社会经济文献真迹释录》第 2 辑，第 619 页。

人稠，耕植不博"❶。隋唐以来，关中地区由于政治移民、商业人士的迁入，已为狭乡。贞观中，太宗至京兆新丰县零口，见其"村落偏侧，问其受田，丁三十亩，遂夜分而寝，忧其不给"❷；而到7世纪后半期，已出现"少地者三万三千户，全无地者五千五百人"❸的情况，天宝时京兆府36万户❹，按照这个比例，少地者已达十分之一，百姓耕地严重不足。

唐令虽有乐住之制，但国家为保证统治中心的赋役来源，形成举重驭轻的局面，不准许京畿民众外迁，如《唐六典》："畿内诸州不得乐住畿外，京兆、河南府不得住余州。其京城县不得住余县，有军府州不得住无军府州。❺就连遇饥荒年，欲于关外就食者，尚受到官府的限制，《旧唐书·李义琛传》记："时关辅大饥，高宗令贫人散于商、邓逐食。义琛恐黎人流转，因此不还，固争之。"❻再加上京畿税役繁重，许多农人不得不抵卖家田输税❼，大量失去土地的农人，转为浮逃户，这导致京畿乡村相对稳定的人力结构之崩坏，为此武周圣历元年（698）、玄宗开元中曾多次以京畿为中心，在全国范围展开"括客"，但有唐一代京畿地狭而

---

❶ 《旧唐书》卷七八《高季辅传》载其上封事，第 2701 页。
❷ 《册府元龟》卷四二《帝王部·仁慈》、卷一〇五《帝王部·惠民第一》皆记其事，前系于贞观八年，后系于贞观十八年，前记巡幸之地为"壶口村"，后记为"灵口"，北京：中华书局影印本，1960 年，第 477—478、1250 页。据《长安志》卷一五、卷一七，唐新丰县下有零口镇、零口店（《长安志　长安志图》，第 450、532 页），则此二处地名或皆为"零口"之误。
❸ 《唐（公元七世纪后期）判集》，《敦煌社会经济文献真迹释录》第 2 辑，第 601 页。
❹ 数据见《新唐书》卷三七《地理志一》，第 961 页。
❺ 李林甫等编《唐六典》卷三《尚书户部》，陈仲夫点校，北京：中华书局，1992 年，第 74 页。
❻ 《旧唐书》卷八一《李义琰传附》，第 2757 页。
❼ 如白居易记载乡民因税限促迫而不得以家田抵税的情形，参其《观刈麦（时为盩厔县尉）》诗，朱金城《白居易集笺校》，第 11—12 页。

役重的矛盾始终无法解决❶。两税法实行后，户口流失现象依然严重，元和十四年（819）京畿渭南县的长源乡，"本有四百户，今才四十余户"❷。

导致京畿农人远行的另一个制度性动因，是充当防丁、应征入镇等而流向西北边塞。唐前期国家的主要兵源——府兵是从在籍农民中征发，而关中是国家军事布防重地，"凡天下十道，置府六百三十四，皆有名号，而关内二百六十有一，皆以隶诸卫"❸。因而导致京畿地区民众兵役负担沉重，贞观元年陕州刺史崔善为言"畿内之地，是谓殷户，丁壮之民，悉入军府"❹，而《唐（七世纪后期）判集》也提及雍州百姓"其人并是白丁、卫士，身役不轻"❺。京畿的府兵卫士主要承担番上宿卫中央的任务，一般不参与边防戍守与征行。如玄宗开元十一年敕："同、华两州，精兵所出，地资辇毂，不合外支。自今已后，更不得取同、华兵防秋，容其休息。"❻天宝十载南郊大赦又下诏："京兆府及三辅三郡，百役殷繁，自今已后，应差防丁、屯丁，宜令所隶支出别郡。"❼但盛唐边境，尤其是西北边战事激烈，兵力严重不足，以京畿民征镇的情况屡有发生。

唐开元中《岐州郿县县尉判》之27—30道，全与防丁有关，论及郿县征发防丁，其资装例应自备（防丁本质上是府兵），如不

❶ 相关研究，参考唐长孺《关于武则天统治末年的浮逃户》，《历史研究》1961 年第 6 期；孟宪实《宇文融括户与财政使职》，《唐研究》第 7 卷，北京大学出版社，2001 年，第 357—388 页。
❷ 李渤《请免渭南摊征逃户赋税疏》，《全唐文》卷七一二，第 7310 页。
❸ 《新唐书》卷五〇《兵志》，第 1325 页。
❹ 《唐会要》卷八四《移户》，第 1840 页。
❺ 唐耕耦、陆宏基编《敦煌社会经济文献真迹释录》第 2 辑，第 601 页。
❻ 《唐会要》卷七八《诸使杂录附》，第 1701 页。
❼ 《册府元龟》卷一三五《帝王部·愍征役》，第 1630 页。

足，需亲邻资助，但仍需官府出榜晓谕事，唐长孺先生对此有详述❶。鄠县在长安西南不远，原本应属百姓免于征行的地域，但从判文看，征发防丁俨然为县政常务❷。杜甫《兵车行》也揭示了盛唐时西渭桥附近农人被征发"或从十五北防河，便至四十西营田""去时里正与裹头，归来头白还戍边"❸，充当防丁、屯丁的情形。同样还有京兆新丰县的老翁，为避免点征云南而福手福足❹。

另从敦煌吐鲁番发现的授勋凭证《李慈艺告身》《张君义告身》看，西北屯戍、作战往往临时征募民丁，其中不乏从畿内华、同、蒲、岐、鄜、坊、豳等州征发来的民众，《李慈艺告身》中籍贯京畿者达到授勋总数一半强❺。开元后期玄宗在所下推恩赦文中也承认"京兆及岐、同、华三州，畿辅之间，百役所出，至于征镇，又倍余州"❻。

以上普通民户之流动，仅是乡村居民流动性之一面，唐代京畿，尤其是长安周边地区，在政治、社会文化、地理上都与首都紧密联系，形成"大长安"之城乡一体化。长安城堪称当时世界上流动人口最多的城市，而京畿乡村，也吸纳了不少由外地涌向长安的，或相反地从都市繁华中走出的流动人群，这大概包括：1. 向长安迁移而第一步先寄居乡里的各地士族；2. 赴京应试，到

❶ 《敦煌所出鄠县尉判集中所见的唐代防丁》，收入《唐长孺文集》之《山居存稿》，上海古籍出版社，2011 年，第 413—424 页。
❷ 《唐开元二十四年九月岐州鄠县尉勋牒判集》，唐耕耦、陆宏基编《敦煌社会经济文献真迹释录》第 2 辑，第 617—619 页。
❸ 《兵车行》，仇兆鳌注《杜诗详注》，北京：中华书局，1979 年，第 113 页。
❹ 白居易《新丰折臂翁》，朱金城《白居易集笺校》，第 165 页。
❺ 关于两告身的录文及分析，详见李方《唐代西域告身研究》，《石河子大学学报》2011 年第 5 期。
❻ 《册府元龟》卷八五《帝王部·赦宥》，第 1012 页。

京畿诸县投牒取解的士子；或为备考而选择习业山林，在长安周边，尤其是终南山短隐读书的举子；3. 由外州县至京的游方僧道，选择于终南山或其他乡村区域寺观栖止；4. 文人官员公务之暇，在乡村隐居，或经营自己的庄园产业；5. 京官短期迁、转州县（畿县或近辅州）官。

第1、5类人群将于下两章讨论。第2、3类人群，数量亦相当可观，如《唐会要》卷三五《学校》载："会昌五年正月制：公卿百官子弟及京畿内士人寄客，修明经、进士业者，并宜隶于太学。"❶唐时科举制多有新变，应试士子取解不再受籍贯限制，而京兆以及近畿诸州，举送者及第可能性甚大❷，《唐摭言》所谓"以京兆为荣美，同、华为利市，莫不去实务华，弃本逐末"❸。越来越多的举子选择到京畿地区参加考试，而之所以选择居止于乡村区域的终南山，一则出于经济考虑，城内房屋租赁价格昂贵，城外别业、佛寺为寒士之首选；再则城内里坊逼仄喧闹，而山林风光清丽、烟水明媚、远离尘嚣，可静心攻读；三则终南亦为宰臣、名士、高僧出没之地，与长安城连为一体，既便于论学会友，又可借终南捷径，在长安制造声誉。对此相关学者已有详论❹，不赘。需要补充的是，官府对于人口脱离其原居地（往往是城市），隐逸山林，是准许的，见 S.344《唐开元户部格》残卷载敕："诸山隐逸人，非规避

---

❶ 《唐会要》卷三五《学校》，第 741 页。

❷ 参考吴宗国《唐代科举制度研究》第三章，沈阳：辽宁大学出版社，1992 年，第 43—44 页。

❸ 《唐摭言》卷一"两监"，上海：古典文学出版社，1957 年，第 5—6 页。

❹ 严耕望《唐人习业山林寺院之风尚》，收入氏著《严耕望史学论文集》，北京：中华书局，2006 年，第 886—931 页；妹尾達彦《唐代長安近郊の官人別荘》，唐代史研究会编《中国都市の歴史的性格》，东京：刀水書房，1988 年，第 125—136 页；王静《终南山与唐代长安社会》，《唐研究》第 9 卷，第 129—168 页。

等色，不须禁断，仍令所由觉察，勿使广聚徒众。"❶

第4类情况，唐时长安城南郊樊川、杜曲、韦曲、终南山区，以及城东灞、浐一代风光优美，相对城内地广人稀，士人既有"不得志于朝，则山林而已矣"❷ 的人生理想，多在万年、长安、蓝田，以及近终南的鄠、盩屋等郊外县乡闲居。妹尾达彦氏曾统计到东郊别庄 25 处，南郊 66 处❸，李浩在对唐时全国范围园林、别业进行考证时，首列关内道京兆府及同、华州、凤翔府等❹，詹宗祐以终南山为中心，制作《唐长安城南的园林别业表》❺，皆可为参照。

三　京畿乡村的居民结构

所谓居民结构，主要指某区域内居民的人口数量、社会成分、职业结构、稳定性与流动性，居民组织状况等❻。关于唐都长安居民的户口数、社会成分、职业，常住与流动情况等，学界已做过较为全面地排比与探析。从事中古民族史、中外关系史研究的学者，也勾画了西域、中亚诸国人，北方少数民族在长安坊里的活动踪迹与

---

❶ 《唐开元户部格残卷》，《敦煌社会经济文献真迹释录》第 2 辑，第 487 页。

❷ 韩愈《后廿九日复上书》，屈守元、常思春编《韩愈全集校注》，成都：四川大学出版社，1996 年，第 1254 页。

❸ 妹尾達彦《唐代長安近郊の官人別荘》，《中国都市の歴史的性格》，第 125—136 页。

❹ 李浩《唐代园林别业考论》（修订版），西安：西北大学出版社，1996 年，第 151—204 页。

❺ 詹宗祐《隋唐时期终南山区研究》第二章第三节《终南山区的园林别业》，台湾中国文化大学史学研究所博士学位论文，2003 年，第 137—157 页。

❻ 这里参考郭正忠《唐宋时期城市的居民结构》一文的定义，《史学月刊》1986 年第 2 期。

寄居生活❶，但较少关注长安城以外，京畿乡村的居民。

《旧唐书·食货志》引武德七年定令："凡天下人户，量其资产，定为九等。……士农工商，四人各业。食禄之家，不得与下人争利。工商杂类，不得预于士伍。"❷透露出唐初已定的人口城乡结构与职业结构。理论上说，无论城市还是乡村，都应均布"四人"，但实际上，具有"士"身份的文武官员，由于仕进的需要，往往聚集于中心城市；城市中市场的设置，物资的流通，各种类型的营缮项目，也为工商业者的生存，提供了良好的条件。相比来说，乡村的人户职业相对单一，除某些富室、地方势力兼营土地、工商之外，一般小农的日常生活内容是男耕女织，并在农闲时从事相关的家庭副业，也就是说唐代的城乡结构与职业结构中存在着一种搭配关系。

流动人口之外，京畿乡村的常住人口，大略也可按唐令定义，划分为士、农、工、商四类，下面将采集材料，复原这块地域的居住者。

士与官员

唐代士之职业表现为读书或习武的过程，不过终极目标应是仕宦，多通过科举考试或其他途径，获得出身，进入官员梯队，所以把"士"与官员一起叙述。

世入隋唐，人事选拔与任用制度发生重大转变，"隋氏罢中正，举选不本乡曲，故里闾无豪族，井邑无衣冠，人不土著，萃处京

---

❶ 参考向达《唐代长安与西域文明》，北京：三联书店，1957年；韩香《隋唐长安与中亚胡人》，北京：中国社会科学出版社，2006年；毕波《中古中国的粟特胡人——以长安为中心》，北京：中国人民大学出版社，2011年。

❷ 《旧唐书》卷四八《食货志上》，第2089页。

畿，士不饰行，人弱而愚"❶。九品中正制的废除，府州僚佐的辟用权一归尚书省吏部❷，地方军事力量的中央化，都促使人才从士族的乡村根据地源源不断流入城市。汉魏以降士族通过乡举里选控制人才任用，率宗亲筑坞壁，武断一方的景观已成旧梦。士家大族纷纷将籍贯迁至两京，据毛汉光对中古十姓十三家八十三著房支的统计，其新贯迁入河南府的有47个，迁入京兆府有244例，这种具有地方性格的郡姓新贯于中央地区并依附中央的现象，称为"中央化"❸；韩昇以毛氏"中央化"的概括不够全面，代之以"城市化"，包括士族向区域中心城市及向两京的集中❹。笔者则以为，中古士族大姓之迁徙，还是以两京为终极目标，但是存在一个渐进的过程，"中央化"至少应包括，先迁居于两京周边乡村区域，再由乡村萃集至长安、洛阳城市两个步骤；也就是说，京畿乡村是外州县大家族实现中央化的一个过渡阶段。当然迁居京畿不独发生在世家大族身上（世家的情况详下章讨论），寒族小姓仕宦之家亦同，下面看墓志提供的例证：

《士崇俊墓志》记其曾祖、祖历代仕宦，士氏本贯河南，"后叶子孙，绂冕相袭，随官迁土，底业靡恒，故今为京兆府万年县鹑首乡通化里之人矣"。❺《唐故秦养祖夫人墓志》载："夫人陶氏，豪华

❶ 《通典》卷一七《选举五》，王文锦等点校，北京：中华书局，1988 年，第 417 页。
❷ 参考雷闻《隋与唐前期的尚书省》，吴宗国主编《盛唐政治制度研究》，上海辞书出版社，2003 年，第 68—118 页。
❸ 毛汉光《从士族籍贯迁移看唐代士族之中央化》，收入氏著《中国中古社会史论》，上海书店出版社，2002 年，第 234—333 页。
❹ 韩昇《中古社会史研究的数理统计与士族问题——评毛汉光先生〈中国中古社会史论〉》，《复旦学报》2003 年第 5 期；《南北朝隋唐士族向城市的迁徙与社会变迁》，《历史研究》2003 年第 4 期。
❺ 《汇编续集》贞元 046，第 766 页。

上族，海内名家，因官迁土，今居长安县神泉乡也。"❶《胡恪夫人张氏墓志》记太仆寺长泽监胡恪"其先安定人"，嗣子真隐，"因常调，任左领军卫龙光府长史，秩满，寓居华原，寻准敕编隶，乃占户焉"❷，因为官徙居畿县，并遵敕附贯编户于京畿乡村。《唐张明进墓志》言"历代已年，强家盛族，移其户籍，多徙关中，今为京兆高陵人也"❸。上述例证皆为小姓，仕宦原因，迁徙长安，但无一例外都选择附贯于长安城外的京畿乡村。

京畿乡村人口与外州县乡村相比，官僚化比例较高，各地大族为仕宦原因迁居于此是一个方面；另一方面，乡里社会还生活着相当数量的散官、卫官、勋官等。下面看墓志提供的实例：《唐魏成仁墓志》载志主为雍州华原县宜川乡弘善里人，早年从军征战，得上骑都尉（六转，比正五品），"年逾五十，舍职居家"，永徽五年卒于本县❹；而《唐张难墓志》记张难祖、父俱无官，"以前后征讨有功，加上骑都尉，……为从军得患，遂归家不仕，……龙朔三年……卒于浐川乡里第"❺。上两例中志主皆曾因军功获得授勋，后在京畿乡里生活❻；唐前期关中是军事防御重地，折冲府布列畿内，在京兆府辖区的折冲府供职的卫官，或主要在京畿县乡村区域活动，如《王求鸟墓志》记其"又移游击将军，守京兆府义阳府右果毅"，而"寝疾终于鄠县太原里之

❶《长安》，第44—45页。

❷《碑林新藏》，第352页。

❸《新·陕》贰，第149页。

❹《新·陕》叁，第8页。

❺《新·陕》贰下，第27页。

❻ 唐代勋官虽也是入流之品官，但日常生活于乡里，户口附于州县民户籍帐，这从敦煌、吐鲁番出土户籍、乡帐、点籍样、差科簿中可见一斑。参池田温"籍帐所见授官·勋记注一览表"，《中国古代籍帐研究》，北京：中华书局，2007年，第115—116页。

私第"●。

　　此外，曾出仕为官，秩满后回归田园，居住京畿乡村区域，并在此终老的退职者数量也相当多。他们虽注籍州县，但为不课口，无须纳税与服役，待遇与乡村的普通百姓是不同的●。如因乾陵役事有功得授官的辅恒，在秩满归乡后，仍有途径向帝王进奉，"长安三年（703），进同心瓜，蒙敕赐物三段。神龙三年（707），进冬笋，敕赐物五段"。●罢归鄠县幽居的河中府虞乡县尉、杨国忠外孙李翼，"以相门之孙，郡守之子，家业丰厚，足自赡给。而宗族弟兄，远近咸至。同居共食，无所间异"，●在乡间过着相当富足的生活。更有以前任官资为傲，为害乡里的情况，如曾任司竹监、蓝田尉，退居醴泉县后屡与乡民斗讼的杨师操●。籍贯城南的京兆韦杜家族的一些成员，出仕后在长安跻身高官权贵，但致仕后仍要回归城南乡里，如德宗朝的杜佑、杜黄裳，懿宗朝的韦澳等（详下章讨论）；普通官员退休后生活于乡里的例证更多，现将西安新出土唐人墓志中所见居于京畿乡村的官员（现任官与致仕官）列表如下：

● 《新·陕》叁，第 51 页。

● 参朱雷《唐"职资"考》，原载朱雷主编《唐代历史与社会：中国唐史学会第六届年会暨国际唐史学会研讨会论文选集》，武汉大学出版社，1997 年；收入氏著《朱雷敦煌吐鲁番文书论丛》，上海古籍出版社，2012 年，第 222—229 页。

● 《辅恒墓志》，《西市》，第 351 页。

● 《补遗》第 1 辑，西安：三秦出版社，1994 年，第 308 页。

● 《法苑珠林》卷六七《感应略》，周叔迦、苏晋仁校注《法苑珠林校注》，北京：中华书局，2003 年，第 2008 页。

表 2-3　墓志所见居住京畿乡村之官员（现任与致仕）

时间	姓名	身份	归乡原因	居住地点	出处
永徽五年（654）	魏成仁	上骑都尉	舍职居家	华原县宜川乡弘善里	《新·陕》叁，第8页
显庆二年（657）	陶普慈	上骑都尉	情不贵职，大隐丘园	万年县	《西市》，第119页
龙朔三年（663）	张难	上骑都尉	从军得患，归家不仕	万年县浐川乡	《新·陕》贰，第27页
乾封三年（668）	焦寿	武骑尉	遭疾	长安县口德乡	《汇编续集》乾封015，第168页
上元二年（675）	赵士通等	建节尉		咸阳县延陵乡	《汇编续集》上元008，第212页。
仪凤三年（678）归故里，行至洛阳，卒	穆宜长	上骑都尉、通直郎、义州司马	秩满归故里	万年县卢陵乡	《汇编》仪凤022，第640页
长安-神龙-景龙（701—709）	辅恒	宁州录事参军	秩满归于别业	三原县	《西市》，第351页
贞元十二年（796）	王求鸟	京兆府义阳府右果毅	历官于此	鄠县太原里之私第	《新·陕》叁，第51页
贞元十九年（803）	卢岑	河中府参军	秩罢归里	盩厔县仙游乡任袁村	《汇编续集》开成011，第930页
贞元中	崔葛	通直郎、好畤县尉	官满	鄠杜	《补遗》2，第32页
居于乡间四十余年，大和六年（832）卒	李翼	朝散郎、行河中府虞乡县尉	秩满	鄠县别业	《补遗》1，第308页
开成元年（836）	贾雄	朔州尚德府折冲都尉	仕无中人，不如归田	兴平县延寿乡林泉里	《汇编续集》开成005，第927页
开成四年（839）	令狐览	同州长史	授代归城，安居别业	鄠县封峦乡长乐里	《碑林新藏续》，第569页
不详	赵行	云骑尉、前陈州太康县丞	未书，或为秩满卸任	万年县崇道乡感德里	《补遗》7，第506页

生活于京畿乡村的士人，除出仕者外，还包括取得出身的乡贡明经、进士。唐贞元五年（789）六月八日奉先县怀仁乡敬母村合村百姓"奉为国王太子，下为文武百官群品"树立佛顶尊胜陀罗尼经幢，主持此事的有驻本县的文武官员、泰陵副使等，而幢上经文为前乡贡明经郭谓书写❶。同样，唐末泾阳县仙圃乡六渠店之里人发愿集体造尊胜陀罗尼经并大悲咒石幢，其中幢铭由本地人、京兆进士张炼撰写❷。

士人中数量最多的是尚未取得贡举资格的读书人，前文提及，长安城南及其他乡村区域自然环境清幽，是读书人之首选，见于文献记载，"家于渭桥"的杨祯"以居处繁杂，颇妨肄业，乃诣昭应县，长借石瓮寺文殊院"❸，而秀才宁茵为求取功名"假大寮庄于南山下"❹，静心读书。

除此外，乡村士人中还有一个极特殊的群体，称处士，或称贞士、居士，他们多无心仕宦，放旷山林。有关处士的墓志很多，从志文看他们大多非布衣，而出身仕宦之家，在长安城内有宅第，如《邵子真墓志》记其为处士，原籍京兆青门，后长期隐居泾阳县乡❺，《唐贞士韦君墓志》记"韦为京兆望姓……贞士独澹如也，不以门第相竞"，"举进士，释褐为赤县尉，不屑焉，遂弃

---

❶ 《奉先县怀仁乡敬母村经幢》，毛凤枝编《关中石刻文字新编》卷二，《石刻史料新编》第 1 辑，第 22 册，台北：新文丰出版公司，1979 年，第 16993—16995 页。现藏蒲城县博物馆。

❷ 《泾阳县尊胜陀罗尼经并大悲咒石幢记》，《金石萃编》卷六七，《石刻史料新编》第 1 辑，第 2 册，第 1150—1151 页。

❸ 《太平广记》卷三七三《精怪六·杨祯》，出《慕异记》，北京：中华书局，1961 年，第 2963 页。

❹ 《太平广记》卷四三四《畜兽一·宁茵》，出《传奇》，第 3525 页。

❺ 《碑林新藏续》，第 297 页。

去"❶。之所以选择寄居城外，多由于"厌城郭之喧"❷"厌尘俗之无恒"❸，而乡村生活清净纯朴，殊可自适；或由于与当朝不合作的政治立场，如《杨子贡墓志》记其"曾以高荫补千牛，周室革命，不求仕"❹。隐居者都有独特的处世之道，"计生活于郊屋，荆扉瓦牖，食糠羹藿，眉不戚涩，怡怡然若居朝市食香脆也"❺；少年丧父，携助姊妹兄弟共度关辅灾荒，在长安郊外安居并奉养先祖灵茔，开展宗族救助的赵惠满，更是道出了乡里处士的生存准则，即所谓"忠""孝""贵""富""寿""正""善"：

> 在白屋，奉王税，自幼及长，不求奸免，谓之忠；少不失义，长能抚孤，岁寒不移，荣枯若壹，谓之孝；不文不武，不隐不吏，不远王城，不居他职，无忧无惧，非贤非愚，日出而出，日入而入，谓之贵；不汲汲，不惶惶，临财能廉，处约不滥，家无余积，衣服鲜明，谓之富；敩荣期之独儛，乐知命之天年，识止足之源，守死生之分，谓之寿；壮年荒荡，晚岁归真，觉今是而昨非，将言行而皆变，去邪就正，回向释门，依止师僧，存念儿女，谓之正；平生口业，临终守诚，馨节佛僧，罪福无隐，不惊不扰，如睡如眠，谓之善。❻

❶ 《汇编》中和 011，第 2514 页。

❷ 《潘克俭墓志》记其"一旦厌城郭之喧，鬻其居，取直买田庐于华之西"，《西市》，第 889 页。

❸ 《大唐万年县刘居士之墓志》记其"厌尘俗之无恒，就山池而放逸"，《汇编续集》贞观 044，第 34 页。

❹ 《碑林新藏续》，第 307—324 页。

❺ 《唐故河中府永乐县丞韦府君妻陇西李夫人墓志铭》记韦氏，《汇编》会昌 041，第 2241 页。

❻ 《赵惠满墓志》，《西市》，第 535 页。

值得注意的是，赵《志》特别提及"不远王城"，隐居京畿乡村，可进可退，是处士的最佳选择。

农

不管是借助传世文献，还是出土资料，现有的信息皆易给我们造成错觉，即在京畿乡村生活的主要是官员，基本没有农民。实际上，乡、里、村中数量最多、活动频繁、扎根最稳固的人群，就是普通的村民，只是他们的声音很少被记录。武伯纶曾从西安地区发现唐墓志中，捡拾出 8 方平民的砖志，分别是：隋大兴县安盛乡民李文都、高陵县修真乡尹客仁母张氏、长安县龙首乡兴台里刘世通夫人王氏、万年县王氏之妇□氏、明堂（万年）县进贤乡王藏子妻吴氏、万年县某人母丘令恭、万年县杨大娘、万年县浐川乡孟元简之阿娘❶。这些砖志不成志体，语句朴素，但反映了民众的真实生活。在武氏基础上，还可补充几方京畿乡村平民的墓志：

> 1. 隋开皇十七年（597）四月十九日，雍州长安县修仁乡族民赵长述铭，住在□远坊。
> 2. 仁寿元年（601）正月廿六日，长安县礼成乡洽恩里住居德坊民故杨士贵铭记。
> 3. 隋雍州大兴县永宁乡……妇女王铭记❷。

这几例之京畿乡民虽贯京畿乡村，但居住地似在都城内之坊。如第 2 章之分析，或由于隋大兴城城郭修筑尚未完善，已划定之坊依旧

---

❶ 武伯纶《唐代长安郊区的研究》，《文史》第 3 辑，1963 年，此据氏著《古城集》，西安：三秦出版社，1987 年，第 123—127 页。

❷ 上三例见《新·陕》贰下，补遗三、四、七，第 387—389 页。

从属于旧有乡里管辖。

　　4. 雍州长安县归化乡故人杜道愿，作在蒿□南头第四家，故立铭记。显庆五年（660）二月廿三日**❶**。

　　5. 维大唐故雍州醴泉县安乐乡平美里杨义妻王氏之志也。

　　岁次己巳之年，昔成英志，莫无思犯之姿，谁谓誓水东流，忽乃奄从风烛。谨贞懃而唐撑，忧耿耿以陈贤。尔乃逝速循还，光仪逆疾，王氏春秋七十有四，忽逢痾瘵，久乃缠躬，请法医疗，渐加严而不愈，乃薨于总章二年（669）建卯之月廿五日辛未之时。葬于安乐之原者也。呜呼哀哉，乃为铭曰。**❷**

　　例4之缺字，似为"蒿里"，这两例为生长于斯的京畿乡村庶民，志文虽寥寥数语，无过多铺陈，但对志主所属县、乡、里及葬地皆有明确记载，传达了普通民众的归属感。

　　吐鲁番发现的记录长安居民典当情况的《唐质库帐历（？）》中保留了在长安城东郭外乡村居住的几位平民的信息，原帐颇长，这里仅录出相关的几个断片**❸**：

　　（六）（73TAM206：42/10-14，42/10-9）

　　…………

　　5　　刘娘正月十九日取壹伯文

　　6　　　二月廿七日赎付了

　　7　　　　　　延兴门外店上住年册二

---

❶《汇编续集》显庆 041，第 110 页。

❷《汇编》总章 026，第 499 页。

❸ 唐长孺主编《吐鲁番出土文书》贰，北京：文物出版社，1994 年，第 330—336 页。

8　　　故缦紫红小缬袂裙一

9　　　王玄敬正月十九日取壹伯伍

10　　拾文二月廿二日付了

11　　故白布衫一王祁村住年十五

（一二）（73TAM206：42/10-12）

1　□□□□□□□□□壹伯肆

2　　□月廿六日赎付了

3　　　　　　北曲住年廿

4　　故青绝单裙一

5　王团仁正月廿四日取壹伯陆拾文

6　　六月四日赎付主了

7　　　　苟家嘴小王村年册

刘娘，42岁，在长安城东南延兴门外之店租赁居住；王玄敬，15岁，住延兴门外之王祁村；王团仁，40岁，住长安城外之小王村，他们送去典当的都是日常生活所用，换得百文左右现钱，可见平民的经济状况。

京畿乡村"农"人群体亦存在阶级分层。农人中数量最多的当然是男耕女织、通过家庭经营维持日常生活的自耕农，这类农户为国家之课户，需承担赋税、杂徭及差科，他们的经营与生计，详本书第11章的考察。由于近帝城，京畿乡村的土地除分给农户为口分、永业田外，还为皇家、王公贵戚、官员（含宦官）、寺观以及一些中央机构所占有，而呈现土地集中、大土地所有者林立的格局。一方面大量农户无法得到授田，另一方面地主之田地需要人力耕种，这就促成了佃农的出现。佃农的工作范围很广，大历末建中初严郢为京兆尹，宰相杨炎欲募关辅民凿陵阳渠，严郢考虑到内苑稻田募民佃种的收益情况予以阻止，奏曰："请以内苑葑稻验之，秦地膏腴，田上上，耕者皆畿人……"❶在京百司、官员的职田皆在京畿，也是"抑配百姓租佃"❷；另外，各级官员、寺观等在畿县的别庄中亦有佃种之田夫。大土地所有者向佃户收取远高于自耕农户的田租，德宗朝陆贽曾痛诉："今京畿之内，每田一亩，官税五升，而私家收租，殆有亩至一石者，是二十倍于官税也。……而兼并之徒，居然受利。"❸自耕农、佃农之外，乡里社会还存在着一些在农忙时临时受佣而工作的雇农，如坊州宜君县之地主王老在收麦时节除全家出动外，还雇用了农人伙计帮助打麦，休息时"王老与妻子并打麦人共饮，皆大醉"，有同饮酒之道士引王老全家飞升，"风定，其佣打麦二人，乃遗在别村树下，后亦不食，皆得长年"❹。

特别值得提示的是，京畿乡村区域之编户民，除以农耕为主之户口外，还有一些特殊户口，如陵户、庙户等。京兆地区为李唐皇室、官人陵寝密集分布区，云阳、三原、昭应、富平、奉天、醴泉、奉先、咸阳八县皆为陵县，依唐制，诸陵属太常寺，置诸陵署，每陵各取侧近六乡百姓，"以供养寝陵之役"❺。以一乡五百户计，则每陵需 3000 户供奉，如富平、奉先县各奉五陵的情况，则每县一万五千户方够奉陵，这几乎相当于全县的户数！因数量之巨，这些陵户并不归太常，而是编入京兆府的乡村，据《齐士员献

---

❶ 《新唐书》卷一四五《严郢传》，第 4728 页。

❷ 语出元稹《同州奏均田状》，杨军主编《元稹集编年笺注·散文卷》，西安：三秦出版社，2008 年，第 898 页。

❸ 陆贽《均节赋税恤百姓六条》，王素点校《陆贽集》，北京：中华书局，2006 年，第 769 页。

❹ 《太平广记》卷五一《宜君王老》，出《续仙传》，第 317 页。

❺ 《唐会要》卷二〇《亲谒陵》，第 465 页。

陵造像碑》所载，唐高祖献陵之奉陵户编为吕村等九村❶。

工、商

京畿乡村民众的营生多样化，除耕织、农副业外，多从事工、商业。时人评价京畿"去农从商，争朝夕之利；游手为事，竞锥刀之末"❷，"乐多繁淫，器尚浮巧；稼穑之人少，商旅之人多"❸，而京西之盩厔也是"市闾杂业者，多于县人十九，趋农桑业者十五。又有太子家田及竹囿，皆募其佣艺之"❹。

导致京畿农人去本逐末的原因，除上文言及的地狭、赋役繁重，以农业无法自给外，还由于长安城作为人口近百万的大都市，其粮食、木炭、果蔬、生鲜、建筑材料等物资都要依靠近畿地区的供应❺，导致民众多从事粮食加工、园艺、养殖樵采等副业，据唐人刘言史之《买花谣》，由于长安城内市场上花卉价格不菲，城南杜陵地区一整村的居民"不田穑"，在终南山中寻找花苗，培育后至京贩卖❻。而长安以西丰乐乡的民户以种树为业，出现了"长安豪富人为观游及卖果者，皆争迎取养"的种树能手郭橐驼❼。长安城南终南山中木材资源丰富，山民多伐木烧炭，运至京城，《法苑珠林》记京城外东南苟家嘴（属万年县灵泉乡）的民众以烧炭

---

❶ 参考张总《初唐阎罗图像及刻经——以〈齐士员献陵造像碑〉拓本为中心》，《唐研究》第6卷，第1—18页。

❷ 《长安志》卷一，《长安志 长安志图》，第125页。

❸ 《旧唐书》卷三七《五行志》载神龙元年七月右卫骑曹宋务光上疏，第1355页。

❹ 沈亚之《盩厔县丞厅壁记》，肖占鹏、李勃洋校注《沈下贤集校注》，第94页。

❺ 关于长安城郊区对城内的物资供应，参考张天虹《物流与商流：唐长安——变动中的都城社会》，北京师范大学硕士学位论文，2005年。

❻ 刘言史《买花谣》，《全唐诗》卷四六八，第5323页。

❼ 柳宗元《种树郭橐驼传》，柳宗元集校点组《柳宗元集》卷一七，北京：中华书局，1979年，第473—474页。

为业，称炭丁❶。

此外，长安城市的工程建设，如城郭修筑以及寺观、皇宫宅第的营缮，多和雇京兆百姓，需要众多的农业人口脱离土地，从事各类工种。比如韩愈所见长安人王承福，"世为京兆长安农夫。天宝之乱，发人为兵。持弓矢十三年，有官勋，弃之来归，丧其土田"，为维持生计，终为泥瓦匠，"操镘以入富贵之家有年"❷。柳宗元所见在长安诸坊规划经营公私住宅，"所职寻引、规矩、绳墨"的梓人，俗称都料匠的杨氏❸。《太平广记》中有一则故事，揭示了在唐都长安周边生活的民众谋生手段之多样化：

> 唐裴明礼，河东人。善于理生，收人间所弃物，积而鬻之，以此家产巨万。又于金光门外，市不毛地。多瓦砾，非善价者。乃于地际竖标，悬以筐，中者辄酬以钱，十百仅一二中。未洽浃，地中瓦砾尽矣。乃舍诸牧羊者，粪即积。预聚杂果核，具犁牛以耕之。岁余滋茂，连车而鬻，所收复致巨万。乃缮甲第，周院置蜂房，以营蜜。广栽蜀葵杂花果，蜂采花逸而蜜丰矣。营生之妙，触类多奇，不可胜数。❹

除于金光门外开垦荒地从事农耕外，裴明礼还涉足地产购置、园艺业、养蜂采蜜等多个领域。

文献保留的乡村民众从事工、商业的直接例证虽不是很多，但于商业活动及其经营场所记载特详。唐都长安周边虽不比宋以降形

---

❶ 《法苑珠林》卷五七《债负篇》，《法苑珠林校注》，第 1725 页。
❷ 韩愈《圬者王承福传》，屈守元、常思春主编《韩愈全集校注》，第 1448—1449 页。
❸ 柳宗元《梓人传》，《柳宗元集》，第 478 页。
❹ 《太平广记》卷二四三《治生·裴明礼》，出《御史台记》，第 1874—1875 页。

成发达的附郭商业区❶，但乡村经济活动仍蓬勃展开。史载昭应县下有两市❷，而长安近郊乡村，分布着很多旅店、食店等食宿服务场所，还有质库、邸店等信贷机构。张天虹曾对长安附郭及周边的商业设施进行过统计❸，在其基础上增补列表如下：

表 2-4　长安近郊的商业经营场所

位置	名称	大约年代	出处
都城门东	逆旅	元和年间	《太平广记》卷二五七《织锦人》，第 2005 页
开远门	偏店	长庆初	《玄怪录》卷三《掠剩使》，《唐五代笔记小说大观》，第 96 页
开远门外	旅店	建中年间	《太平广记》卷四八六《无双传》，第 4003 页
长安城外	邸舍	大和年间	《太平广记》卷二八二《沈亚之》，第 2248 页
春明门	逆旅	约中晚唐事	《太平广记》卷二三八《秦中子》，第 1839 页
春明门	食店	约中晚唐事	《唐阙史》卷上，《唐五代笔记小说大观》，第 2258 页
通化门	长店	不详	《太平广记》卷八四《奚乐山》，第 541 页
灞桥	灞桥店	大和二年八月二十日	《入唐求法巡礼行记校注》卷三，第 339 页
长安城西	漕店	贞观中	《太平广记》卷三二八《漕店人》，第 2602 页

---

❶ 参考宁欣《由唐入宋城关区的经济功能及其变迁——兼论都市流动人口》，《中国经济史研究》2002 年第 3 期。

❷ 《册府元龟》卷一五九《帝王部·革弊》载天宝九载十月诏："南北卫、百官等，如闻昭应县市及近场处，广造店铺，出赁与人，干利贾贩，莫甚于此。自今已后，其所赁店铺，每月户估不得过五百文。其清资官准法不可置者，容其出卖。如有违犯，具名录奏。"第 1926 页。

❸ 参见张天虹《物流与商流：唐长安——变动中的都城社会》，第 38 页。

位置	名称	大约年代	出处
延兴门外	店、酒店	高宗（650—683）；晚唐	《唐质库帐历（？）》，《吐鲁番出土文书》贰，第331—336页；韦庄《延兴门外作》，《全唐诗》卷六九五，第7995页
青门外	酒店	约开元天宝年间	岑参《送宇文南金放后归太原寓居因呈太原郝主簿》，《岑参集校注》，第67页 岑参《青门歌送东台张判官》，《岑参集校注》，第122页
昭应县到都门	村店	开元天宝年间	《开元天宝遗事》卷下《歇马杯》，第93页
长安城西	客店	唐高宗显庆中	《太平广记》卷一三二《店妇》，第940页
浐水西	店	太宗（贞观年间）	《太平广记》卷二二一《张阿藏》，第1697页
浐水东	野店	天宝年间	岑参《浐水东店送唐子归嵩阳》，《岑参集校注》，第13页
昭应	旅店	约开成会昌年间	项斯《晓发昭应》，《全唐诗》卷五五四，第3485页
新丰	旅次	唐初武德贞观年间；元和年间	《太平广记》卷二二四《卖馄饨》，第1719页；白居易《新丰路逢故人》，《白居易集笺校》，第2529页
戏水	店	唐，不详	《长安志》卷一五引《两京道里记》，《长安志 长安志图》，第201页
赤水	店	唐，不详	《朝野金载》卷六，《隋唐嘉话 朝野金载》，中华书局，1979年，第144页
敷水	店	约贞观、永昌年间；约元和、长庆年间	白居易《过敷水》，《白居易集笺校》，第1709页
灞上	酒店	约天宝年间	岑参《送怀州吴别驾》，《岑参集校注》，第298页

由表可知，紧靠外郭城及都门，近郊区域的逆旅、客店星罗棋布，形成密集的商业网络，这些商业设施的运作，自然多依靠郊县民

众，导致相当多的农人走出土地，转为工、商阶层。开元天宝中及唐中后期长安及京畿地区出现了许多通过商业经营而致富的富民，如王元宝、杨崇义、郭万金等❶。

北方胡族，西域、中亚人汇集

唐长安作为国际性大都会，吸引了周边民族，乃至世界各地人口源源不断地流入，《隋书·地理志》即记载当时京兆"华戎杂错"❷。据马长寿研究，唐以前的关中，便是氐、羌、匈奴等少数部族杂居区域，尤其是在以冯翊为中心的渭河以北各地，如氐族集中于扶风郡、咸阳郡西北，羌族集中于冯翊郡，北地、新平二郡和冯翊郡的西部则为屠各、卢水胡、西羌、北羌所杂居❸。而荣新江更指出，当时的渭北还有粟特部落活动，或来自蓝田❹。隋唐之际，这些旧部落，与汉人、羌人村邑散居，渐与汉族融合通婚，这从《钳耳神猛造像》❺《荔非明达等四面造像题名》❻《邑主弥姐后德合邑卅人等造像记》❼中的姓氏、家庭记载中可见一斑。入唐，虽由于战乱，

---

❶ 王仁裕撰《开元天宝遗事》卷上记："长安富民王元宝、杨崇义、郭万金等，国中巨豪也。"唐宋史料笔记丛刊本，曾贻芬点校，北京：中华书局，2006年，第17页。

❷ 《隋书》卷二九《地理志上》，第817页。

❸ 马长寿《碑铭所见前秦至隋初的关中部族》，桂林：广西师范大学出版社，2006年，第68—86页。

❹ 《邓太尉祠碑》导语，收入荣新江、张志清主编《从撒马尔干到长安：粟特人在中国的文化遗迹》，北京图书馆出版社，2004年，第105页。

❺ 开皇四年十二月十五日造，《陕西金石志》卷七著录，《石刻史料新编》第1辑，22册，16446页。现存西安碑林博物馆石刻艺术馆。

❻ 参石野智大《唐初村落制度的"新史料"——西安碑林博物馆藏〈荔非明達等四面造像题名〉の再檢討》，《明大アジア史論集》17，2013年，第1—36页。传统以为该造像时代为北周，作者依据造像者题名中的职官信息，将其断于唐初。

❼ 隋开皇六年造，唐乾封元年改造。参照马长寿录文，氏著《碑铭所见前秦至隋初的关中部族》，第96—98页。

渭北之羌民开始流落四方，但新兴的周边民族突厥、党项、回鹘、铁勒等又开始向京畿地区迁移，贞观初，仅突厥"入居长安者近且万家"❶，而安史乱后，由于回纥兵曾助唐平叛，"回纥留京师者常千人，商胡伪服而杂居者又倍之"❷。关于此，从事人口史、移民史研究学者有详细梳理❸，不赘。

入居长安的西域、中亚人，也一直是中古中外关系研究所关注的话题，但多关注胡人在长安坊里的活动，很少提及其在京畿乡村的行踪。入华的胡人，或在皇帝身边担任武职，侍卫天子、维护京师秩序❹，或在长安经商置业贩卖。前者多以功臣的身份居于城内宅第，但亦有可能被皇帝赐贯于京畿，与士族中央化情况类似，第一步先附籍京畿乡村；后者，胡人善于经商，其活动区域定不限于长安城内两市，亦应辐射于周边乡村的经济区。据《册府元龟》记，西域胡商何潘仁自其父浑邪时通商中国，隋初居于鳌屋，家富于财，隋义宁元年（617），李渊领军入关中时，何氏入司竹园为盗，纠集支持者数万，后以众助李渊，封右屯卫将军❺。又大历三年（768）十月中书门下据不空之请所下《请降诞日度三僧制》，先列土（吐）火罗人罗文成、罗伏磨（贯凉州天宝县高亭乡），次列童子曹摩诃（贯京兆万年县安宁乡永安里）❻，此曹姓儿童，应为昭武

---

❶《旧唐书》卷六五《温彦博传》，第 2361 页。

❷《通鉴》卷二二五代宗"大历十四年"，第 7265 页。

❸ 参考薛平拴《隋唐时期陕西境内的人口迁移及其影响》，《中国经济史研究》2004 年第 4 期；葛剑雄、吴松弟《中国移民史》第三卷《隋唐五代时期》，福州：福建人民出版社，1997 年，第 423—432 页。

❹ 如《通鉴》卷二三二德宗"贞元三年"记宰相李泌对自天宝以来"安西、北庭奏事及西域使人在长安者"进行清理整顿，共得四千人，"皆分隶神策两军"，第 7492—7493 页。

❺《册府元龟》卷三四五《将帅部・佐命第六》，第 4090 页。

❻《请降诞日度三僧制一首》，《代宗朝赠司空大辨正广智三藏和上表制集》卷二，《大正新修大藏经》第 52 册，第 837 页上。按，此处"安宁乡"疑为"宁安乡"之倒误。

九姓胡，入中国后，其家附贯在京畿乡村区域，并接受了中原的佛教信仰，欲于长安城内千福寺剃度出家。

至此，尝试将京畿乡村的居民结构列表如下：

表 2-5　京畿乡村的居民结构

阶层/分类	详目
农民	庄园主，自耕农，佃农（佃户、佃民、佃客），雇农，特殊农户（如陵户）
士	在职官员（散官、卫官、勋官），退职官员，有文化背景士人（乡贡明经、进士，未取得贡举资格的读书人），处士（隐士）
工、商业者	手工业者，商人，富户
奴婢	奴婢、部曲等依附人口
特殊居民	北方胡族，西域、中亚人，宗教信众

第 **6** 章

京畿士族的城市化及其乡里影响
——以京兆韦氏、杜氏为例

一 问题的提出

对京畿区域社会史的探讨，当从解析基层社会自身的组织形式入手。血缘、姓氏是将乡里社会个体民整合为团体的最基础形式，这样形成的民众生活基本单位称为宗族，在地缘上亦表现为同族同姓聚居。对京畿区域而言，虽然皇权的辐射力较强，宗族的活动亦称繁茂。区域内的大姓，《氏族论》的作者柳芳以为有"韦、裴、柳、薛、杨、杜"[1]，《太平寰宇记》以京兆郡出韦、杜、扶、段、宋、田、黎、金八姓[2]，而敦煌 S.2052《新集天下姓望氏族谱》（论者以为代表唐后期的情况）[3]记雍州京兆郡出四十姓："车、杜、段、严、黎、宋、秦、钟、雍、车（韦）、田、粟、於、米、冷、支、员、舒、扈、皮、昆、申屠、康、别、夫家、郜、丰、柠、

---

[1] 《新唐书》卷一九九《儒学·柳冲传附柳芳传》，第 5678 页。

[2] 《太平寰宇记》卷二五《关西道一·雍州一》，第 518 页。

[3] 毛汉光以为可能撰成于元和十五年至咸通十三年，见所撰《敦煌唐代氏族谱残卷之商榷》，收入氏著《中国中古社会史论》，第 427—433 页。

史、伦、邢、金、公成、第五、宋、宜、狄、粟、计。"❶ 其中皆提及京兆韦氏与杜氏。

毛汉光将京兆杜陵韦氏归于自魏晋迄唐末绵延不绝的十姓十三家之首，而将杜氏归于略逊的通世大族❷。韦、杜二氏自西汉丞相韦玄成、御史大夫杜延年迁居杜陵始，便在长安城南一带开始长达数世纪的繁衍生息，历北朝、隋、唐，虽则政治、人事变易，都城屡次迁移，韦、杜后人"京兆杜陵"的郡望书写却稳定不移。隋唐长安城较汉、周长安城向东南方向迁移，城南的杜陵便又更接近于国家的政治中心，韦、杜族人在此聚居，年深日久，其姓氏嵌入地名，形成了韦曲、杜曲等聚落名称。

讨论唐代长安的韦、杜家族，必先对士族形态与门阀士族政治这一汉晋隋唐七百年间特有的历史现象做历时性观察：东汉表现为士家大族，魏晋南北朝表现为武断乡曲、割据一方的豪强大族，隋唐以降，由于人才选举权的上移，原本生活在旧乡里的大家族成员脱离原籍，涌入城市❸，尤其是都城。毛汉光曾从中古十姓十三家八十三著房籍贯迁移的角度，指出具有地方性格的郡姓"新贯"于中央地区并依附中央的现象，称为"中央化"；由于脱离乡里旧业，转变为纯官僚而失去地方性，称为"官僚化"；以二者为中古士族最根本之特征❹。唯毛氏结论是依据地望不在两京一带的士族生活形态而得出的，而籍贯本在两京的关中、河南士族，如京兆韦氏、杜氏，河南郑氏，洛阳长孙氏、于氏、源氏等，在这股社会流动、区

---

❶ 录文参郝春文主编《英藏敦煌社会历史文献释录》第 9 卷，北京：社会科学文献出版社，2012 年，第 150—170 页。按，《族谱》所记，似缺一姓。

❷ 毛汉光《中国中古社会史论》第三篇《中古家族之变动》，第 57—60 页。

❸ 《通典》卷一七《选举五》，第 417 页。

❹ 毛汉光《从士族籍贯迁移看唐代士族之中央化》，收入氏著《中国中古社会史论》，第 234—333 页。

域政治文化变迁的浪潮中，又有怎样的表现？

本章将以京兆韦氏、杜氏为例，说明这一问题。以往关于二姓大族的研究颇多，但基本局限于利用新出的家族成员墓志，考订其郡望、房支、世系、婚宦，或略述其交游，或讨论其家族的文学表现、信仰❶，对于最核心问题——这两个世代通显的大族如何顺应魏晋隋唐间地方资源（官吏任用权、儒学文化、学校教育等）、军事力量高度中央化，举国政治、经济、文化向中心城市集中的趋势，调整家庭经营策略，保持家族在政治中心长安城，以及世居地、根据地所在——京畿乡村的双家形态的平衡，实现家族在仕宦、文学、经济等领域的纵深拓展，从而维持"蝉联阀阅"❷"代袭轩裳"❸的显赫局面，学界较少直接论及，正是本章的努力方向。

---

❶ 如矢野主税《韦氏研究》，《长崎大学学艺学部社会科学论丛》2，1961年；又《韦氏研究》（二），《长崎大学学艺学部研究报告》临时增刊号，1962年；陈尊祥、郭生《唐韦几墓志考》，《文博》1994年第4期；黄利平《长安韦氏宗族述论》，《陕西历史博物馆馆刊》（一），西安：陕西人民教育出版社，1994年，第67—72页。张蕴《西安南郊毕原出土的韦氏墓志初考——平齐公房和郧公房成员》，《文博》1999年第6期；《关于西安南郊毕原出土的韦氏墓志初考（三）——逍遥公房和李夫人墓志》，《考古与文物》2000年第1期；《西安南郊毕原出土的韦氏墓志考（二）：阆公房成员》，《考古与文物》2005年第3期。相关论著如王力平《中古杜氏诸郡望的历史考察》，南开大学博士学位论文，2001年；李睿《世袭、婚姻与佛教——唐代韦氏家族之研究》，北京大学硕士学位论文，2002年；李浩《唐代关中士族与文学（增订本）》，北京：中国社会科学出版社，2003年；吕卓民《长安韦杜家族》，西安出版社，2005年。近年利用韦应物墓志等新出石刻对韦、杜二姓族人文学的探讨，如王伟《唐代京兆韦氏家族与文学研究》，西北大学博士学位论文，2009年；胡可先《新出石刻与唐代文学家族研究》，北京大学出版社，2017年。

❷ 语出《赵肃夫人韦氏墓志》，《西市》，第726页。

❸ 《韦辂墓志》记："韦氏之先，源其远乎。始，夏康封彭侯之子于豕韦，因以国为氏。周汉晋魏已还，显赫相望，家有侯伯，代袭轩裳，遂为京兆冠族。"《西市》，第950—951页。

二 韦、杜二姓的城市化：
京畿士族"中央化"的表现

毛汉光氏所谓中古士族"中央化"的表述提出后[1]，韩昇等学者有商榷意见，认为士族的迁徙在不同时期呈现不同的特点，毛氏只考察了其向两京（中央）集中的趋势，但也有向地方转移的情况，地方领袖的世家大族往往是先向区域的核心城市迁移，尤其安史之乱后，京洛动荡，众多士族选择奔赴南方的城市，如成都、扬州等地，所以"中央化"应修正为"城市化"，即乡村向城市之移动，等于将毛氏全国汇集于两京的一条主线打散，分化为若干区域，而每个区域的边缘向区域中心聚拢。毛氏"中央化"过于粗线条，"城市化"可以较好地描述在京畿范围氏族向政治中心汇合的趋势[2]。

陈寅恪曾精辟指出："盖唐代社会承南北朝之旧俗，通以二事评量人品之高下。此二事，一曰婚，二曰宦。凡婚而不娶名家女，与仕而不由清望官，俱为社会所不齿。"[3] 仕宦是中古士族维持其显贵地位之最根本依凭，是否"居相位"，也被视为家族盛衰的主要标志。韦、杜二氏尤以世代衣冠著称，据统计，有唐一代高宗、武后、中宗、殇帝、睿宗、玄宗、顺宗、宪宗、文宗、宣宗、懿宗、僖宗、昭宗十三朝，韦氏家族先后有 17 人出任宰相，几乎覆盖唐代三百年的历史[4]，其中有 16 位登进士第；而京兆杜氏在唐前中后

---

❶ 毛汉光《中国中古社会史论》，第 240—242、329—333 页。
❷ 韩昇《南北朝隋唐士族向城市的迁徙与社会变迁》，《历史研究》2003 年第 4 期。
❸ 陈寅恪《元白诗笺证稿》之《读莺莺传》，北京：三联书店，2009 年，第 116 页。
❹ 参照李睿之统计，《世系、婚姻与佛教——唐代韦氏家族之研究》，第 4 页。

期也分别有杜如晦、杜佑、杜黄裳等名相，统计不同时期以进士登科而入相者有 10 人之多❶。这一方面显示韦、杜家族在官僚士族经营中是最大的赢家，也说明二姓除保持门第优势外，尤重文学修养，积极开拓科举入仕之新途径。

韦、杜家族之所以能在仕宦、科举与文化教育中取得骄人的成绩，与其脱离乡里，积极实现城市化的情况紧密相关。京兆韦氏、杜氏的祖居在长安城南的乡村，尽管相距不远，时人称"灞陵南望，曲江左转，登一级而鄂杜如近"❷，但首都长安有着无限的政治机遇，发达的官场政治、考试文化，为仕进之首选。城居，既便利作为中央官日常朝谒与政务处理，便利与朝寮旧友、京邑士人交游，又便于子孙后人脱离乡里村学的浅陋习气，接受官方学校的教育，日后更顺利地接受科举文化，以进入官僚梯队。事实上，入唐以后，韦、杜二族的著房著支大部分居住在城内的坊里，现据《唐两京城坊考》及李健超、杨鸿年二人增订❸，并补充新出墓志信息，将韦、杜二姓族人长安城内的宅第在唐长安城图中表示如下（详图 2-1）：

从中可以直观地看出，韦、杜二族的宅第遍布街西、东各坊，尤以街东为多。杜氏家族资料有限，看不出太多规律。以韦氏为例：街东东市附近的安兴、胜业、平康、宣阳、亲仁、安邑、靖恭、常乐、永宁、靖安等坊，应即韦氏集居区域，尤其宣阳坊，一

❶ 韦、杜族人进士第人数参照毛汉光的统计，氏著《唐代大士族的进士第》，《中国中古社会史论》，第 340—341、345 页。

❷ 王维《洛阳郑少府与两省遗补宴韦司户南亭序》，赵殿成笺注《王右丞集笺注》，第341 页。

❸ 徐松《唐两京城坊考》，北京：中华书局，1985 年；李健超增订《最新增订唐两京城坊考》，西安：三秦出版社，2019 年；杨鸿年《隋唐两京坊里谱》，上海古籍出版社，1999 年。

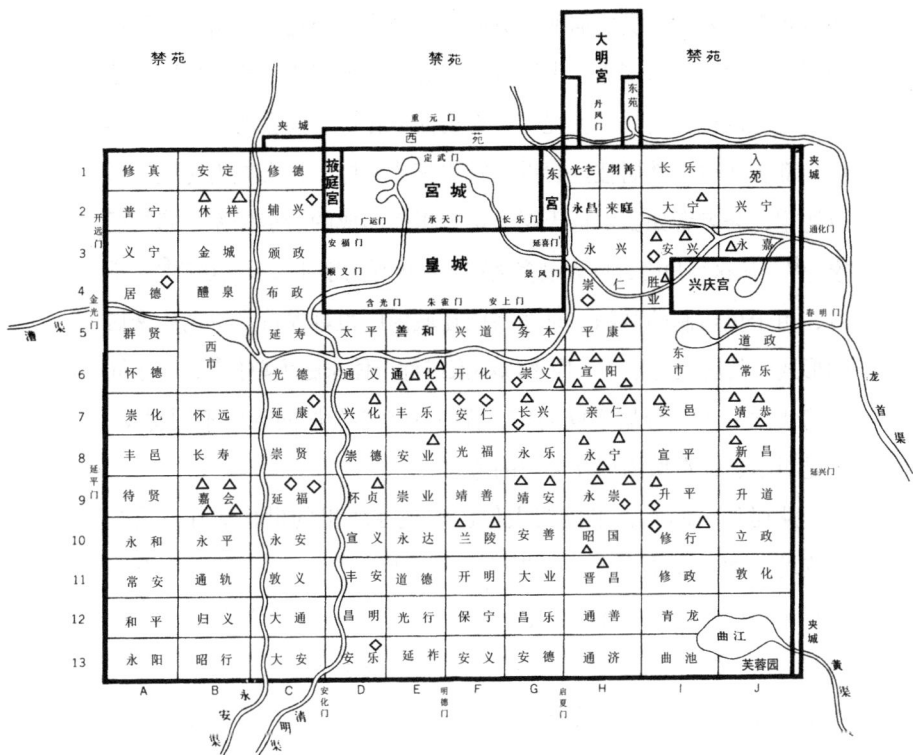

図 2-1 京兆韦、杜二氏的长安宅第分布　　　　图例：△韦氏宅 ◇杜氏宅

（本图据平冈武夫主编《唐代の长安与洛阳·地图》图版三·第三图《长安城图》改制而成。原图缺皇城南太平、兴道二坊之间坊名，今补）

每坊具体情况如下：

街东：安仁坊：杜佑、杜牧宅。兰陵坊：韦待价、韦鋆宅。务本坊：韦鼎宅。崇义坊：韦坚、韦虚舟、杜子休宅。长兴坊：韦津、杜鸿渐宅。靖安坊：韦元整、韦净光严宅。崇仁坊：杜悰宅。平康坊：韦澄宅。宣阳坊：韦嗣立、韦温、韦巨源、韦叔夏、韦文恪、韦琪宅。亲仁坊：韦琨、韦公、韦洙宅。永宁坊：韦顼、韦端符宅、韦惲及子庶宅。永崇坊：杜亚宅、韦抗、韦虚受宅。昭国坊：韦青、韦应物宅。晋昌坊：韦安石宅。大宁坊：韦承庆宅。安兴坊：同昌公主与韦保衡宅、韦氏宅（直秘书省）、杜思仁及子冲宅。胜业坊：韦德载宅。安邑坊：韦庸宅。升平坊：韦本立宅、杜行方宅。修行坊：韦有邻、杜从则宅。永嘉坊：韦元琰宅。道政坊：韦最宅。常乐坊：韦恂如宅。靖恭坊：韦玢、韦建、韦渠牟、韦元鲁宅。新昌坊：韦端、韦希损宅。

街西：通化坊：韦武、韦暕、韦师真、韦少华宅。安业坊：韦府君与妻李挂宅。兴化坊：韦济宅。怀贞坊：韦慎名宅。安乐坊：杜博义宅。辅兴坊：杜公及子文章宅。延康坊：韦瓖、杜昭烈宅。延福坊：杜府君宅、杜氏家庙。休祥坊：韦虚心、韦维宅。嘉会坊：韦庄、韦讽、韦机、韦昊宅。居德坊：杜元徽宅。

坊分布韦氏六位官员之居所，分属逍遥公房、小逍遥公房、郿公房与平齐公房，而韦嗣立、韦巨源、韦温皆为皇亲或宰相，可以想象诸韦在坊内比邻而居的盛况。另如街西通化坊、嘉会坊、街东靖恭坊，都有四位韦姓居住。唐世，官僚家族聚居于长安城内坊里，形成坊望，著名者如弘农杨氏越公房聚集而形成的靖恭杨家、修行杨家等❶，从这种角度，族人最多之宣阳也可呼为京兆韦氏之坊望❷。不过，由于里坊制的区隔，京兆韦氏在城内已很难保持乡里全族聚居的形式，其居住与生活，应多以小家或称个体家庭为单位❸，属于同一房支之后人，分居不同的坊，而一坊内亦杂居同族内不同房支。这是对韦、杜在城内居住形态的考察。

从居住时间看，韦氏族人似已实现在坊里的世代居住。比如靖安坊的曹州刺史韦元整，据其妻《王婉墓志》，元整卒后，开曜元年（681），王婉"终于明堂之静安里第"❹。据其孙《韦晃墓志》（祖元整、父绩），志主开元十年（722），"终于京师靖安之里第"❺。即韦家元整—绩—晃三代一直居住靖安里之私第，且韦绩为韦元整

---

❶ 杨氏为长安盛门望族，累世同居，各以所居坊名为号，有修行杨家、新昌杨家、靖恭杨家等分支，如徐松《两京城坊考》卷三："（刑部尚书杨汝士）与其弟虞卿、汉公、鲁士同居，号靖恭杨家，为冠盖盛游。"李健超增订《最新增订唐两京城坊考》，第191页。

❷ 梁太济集中谈论了唐人诗文、小说中出现的以所居坊为称谓之风习，以其兴盛于中晚唐，最早在贞元年间已经出现，见所撰《中晚唐的称坊望风习》，北京大学中国古代史研究中心编《邓广铭教授百年诞辰纪念论文集》，北京：中华书局，2008年，第580—594页。

❸ 此点承侯旭东先生提示，他以为宋以前的地方社会，以小型家庭为日常生活基本单位，所谓宗族，很可能只是一种"想象的共同体"，这个"共同体"仅保有相似理念及祖先认同，而非在地缘上紧密聚居之实体。

❹ 《大唐故曹州刺史韦府君夫人晋原郡君王氏墓志铭并序》，《补遗》第3辑，西安：三秦出版社，1996年，第24页。

❺ 《韦晃墓志》，《汇编续集》开元047，第486页。

与王婉六子之幺，不大可能独自继承其父之住所，最有可能的情况是韦元整一大家在靖安坊实现了合族数代同居。又宣阳坊奉慈寺开元中为虢国夫人杨氏宅，《明皇杂录》载：

> 贵妃姊虢国夫人，恩宠一时，大治宅第。栋宇之华盛，举无与比。所居韦嗣立旧宅，韦氏诸子方午偃息于堂庑间，忽见妇人衣黄罗帔衫，降自步辇，有侍婢数十人，笑语自若。谓韦氏诸子曰："闻此宅欲货，其价几何？"韦氏降阶曰："先人旧庐，所未忍舍。"语未毕，有工人数百人，登东西厢，撤其瓦木。韦氏诸子乃率家童，絜其琴书，委于路中，而授韦氏隙地十数亩，其宅一无所酬。❶

韦嗣立官兵部尚书、封逍遥公，在中宗、韦后朝权倾一时❷，在宣阳坊营宅。玄宗时，家业豪宅为当时权贵杨贵妃姊妹所觊觎，时韦嗣立后人，小逍遥公房诸韦在此居住已久，他们还牢记先人教诲，希望坚守祖宗产业，然而最终仍为虢国所夺，"琴书""委于路中"，昔日大第仅换得"隙地十数亩"。

又懿宗女同昌公主嫁与韦保衡，于广化坊营第，《杜阳杂编》载："（公主）一日大会韦氏之族于广化里，玉馔俱列，暑气特甚，公主命取澄水帛，以水蘸之，挂于南轩。"❸可见平齐公房韦保衡一族集居广化坊。京兆杜氏的情况与韦氏相似，不仅在城内世居，甚至连杜

---

❶ 郑处海撰、裴庭裕撰《明皇杂录 东观奏记》，田廷柱点校，北京：中华书局，1994年，第29页。

❷ 《旧唐书》卷八八《韦思谦传附嗣立》，第2865—2874页。

❸ 苏鹗撰《杜阳杂编》卷下，阳羡生校点，《唐五代笔记小说大观》，上海古籍出版社，2000年，第1396页。

氏家庙，都改建在城内坊里，杜牧在元和末入京城求仕，寻找居所，"凡十徙其居……奔走困苦，无所容庇，归死延福私庙，支拄欹坏而处之"❶。可知延福坊有杜氏家庙，且以其地同时为入京的杜氏族人提供临时寓所。又据叶梦得《石林燕语》记，中唐名相杜佑的家庙在曲江❷。

韦、杜二姓由于仕宦的需要❸，已经走出了城南旧乡里，实现"城市化"，在长安城内诸坊散居或聚居。

三 "乡里有吾庐"❹：
韦、杜家族对乡村根基的维持

艾伯华（Wolfram Eberhard）曾经描述过缙绅家族典型的"双家形态"：

> 一个缙绅家族通常有一个乡村家和一个城市家。乡村家即家族田产所在，那里居住一部分族人，管理经营其财产，如向佃农收租等，乡村家是家庭经济的支持骨干。❺

❶ 杜牧《上宰相求湖州第二启》，吴在庆校注《杜牧集系年校注》，北京：中华书局，2008年，第1009页。

❷ 叶梦得《石林燕语》卷一记文潞公至和初"知长安，因得唐杜佑旧庙于曲江，犹是当时旧制，一堂四室，旁为两翼。侯忠义点校，北京：中华书局，1984年，第15页。

❸ 除了寻求仕宦之路的原因外，唐前期韦氏族人的入居长安城坊，应与中宗朝提高韦后的地位，扶植韦武势力有很大关系，上举韦嗣立族在宣阳坊的住居就是例证。不过孙英刚指出，当时韦武主要成员集中居住在宫城以西诸坊，参看孙英刚《唐前期宫廷革命研究》，《唐研究》第7卷，北京大学出版社，2001年，第263—288页。从本章统计看，街西居住的韦氏不如街东，这可能与唐中期以后政治中心转至大明宫，导致官员集居街东的趋势有关。

❹ 此语借自姚合《送朱庆余及第后归越》，《全唐诗》卷四九六，第5626页。

❺ Wolfram Eberhard, *Conquerors and Rulers：Social Forces in Medieval China*, Leiden：Brill, 1965, pp.44-45.

毛汉光以之譬喻中国中古世家大族的籍贯与迁居地之间的关系❶，唐代京畿的韦、杜家族，也是这样典型的双家形态。一方面，从西汉起，家族世代居住于长安杜陵，在唐代，两姓居住区以城南少陵原上的韦曲、杜曲为中心，并形成了以韦、杜二姓命名的村落；而另一方面，为了寻求更好的出仕机会，实现家族在政治、文化中的领先地位，越来越多的韦、杜族人离开旧乡里，迁居长安（杜氏族人亦有迁居洛阳的情况，这里暂不讨论），如韩昇所言，"城市犹如巨大的吸盘，把乡村社会的文化、政治精英源源不断地吸引而去"。

"城市化"带来仕宦荣耀、高官显位的背后，却是出仕者逐渐丧失其乡村控制力，习惯于城市之安逸生活，与乡里旧族因生活场景与追求的差异走向疏离，感情的隔膜并不是主要的，最严重的是城市士族失去了与乡村宗族联系的纽带，没有了乡里的支持和依托，而逐渐失去影响地方社会的能力。北朝"世家大姓于动乱中率宗亲、聚流民、筑坞壁以割据一方的景观已成旧梦"❷，乡村根据地的沦丧，肇始了魏晋隋唐士族政治社会的瓦解。从韦、杜家族而言，维持乡村根基，不仅意味着象征意义式地保有汉唐七百年间两世家的话语、气息与繁华，求得心理上、观念上的"叶落归根"，也有实际的经济利益，即艾伯华指出的"乡村家是家庭经济的支持骨干"，在乡村置庄园田宅，经营产业，也为力求仕宦的家族成员提供了可进可退的生存空间与财力支持。他们为持续保有乡村影响力，采取了很多措施，或者说自然而为之的一些惯例性做法。

---

❶ 毛汉光《中国中古社会史论》第三篇《中古家族之变动》，第 55 页。
❷ 韩昇《南北朝隋唐士族向城市的迁徙与社会变迁》一文。

郡望书写的稳定性

《新唐书·宰相世系表》记京兆韦氏定著九房，共有杜陵、京兆、襄阳、延陵四望❶，据李睿研究，西眷平齐公房、东眷阆公房、彭城公房、逍遥公房、郧公房、大雍州房、小雍州房、郿城公房、驸马房、南皮公房贯杜陵，而龙门公房郡望为京兆❷。综观唐代不同时期韦氏传记及出土韦氏族人墓志，不论其生活地点是在长安、洛阳，还是已迁居外州县，不论其卒于何地，又甚至其葬地已不在长安祖茔，而由于先辈迁徙，有了新贯❸，其人生印记中，最稳定的标志就是郡望。"京兆杜陵人""京兆万年人""京兆长安人"……墓志中屡屡出现的这样的表述，既是对韦氏家族所源的反复申说，又未尝不是韦氏后人历经人生风雨后，对其由来的一种自我认同。杜氏情况类似，自东汉以来支脉纷出，因仕宦、战争、灾难等播迁、流寓各地，但"京兆杜陵"的郡望未曾改变。

旧乡里的居民

出土墓志揭示的多是出仕求官而有声名的韦、杜家族成员，中央官因需定时朝请，住在城南靖恭、新昌诸坊尚嫌偏远❹，不大可能居住城外。因而，为官而迁居长安城内，是极常见的现象，总体上给人造成的印象是，当时居于城外旧乡里的韦、杜族人甚少。但依据官员墓志的抽样，并不能以偏概全。

---

❶ 《新唐书》卷七四上《宰相世系表》，第3045—3055页。
❷ 李睿《世系、婚姻与佛教——唐代韦氏家族之研究》，第5—7页。
❸ 京兆韦氏也存在迁居后归葬洛阳的情况，参马建红之梳理，所撰《隋唐关中士族向两京的迁徙——以京兆韦氏为中心的考察》，《南都学坛》2010年第2期。
❹ 白居易就记载了大雪天由所居新昌坊经行十余里至银台门早朝的窘迫，《早朝贺雪寄陈山人》，朱金城《白居易集笺校》，第487页。

首先，官员的家属有居住城南旧籍的情况，如《韦嘉娘墓志》记其在夫卢府君去世后归还本家，开元十年"遘疾终于万年县洪固乡里第"，洪固里第应是其父韦令仪在城外的宅第[1]。韦、杜官僚家族中的妇女、儿童都可能居住乡村，儿童幼年时放养旧乡，长到一定年龄或应举出仕时再进入城内居住，也是为了让其加深对故乡的心理认同。如晚唐杜氏族人杜牧幼年时"家在城南杜曲旁"，弱冠时应制策登科，一举成名，因"与一二同年城南游览，至文公寺，有禅僧拥褐独坐，与之语，其玄言妙旨，咸出意表。问杜姓字，具以对之"[2]。可知其中制科后已迁住城内，再与同榜相约至旧乡游览，颇有衣锦还乡的味道。又晚唐韦氏族人韦庄少年时亦在乡里寄居，"多与邻巷诸儿会戏，及广明乱后，再经旧里，追思往事，但有遗踪。因赋诗以记之"，历经黄巢之乱，劫后余生的韦庄以诗追忆了村童无忧无虑的游戏生活，"昔为童稚不知愁，竹马闲乘绕县游。曾为看花偷出郭，也因逃学暂登楼。招他邑客来还醉，才得先生去始休""御沟西面朱门宅，记得当时好弟兄。晓傍柳阴骑竹马，夜隈灯影弄先生。巡街趁蝶衣裳破，上屋探雏手脚轻"，同时也感叹旧游"今日相逢俱老大，忧家忧国尽公卿"[3]，必然是谙尽城居与仕宦滋味。

其次，任满退职的韦、杜二姓官员，大都选择回归旧乡里，以度余生，这种情况详下节梳理。实际上，有唐一代，未出仕的二姓族人在城南的乡里村稳定生活，实现了同姓聚族而居。韦氏的居住区跨万年县洪固、御宿、高平、义善诸乡；而杜氏居住区以杜曲为中心，跨万年县洪原、洪固、山北诸乡；杜曲有南杜、北杜之分，南杜又名杜固，位于潏水南岸，南倚神禾原，北杜即杜曲，在潏水北岸，北

---

[1] 《西市》，第445页。

[2] 孟棨《本事诗·高逸第三》，李学颖校点，《唐五代笔记小说大观》，第1247页。

[3] 《太平广记》卷一七五《韦庄》，第1306页。

依少陵原，隔河相望❶。居住这里的普通民众数量很多，唐前期李隆基诛诸韦，除在城内翦灭韦后及其族党重臣外，还令"崔日用将兵诛诸韦于杜曲，襁褓儿无免者，诸杜滥死非一"❷。贞元中（785—805），宰相杜佑曾在城南杜曲经营自己的别庄，所撰《杜城郊居王处士凿山引泉记》描述了杜曲附近同姓聚居的情形："每出国门，未尝公服，导从辈悉令简省，刍荛者莫止唐突。及栖弊陋，时会亲宾，野老衰宗，啬夫游徼。亦同列坐，或与衔杯，由是尽得欢心，庶将洽比乡党。其城曲墟落，缁黄童艾，杜名杜氏，遍周川原。"❸韩愈游城南时，亦有感于此地韦杜聚族比邻而居，赋诗曰"应须韦杜家家到，只有今朝一日闲"❹。上文曾言及，万年县樊川、鄠杜一带尚有许多以韦、杜命名的村落，如韦曲村、大韦村、北韦村、杜永村、郭杜村、杜季村、杜城村等，说明韦、杜二姓在旧乡里的居民是以村为生产生活的基本单位的，或一姓人独成一村，或与他姓组成双姓村，或与多姓杂居。

城外别庄的经营

学界对长安城郊园林别墅的辑补工作持续进行，利用其研究成果❺，考察韦、杜二姓人氏在城外所拥有的别庄，现将相关情

---

❶ 杜曲情况参照吕卓民《长安韦杜家族》，第196—198页。

❷ 《通鉴》卷二○九睿宗"景云元年"，第6647页。

❸ 杜佑《杜城郊居王处士凿山引泉记》，《全唐文》卷四七七，第4878页。

❹ 韩愈《游城南十六首·出城》，屈守元、常思春主编《韩愈全集校注》，系于元和十一年，第690页。

❺ 本表主要依据妹尾达彦《唐代长安近郊の官人别荘》，《中国都市の歴史的性格》，第125—136页；李浩《唐代园林别业考论》（修订版），第151—196页；詹宗祐《隋唐时期终南山区研究》第2章3节《终南山区的园林别业》，第140—150页；李浩《唐代杜氏在长安的居所》，《中华文史论丛》38辑，2006年；等文的统计成果，并有增补。

况列表如下：

表 2-6　文献所见韦、杜二氏的郊园别业

名称	拥有人	地点	出处	备注
韦司马别业	韦司马	杜城南曲	张九龄《韦司马别业集序》，熊飞《张九龄集校注》，第 901 页	
韦曲庄	韦员外	韦曲	宋之问《春游宴兵部韦员外韦曲庄序》，《全唐文》卷二四一	
韦嗣立山庄（骊山别业、逍遥谷）	韦嗣立	骊山山麓	《旧唐书》卷八八《韦思谦传附》	
东山别业	韦给事韦恒（嗣立第二子）	骊山山麓	王维《同卢拾遗韦给事东山别业二十韵》，《王右丞集笺注》，第 15 页	或与韦嗣立东山别业为一，此产业父子相继
韦侍郎山居	韦侍郎韦济（韦嗣立第三子）	长安城东	王维《韦侍郎山居》，《王右丞集笺注》，第 36 页	李浩以为或即是韦嗣立骊山别业
韦司户山亭院	韦司户	长安东南	高适《宴韦司户山亭院》，《全唐诗》卷二一二，王维《洛阳郑少府与两省遗补宴韦司户南亭序》，《王右丞集笺注》，第 341 页	
沣上幽居	韦应物	长安郊外沣水东岸	韦应物《忆沣上幽居》，《韦应物集校注》，第 380 页	
城南别业	韦虚心	长安城南杜陵	王维《晦日游大理韦卿城南别业四首》，《王右丞集笺注》，第 63 页	韦卿，陶敏考证为韦虚舟（《全唐诗人名考证》，陕西人民教育出版社，1996 年，第 101 页）；陈铁民考证为韦虚心（《王维集校注》卷二，中华书局，1997 年）
城南别业	韦安石	城南	《太平广记》卷三八九《韦安石》	

第 6 章　京畿士族的城市化及其乡里影响　*177*

名称	拥有人	地点	出处	备注
樊川别业	韦澳	城南樊川	《旧唐书》卷一五八本传	
城南别墅	韦楚材	长安城东	《册府元龟》卷五二二《宪官部·谴让》	
杜公池亭（杜城郊居、樊川别墅）	杜佑	长安城南神禾乡朱陂，启夏门南十六里	许浑《朱坡故少保杜公池亭》，《全唐诗》卷五三三；杜佑《杜城郊居王处士凿山引泉记》，《全唐文》卷四七七	又见《全唐文》卷四九四权德舆《司徒岐公杜城郊居记》，卷六一三武少仪《王处士凿山引瀑记》
杜相公别业	杜鸿渐	长安城南樊川	钱起《题樊川杜相公别业》，《全唐诗》卷二三七	傅璇琮《唐代诗人丛考》以杜相公为杜鸿渐，中华书局，1980年，第439页
杜邠公林亭	杜悰	长安城南	温庭筠《题城南杜邠公林亭》，《全唐诗》卷五七九	曾益《温飞卿诗集笺注》考证为杜悰，上海古籍出版社，1980年，第115页
杜舍人林亭	杜舍人	长安城南	钱起《题杜舍人林亭》，《全唐诗续》卷一六	元骆天骧《类编长安志》卷九《胜游·樊川范公五居》条引
杜牧别业	杜牧	终南山下	杜牧《上知己文章启》"有庐终南山下"，《杜牧集系年校注》，第998页	
杜城别墅	杜式方	杜城	《旧唐书》卷一四七《杜佑传》	

观察韦、杜庄园在城外的位置，除逍遥公韦嗣立及其后人的山庄别业置于骊山，而韦应物在长安城西（长安县）沣水东岸有居处外，其余可考证出地点的别庄，无一例外分布在城南的韦、杜旧乡里，或称樊川，或称杜陵，或称韦曲、杜曲。以往学者的兴趣止于从自然、人文环境的角度讨论京郊园林别业集中分布于城东灞浐和

城南樊川、鄠杜的原因❶。对于韦、杜二姓士族，在旧日乡里、先人居所营建庄园产业，起码有两方面的特殊意义：第一，以此作为城市化了的家族与乡村宗族联系的纽带，保持一种城乡呼应、可进可退的生活情态，并告诫子孙，旧乡之一草一木、一丘一壑，莫予他人，以此加强族内之认同感与凝聚力。杜佑杜城郊居的营建，就是一个典型例证。《旧唐书·杜佑传》载其："请致仕，诏不许，但令三五日一入中书，平章政事。每入奏事，宪宗优礼之；不名，常呼司徒。佑城南樊川有佳林亭，卉木幽邃，佑每与公卿宴集其间，广陈妓乐。诸子咸居朝列，当时贵盛，莫之与比。"❷

杜佑官至宰相，常居城内之安仁坊，其诸子亦"咸居朝列"，不在乡村，他在仕途全盛的贞元中，已留意在家乡经营产业，聘请处士王易简规划营建庄园，"公乃命僮使，具畚锸，稽度力用，而请王生主之。生于是周相地形，幽寻水脉；目指颐谕，浚微导壅"❸"于是薙丛莽，呈修篁，级诘屈，步逦迤，竹径窈窕，藤阴玲珑，胜概益佳，应接不足，登陟忘倦，达于高隅。……岁役春仲，成功秋暮"❹"乃开洞穴，以通泉脉，其流泠泠，或决或潯。……初蒙于山下，终汇于池际"❺。整理水路，修治道路，栽培植物，形成复合景观，使身处其中，如登终南、踏樊川。年老致仕后，杜佑又选择回到城南，在自营别业与公卿旧寮、文人雅士诗酒宴乐，同时

❶ 如妹尾達彦《唐代長安近郊の官人別莊》，《中國都市の歴史的性格》，第125—130页；詹宗祐则认为唐人别业都分布于终南山浅山地带交通便利处，亦便于交游，所撰《终南山的园林别业》，见《隋唐时期终南山区研究》，第145页。

❷ 《旧唐书》卷一四七《杜佑传》，第3981页。

❸ 武少仪《王处士凿山引瀑记》，《全唐文》卷六一三，第6187页。

❹ 杜佑《杜城郊居王处士凿山引泉记》，《全唐文》卷四七七，第4878页。

❺ 权德舆《司徒岐公杜城郊居记》，郭广伟校点《权德舆诗文集》卷三一，上海古籍出版社，2008年，第481页。

反复申述郊居之本意，"城南墟里，多以杜为名，逮今郊居，不忘厥初"，以族长的身份，亲自守护杜家乡里，抵御豪家侵夺，诫斥子孙："但履孝资忠，谨身奏法，无（疑）钦达节，克守素风，复何虞也？"❶

与杜佑相似，杜黄裳于贞元末拜太子宾客，退居韦曲，其乡里产业遭到朝里皇亲权贵的觊觎，但最高统治者显然已经默认韦、杜二族在城南的经营："时中人欲请其地赐公主，德宗曰：'城南杜氏乡里，不可易。'"❷韦澳在懿宗朝以秘书监分司东都，"上表求致仕"，"累上章辞疾，以松槚在秦川，求归樊川别业，许之"❸。韦、杜二族的公卿官僚，在致仕罢归后，大多会选择叶落归根，走出无根之城市，回到乡村，这与陈寅恪所论以李栖筠家族为代表的河北士族由于胡族之入侵，舍弃其累世产业，徙居异地，失去经济来源乃至应有之社会地位的情况，恰形成反照❹。

第二，通过经营产业，加强对宗族的整合控制，并为城市化的士族提供经济保障。在城市中位列公卿的韦、杜族人，回到乡村，脱去官服，便成为有着丰厚产业的庄园主。韦、杜官人经营乡间别业，绝非仅仅为了怡悦性情，我们应注意庄园经济史的研究向度❺。首先，乡里别业的购置需要花费相当资财，是一种类似投资的行为，

❶ 杜佑《杜城郊居王处士凿山引泉记》，《全唐文》卷四七七，第4879页。
❷ 《新唐书》卷一六九《杜黄裳传》，第5145页。
❸ 《旧唐书》卷一五八《韦澳传》，第4177页。
❹ 陈寅恪《论李栖筠自赵徙卫事》，氏著《金明馆丛稿二编》，北京：三联书店，2009年，第7—8页。
❺ 关于唐代庄园经济与经营研究，日本学者较早留意，参考加藤繁《唐の莊園の性質及其の由來に就いて》，《東洋學報》7卷3號，1917年；《内莊宅使考》，《東洋學報》10卷2號，1920年；《唐宋時代の莊園の組織並に其の聚落としての発達に就きて》，《狩野教授還暦記念支那学論叢》，京都：弘文堂書房，1928年，均收入《中国经济史考证》，吴杰译，北京：商务印书馆，1959年，第167—225页。

《宋高僧传》记相地者释泓师向韦安石推荐城南凤栖原的土地，"异日韦寻前约方命驾次。韦公夫人曰：'令公为天子大臣，国师通阴阳术数，奈何潜游郭外而营生藏，非所宜也。'遂止"。韦安石留心在城南置地产业，曾委托相地者占择茔兆，在已有别业在城南情况下，再置业行为被其妻制止，但将城南二十亩之地推荐给了其弟韦滔❶。

再次，园林别业中常展开农林牧业等多种经营，庄园中当有大量的寄庄户、佃客从事生产劳动，庄园向佃户收取高额租赋，这应当是韦、杜两大士族经济根基之所在。张九龄《韦司马别业集序》交代长安近郊"背原面川，前峙太一，清渠修竹，左并宜春，山霭下连，溪气中绝，此皆韦公之有也"❷，宋之问《春游宴兵部韦员外韦曲庄序》描述这座庄园里有"万株果树，色杂云霞；千亩竹林，气含烟雾。激樊川而萦碧濑，浸以成陂；望太乙而邻少微，森然逼座"❸，有果树、花卉、竹林等，物种十分丰富。杜佑的杜城郊居有亭台闲馆、水陆庄田，蓄养有鱼鸟莺雁，种植有竹藤、园圃。《司徒岐公郊居记》的作者权德舆本身也在昭应县有别庄，其《拜昭陵过咸阳墅》诗，描绘作为地主，偶然来到自家庄园，见"涂涂沟塍雾，漠漠桑柘烟。荒蹊没古木，精舍临秋泉"，受到庄客欢迎，"田夫竞致辞，乡耋争来前。村盘既罗列，鸡黍皆珍鲜"❹。可为韦、杜家族庄园之参照。庄园向佃户收取的租税远高于租庸调制或两税法下普通民户的赋税负担，如德宗朝陆贽上奏："今京畿之内，每田一亩，官税五升，而私家收租，殆有亩至一石者，是二十倍于官税

❶ 赞宁撰《宋高僧传》卷二九，北京：中华书局，1987年，第721页。
❷ 熊飞校注《张九龄集校注》，第900页。
❸ 《全唐文》卷二四一，第2437页。
❹ 郭广伟校点《权德舆诗文集》卷一，第14页。

也。降及中等，租犹半之，是十辈于官税也。夫土地王者之所有，耕稼农夫之所为，而兼并之徒，居然受利。"❶ 所谓的"兼并之徒"，自然是包括韦、杜二家在内的大土地所有者，唐代大田（粟）的亩产量大约在 1—1.5 石❷，私家地主的田租几为田地所产之全部！可见家族兴盛不衰的经济后盾，仍在于对京畿地区产业的经营与劳动人民的科敛。

归葬旧茔

陈寅恪在讨论赵郡李氏时，曾有经典判断："吾国中古士人，其祖坟住宅及田产皆有连带关系……故其家非万不得已，决无舍弃其祖茔旧宅并与茔宅有关之田产，而他徙之理。"❸ 京兆韦氏与杜氏作为中古世家大族的典型代表，虽已在现居地上突破城南乡里，实现城市化，但其身后归葬祖茔的惯例，终唐一世也没有太大改变，这也是城市化的韦、杜后人与旧乡里的联系纽带之一。笔者尝试对出土墓志中京兆韦氏的葬地进行了全面排查，发现韦氏家族后人葬地，无一例外全在长安周边，据记载及考古发现，韦氏祖茔在万年县洪固乡毕原上，对应为今长安区南李王村❹，而杜氏家族主茔在万年县洪原乡❺，皆在其旧乡里范围。

具体来说，韦氏的葬地分布在大约三片区域，一是以万年县

---

❶ 陆贽《均节赋税恤百姓六条》，王素点校《陆贽集》，第 769 页。

❷ 参照胡戟估算，见所撰《唐代粮食亩产量——唐代农业经济述论之一》，《西北大学学报》1980 年第 3 期。

❸ 陈寅恪《论李栖筠自赵徙卫事》，氏著《金明馆丛稿二编》，第 2 页。

❹ 参考张蕴《西安南郊毕原出土的韦氏墓志初考——平齐公房和郧公房成员》一文。1989 年长安县南李王村出土八方韦氏墓志，分别为韦氏阆公房、逍遥公房、郧公房、平齐公房。

❺ 《唐工部尚书杜公长女墓志铭》记志主开成五年"葬于万年县少陵原下洪源乡主茔之隅故土也"，《汇编续集》开成 026，第 941 页。

洪固乡毕原为中心，北起宁安乡❶，南至洪原乡❷、少陵乡❸，并包括御宿❹、高平❺、义善❻、山北❼总共7乡在内的一条西北、东南走向的狭长地带，这是韦氏家族的主墓葬区。二是长安县的永寿乡，韦氏族人多葬毕原上，但毕原跨长安、万年两县，在长安县境为永寿乡，永寿乡下有大韦村，想亦有韦氏居住，故亦为韦氏葬地❽。永寿乡以南的居安乡，也有韦氏墓地，如《韦庸夫人王氏墓志》载其元和七年"葬长安县居安乡清明里高阳原"❾。唐居安乡在今长安区郭杜镇郭杜街道一带，此地还发现有韦慎名、韦讽墓志❿，二人亦葬于高阳原上。三是万年县东界，义丰乡铜人原及白鹿原一带，目前所见葬于此区域的，多为韦氏小逍遥公房成员，如韦净光严以景云二年"窆于万年县义丰乡铜人原"⓫，韦承庆神龙二年⓬、韦济天宝

❶ 《韦希损墓志》载其开元八年"安厝于城东南曲池里"（《汇编》开元 095，1219 页），依《丧葬令》，唐人不得于城内及外郭城七里以内安葬，故此曲池里应在城外，万年县宁安乡下有曲池里。

❷ 如《韦楚相墓志》载其卒祔于万年县洪原乡，《秦晋豫》，第 912 页。

❸ 如《韦应墓志》载其开成二年葬万年县少陵乡少陵原临川里，《秦晋豫》，第 965 页。

❹ 如韦顼妻《魏国太夫人河东裴氏墓志》记其神龙三年"窆于万年县御宿川大毕曲之旧茔"，御宿川在唐御宿乡。《补遗》第 5 辑，西安：三秦出版社，1998 年，第 297 页。

❺ 如《唐韦羽及夫人崔成简墓志》记二人于元和十四年祔迁于万年县少陵原高平乡夏侯村先府君之茔，《西市》，第 803 页。

❻ 如《韦韫中墓志》载其大和八年"迁窆于京兆府万年县义善乡王斜村北原"，《西市》，第 854 页。

❼ 如《韦纪及其妻长孙氏墓志》载二人景云二年葬万年县山北乡神禾原，《秦晋豫》，第 405 页。

❽ 如《韦琼墓志》载其天宝十四载葬长安县永寿乡毕原，《唐文拾遗》卷二一范朝《唐故武部常选韦府君墓志铭并序》，《全唐文》，第 10597—10598 页。

❾ 《长安》，第 231 页。

❿ 参考陕西省考古研究所、西安市文物保护考古所《唐长安南郊韦慎名墓清理简报》，《考古与文物》2003 年第 6 期；张蕴《西安南郊毕原出土的韦氏墓志初考——平齐公房和郿公房成员》一文。

⓫ 《补遗》第 2 辑，第 15—16 页。

⓬ 《补遗》第 3 辑，第 39 页。

十三载皆葬于铜人原❶，另外出土于西安市东郊国棉五厂的韦昊夫妇墓志❷、韦恂如长女韦美美墓志❸，葬地亦应在此范围。

京兆杜氏的葬地，李浩先生已做过梳理❹，家族中许多房支已向洛阳迁移，而葬于长安的京兆等房，葬地集中在两片区域，一是万年县洪原、洪固等乡，韦曲、杜曲一带，又称少陵原、凤栖原，这是杜氏最早的墓葬区；二是长安城北的高冈龙首原，跨万年、长安两县，分别有家族成员葬于长安县的龙首乡和万年县的龙首乡❺。

对比韦氏和杜氏的情况，在唐"两京制"和士族中央化的影响下，郡望在京兆地区的一些氏族的生活重心开始向东都转移，杜氏即是例证。而韦氏的家族重心始终是在京城长安，无愧于京兆第一郡姓之誉。在京生活的韦、杜家族成员，无论生前事迹如何，死后，其身体及灵魂必返之于长安城南的乡里。

---

❶《补遗》第 2 辑，第 26 页。

❷ 王育龙、程蕊萍《陕西西安新出唐代墓志铭五则》，《唐研究》第 7 卷，北京大学出版社，2001 年，第 445—456 页。

❸ 呼林贵、侯宁彬、李恭《西安东郊唐韦美美墓发掘记》，《考古与文物》1992 年 5 期。

❹ 李浩《唐代杜氏在长安的居所》，《中华文史论丛》38 辑，第 283—284 页。

❺ 此为笔者依据李浩研究和新见墓志材料的总结。

中唐文人官员的长安城乡生活体验
——以白居易为例

一 城乡"连续统一体"

有学者指出，在唐宋之际城市变革发生以前，从秦汉到唐中叶，城市与乡村为"连续统一体"（Continuum）❶。城乡之别，仅在于自然形态之不同，直到元和年间将"坊郭户"与"乡村户"对举❷，方肇始中唐以后制度化的城乡分离。这一论点基于长时段❸，但构成阐释中国中古城乡关系的一个可用模式。本章尝试将此模式运用于唐代京畿，以首都长安为例，城坊、乡村之区隔依唐令，外郭城以外即有散布的乡村，郊县之乡村更是星罗棋布；但京华烟云逸出了物理上的禁锢，与周边的川原连为一体，遥相呼应，形成文化、社

---

❶ 牟复礼《元末明初时期南京的变迁》，叶光庭译，收入施坚雅主编《中华帝国晚期的城市》，北京：中华书局，2000年，第112—175页。

❷ 元和四年五月敕："诸州府先配供军钱，回充送省。带使州府，先配送省钱，便留供军，……宜令于管内州，据都征钱数，逐贯均配。其先不征见钱州郡，不在分配限。如坊郭户配见钱须多，乡村户配见钱须少，即但都配定见钱。"《唐会要》卷五八《户部尚书》，第1186页。

❸ 对"城乡连续统一体"的检讨，参本书结语部分。

会、地理意义上的"大长安"，可称之为"长安城乡"。

"长安城乡"的一体化，体现为一座城市，因周边乡村提供的人力、物力，因平原、高地、河流、山川的拱卫，而具有京邑的核心地位；资源在城乡之间频繁地流转与交换，长安物流的情况已有学者论及❶，虽然流动人口也是研究热点❷，但专论都城与郊乡小区域内流动的论著较少见。

我们注意到，京兆府乡村百姓常因服役、番上宿卫、从事转运等出入长安城市，据史料记载，长安城池、宫殿、官廨、宅第、寺观、道路等建设，劳力主要来自近畿❸；开元后拱卫京师的十二万"长从宿卫"，取京兆及近辅州府兵及白丁；北衙禁军，取京旁府州士❹；在京诸司执役的诸色职掌人，也出自京兆府❺。而文人官僚城内坊里宅第＋城外山林别墅的生活模式，在当时也极为普遍。政治中心之长安与城东灞浐、城南樊川、鄠杜、终南山区密布的乡村，构成两重世界，为知识人寻求"仕"与"隐"，"兼济"与"独善"，实现人生理想，提供了可进可退的空间。

---

❶ 参见张天虹《物流与商流：唐长安——变动中的都城社会》，北京师范大学硕士学位论文，2005 年。

❷ 相关研究成果参荣新江、王静《隋唐长安研究文献目录稿》，《中国唐史学会会刊》第 22 辑，2003 年，第 57—86 页。

❸ 如《旧唐书》卷四《高宗纪》："筑京师罗郭，和雇京兆百姓四万一千人，板筑三十日而罢，九门各施观。"第 73 页；牛来颖认为，长安城市建设不仅劳力先从京邑及畿内征发，经费可能也主要是来自城市居民所纳之"地子"，见所撰《论唐长安城的营修与城市居民的税赋》，《唐研究》第 15 卷，2009 年，第 91—110 页。

❹ 《新唐书》卷五〇《兵志》，第 1326—1330 页。

❺ 《广德二年（764）南郊敕》称："其京城诸司使，应配骥骑官、散官、诸色丁匠、幕士、供膳、音声人、执祭、斋郎、问事、掌闲、渔师，并诸司门仆、京兆府驿丁、屯丁及诸色纳资人，每月总八万四千五十八人数内，宜每月共支二千九百四十四人，仍令河东、关内诸州府配，不得遍出京兆府。"《唐大诏令集》卷六九，第 385 页。

本章拟以中唐文人官员白居易为例，关注其元和初在长安近郊盩厔任县尉及此前、后在长安任校书郎，左拾遗、翰林学士的经历，生活与感受❶。通过其视野、行踪、言论，探讨士人的长安城乡流动，游走其间的心态，以及城乡观念；并深入中唐社会变革背景下的长安城市与乡村，了解新的赋税、经济政策推行中的乡村民众生活实态。

之所以选择白居易为个案，原因有二：第一，白居易出生在郑州，幼年随父兄流寓江南，贞元十六年（800）进士及第前无大都市生活经验❷，从兹至元和元年（806）校书郎任满，经历了外州县人转变为长安居民的过程，对长安的感受与认识，较本地士人用心❸。而恰当融入长安生活圈之时，他却因任盩厔县尉，而不得不转居周边小县。他由城至郊乡不是欣赏城南美景，参与别庄雅集，乃是"亲理庶务，分判众曹，割断追催，收率课调"❹，为"府县走吏"。由于县尉的工作性质，也由于青年白居易思想中"兼济"的成分占上风，他所体会到的乡村世界，不同于山水田园派隔靴搔痒的诗

---

❶ 关于白居易任盩厔县尉阶段生活与文学创作的研究有：霍松林《论白居易的田园诗》，《陕西师范大学学报》1982 年第 3 期；近藤春雄《白楽天とその詩》第一章，東京：武蔵野書院，1994 年；王安泉《白居易任周至县尉时期的诗歌创作》，《陕西档案》1995 年第 2 期；静永健《王質夫と白楽天——白居易のチュウシツ県尉時代》，《文學研究》93，1996 年；《白居易〈諷諭詩〉の研究》上篇第三章，東京：勉誠出版，2000 年，中文版《白居易写讽喻诗的前前后后》第三章，刘维治译，北京：中华书局，2007 年，第 55—70 页；丸山茂《唐代の文化と詩人の心——白樂天を中心に》第 3 部 3 章，東京：汲古書院，2010 年，第 279—282 页；张海容《白居易〈长恨歌〉创作中的盩厔因素》，《社会科学辑刊》2011 年第 4 期；等。
❷ 白居易幼年行踪，参朱金城《白居易年谱》之梳理，上海古籍出版社，1982 年，第 6—20 页。
❸ 川合康三对白居易初入长安的心态进行了考索，氏著《長安に出てきた白居易——喧噪と閒適》，《集刊東洋學》54，1985 年，中译本收入刘维治、张剑、蒋寅译《终南山的变容——中唐文学论集》，上海古籍出版社，2007 年，第 223—242 页。
❹ 《唐六典》卷三〇《三府督护州县官吏》记县尉职掌，第 753 页。

意，而更贴近民众生活的实况。

第二，白居易的长安城乡体验发生在 8 世纪末—9 世纪初的贞元、元和之际，这是一个社会政治、经济、思想文化发生或显或隐转型的时代，它承受着安史政治变乱带来的"潘多拉"效应，而唐宋之际社会大变革的萌芽，又多可追溯至此，正如陈寅恪先生所言"唐代之史可分前后两期，前期结束南北朝相承之旧局面，后期开启赵宋以降之新局面，关于社会政治经济者如此，关于文化学术者亦莫不如此"❶。宇文所安（Stephen Owen）、陈弱水已论说文学、思想、儒佛道在这个充满变异时代中的移位换形❷。但对所谓"社会经济变革"，学界所论只集中于赋税制度由租庸调向两税法的转变，从中央政策的层面梳理两税法实施后的税、役征发规则❸，缺乏制度运作的动态画面，也未考虑到赋税体制、征税方式变化在社会中、下层所引发的波澜。

从广德二年（764）京兆尹第五琦请税京畿百姓田，十亩收其一以来❹，京兆尹多由财政官把持❺，而长安城乡一直是国家财政、赋税改革的实验地。两税法曾率先在京畿试行，两税纳钱是基于长安城市中铜钱广为流行的事实而实行纳税方式的城乡一体化，这也是乡村户、坊郭户成对立身份，至五代宋初将城乡之分制度

---

❶ 陈寅恪《论韩愈》，《历史研究》1954 年第 2 期，收入《金明馆丛稿初编》，北京：三联书店，2001 年，第 332 页。

❷ 宇文所安《中国"中世纪"的终结：中唐文学文化论集》，陈引驰、陈磊译，北京：三联书店，2006 年，前言。陈弱水《唐代文士与中国思想的转型》，桂林：广西师范大学出版社，2009 年。

❸ 如张泽咸《唐五代赋役史草》的相关讨论，北京：中华书局，1986 年，第 111—183 页。

❹ 《旧唐书》卷一一《代宗纪》，第 279 页。

❺ 参张荣芳《唐代京兆尹研究》，第 114—130 页。

化的远因❶。长安城乡是展示中唐社会变革的一个舞台，而白居易不仅经历着这种变化，也从基层税收执行者的视角，从城乡民众的视角，通过讽谕诗的写作，将这种变化揭示出来。白诗为我们审视9世纪初的城乡经济改革，提供了一种自下而上（history from below）的视角❷。

二　白居易畿尉生活的时与空

元和元年（806）是白居易在长安的第七年，也是他校书郎任满，三年闲散生活结束，面临下一步选择的时刻。这年春天，他退掉了租住的常乐里故相关播的宅邸，也无心去观赏西明寺、慈恩寺、秘书省的牡丹花，唐昌观的玉蕊花❸，与密友元稹在永崇坊的华阳观闭户累月，揣摩时事，成《策林》七十五篇。四月，两人同应才识兼茂明于体用科，登第十八人中元稹居首，入第三等，拜左拾遗；白居易却以"对策语直"，入第四等，二十八日，授盩厔

---

❶ 参冻国栋《略述唐代人口的城乡结构与职业结构》，《魏晋南北朝隋唐史资料》第19辑，2002年，第164—176页；谷更有《唐宋时期从"村坊制"到"城乡交相生养"》，《思想战线》2004年第6期。

❷ 渡辺信一郎曾谈及白居易作为中下层官员对两税法后农业结构变化的体会，氏著《白居易の慙愧—唐宋变革期における農業構造の発展と下級官人層》，《京都府立大学学術報告·人文》36號，1984年。妹尾达彦也注意到白居易与9世纪社会转型的关系，参氏著《9纪的转型——以白居易为例》，《唐研究》第11卷，北京大学出版社，2005年，第485—524页。

❸ 见白居易校书郎任上所作记其长安坊里赏花交游之《答元八宗简同游曲江后明日见赠》《西明寺牡丹花时忆元九》《代书诗一百韵寄微之》《看浑家牡丹花戏赠李二十》《惜玉蕊花有怀集贤王校书起》诸首，朱金城笺校《白居易集笺校》，第269、463、703、737、751页。

县尉❶。虽然畿尉是校书郎迁转之大端❷，通往监察御史、大理评事乃至丞郎给舍之捷径❸，但两位密友一入台阁，一为县吏，白氏的心情很是抑郁，他才刚刚在心理上适应了长安，在帝都有了自己的交游圈，就不得不离开。四月暮春，残花落尽的时候，白居易告别了让他牵挂的帝都。

盩厔在长安西南方向，《元和郡县志》记"东北至（京兆）府一百三十里"❹，而汉唐由长安通汉中的最捷近山路骆谷道之北口，在盩厔县南三十里，故由长安至盩厔，是京师—傥骆道之先导❺。白居易由长安都亭驿出发，有寄居长安求仕的友人杨弘贞送行，两人出长安西面三门正中之金光门，西南行至昆明乡的汉代昆明池旧址，看到经过整治的古池春水涣涣，至此分别❻。白居易独自行进，过细柳驿，西南四十里经丰水桥渡过沣水，过蒲池村❼，又二十里至鄠县，西行过终南城、司竹园，到达盩厔❽（线路参见图 2-2 所示）。依唐《令》记载的行程"马，日七十里；驴及步人，五十里；车，

---

❶ 《白居易年谱》，第 35—36 页。

❷ 赖瑞和《唐代基层文官》，第 120—122 页。

❸ 白居易《策林》之三十一："臣伏见国家公卿将相之具选于丞郎给舍；丞郎给舍之才选于御史遗补郎官；御史遗补郎官之器，选于秘著校正畿赤簿尉。虽未尽是，十常六七焉。"《白居易集笺校》，第 3490 页。

❹ 李吉甫撰，贺次君点校《元和郡县图志》卷二《关内道二》，第 31 页。

❺ 参严耕望《唐代交通图考》篇拾捌《骆谷驿道》，"中研院"史语所专刊之 83，1985 年，第 687—699 页。

❻ 《酬杨九弘贞长安病中见寄》，《白居易集笺校》，第 295 页。

❼ 蒲池村在鄠县东，沣水西，为由长安赴盩厔必经之地，元和四、十年元稹两度入蜀，皆由长安出发，取傥骆道，路线与白同。见元稹《酬乐天东南行诗一百韵》："序：元和十年三月二十五日，予司马通州。二十九日，与乐天于鄠东蒲池村别，各赋一绝。到通州后，予又寄一篇。"杨军主编《元稹集编年笺注·诗歌卷》，第 767 页。

❽ 由长安至盩厔的交通路线及途经地名，参照辛德勇《隋唐时期长安附近的陆路交通——汉唐长安交通地理研究之二》，《中国历史地理论丛》1988 年第 4 期，收入氏著《古代交通与地理文献研究》，北京：商务印书馆，2018 年，第 126—146 页。

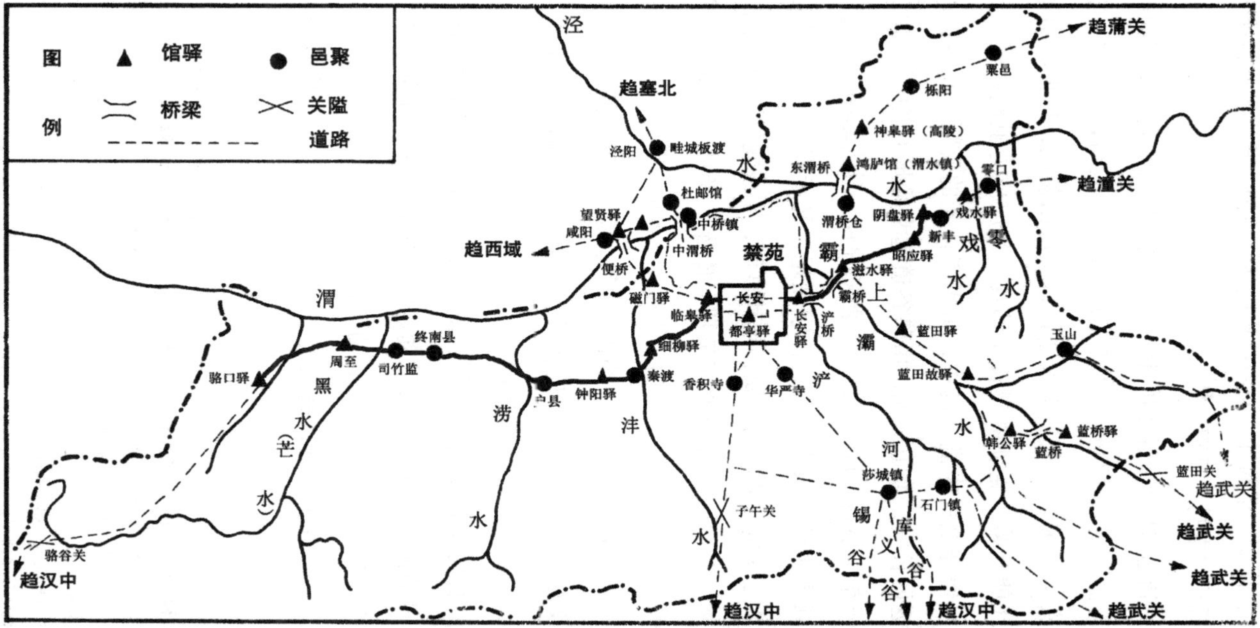

图 2-2 白居易县尉时期的长安城乡行踪

（据辛德勇《〈隋唐时期长安附近的陆路交通——汉唐长安交通地理研究之二〉》一文附图改制，《古代交通与地理文献研究》，第 127 页。粗笔描出的线路为白居易的行踪）

三十里"**❶**，需要一至两日，而白单骑快马，只消一日，即其诗所云"相去一宿程""走马一日程"**❷**。

白居易到达盩厔时，看到的是一座刚刚在兵火余烬中重建起的县城。由于盩厔扼京城四面关之骆谷关，为关中入蜀必经之地，安史乱中，玄宗幸蜀外，众多士人选择自京城出盩厔，取傥骆道避难；肃、代朝吐蕃、党项屡犯长安郊县，盩厔成为阻截入侵之要地，有镇遏使守之；朱泚之乱中，由于李怀光的反叛，在奉天的德宗不能返回长安，取道盩厔，由骆谷道远幸梁州（汉中）。频发的战乱，使盩厔小县"自兵兴以来，西郊捍戎，县为军垒二十有六年，群吏咸寓于外。兵去邑荒，栋宇倾圮，又十有九年，不克以居。由是县之联事，离散而不属，凡其官僚，罕或觌见"。贞元末，由于某主簿之倡导，方才重修了邑居、廪库、学校、食堂，县官始"升降坐起，以班先后"**❸**。白居易在县廷各项事务甫入正轨的时候在此任县尉，据砺波护考证，为司户尉**❹**，而与其同时的兵法尉为李姓，名文略，见其《酬李少府曹长官舍见赠》《期李二十文略王十八质夫不至独宿仙游寺》诸诗**❺**。

县尉的日常工作主要是在佐、史的协助下判案，因而白居易大部分时间是在县城内的官舍活动。唐盩厔县城在县北部，依北周建德三年（574）所建瑞光寺，清《盩厔县志》卷二记："县城，本隋唐旧址，周五里三分，高三丈二尺，四面皆重门。"**❻** 县署在

---

❶ 刘俊文点校《唐律疏议》卷三《名例律》"诸流配人在道会赦"条疏议，第 68 页。

❷ 《寄李十一建》《酬杨九弘贞长安病中见寄》，《白居易集笺校》，第 292、295 页。

❸ 柳宗元《盩厔县新食堂记》，《柳宗元集》卷二六，第 699 页。

❹ 砺波护《唐代的县尉》，黄正建译，刘俊文主编《日本学者研究中国史论著选译》第四卷，第 566—567 页。

❺ 《白居易集笺校》，第 503—504、749 页。

❻ 清杨仪重修《重修盩厔县志》第 6 册 1 函，乾隆五十年四月，北京大学古籍特藏室藏本。

城内东北。白居易精心经营自己的生活空间，在官舍后的庭院内，倚窗种下翠竹百余茎，在县厅前手栽双松❶，在早春之时，从山中移蔷薇花于庭前❷。公务处理完毕时，白氏"最爱近窗卧"，听竹声婆娑❸，夏日里，"葛衣御时暑"，在蝉声如织中登亭遥望"数峰太白雪"❹；秋日里，感落叶簌簌，风露初凉，"独向檐下眠，觉来半床月"❺。西邑小县，多山歌与村笛，亦偶有通乐之友人过访，"闻君古渌水，使我心和平"❻，更有赏画题赞之雅事❼，"耳辞朝市諠（喧）""不忆城中春"的岁月，令白氏自觉"时窥五千言""可以持道根"❽。

　　畿尉除案牍工作外，作为令、丞的下属，常因公事奔走，"折腰多苦辛""折腰簪笏身"❾。元和元年四月赴任，至三年四月二十八日除左拾遗，充翰林学士，两年中，白居易至少有三次往返长安。第一次在二年春，县尉任期满一年，白氏时已年逾三十六，尚只身一人，颇感孤寂，想起了长安城中的春天，"唐昌玉蕊会，崇敬牡丹期"❿的游宴时光，应恰在此时受到杨虞卿、汝士兄弟的

---

❶《寄题盩厔厅前双松（两松自仙游山移植县厅）》，《白居易集笺校》，第469—470页。

❷《戏题新栽蔷薇》，《白居易集笺校》，第743页。

❸《新栽竹》，《白居易集笺校》，第466页。

❹《官舍小亭闲望》，《白居易集笺校》，第279—280页。

❺《早秋独夜》《前庭凉夜》，《白居易集笺校》，第279—280页。

❻《听弹古渌水》，《白居易集笺校》，第280—281页。

❼《骁虞画赞（并序）》，《白居易集笺校》，第2627页。

❽《养拙》，按，是诗朱金城系于元和六—九年，长安。但从其所叙状态"身去缰锁累，耳辞朝市諠（喧）"，应为山居。盩厔为楼观教派发源地，楼观台附近山林中道教氛围浓厚，诗人身处此中，故有"可以持道根"之想，似应系于元和二年。《白居易集笺校》，第291页。

❾《寄题盩厔厅前双松（两松自仙游山移植县厅）》《招王质夫（自此诗后为盩厔县尉作）》，《白居易集笺校》，第469、274页。

❿《代书诗一百韵寄微之》，《白居易集笺校》，第703页。

邀请❶，于三月初至长安，访杨家，宿杨氏靖恭坊私第❷，逗留一旬左右。期间主要是与杨氏兄弟赏花、宴饮，"春初携手春深散，无日花间不狂醉"，夜阑，杨氏兄弟皆醉卧，他却披衣中庭，望着月色下斑驳花影，沉思不语，对于"西邑风尘吏"而言，这月夜美宅，闲庭信步，乃至这整座城市，都不属于他❸。不过，白氏此行亦关终身之事，想已属意杨汝士从妹❹，三月二十日，在醉中离开长安，"金光门外昆明路，半醉腾腾信马回"❺。

约两三个月后，白居易因公事被召至京兆府，再至长安。京兆府廨在光德坊东南隅❻，西邻西市，入金光门不远便是。趋府事毕，他细心观察到府内有一带水面新近栽植了由东溪移来的莲花，时属夏日，莲叶田田，但"下有青泥污，馨香无复全。上有红尘扑，颜色不得鲜"，大有物非得其所之叹，以莲之"憔悴府门前"自况❼。

又数月后，时入早秋，白居易被调充京兆府进士考官，唐制："乡贡进士由刺史送州者为州试，由京兆、河南、太原、凤翔、成都、江陵诸府送者为府试。皆差当府参军或属县主簿与尉为试官。"❽他再度返回长安，作《进士策问五道》❾，试毕，未返螯屋，

---

❶ 白与杨虞卿有旧，相识于宣城，见其《与杨虞卿书》，《白居易集笺校》，第2769—2770页。

❷ 《长安志》卷九"靖恭坊"："（杨汝士）与其弟虞卿、汉公、鲁士同居，号靖恭杨家，为冠盖盛族。"辛德勇、郎洁点校《长安志 长安志图》，第310页。可参考王静《靖恭杨家——唐后期长安官僚家族之个案研究》，《唐研究》第11卷，北京大学出版社，2005年，第389—422页。

❸ 《醉中留别杨六兄弟》《宿杨家》，《白居易集笺校》，第745—746页。

❹ 《白居易年谱》，第39页。

❺ 《醉中归螯屋》，《白居易集笺校》，第747页。

❻ 《长安志》卷一〇"光德坊"，《长安志 长安志图》，第130页。

❼ 《京兆府新栽莲（时为螯屋尉趋府作）》，《白居易集笺校》，第18页。

❽ 徐松撰《登科记考》之《凡例》，赵守俨点校，北京：中华书局，1984年，第5页。

❾ 《白居易集笺校》，第2863—2867页。

而以县尉帖集贤校理，在禁中集贤院工作；十一月四日，被召至银台候进止，五日，诏入翰林，奉敕试制诏等五首，为翰林学士❶。大约在此后不久，白氏曾返回盩厔县收拾行囊，在县厅前，看到旧时从仙游山移植的双松，怅然如失至亲❷；对于县尉任上，旧日使用而不能携带的物件，亦恋恋不舍，作《留别》一首，感叹与它们"二年欢笑意，一旦东西心"❸。返行长安后，三年八月以前，白氏与杨汝士妹结婚，在邻近靖恭坊的新昌坊假居。（参看图 2-3）

上京之外，白居易也不停地奔走在县、乡、村之间。元和早秋，地方至盩厔，就接受京兆府之令，权摄昭应县事。昭应为赤县（一说次赤），在长安城东五十余里，京师东出趋潼关的交通要道上，由长安城西南的盩厔赶赴昭应，行程相当之远（参图 2-2），昭应的县务也相当繁忙，"邮传拥两驿，簿书堆六曹"，但离长安稍近，"相去半日程"。身处渭川，遥望骊山，白氏想到自己离长安，离都中旧游的距离近了一层，在此时寄诗与元稹，言"丹殿子司谏，赤县我徒劳。相去半日程，不得同游遨"❹，元氏酬之"君为邑中吏，皎皎鸾凤姿。顾我何为者，翻侍白玉墀"，"崔嵬骊山顶，宫树遥参差。只得两相望，不得长相随"，"官家事拘束，安得携手期。愿为云与雨，会合天之垂"❺，表达了一种思恋，长安内外的两处闲愁。

摄昭应事毕，元年秋和二年夏秋间，白居易又两度被召至骆谷

---

❶ 《白居易年谱》，第 37—38 页。

❷ 《寄题盩厔厅前双松（两松自仙游山移植县厅）》，《白居易集笺校》，第 469—470 页。

❸ 《白居易集笺校》，第 505 页。可参读田晓菲《中唐时期老旧之物的文化政治》，《华东师范大学学报》2020 年第 4 期。

❹ 《权摄昭应早秋书事寄元拾遗兼呈李司录》，《白居易集笺校》，第 465 页。

❺ 元稹《酬乐天（时乐天摄尉，予为拾遗）》，杨军主编《元稹集编年笺注·诗歌卷》，第 98—99 页。

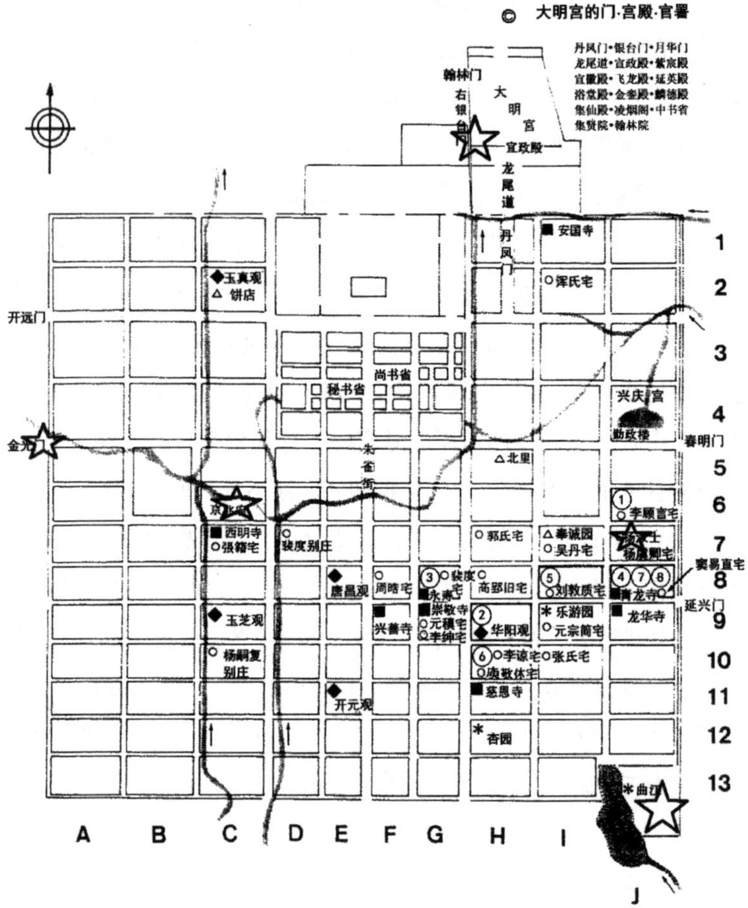

图例：■寺院　◆道观　＊风景名胜　△其他

图 2-3　白居易的长安坊里活动　——水渠　☆盩厔县尉白居易的长安活动地

①常乐坊（J6）同平章事关播旧居东亭　②永崇坊（H9）华阳观　③永乐坊（G8）
④⑦⑧新昌坊（J8）⑤宣平坊（I8）⑥昭国坊（H10）

据妹尾达彦《白居易と長安·洛陽》一文所附图 1《白居易の長安》改制而成（《白居易研究講座》第 1 卷《白居易の文學と人生》，東京：勉誠出版，1993 年）。

道北口的骆口驿，自言："今年到时夏云白，去年来时秋树红。两度见山心有愧，皆因王事到山中。"❶诗人仅记录这两次在公事之外的活动：品读萧侍御新诗并唱和❷；与王质夫同游秋山，饮酒唱和，并在骆口驿壁题诗❸。但作为扼守军事要地的畿县之县尉，在元和初高频率地造迹骆口，究竟所为何事？是县之地方事务，还是与元和初的国政有关？宪宗即位后面临的第一件军国大事即征讨剑南西川节度使刘辟。元和元年初刘辟攻东川，正月，山南西道节度使严砺在剑门击败刘辟人马，为唐军入川开辟了道路，此后朝廷正式下诏，二十三日，命左神策行营节度使高崇文将步骑五千为前军，神策京西行营兵马使李元奕将步骑二千为次军，与严砺同讨刘辟。史载："高崇文屯长武城，练卒五千，常如寇至，卯时受诏，辰时即行，器械糗粮，一无所阙。甲午，崇文出斜谷，李元奕出骆谷，同趣梓州。"❹李元奕军入蜀，即取道京师—傥骆道，大军过境骚扰，快速行军，二月初两军便在兴元会合，合军抵达剑州❺。

所谓"器械糗粮，一无所阙"，沿途过境州县，必然承担供应官军军需的任务，粮食、刍藁的筹集，在县主要依靠县尉。白诗所谓"公事""王事"，应是指元和初讨刘辟军之供顿事务。这一猜测可以得到史料证实。朝廷在议给刘辟下属、剑南西川支度副使房式谥号时，吏部郎中韦乾度就谈到元和初刘辟与房式假借朝廷诏命发

---

❶《再因公事到骆口》，《白居易集笺校》，第 533 页。

❷《祗役骆口驿喜萧侍御书至兼睹新诗吟讽通宵因寄八韵（时为盩厔尉）》，《白居易集笺校》，第 502—503 页。

❸《祗役骆口因与王质夫同游秋山偶题三韵》，《白居易集笺校》，第 275 页。

❹《通鉴》卷二三七"元和元年"，第 7626—7629、7635—7637 页。

❺ 李元奕所部经骆屋在元和元年正月，十月战事即平定，白居易两赴骆口驿都不在上述时间点，笔者以为，其元年秋赴骆口，当是护送增援部队阿跌光颜所部五千河东精兵入蜀。

第7章 中唐文人官员的长安城乡生活体验 *197*

兵，荧惑郡县之事，特别提及其"转牒盩厔以来县道邮次，酒肉毕具，刍荛无匮"❶。可见蜀道沿线，以盩厔为首诸县，在此次西川之役的军需供应中扮演着重要角色，而为唐廷、叛逆方所争夺。

盩厔北依渭水，南接终南，东与鄠县，西与郿县接壤，《元和郡县图志》释其县名"山曲曰盩，水曲曰厔"❷。县南群山连绵，深林繁茂，千里秦岭最秀美、险峻的一段正在县境。唐人终南之游往往仅至鄠杜，而文人官僚之终南别墅，多选在山前及浅山地带交通便利处，便于交游与往返长安❸。盩厔境内太白、仙游、首阳诸峰，离长安最远，又因山高路险，顶峰终年积雪，"不识两京尘"❹，为求取终南捷径者所不取，也正因此，得以保持幽静之本色，得真隐士之青睐。县境有汉武帝长杨、五柞宫旧址，有隋唐帝王宜寿、仙游、文山、凤皇诸离宫；有专为皇家养竹、供应竹制品的司竹园❺；县东三十余里系道教福地楼观台；县东南黑龙潭畔黑水峪口有隋文帝所建、唐玄宗修缮，藏有佛舍利子的仙游寺❻。

山野林泉对白居易有极大的吸引力。甫至盩厔，他便迫不及待地登上县城的北楼遥望南面的山色，"一为趋走吏，尘土不开颜。孤负平生眼，今朝始见山"❼；即使是在"倚枕不视事"的时候，也扶病登上县官舍之南亭，"坐见太白山。遥愧峰上云，对此尘中

---

❶ 《唐会要》卷八〇，第 1744 页。对此段材料的理解得到陆扬先生的提示，谨致谢。

❷ 《元和郡县图志》卷二《关内道二》，第 31 页。

❸ 参詹宗祐《隋唐时期终南山区研究》第 2 章 3 节《终南山的园林别业》，第 140—150 页。

❹ 李洞《寄太白隐者》，《全唐诗》卷七七二，第 8281 页。

❺ 《唐六典》卷一九《司农寺·司竹监》，第 529 页。

❻ 1998 年当地建设黑河水库，将仙游寺迁址时清理法王塔，发现地宫，起出佛舍利子，并出土隋《舍利塔下铭》和唐《仙游寺舍利塔铭》，详见刘呆运《仙游寺法王塔的天宫地宫与舍利子》，《收藏家》2000 年第 7 期。

❼ 《盩厔县北楼望山（自此后诗为畿尉时作）》，《白居易集笺校》，第 740 页。

颜"❶。在鳌屋，白氏的交游圈由长安城内的文人官员转至深山处士，如在仙游山蔷薇涧隐居的山人王质夫，前进士、本县人陈鸿，仙游山居之主人尹公亮（纵之），以及云居寺穆姓大地主等❷。鳌屋县境的明山秀水、古刹名观，他们都曾游至，四时林泉，他们都曾观赏，见白居易《寄王质夫》诗："春寻仙游洞，秋上云居阁。楼观水潺潺，龙潭花漠漠。"❸元和元年秋白居易首次出城游山，至终南山紫阁峰，寄诗与前县尉马逢之弟马造，至仙游山，适逢霖雨，宿尹纵之仙游山居❹。是年冬，霁雪覆终南，友人王质夫、李大频邀踏雪蔷薇涧，而是时公务堆积，白氏埋首案牍间，只能感叹"王事牵身去不得，满山松雪属他人"❺。岁末诸事毕，终得与陈鸿、王质夫携手同游仙游寺，三人在山中听闻天宝遗民诉玄宗旧事，遥望仅相隔数十里，渭北原畔的马嵬驿，并从自身出发，慨叹中唐一代人命运之无常，"话及此事，相与感叹"，应王质夫之邀，白乐天以李、杨爱情悲剧为主题作《长恨歌》，陈鸿作《传》附之❻，此形式虽得之于靖安坊元宅中元稹、李绅分为《莺莺传》《歌》之长安新兴文学样式❼，而其创作精神，实蕴含在鳌屋之青山碧水，仙游之冥感梵音中。

次年，白居易曾又至仙游寺参佛，期待李文略、王质夫未至，

---

❶ 《病假中南亭闲望》，《白居易集笺校》，第 277 页。

❷ 《招王质夫》《秋霖中过尹纵之仙游山居》《游云居寺赠穆三十六地主》，《白居易集笺校》，第 274、467、747 页。

❸ 《寄王质夫》，《白居易集笺校》，第 585 页。

❹ 《县西郊秋寄赠马造》《秋霖中过尹纵之仙游山居》，《白居易集笺校》，第 741、467 页。

❺ 《酬王十八李大见招游山》，《白居易集笺校》，第 744 页。

❻ 陈鸿《长恨歌传》、白居易《长恨歌》，《白居易集笺校》，第 656—661 页。

❼ 参元稹《莺莺传》："贞元岁九月，执事李公垂宿于余靖安里第，语及于是。公垂卓然称异，遂为《莺莺歌》以传之。崔氏小名莺莺，公垂以命篇。"杨军主编《元稹集编年笺注·散文卷》，第 55 页。

在寺中独宿两夜❶。

三　民生与赋役：畿尉的乡村体验

自安史乱后，肃、代以来，唐都长安屡遭兵乱，广德元年
（763）吐蕃进据长安，代宗逃往陕州；建中四年（783）泾原乱军
拥立朱泚为帝，据长安，德宗奔奉天；兴元元年（784）回援京师
之朔方军复叛，德宗转徙梁州。战乱使京畿民生凋敝，而用兵也使
国家财政支出增加，为开源节流，肃、代、德宗屡用聚敛之臣，刘
晏、第五琦、元载、杨炎等相继把持朝政，将长安城乡作为新的财
税、农业政策的实验场，通过操纵京兆尹，在京畿地区大行敛财之
法。两税外的其他加税、科配，如青苗税、纽配、间架、除陌税、
和籴、折籴、榷酤、延资库钱、诸司税草等，都是首先在长安城乡
加征的，而为供应内廷由宦官至市场进行采购的宫市，实际上也是
对京城、郊乡农人的掠夺❷。

京畿民众的税收负担沉重，不堪忍受。德宗朝泾原兵变，五千
士卒能斩城入宫，撼动长安，肯定有饱受间架、除陌税之苦的大量
长安市民的支持，某种程度上也是一场首都民变。奉天蒙难使统治
者有所觉悟。从兴元起，至元和中，德、顺、宪三朝赦书中，对京
畿之蠲免都是不可或缺的内容。顺宗即位，永贞革新更是出台了罢

---

❶ 《期李二十文略王十八质夫不至独宿仙游寺》《仙游寺独宿》，《白居易集笺校》，第
　749、278 页。

❷ 参考宁欣《内廷与市场：对唐朝"宫市"的重新审视》，《历史研究》2004 年第 6 期，
　收入氏著《唐宋都城社会结构研究——对城市经济与社会的关注》，北京：商务印书
　馆，2009 年，第 212—230 页。

进奉、五坊小儿，禁宫市等一系列惠民措施❶。然而，自上而下的制度，在长安城乡并不能得到逐级的完好执行，仅在京兆尹一级就屡出差池。

德宗贞元二十年，关中大旱，粮食歉收，野有饿莩，依唐制："凡水、旱、虫、霜为灾害，则有分数：十分损四已上，免租；损六已上，免租、调；损七已上，课、役俱免。"❷ 而时任京兆尹李实却向上奏报："今年虽旱，谷田甚好"，"由是租税皆不免，人穷无告，乃彻屋瓦木，卖麦苗以供赋敛。优人成辅端因戏作语，为秦民艰苦之状云：'秦地城池二百年，何期如此贱田园，一顷麦苗石伍米，三间堂屋二千钱'"。就在白居易为盩屋县尉的前一年，永贞元年（805），李实被贬通州长史，"制出，市人皆袖瓦石投其首。实知之，由月营门自苑西出，人人相贺"❸。李实之后，元和元年到十年，京兆尹频繁更换，"十年十五人"❹，可见京畿社会、经济问题之严重。

贞元三年十二月，史书载："自兴元以来，是岁最为丰稔，米斗直钱百五十、粟八十。"德宗皇帝自新店狩猎归，曾有机会接触长安乡村民众，"入民赵光奇家"，满怀信心地询问"百姓乐乎"，得到的却是截然相反的答案：极诉两税外加税之多，和籴强取之苦，诏书优恤之空，言"恐圣主深居九重，皆未知之也"❺。白居易正是在这种时代背景中，走出长安官场，以基层税收执行者的身

---

❶ 《新唐书》卷七《顺宗纪》，第 205—207 页。

❷ 《唐六典》卷三《尚书户部》"户部郎中员外郎"条，第 77 页。

❸ 《旧唐书》卷一三五《李实传》，第 3731 页。

❹ 白居易《赠友五首》之四，此十五人中朱金城考证出十三人，《白居易集笺校》，第 98—99 页。而张荣芳《唐代京兆尹年表》有更全面的考证，氏著《唐代京兆尹研究》，第 196—198 页。

❺ 《通鉴》卷二三三 "贞元三年"，第 7508 页。

份，深入京郊的村落、田间，直面乡村民众生活，观察国家赋役政策的末端执行，即《秦中吟》序所云："贞元、元和之际，予在长安，闻见之间，有足悲者。因直歌其事。"❶

沈亚之在《盩厔县丞厅壁记》中描绘了这一长安西小县的民情风俗："民情阻狠，古为难理……今又徙瓯越卒留戍邑中，神策亦屯兵角居，俱称护甸。而三蜀移民，游于其间。市间杂业者，多于县人十九。趋农桑业者十五。又有太子家田及竹囿，皆募其佣艺之。由是富民豪农，颇输名买横，缓急以自蔽匿。民冒名欺偷，浮诈相樛。虽贤宰处之，而丞与曹或不类，莫能尽枉直之情也。"❷县中浮寓移民较多，并有不附籍州县的神策军，而以农桑为本业者少，白居易为司户尉，所面临的仓库、租赋、田畴等各项工作，在此有很大的难度，虽然手下还有佐、史，以及其他手力，而乡里有里正、村正等基层小吏，征税之事似不必亲躬，但从诗文看，其行踪并未仅停留在城市（长安城及县城），也深入了盩厔以及京郊的乡间。

县尉巡乡，首先是体察民生。元和元年，白氏多次往来于仙游寺、骆口驿，五月盛暑中的一天，他骑马下仙游山，经马召一带，黑水峪口的下山风吹拂着已近成熟的金色麦浪，正是麦熟收割的季节，适逢伏旱，"足蒸暑土气"，关心农事的县尉驻马探看："妇姑荷箪食，童稚携壶浆。相随饷田去，丁壮在南亩。"这是一户勤劳的仙游乡❸农家，农忙时节，举家之丁男、妇女、儿童悉数出动，在田间各司其事，奋力劳作，"力尽不知热，但惜夏日长"。县尉一

---

❶ 《秦中吟》十首并序，《白居易集笺校》，第80页。
❷ 《沈下贤集校注》，第94—95页。
❸ 据《有唐故河中府参军范阳卢（岑）公改葬墓志铭》："范阳卢公讳岑……薨于京兆府盩厔县仙游乡任袁村之别业。"盩厔县有仙游乡。《汇编续集》开成011，第930页。

方面欣喜于辖下乡民的专心农事，另一方面想到自己"曾不事农桑"，却能"吏禄三百石，岁晏有余粮"，惭愧不已❶。元和二年夏，盩厔大旱，县尉登上县城城门外佛阁避暑的同时，还记挂着旱情对农事的影响，"回看归路傍，禾黍尽枯焦"，慨叹"独善诚有计，将何救旱苗"❷。

德宗建中元年两税法颁行的时候，白居易是个年仅九岁、稚气未脱的孩童，尽管他自己说"臣久处村间，曾为和籴之户"❸，但实际上，一生中真正的乡村经验，仅有元和初为盩厔尉以及元和六至九年丁母忧退居渭上，在下邽金氏村两次，也就是说，任畿尉之前，白居易只算得上是书生，并没有基层生活经验❹。贞元十六年他经由宣州被推荐往长安应进士试，礼部试"策"之第五道，主试官询问贡举人对于国家出资向百姓公平购买实物的和籴政策之看法：

> 窃闻寿昌常平，今古称便。国朝典制，亦有斯仓，开元之二十四年，又于京城大置，贱则加价收籴，贵则终年出粜。所以时无艰食，亦无伤农。今者若官司上闻，追葺旧制，以时敛散，以均贵贱，其于美利不亦多乎？

白居易的对答是：

---

❶ 《观刈麦（时为盩厔县尉）》，《白居易集笺校》，第11—12页。渡辺信一郎《白居易の慙愧——唐宋変革期における農業構造の発展と下級官人層》，《京都府立大学学術報告·人文》36号。

❷ 《月夜登阁避暑》，《白居易集笺校》，第19页。

❸ 《论和籴状·今年和籴折籴利害事宜》，《白居易集笺校》，第3335页。

❹ 《白居易年谱》，第35—40、55—62页。

当今将欲开美利利天下，以厚生生蒸人，返贞观之升平，复开元之富寿。莫善乎实仓廪，均丰凶。则耿寿昌之常平得其要矣。今若升闻，率修旧制，上自京邑，下及郡县，谨豆区以出纳，督官吏以监临。岁丰则贵籴以利农，岁歉则贱粜以恤下。❶

除赞扬常平、和籴之美外，无甚新见，他心目中的和籴，就是"官出钱，人出谷，两和相商，然后交易"❷的法定状态。元和元年他与元稹应制举揣摩时事所作《策林》，虽然也针对时弊提出了劝农桑、罢缗钱、用谷粟、禁销钱为器等建议，但主张恢复古井田制与租庸调法。朱金城以此均"儒生不达事情之腐论"❸。

畿尉巡乡，并征税于田间，使白居易亲身体会到了国家赋役政策在乡村执行的实际情况，明晰了新税法存在的种种问题。

首先是两税"定税之数，皆计缗钱"❹的问题。唐前期行租庸调法，农人的赋役负担以丁身为本，丁岁纳租粟二斛，调绢或絁各二丈、绵三两，或布二丈五尺、麻三斤；丁岁役二十日，有闰之年加二日；不役收庸，日纳绢三尺，或布三尺七寸五分❺。赋税征收的色目主要是粮食和布帛，为自耕农日常产品。

两税法制定时，铜钱在全国范围内开始广泛流行，尤其是在首都长安，官吏俸禄、商品交易皆用钱，京城皇宗亲戚、文武官僚、中使，下至士庶、商旅、寺观、坊市，皆贮藏有为数可观的现钱。

---

❶ 《礼部试策五道》，《白居易集笺校》，第 2860—2861 页。

❷ 《论和籴状》，《白居易集笺校》，第 3334 页。

❸ 《策林》一、二、三、四，《白居易集笺校》，第 3436—3560 页。

❹ 陆贽《均节赋税恤百姓六条》，王素点校《陆贽集》，第 725 页。

❺ 庸的征收常规化后，到开元令文中，庸调已合为一个色目，庸调常折纳，折色也主要是丝麻，参李锦绣《唐代财政史稿》上卷，北京大学出版社，1995 年，第 424—435 页。

钱成为最主要的流通介质❶。当时厘定税制的财政官如杨炎等都生活在长安，初定税时皆计缗钱，不能说没有受到长安城市货币流通情况的影响，而对乡村情况缺乏了解❷。从六朝以来，钱币主要流行于交通条件便利、商业发达的城镇，如《隋书·食货志》记载南朝梁时情状："唯京师及三吴、荆、郢、江、湘、梁、益用钱。其余州郡，则杂以谷帛交易。"❸ 广大的农村，主要是以物易物。当时有农村生活经验者，对此皆有体会，韩愈《论变盐法事宜状》称："除城郭外，有见钱籴盐者，十无二三。多用杂物及米谷博易。"❹ 韦处厚谈及山南道兴元一带："不用见钱，山谷贫人，随土交易。布帛既少，食物随时。市盐者或一斤麻，或一两丝，或蜡或漆，或鱼或鸡，琐细丛杂，皆因所便。"❺ 因而提倡正、杂税征收色目应与农产品相符。

白居易在盩厔乡村收税时，也深切感受到了这一点。元和中，他是反对两税征钱较激切的官员之一，在《赠友五首》中，也提及此中之弊："私家无钱炉，平地无铜山。胡为秋夏税，岁岁输铜钱？钱力日已重，农力日已殚。贱粜粟与麦，贱贸丝与绵。岁暮衣食尽，焉得无饥寒。"❻ 为便利农民，他在元和三年所上《论和籴状》中提出直接令纳税人以粮食折交户税钱的折籴之法，"折籴者，

---

❶ 《旧唐书》卷四八《食货志上》载元和十二年令京城各等人群私贮见（现）钱不得过五千贯的敕文，第 2103 页。

❷ 唐代中央官员的城市生活经验左右其货币、税收思想，如果说租庸调制下的征税方式是以农村为代表的城乡一体化，而两税征钱，则转为以城市为代表的城乡一体化，参见拙文 "Managing a Multicurrency System in Tang China: The View from the Center"，*Journal of The Royal Asiatic Society*，Series 3, 23, 2(2013)。

❸ 《隋书》卷二四《食货志》，第 689 页。

❹ 《全唐文》卷五五〇，第 5569 页。

❺ 《唐会要》卷五九《尚书省诸司下·度支使》，第 1194 页。

❻ 《白居易集笺校》，第 97 页。

折青苗税钱，使纳斛斗。免令贱粜，别纳见钱。在于农人，亦甚为利"，以为这样避免了度支以杂色匹段付给百姓和籴价钱，而百姓又需将匹段转卖，然后纳钱的复杂环节，以及"所失过本"的情况，称："折籴之便，岂不昭然？"❶并提示宪宗"即望试令左右可亲信者一人，潜问乡村百姓，和籴之与折籴，孰利而孰害乎？则知臣言不敢苟耳"❷。

两税计钱，农民需将手中的谷帛折纳为钱，而定税之初，钱帛比价稳定，后铜钱稀缺，造成钱重货轻，农民实际利益受损。白居易在畿尉任上亦惑于此现状，元和二年秋调充京兆府进士考官，便向贡士们询及钱重物轻的社会问题：

> 问：谷帛者生于下也，泉货者操于上也。必由均节，以致厚生。今田畴不加辟，而菽粟之价日贱；桑麻不加植，而布帛之估日轻。懋力者轻用而愈贫，射利者贱收而愈富。至使农人益困，游手益繁矣。然岂谷帛敛散之节失其宜乎？将泉货轻重之权不得其要乎？今天子方策天下贤良政术之士，亲访利病。以活元元。吾子若待问于王庭，其将何辞以对？❸

两税法初行时，"其丁租庸调，并入两税"❹"比来新旧征科

---

❶ 折籴与和籴同为官府收购粮食，前者是所在纳税人以粟谷折交两税及青苗钱，和籴则是由官府以钱或绢帛向民间收购粮食，白居易基于两税纳之之弊赞美折籴，但折籴在实行中也变相敲诈，与和籴无二致。如元和元年十一月宪宗制："比者每令折籴，本以便人为意。今田谷所收，其数既少，必恐征纳之后，种食不充。其京兆府宜放今年所配折籴粟二十五万石。"《册府元龟》卷四九一，第5871页。
❷ 《论和籴状》，《白居易集笺校》，第3334—3335页。
❸ 《进士策问》第五道，《白居易集笺校》，第2867页。
❹ 《唐会要》卷八三《租税上》载《建中元年正月五日赦文》，第1818页。

色目，一切停罢，两税外辄别配率，以枉法论"❶。而实际上诸色加税不断，白居易曾感叹："税外加一物，皆以枉法论。奈何岁月久，贪吏得因循。"为保证军粮供应，官府在京畿地区大行和籴❷，白居易作尉盩厔时有机会亲自参加这项标榜为"量其贵贱，均天下之货，以利于人"❸的善政，现实却是"又云和籴，而实强取之"❹，在这种近乎公开掠夺的征税工作中"亲自鞭挞，所不忍睹"，终于使得他对和籴问题的认识，摆脱了早年称颂圣功的肤浅。元和三年左拾遗任上，他状上宪宗，力陈其弊，"比来和籴，事则不然。但令府县散配户人，促立程限，严加征催，苟有稽迟，则被追捉。迫蹙鞭挞，甚于税赋。号为和籴，其实害人"，并提出了解决和籴弊端的方法，"今若有司出钱，开场自籴，比于时价，稍有优饶，利之诱人，人必情愿。且本请和籴，只图利人，人若有利，自然愿来。利害之间，可以此辨。今若除前之弊，行此之便。是真得和籴利人之道也"，主张官司开场，公开和籴，不然，则折籴❺。

唐定两税之制，"征夏税无过六月，秋税无过十一月"❻，依据农时，对农民生产生活的节律给予了充分的尊重❼，但县、乡、村在

----

❶ 《唐会要》卷七八《诸使中》"黜陟使"，第 1679 页。

❷ 关中是唐代和籴最早推行的地区之一，天宝八载（749）全国和籴粟米中关内道占一半以上，安史乱后，关中和籴数目不断增加，致使京畿种食不充，参考杨希义《唐代关中人民的赋役负担》，《西北大学学报》1984 年第 4 期。

❸ 《唐六典》卷三《尚书户部》"度支郎中员外郎"条，第 80 页。

❹ 《通鉴》卷二三三 "贞元三年"，第 7508 页。

❺ 《论和籴状》，《白居易集笺校》，第 3334 页。

❻ 《旧唐书》卷四八《食货志上》，第 2093 页。

❼ 据李伯重对六朝隋唐江南农业、种植业的研究，农民生产以六月、十月底各告一段落。六月底前麦、丝、绵、苎、茶等主要产品已收获，而水稻已栽插，十月底以前稻、苎、蔗已收获，麦已种下。氏著《唐代江南农业的发展》，北京大学出版社，2009年，第 165—170 页。

征税过程中，往往将税限提前，"蚕事方兴，已输缣税；农功未艾，遽敛谷租"，而导致"（民）有者急卖而耗其半直，无者求假而费其倍酬"❶ 的窘迫局面。元和元年五月，白居易在乡间观刈麦时，就意外地看到由于"家田输税尽"，而不得不在田间捡拾他户零落之麦穗以充饥肠的贫妇人和她怀抱的孩子❷；后来他也观察到下级征税者里正在"织绢未成匹，缲丝未盈斤"的情况下，就强迫农户输纳的情况❸。

税限促迫乃至导致更严重的后果。贞元、元和之际，白居易在校书郎任上，屡见朝廷下诏优抚并蠲免京畿，如贞元二十年（804）二月德宗以去岁夏秋间霜雨，蠲除京畿诸县逋租宿贷六十五万贯石❹；二十一年二月顺宗即位大赦，放免京畿诸县当年秋夏青苗钱；永贞元年十一月，崇陵役毕，顺宗发布德音："甸内百姓奉山陵，秋冬滞雨，供应疲弊，所配折纳和籴并停。"元和元年正月，因改元大赦，"京畿诸县今年十二月青苗钱及榷酒钱，并宜放免。地税率于每年斗量放二升"，并"令京兆府各下诸县，散榜乡村要路，晓示百姓，务令知悉"❺。而元和元年身至乡村，他才了解到所谓"蠲免"的实质："昨日里胥方到门，手持尺牒榜乡村。十家租税九家毕，虚受吾君蠲免恩。"❻ 由于县乡征税工作抢先完成，朝廷的优恤诏书不过形同空文。政令推行之阻滞，使京

---

❶ 陆贽《均节赋税恤百姓六条》之四《论税期限迫促》，王素点校《陆贽集》，第 759 页。

❷ 《观刈麦（时为盩厔县尉）》，《白居易集笺校》，第 11—12 页。

❸ 《秦中吟》之《重赋》，《白居易集笺校》，第 82 页。

❹ 贞元二十年二月《免京畿积欠诏》，《册府元龟》卷四九一，第 5871 页。

❺ 顺宗《即位赦文》《崇陵优劳德音》、宪宗《改元元和赦文》、宣宗《平党项德音》，分别见《唐大诏令集》卷二、卷七七、卷五、卷七〇、卷一三〇，第 9、434、29、709 页。

❻ 《杜陵叟　伤农夫之困也》，《白居易集笺校》，第 223—224 页。

畿税役繁重成为与唐王朝始终之社会问题❶，也使得白居易切身感受到"嗷嗷万姓中，唯农最辛苦"❷。

两年的乡村经验，使白居易近距离了解了长安城乡民众的生活情态，也由"除读书属文外，其他懵然无知。乃至书画棋博可以接群居之欢者，一无通晓，即其愚拙可知矣"❸的儒生，成长为有较丰富社会经验的良吏。当重回长安，在满城争观牡丹，车马若狂的人群中，他想到的是"一丛深色花，十户中人赋"❹；目睹朱绂紫绶的宦者走马如云、游宴不已，他脑海中闪过"是岁江南旱，衢州人食人"的悲惨世界❺；参与在司法官员宅第进行的夜宴歌舞，他却还记挂着在阌乡狱中冻死的囚徒❻。鳌屋乡村的生活，使他自然而然形成了一种城乡二元思考模式，这种模式与"惟歌生民病""文章合为时而著，歌诗合为事而作"❼的理念相交织，促使他尽书"兼济"之志，在元和初集中创作了共一百五十首——日后成为他创作体系中最主要之一类——讽谕诗。

四　贞元、元和中白居易的长安城乡观念

白居易少小随父兄转徙南方，贞元十六年应进士第至长安，及

---

❶ 对京畿民众赋役的专门讨论如杨希义《唐代关中人民的赋役负担》；牛来颖《论唐长安城的营修与城市居民的税赋》文；解洪旺《唐后期中央对京兆府税收政策研究》，黑龙江大学硕士学位论文，2010 年；等。

❷ 《夏旱》，《白居易集笺校》，第 62 页。

❸ 《与元九书》，《白居易集笺校》，第 2792 页。

❹ 《秦中吟》之《买花》，《白居易集笺校》，第 96 页。

❺ 《秦中吟》之《轻肥》，《白居易集笺校》，第 92 页。

❻ 《秦中吟》之《歌舞》，《白居易集笺校》，第 95 页。

❼ 《与元九书》，《白居易集笺校》，第 2792—2794 页。

第后又匆匆返回洛阳，游浮梁、符离、宣城诸地，对其初至长安的不适，疏离、排斥感，川合康三、林晓洁等都有细腻的分析❶。真正融入长安社会，进入坊里宅邸，在心理上有城内固定居民的亲密感是贞元十九年至二十一年在长安任校书郎的三年。校书郎任满后，授盩厔县尉。元和元年四月至二年十一月在长安郊乡，年底调回翰林院，三年除左拾遗，假居新昌坊。也就是说，贞元末至元和初短短五年间，他经历了城居—乡居—城居的生活场景转换。对于城乡生活的不同之处，当有贴切之体会。

比白居易早几年进士及第，在永贞革新后被外贬的刘禹锡曾描述走出帝京的心态，"莫道两京非远别，春明门外即天涯"，"人生不合出京城"❷。长安城乡的分界是外郭城城门，在诗人看来，城门内外的区别，虽咫尺而天涯，一旦离开帝京，即使近在城门外的乡村，也是被放逐。元和中官昭应丞，在长安郊乡转徙的王建，慨叹"莫道长安近于日，升天却易到城难"❸；任武功主簿的姚合也埋怨"远县岂胜村""作吏荒城里，穷愁欲不胜"❹。虽然唐人的城乡区隔观念尚未形成，城居与乡居多是一种自然状态，无优劣之分，但首都长安以其独特的魅力，无限的政治机遇超越其郊乡，为仕进之首选，这在某种程度上成为元和中士人的一般观念。

❶ 川合康三《初入长安的白居易——喧噪与闲适》，《终南山的变容——中唐文学论集》，第223—234页；林晓洁《中唐文人官员的"长安印象"及其塑造——以元白刘柳为中心》，《唐研究》第15卷，第273—282页。
❷ 刘禹锡《曹刚》《和令狐相公别牡丹》，卞孝萱校订《刘禹锡集》，北京：中华书局，1990年，第465、558页。
❸ 王建《寄广文张博士》，王宗堂校注《王建诗集校注》，郑州：中州古籍出版社，2006年，第486页。
❹ 姚合《武功县中作三十首》，《全唐诗》卷四九八，第5656页。

贞元、元和时代白居易心中的天平向城居倾斜，也是由其人生理念与志向所左右的。元和十年，贬谪江州的白居易在《与元九书》中如是描述自己的人生志向：

> 古人云："穷则独善其身，达则兼济天下。"仆虽不肖，常师此语。大丈夫所守者道，所待者时。时之来也，为云龙，为风鹏，勃然突然，陈力以出。时之不来也，为雾豹，为冥鸿，寂兮寥兮，奉身而退。进退出处，何往而不自得哉？故仆志在兼济，行在独善。❶

白居易不到三十岁即进士及第，"十七人中最少年"，又连中书判拔萃、才识兼茂明于体用科，释褐校书郎，转畿尉，迁左拾遗、翰林学士，这绝对是一条平步青云之路。他自己回忆，"初应进士时，中朝无缌麻之亲，达官无半面之旧，策蹇步于利足之途，张空拳于战文之场"，而得以"迹升清贯，出交贤俊，入侍冕旒""擢居近职"，除文章外，皆归于朝廷之恩遇，他献书宪宗言："唯思粉身，以答殊宠，但未获粉身之所耳！"❷故兼济天下、裨补时阙是他最大的志向，只有城居，为近臣，方能达到这个目的。

白居易在长安的生活相当艰辛，初入长安时假得常乐里故相关播私第之东亭，仅有"茅屋四五间，一马二仆夫"❸，而由于校书郎任满不得不退掉常乐里居，贫中无处安身，仅得闭居华阳观，

---

❶《与元九书》，《白居易集笺校》，第 2794 页。
❷《初授拾遗献书》，《白居易集笺校》，第 3324 页。
❸《常乐里闲居偶题十六韵兼寄刘十五公舆王十一起吕二炅吕四颍崔十八玄亮元九稹刘三十二敦质张十五仲方（时为校书郎）》，《白居易集笺校》，第 265 页。

似"漂流木偶人"❶。尽管他在长安并无旧识，孤独寂寥，"七年在长安，所得唯元君"❷，元稹的短暂赴洛，更让他觉得"同心一人去，坐觉长安空"❸；尽管都城中川流不息的车马、人群在他心目中幻化为名利地之"尘"，他在曲江"坐愁红尘里"，欲振衣、濯足❹，在天门街遥望终南，"遥怜翠色对红尘"❺；尽管他自观写真样貌，曾发出"静观神与骨，合是山中人"的感叹❻；尽管在大雪天马滑烛死、寒风破耳、鬓须生冰的情况下，他还要由所居新昌坊经行十余里至银台门早朝❼，但青年白居易依然选择了长安。他性爱花木之扶疏，任盩厔县尉时从山涧中移植、栽于县厅前的双松，临走时不能携带，心情很是抑郁，回到长安后，一日偶遇来自山中的卖松人，携由深涧掘来之苍苍翠树，欣喜不已，正思买之，但注意到进城无几日，松枝已拂满尘埃，不忍此尤物沦落红尘，所以弃之，"不买非他意，城中无地栽"❽。对松树如此，而他本人，还是眷恋着长安。

盩厔县尉的短暂离城，使他终日郁郁，"尘土不开颜"，在京郊乡村不到两年时间，他时刻眷恋京中旧友，与元稹、李建等频繁通信，至少三次往返长安，并与长安盛门靖恭杨家交游，暗结姻亲，为此后长安生活做铺垫。只要能仕宦长安，他对物质

❶ 《卜居》，《白居易集笺校》，第 1242 页。关于白居易在长安的居住情况，参王拾遗《白居易两京宅第考》，《社会科学战线》1981 年第 2 期；妹尾達彦《白居易と長安・洛陽》，《白居易研究講座》第 1 卷《白居易の文學と人生》，第 270—296 页；等。

❷ 《赠元稹》，《白居易集笺校》，第 20 页。

❸ 《别元九后咏所怀》，《白居易集笺校》，第 473 页。

❹ 《答元八宗简同游曲江后明日见赠》，《白居易集笺校》，第 269 页。

❺ 《过天门街》，《白居易集笺校》，第 750 页。

❻ 《自题写真（时为翰林学士）》，《白居易集笺校》，第 311 页。

❼ 《早朝贺雪寄陈山人》，《白居易集笺校》，第 487 页。

❽ 《赠卖松者》，《白居易集笺校》，第 472 页。

及生存环境的要求极低，"朝饥有蔬食，夜寒有布裘。幸免冻与馁，此外复何求"❶；在翰林院中工作时"但对松与竹，如在山中时"；所居亦是"容膝即易安""丈室可容身"❷，坊里狭矮，无如山林逸乐，自慰"人间有闲地，何必隐林丘"❸；公务之暇访杨家西亭，便觉"即此可遗世，何必蓬壶峰"❹。这与他晚年惮于党争及宦途险恶，对兼济不再存任何幻想，辞去刑部侍郎，自求为太子宾客分司东都，在洛阳龙门与裴度、刘禹锡等诗酒酬唱的心态迥然相异❺。

长安，于白居易而言，恰可算是一座"围城"，贞元、元和中，是他仰望、向往，乃终至走入"围城"的阶段。

我们不敢说未足两年的盩厔县尉生活，在白居易七十五岁的人生历程中能够留下深刻的印记，但他上为帝王❻，下为"士庶、僧徒、孀妇、处女"所乐道❼，也最为自足的《长恨歌》《秦中吟》两作❽，字里行间，都盈动着盩厔——长安乡村的风土与民情。

---

❶ 《永崇里观居》，《白居易集笺校》，第 272—273 页。

❷ 《松斋自题》《秋居书怀》，《白居易集笺校》，第 281、289 页。

❸ 《赠吴丹》，《白居易集笺校》，第 286 页。

❹ 《题杨颖士西亭》，《白居易集笺校》，第 299 页。

❺ 《白居易年谱》，第 241—289 页。

❻ 唐宣宗吊白居易诗曰："童子解吟《长恨》曲，胡儿能唱《琵琶》篇。文章已满行人耳，一度思卿一怆然。"《唐摭言》卷一五，第 160 页。

❼ 白居易《与元九书》："自长安抵江西，三四千里，凡乡校、佛寺、逆旅、行舟之中，往往有题仆诗者。士庶、僧徒、孀妇、处女之口，每每有咏仆诗者。"《白居易集笺校》，第 2793 页。

❽ 白居易《编集拙诗成一十五卷因题卷末戏赠元九李二十》诗开篇即自我评价："一篇《长恨》有风情，十首《秦吟》近正声。"《白居易集笺校》，第 1053 页。

第三编

基层控制

第 8 章

京畿区的行政控制层级及其特点

一 "京畿为四方政本"

——京畿府县官的选任

京畿地区作为唐帝国统治中心所在,当然首先为王朝"惠化"所及,又同时作为帝国行政堡垒之中核,源源不断地将中央政治力辐射于地方。中唐名相陆贽曾如是描述京畿与皇权的关系:"王畿者,四方之本也;京邑者,王畿之本也。其势当京邑如身,王畿如臂,而四方如指,此天子大权也。"[1] 京畿的区域管理与基层控制,是统治者在治理地方时首先触及的问题。唐初曾以雍州统京畿,此后的大部分时间,京畿的管理模式为京兆府统领制。中唐以后,又有京畿节度使的设置;而神策军在畿内列镇,派镇遏使驻各县,一定程度上侵夺了府、县的行政权[2]。

---

[1] 《新唐书》卷一五七《陆贽传》,第4913页。

[2] 神策军除驻畿内,在京西北又有若干城镇为其防区,即所谓京西北神策八镇。关于京兆府辖内(畿内)、畿外镇的分布,参考何永成《唐代神策军研究——兼论神策军与中晚唐政局》,台湾:商务印书馆,1990年,第40—50页;李碧妍《危机与重构——唐帝国及其地方诸侯》,北京师范大学出版社,2015年,第114—223页。

唐政府对区域长吏——京兆尹的选任非常重视。唐代大部分时间，京兆尹官从三品，属于制授范围，而唐帝在授京兆尹制中，一再强调其职权之重，讨论选任之标准。

大历四年（769）《授孟皞京兆尹制》言及："天府惟雍，神皋作京，当四海之会同，在三辅而尤剧。汉以郡国二千石高第入守，而毂下称之，今因其制而选用，亦陟明于辨理也。"代宗有感于当时京畿之不治，"思得至公明断之才，旷然大变其俗"，"肃清权右，扶养元元"[1]。孟皞显然没有达到帝王的要求。大历五年，迁兵部侍郎贾至为京兆尹，制文中再次强调了治理京畿的重要性："方外甫定，惟新制度，必于根本源流正之，以丕式于十有三牧。县内之御，万邦所瞻，将自中刑外，致一其政化。"并提出了对京兆尹检选标准的思考："若独任辨吏，何以模楷？故前代尹京，多用经术之士，翟方进隽不疑，皆首参此选，称于毂下，今亦因其制而进用也。"认为作为治理京畿的人选，不仅需要明娴政务，为"辨吏"，更应熟读五经明乎大义，以"经务大才"，方堪任繁剧，堪作楷模[2]。

元和十五年（820）穆宗方继位，就与宰执讨论京兆尹人选，下敕："朕日出而御便殿，召丞相已下计事，而大京兆得在其中，非常吏也。诚以为海内法式，自京师始，辇毂之下，盗贼为先，尹正非人，则贤不肖阿枉，奏覆隔塞，则上下不通。假之恩威，用詟豪右。"[3]提出京畿为天下法式；后经议论以少尹卢士玫权知京兆尹，希望所选尹正得其人，使上下沟通顺畅，并协助治理盗贼，抑制豪强权贵。

---

❶ 常衮《授孟皞京兆尹制》，李昉等编《文苑英华》卷四〇六，第2057页。
❷ 常衮《授贾至京兆尹制》，《文苑英华》卷四〇六，第2058页。
❸ 元稹《授卢士玫权知京兆尹制》，杨军主编《元稹集编年笺注·散文卷》，第306页。

一方面皇帝对京兆尹的素质才干要求极高，希望通过京畿的治理为诸州县树立准则；而另一方面京畿各种势力云集，皇权又时常介入，这共同导致京兆尹"或以软弱废，或以贼杀劾，把宿负浅为丈夫，用钩距盖非长者"的施政困境❶，而多不久任。宪宗元和元年至十年间，李鄘、郑云逵、韦武、董叔经、杨於陵、郗士美、李众、郑元、杨凭、许孟容、王播、元义方、李铦、裴武、李翛等先后就任京兆尹❷，而皆不得要领；时任京职的白居易在诗中感叹："如何尹京者，迁次不逡巡。请君屈指数，十年十五人。"❸

此外，朝廷对京兆尹之属官，京兆府其他官员的选任亦予以关注。京兆少尹官从四品，亦为制授；为保证京畿治理的公正性，唐廷曾在京兆府司录、判司及其他僚佐的选任中执行回避制度，广德二年（764）三月，京兆尹魏少游奏请禁要官密戚任京兆官，代宗因下诏："中书门下及两省官五品已上、尚书省四品以上、诸司正员三品已上官、诸王、驸马等周亲已上亲及女婿、外甥，不得任京兆府判司……"❹ 至穆宗长庆中，此禁令一直执行❺。

京兆府之下，县是唐中央在京畿地方设官任职之基层单元，因而成为皇权与地方社会接触的介面。两京县及诸畿县令品级有差，唐武德元年（618）以大兴、长安二县令为正五品，以雍州诸县令为

---

❶ 王维《京兆尹张公德政碑》，赵殿成笺注《王右丞集笺注》，第 394 页。

❷ 参考张荣芳《唐代京兆尹年表》，氏著《唐代京兆尹研究》，第 196—198 页。

❸ 白居易《赠友五首》之四，朱金城《白居易集笺校》，上海古籍出版社，1988 年，第 98—99 页。

❹ 《旧唐书》卷一一五《魏少游传》，第 3377 页。

❺ 《唐会要》卷六七"京兆尹"条载穆宗长庆二年闰十月中书门下奏，调整了所防范权要官的范围，第 1404—1405 页。

从五品，后畿县令降为正六品上❶，其选任甚为朝廷重视，有些情况下还是皇帝亲择。唐《韦应物墓志》记："朝廷以京畿为四方政本，精选令长，除（韦应物）鄠县、栎阳二县令。"❷《李宙墓志》记："贞元十七年，德宗念其劳，与铜印墨绶，令治京兆好畤。"❸ 为促进县令长抑制豪强权贵，与京兆府判司的选任相仿，朝廷在京畿县官的选任中亦执行血亲回避，代宗广德二年三月诏："中书门下及两省官五品已上、尚书省四品以上、诸司正员三品已上官、诸王、驸马等周亲已上亲及女婿、外甥等，自今已后，不得任……畿县令、两京县丞、簿、尉等者。"❹ 德宗贞元、穆宗长庆中都曾重申此原则❺。

至于县级具体治理的展开，最高统治者亦随时关注，反复叮嘱。玄宗屡下诫勉京畿县令之敕文，言："诸县令等：抚绥百姓，莫先于宰字；煦育黎人，须自于厥德。卿等日在京畿，各亲吏理，务在用心，以安疲瘵，庶期成政，以副朕怀。"❻ 为不妨碍长安、万年二令亲民养人，特免其每日朝参，"专令在县理事，每五日听一入朝"。贞元四年（788），德宗还亲召"京兆府诸县令对于延英殿，以人之疾苦，具慰诲之。各赐衣一袭"❼，当面慰劳勉励；时京畿大灾，泾阳县御灾得当，使人不流亡，其县令韦涤得到皇帝亲诏褒奖，"可检校工部员外郎兼本官，赐绯鱼袋，并赐衣一袭，绢一百匹，马一匹"❽。这些待遇是在外州县的长吏所不可想象的。

---

❶ 《唐会要》卷六九《刺史下》"县令"，第1439页。

❷ 《碑林新藏续》，第420—421页。

❸ 《碑林新藏续》，第478页。

❹ 《唐会要》卷六九《刺史下》"县令"，第1441—1442页。

❺ 德宗贞元初曾于台省择十郎官出为京畿令，而二年二月京兆尹鲍防以所除咸阳令贾全为其外甥请求回避，事见《唐会要》卷六九《刺史下》，第1441—1442页。

❻ 玄宗《戒勉京畿县令敕》，《全唐文》卷三五，第384页。

❼ 《唐会要》卷六九《刺史下》"县令"，第1440、1442页。

❽ 德宗《褒泾阳令韦涤诏》，《全唐文》卷五一，第560页。

唐廷、皇帝本人对京畿府县官选任的高度重视与亲自操作，正是国家对京畿实行有效行政控制的最好体现。

二　行政控制层级

唐代京畿地区的行政统治，由朝廷而下，依次为京兆府—县（京县、畿县）—乡、里、村，中央通过层层行政机构及官员设置，将政令传达至乡村社会。《唐六典》卷三〇记载了京兆府官员的名称、官品与员额，兹列表如下：

表3-1　唐京兆府官员一览

职官	牧	尹	少尹	司录参军事	功曹司功参军事	仓曹司仓参军事	户曹司户参军事	田曹司田参军事	兵曹司兵参军事	法曹司法参军事	士曹司士参军事	参军事	文学	医学博士	录事
员额	一	一	二	一	一	一	二	二	二	二	二	六	一	一	四
官品	从二	从三	从四下	正七上	正七下	正七下	正七下	正七下	正七下	正七下	正七下	正八下	从八上	从九上	从九上

京兆尹为首都区最高长官，具有中央官与地方官的双重性格，据《唐六典》记其职掌：

> 清肃邦畿，考核官吏，宣布德化，抚和齐人，劝课农桑，敦谕五教。每岁一巡属县，观风俗，问百姓，录囚徒，恤鳏寡，阅丁口，务知百姓之疾苦。部内有笃学异能闻于乡闾者，举而进之；有不孝悌，悖礼乱常，不率法令者，纠而绳

之。……若狱讼之枉疑，兵甲之征遣，兴造之便宜，符瑞之尤异，亦以上闻。……若孝子顺孙，义夫节妇，志行闻于乡间者，亦随实申奏，表其门间；若精诚感通，则加优赏。其孝悌力田者，考使集日，具以名闻。❶

京兆尹亲民之职较多，如"劝课农桑"，巡县、录囚、赈恤，举乡间异行者等，其虽为中层文官，需问对于皇帝，结交于宗室权贵，但工作之重心仍在于乡里社会之民政。对此张荣芳已有全面论析，不赘❷。《唐六典》,《旧唐书·职官志》与《新唐书·百官志》还记载了京兆府所领县的官员编制情况：

表3-2　唐京兆府领县之官员编制一览

	职官	令	丞	主簿	尉	录事
京县	员额	一	二	二	六	二
	官品	正五上	从七上	从八上	从八下	从九下
畿县	职官	令	丞	主簿	尉	
	员额	一	一	一	二	
	官品	正六上	正八下	正九上	正九下	

《唐六典》记"京畿"县令之职：

皆掌导扬风化，抚字黎氓，敦四人之业，崇五土之利，养鳏寡，恤孤穷，审察冤屈，躬亲狱讼，务知百姓之疾苦。所管之户，量其资产，类其强弱，定为九等。其户皆三年一定，以入籍帐。若五九、三疾及中、丁多少，贫富强弱，虫霜旱涝，

---

❶ 《唐六典》卷三〇"京兆河南太原三府官史"，第747页。
❷ 张荣芳《唐代京兆尹研究》第二章第三、四节，第25—45页。

年收耗实，过貌形状及差科簿；皆亲自注定，务均齐焉。若应收授之田，皆起十月，里正勘造簿历；十一月，县令亲自给授，十二月内毕。至于课役之先后，诉讼之曲直，必尽其情理。每岁季冬之月，行乡饮酒之礼，六十已上坐堂上，五十已下立侍于堂下，使人知尊卑长幼之节。❶

定户、造籍、授田、处理狱讼、行乡饮酒礼等，都是涉及乡里民众切身利益的事务。

户口统计与赋役征派，是帝制国家与百姓个人发生联系的最根本理由，在其中扮演重要角色的，除了县令、尉外，还有里正。《唐六典》载："百户为里，五里为乡。两京及州县之郭内分为坊，郊外为村。里及村、坊皆有正，以司督察。（里正兼课植农桑，催驱赋役。）"❷唐代有乡一级行政单位，唐初（贞观九年）亦有乡官的设置，"每乡置长一人，佐一人"❸，但贞观十五年即遭废除。大量前人研究表明，唐代的乡级事务是由里正办理，里正直接对县司负责，是州县与百姓的桥梁❹。敦煌吐鲁番文书揭示，里正是国家赋役征发的最末端，负责向乡里民众收手实、征收赋税，协助进行均田制下百姓退田、授田的工作❺。文献中亦有不少京畿地区里正参与赋役事务的实例。

❶《唐六典》卷三〇《京县畿县天下诸县官吏》，第753页。

❷《唐六典》卷三《尚书户部》，第73页。

❸《旧唐书》卷三《太宗纪下》，第44页。

❹ 如孔祥星《唐代里正——吐鲁番、敦煌出土文书研究》，《中国历史博物馆馆刊》1979年第1期；李方《唐西州诸乡的里正》，《敦煌吐鲁番研究》第9卷，第187—217页；张国刚《唐代乡村基层组织及其演变》，《北京大学学报》2009年第5期；等。似乎只有赵吕甫认为唐代乡是实体建制，乡官是实质存在，见所撰《从敦煌、吐鲁番文书看唐代"乡"的职权地位》，《中国史研究》1989年第2期。

❺ 参看赵璐璐《里正与唐代前期基层政务运行》，中国人民大学硕士学位论文，2007年，第15—47页。

《法苑珠林》记长安城外的东南方向有灵泉乡（万年县），乡民多以薪炭采集与加工为业，不复农耕，有炭丁之户需每年向官府输炭或纳现钱，具体由里长程华负责，"程华已取一炭丁钱足，此人家贫，复不识文字，不取他抄。程华后时复从丁索炭，炭丁不伏，程华言：'我若得你钱，将汝抄来。'" ❶ 显示里正收税讫，需向百姓出具"抄"以为纳税凭证；杜甫诗《兵车行》记述京郊西渭桥一带农民"或从十五北防河，便至四十西营田。去时里正与裹头，归来头白还戍边"，显示征派京畿民为防丁、屯丁的工作由里正承担❷；白居易《杜陵叟》"白麻纸上书德音，京畿尽放今年税。昨日里胥方到门，手持勒牒牓乡村"，显示唐政府在京畿地区的赋税政策、优复蠲免，由府、县逐级下宣，最终是由里胥以"牓"的形式广告乡民。由于里正是行政体制之末梢，在政策执行中有很大的自主性，为私利计鱼肉人民的事件时有发生，上述灵泉乡里正程华以炭丁不识字为由，重复索要钱物；杜陵里胥在租税将征收完毕时才公开皇帝蠲免赋税之《德音》，以致"十家租税九家毕，虚受吾君蠲免恩" ❸；而白居易贞元、元和中在长安还曾见到里胥在"织绢未成匹，缲丝未盈斤"情况下强迫民户提前交纳布帛❹。

里正对接乡里民户的模式并非都是巧取豪夺与被动接受，实际上，户口赋役是乡村治理中最棘手的问题，里正不仅要受到国家法律对其"不觉脱漏增减"户口等情况的严厉制裁❺，在乡里社会，也

---

❶ 释道世撰《法苑珠林》卷五七《债负篇》，周叔迦、苏晋仁校注，北京：中华书局，2003年，第1725页。

❷ 杜甫《兵车行》，仇兆鳌注《杜诗详注》，第113页。

❸ 白居易《杜陵叟 伤农夫之困也》，朱金城《白居易集笺校》，第223—224页。

❹ 白居易《秦中吟》之《重赋》，朱金城《白居易集笺校》，第82页。

❺ 《唐律疏议》卷一二《户婚律》"里正不觉脱漏增减"条，"里正官司妄脱漏增减"条，刘俊文点校，第235页。

受到抗税刁民的为难。在京畿以西不远的岐州郿县，县尉在处理日常事务中，即遇到这样的案例：里正依规定差着百姓高元为防丁，竟遭到顽民郎光、郎隐的殴打，为了解决类似情况，县尉判谕乡里征税者："百姓之中解事者少，见温言则不知惭德，闻粗棒则庶事荒弛，如此倒看，何以从化？"令租税当月十六日纳毕，"不毕，里正摄来，当与死棒"❶。而里正在实际执行中，必定又会遇到各种问题，强势者往往欺凌村民，弱势者又不能威慑地方豪强，这也正是乡治的困境。

京畿乡村区域的吏员，除里正外，尚有村正，据《通典》引大唐令："在邑居者为坊，别置正一人，掌坊门管钥，督察奸非，并免其课役。在田野者为村，别置村正一人。其村满百家，增置一人，掌同坊正。"❷可见，村正的职责主要是督察盗贼，到唐中后期，乡—村取代乡—里成为行政机构，村正也开始直接出面催驱赋役。见于文献记载，有近畿华阴县之村正，"华阴县七级赵村，村路因啮成谷，梁之以济往来。有村正常夜渡桥，见群小儿聚火为戏。村正知其魅，射之，若中木声，火即灭。闻啾啾曰：'射着我阿连头。'村正上县回，寻之，见破车轮六七片，有头秒尚衔其箭者"❸。可见村正亦需上县处理事务，甚至是夜间。

需要注意的是，有学者将里正、村正划为乡村的地方力量，或非官方力量，据《通典》记载："诸里正，县司选勋官六品以下白丁清平强干者充。其次为坊正。若当里无人，听于比邻里简用。

---

❶ P.2979《唐开元二十四年（736）九月岐州郿县尉勋牒判集》之"岐阳县郎光隐匿防丁高元牒问第卅"，唐耕耦、陆宏基编《敦煌社会经济文献真迹释录》第2辑，第617—619页。
❷ 《通典》卷三《食货三》"乡党"，王文锦等点校，第63页。
❸ 李昉等编《太平广记》卷三六九《华阴村正》，出《酉阳杂俎》，第2934页。

其村正取白丁充，无人处，里正等并通取十八以上中男、残疾等充。"❶ 又天圣令《杂令》唐15条，将里正归入所谓"在官供事，无流外品"❷之杂任❸，则里正、村正确实不是品官，属州县胥吏，但这并不意味着他们有"非官方"身份。里正、村正的选任是由县司负责的，担任此职需要一定的身份与条件，县司还要定期对里正进行考评，考察其处理簿帐文书，维持乡里秩序的能力❹。里正、村正已被纳入国家行政管理层级中了。

国家构建州府—县—乡、里、村的行政层级，最根本的目的是通过这一层级，将政令、法规、王言传递到地域社会，传递到乡村的每一个角落。

三　越级的沟通：上诉与下达

皇帝、乡里民众分别处于帝国行政金字塔的顶端与下层，在通常情况下是通过上述中央—州—县—乡—里—个人的垂直层级实现间接互动与交流。刘禹锡所撰《高陵令刘君遗爱碑》详细介绍了穆宗长庆—敬宗宝历中京兆府的泾阳、高陵两县围绕用水问题展开的县际纠纷及上诉，最终得到处理解决的全过程。高陵令刘仁师将本县

---

❶ 《通典》卷三《食货三》"乡党"，第64页。

❷ 《职制律》"役使所监临"条，刘俊文点校《唐律疏议》，第225页。

❸ 《天圣令》之《杂令》校录本，天一阁博物馆、中国社会科学院历史研究所《天一阁藏明钞本天圣令校证（附唐令复原研究）》下册，第377页。

❹ 见《唐□隆士、夏未洛状自书残文书》等八件，唐长孺主编《吐鲁番出土文书》叁，北京：文物出版社，1996年，第266—268页。李方以此为里正考课文书，所撰《唐代考课制度拾遗——敦煌吐鲁番考课文书考释》，《'98法门寺唐文化国际学术讨论会论文集》，西安：陕西人民出版社，2001年，第557—568页。

水情上诉，即遵循行政层级：先白于京兆府司录或判司（当指士曹参军，称士曹掾），然诉讼不效，掾吏"依违不决"，后选择直接上言新任京兆尹，"距宝历元年，端士郑覃为京兆，秋九月，始具以闻。事下丞相、御史。御史属元谷实司察视，持诏书诣渠上，尽得利病，还奏青规中"。上诉的流程为高陵县百姓—高陵令—京兆府掾—京兆尹—丞相—御史—皇帝，而由于上诉之畅通，纠纷很快得到处理，皇帝派出御史至白渠上调查渠堰及分水情况，得知泾阳确在上游阻渠水流出，导致位于下游的高陵县无法灌溉，遂决定在白渠三限闸下修堰，使水涨流入高陵，而具体负责工程实施的是京兆府司录参军、士曹参军、高陵县主簿，这一下达的流程可总结为皇帝—御史—京兆尹—京兆府司录／士曹参军—高陵县令、主簿❶。

高陵县例是京畿地区王权下达、民情上诉的一般渠道，其良好运作，有赖其中每一个行政环节的畅通，每一级官员的及时处理与跟进，也是唐代国家治理京兆的理想例证。然而，一旦某一环节出现问题，很有可能导致上下沟通的阻塞。

唐代京畿地区为帝王所居，紧密侧近于皇权周围还有皇宗亲戚、高官显贵、宦官、禁军、高僧等势力集团，他们不仅在长安城内活动，势力范围亦移延伸至环长安的乡村区域。因而，相比外州县，京畿区的普通民众有相当多的机会接触位于帝国行政金字塔较高层的人物，从而出现跨越一行政层级的沟通。

畿内民众有冤狱诉讼，依唐代国家司法诉讼层级，应先由县级来处理，然而文献多见京畿民诣京兆府上诉的情况。《新唐书·苏珦传》载高武时苏珦调鄠县尉，"时李义琰为雍州长史，鄠多讼，

---

❶ 刘禹锡《高陵令刘君遗爱碑》，卞孝萱校订《刘禹锡集》，第27页。

日至长史府，徇裁决明办，自是无诉者"❶。本区域一小县，民众的狱讼就直接经过京畿区之大员雍州长史。而晚唐的情形亦是如此，北朝以来为便利引成国渠水灌溉长安以西诸县田地，在渠上修六门堰，但至唐后期此堰"废废百五十年"❷"六门淤塞，缘渠之地，二十年不得水耕耨"，但县官仍"岁以水籍为税"，向沿渠堰居民征收税钱；咸阳县民薄逵等选择诣京兆府控诉，请求以水税为资修堰以通灌溉，"京兆府为之奏，乃诏借内藏钱以充，命中使董其役事，又令本县官专之。既讫，役凡用钱万七千缗"❸。这次越级的沟通直接推动了咸通十三年（872）对六门堰的一次大修。

当对下情上达的阻碍出现在行政之中层时，京畿百姓亦有勇气越过中层，通过投诉皇权侧近层，以达最高统治者。贞元十四年（798）春夏京畿大旱，麦粟无收，依唐制地方官应将受灾情况向朝廷汇报，依受灾分数"损免"赋税❹，畿内百姓亦屡向时任京兆尹韩皋陈诉旱情，但皋"以府中仓库虚竭，忧迫惶惑，不敢实奏"，百姓以上诉不效，直接投状与皇帝联系密切的宦官，"会唐安公主女出适右庶子李恕，内官中使于恕家往来，百姓遮道投状"，内官为此上奏，果然收到了实效。德宗亲下诏贬韩皋为抚州司马，批评其在这场灾情中"奏报失实，处理无方，致令闾井不安，嚣然上诉"❺。

百姓上诉渠道畅通的负面影响，是近辅地区人情猾狠，出现所谓的刁民。《岐州郿县县尉判》"朱本被诬牒上台使第廿七"记百姓

---

❶《新唐书》卷一二八《苏珦传》，第4457页。

❷《新唐书》卷二〇三《文艺传下·李频传》，第5794页。

❸《类编长安志》卷六《渠》，黄永年点校，第193页。

❹ 相关程序参考陈明光《略论唐朝的赋税"损免"》，《中国农史》1995年第1期。

❺《旧唐书》卷一二九《韩皋传》，第3604页。

牒上御史台推事使事，里正朱本据户等情况差乡人齐舜为防人幽州行，齐舜竟"负恨至京，诣台讼朱本隐强取弱"，虽然御史推验后以朱本所差"与敕文相合"而无罪❶，但乡里正常的赋役征派竟由中央监察机构御史台参与，这在边远县乡，恐怕难以想象。

在越级沟通中，最引人注目的案例是皇帝直接下乡。

长安城外乡村区域，有皇家禁苑、离宫别馆，有国家礼仪建筑、帝王陵墓等，最高统治者因郊祀、谒陵、巡行、狩猎、避暑等各种行为，皆有机会踏足乡村。

唐代帝王颇有巡视近畿以观风俗的意识，高祖御极不久，即遣太子李建成、秦王李世民、右仆射裴寂分巡畿甸，"诣彼闾阎，见其耆老，观省风俗，廉察吏民，乏绝之徒，量加赈给。如有冤滞，并为申理。高年疾病，就致束帛"❷。

开元二年（714）九月，唐玄宗幸新丰及同州等地，涉临灞、渭，"见彼耆耋，问其疾苦，察长吏之政，恤黎甿之冤，盖所以展义陈诗，观风问俗，始自畿甸，化于天下"，并特令"朕此行之处，不得进奉，在路有称冤苦，州县不能疏决者，委御史金吾收状为进"❸，杜绝州县官掠民以进奉，派出特使，处理地方冤狱。元和三年（808）适逢秋收之际，宪宗关心农民收成，亲至长安周边，禁苑附近"阅秋稼"，宰臣李吉甫称奉"陛下轸念黎元，亲问禾黍，察间里之疾苦，知稼穑之艰难"❹。

御驾巡视过程中，除一般性检阅乡里民俗、郊县政情外，最高统治者确有机会与乡里居民直接接触。贞元三年十二月，史书载：

---

❶ 唐耕耦、陆宏基编《敦煌社会经济文献真迹释录》第2辑，第617页。
❷ 高祖《遣太子建成等巡畿甸诏》，《全唐文》卷一，第24页。
❸ 苏颋《幸新丰及同州敕》，《全唐文》卷二五四，第2573页。
❹ 《唐会要》卷二八《蒐狩》，第616—617页。

"自兴元以来，是岁最为丰稔，米斗直钱百五十、粟八十。"德宗皇帝自新店狩猎归，"入民赵光奇家"，满怀信心地询问"百姓乐乎"，没想到得到的却是截然相反的答案：极诉两税外加税之多，和籴强取之苦，诏书优恤之空，言"恐圣主深居九重，皆未知之也"❶。通过与村民的对话，德宗了解了两税在京畿乡村的实际执行状况，却仅优复赵之一家。

在唐初还发生过皇帝直接教化京畿居民的事例，武德二年"武功人严甘罗行劫，为吏所拘"，为盗窃并非要案，依唐制由武功县吏处理即可，但方于长安立足，欲训导京畿社会风俗的高祖亲自讯问小民甘罗，"高祖曰：'吾为汝君，使汝穷乏，吾罪也。'因命舍之"，将罪责归于己身❷。最高统治者宽恤小民甘罗，亦是向京畿乃至全国传达立国后休养安民的政治信号。

综上，由于京畿区域的特殊性，即使是在乡村社会，民众上诉与皇权下达的渠道都较为畅通，如沟通中的某一中间环节被堵塞，这一环节又可被随时跨越。信息传达之畅通，大大推动本区域社会问题的解决，而如果涉及全国范围具有普遍性的问题，统治者又可举一反三，依京畿例解决。吐鲁番文书《唐景龙三年（709）九月尚书省比部符》揭示的省符下颁即为一例：

（前缺）

1 　益思效□□ [

2 　石及雍州奉天县令高峻等救弊状，并臣

3 　等司访知在外有不安稳事，具状如前，其勾

❶《通鉴》卷二三三"贞元三年"，第 7508 页。
❷《唐会要》卷四〇《君上慎恤》，第 839 页。

4 征悬逋，色类繁杂。　恩敕虽且停纳，于后

5 终拟征收。考使等所通甚为便稳，既于公有益，

6 并堪久长施行者。敕：宜付所司参详，逐

7 稳便速处分者。谨件商量状如前牒奉者。今以

8 状下州，宜准状，符到奉行。

9 　　　　　　　　　　　　主事谢侃

10 比部员外郎 奉古　　　　令史钳耳果

11 　　　　　　　　　　　　书令史

12 　　　　　　　　　　　　景龙三年八月四日下

（以下略）[1]

文书上钤有“尚书比部之印”与“西州都督府之印”，为比部就暂时停纳诸色勾征逋悬下发至西州的公文书，但其中出现了“雍州奉天县令高峻等”字样。原来比部司做出停纳勾征之举，乃应雍州奉天县状诉，因“访知在外有不安稳事”，做权宜之计，准许全国范围的勾悬均暂时停纳，上报皇帝，下符诸州[2]。由此例可见京畿在全国的示范作用。京畿乡村社会，是统治者审视帝国民生、百态、社会积弊的一扇窗户。

---

[1] 编号 Ast. Ⅲ .4.092（Or.8212/529），图版及释录见沙知、吴芳思《斯坦因第三次中亚考古所获汉文文献》，上海辞书出版社，2005 年，第 60—61 页。释录见陈国灿《斯坦因所获吐鲁番文书研究》，题作“唐景龙三年（709）九月西州都督府承敕奉行等案卷”，武汉大学出版社，1994 年，第 271—272 页。

[2] 此件文书反映了唐代勾征制度及其在县乡的实施，参看薄小莹、马小红《唐开元廿四年岐州郿县县尉判集（敦煌文书伯二九七九号）研究——兼论唐代勾征制》，《敦煌吐鲁番文献研究论集》，北京：中华书局，1982 年，第 615—649 页。

第 9 章

京畿乡村的"有力者"阶层
与社会控制

一 乡村的"在地有力者"及其社会功能

中国古代乡村的社会控制主要依凭两种力量，一是自上而下建立起的州（郡）—县—乡、亭、里、保甲等行政组织及相应的官僚、胥吏阶层；二是不代表官方，在乡里社会的运转中实际发挥影响力的地方力量，学者们或将这一阶层称为乡族势力、乡里强干之家，或称为基层"社会共同体"等，本书采用"在地有力者"的说法❶。支撑起这一阶层的机制，当然首先是地缘，也包括以血缘关系建立起来的宗法网络，其构成人员多层次、多元化❷。

---

❶ 所谓"在地有力者"，指独立于国家行政体系与机构之外，按照一定的秩序组织起来的、在本地有影响的民间势力，参读大澤正昭《唐末・五代の在地有力者について》，《中国の伝統社会と家族——柳田节子先生古稀記念》，東京：汲古書院，1993 年。"在地"与"有力"较好概括了此阶层的属性，本书沿用之。

❷ 对这一社会中间阶层的研究成果颇丰，参读林文勋、谷更有《唐宋乡村社会力量与基层控制》，昆明：云南大学出版社，2005 年；李浩《论唐代乡族势力与乡村社会控制》，《中国农史》2010 年第 1 期；大澤正昭《唐末から宋初の基層社会と在地有力者——郷土防衛・復興とその後——》，《上智史学》第 58 號，2013 年。

唐代国家对京畿区实施严密的行政管理，皇权常亲自介入乡里事务，官方力量的膨大，可以说在某种程度上挤占了在地势力的生存空间。那么京畿乡村中是否还存在有影响力的非官方势力——处于国家与社会之间的乡族？

贞元十二年（796）春秋间大旱，德宗命京兆尹韩皋、鳌厔令裴均征"土工、木工、石工"，于终南山修建祠堂，举行官祠，祭祀过程乡里民众共同参与，有"邑令僚吏，至于胥、徒、黄发、耆艾、野夫、阪尹"等各类型❶。"邑令僚吏"之外的人群，应是时人眼中在基层社会有影响力的非官方力量。本书第 5 章还原了京畿乡村的居民结构，详表 2-5，其中具有一定身份地位、可称为"有力者"的人群大概包括：1. 耆老、乡老、乡望、望乡，2. 在地官员（散、卫、勋官）、退职官员，3. 有文化背景的士人（乡贡进士、明经类的贡举人，尚未获得贡举资格的读书人），4. 宗族共同体，5. 乡里富户豪民。

下面逐一分析这些人群的性质，以及他们在乡里基层控制中所扮演的角色，发挥的社会功能。

乡老、父老，开元二十九年（741）设置的望乡，天宝十二载（753）所改耆寿❷，见于《百门陂碑》等石刻资料中的"乡望"❸，都只是乡村中德高望重者，承担教化任务，宣扬道德；并作为地

---

❶ 柳宗元《终南山祠堂碑（并序）》，柳宗元集校点组《柳宗元集》卷五，第 127 页。

❷ 《唐会要》卷五九"户部员外郎"条："（开元）二十九年七月十七日，每乡置望乡。天下诸州，上县不得过二十人，中县不得过十五人，下县不得过十人。其长安、万年，每县以五十人为限，……并取耆年宿望，谙识事宜、灼然有景行者充。""天宝十二载七月十三日敕：诸郡父老，宜改为耆寿。"第 1195 页。

❸ 杉井一臣《唐代前半期の郷望》，唐代史研究会编《中国の都市と農村》，東京：汲古書院，1992 年，第 297—324 页。

方势力代表，列席一些重大活动，如州县宣示王言的仪式❶、乡饮酒礼等；使节勘覆地方灾情的程序中，亦有乡老之列席，"凡四方之水、旱、蝗，天子遣使者持节至其州，位于庭，使者南面，持节在其东南，长官北面，寮佐、正长、老人在其后，再拜，以授制书"❷。正是由于父老职训导风化、掌控乡论，志在整变蓁毂之下风气的皇帝对于京畿县乡的父老尤为敬重，常亲自召见或优赏。如高祖武德五年三月"宴群臣及京城父老，赐帛各有差"❸；玄宗开元二十四年八月千秋节"召京兆父老宴，敕，并宜坐食，食讫，乐饮兼赐物"❹；开元中玄宗由东都还京，"畿内侍老九十已上，量赐酒麵"❺；朱泚之乱平定后，德宗返京，为安抚民众发布大赦，言"京兆府耆年八十已上，并与版授刺史"❻等。

更有甚者，皇帝会依据父老所传达的乡论，决定此地官员之仕宦前途，《唐会要》卷六九载："大中九年（855）二月，除醴泉县令李君奭为怀州刺史，非常例也。初，上校猎渭上，见近县父老于村寺设斋，为君奭祈福，恐秩满受代。上异之。踰年，宰相以怀州缺刺史上闻，御笔除之。"❼李君奭得以由六品之畿县令超迁为三品之州刺史，实得父老之助。

京畿乡村生活有相当数量的勋官、卫官、散官，秩满退休的

---

❶ 圆仁《入唐求法巡礼行记》记载开成五年（840）三月，圆仁在登州目睹"京都新天子诏书来"，州衙亲迎并宣读的仪式，参与者有百姓老少。小野胜年校注，白化文等修订校注《入唐求法巡礼行记校注》，石家庄：花山文艺出版社，1992年，第221—222页。

❷《新唐书》卷二〇《礼乐十》"凶礼"，第441页。

❸《册府元龟》卷七九《帝王部·庆赐一》，第922页。

❹《册府元龟》卷五五《帝王部·养老》，第620页。

❺《册府元龟》卷八五《帝王部·赦宥》，第1012页。

❻《平朱泚后车驾还京赦》，《唐大诏令集》卷一二三，第661—662页。

❼《唐会要》卷六九《刺史下》，第1435页。

官员，以及弃官归隐的处士等，他们往往以曾经跻身官僚梯队的身份，所练就的处事能力，所积累的资财与声望，成为乡里社会有影响力的人物。杜牧《唐故灞陵骆处士墓志铭》记载曾任扬州士曹参军，因母丧去职，以处士自居的骆峻，在灞陵东坡下经营自己的产业，有"田三百亩"，"朝之名士，多造其庐"，并充当了乡里民事纠纷仲裁人的角色，"里百家斗诉凶吉，一来决之。凡三十六年，无一日不自得也"。❶ 武功县人元让，曾出仕，后退居乡里，亦颇有影响力，"乡人有所争讼，不诣州县，皆就让决焉"❷。不可否认，他们的这些努力与乡老的教化相配合，共同起到了净化京畿社会风气的作用。《魏成仁墓志》记其以军功得勋官上骑都尉，后来回归故乡华原县宜川乡，在此"导仁义于乡间，训淳风于后嗣"❸。

并非所有退休官员在乡里皆发挥正面的社会功能，也存在凭借官资，为害地方社会的情况，如醴泉县东阳乡人杨师操，贞观中曾在盩厔的司竹监以及蓝田县为官，"身老还家躬耕为业"，其人生性恶毒，喜言人过，退职后为恶乡里，"每乡人有事即录告官"，"觅乡人事过，无问大小，常生恐吓，于自村社之内，无事横生整理，大小讥诃，是非浪作"，而"县令裴瞿昙用为烦碎，初二三回与理，后见事繁，不与理。操后经州，或上表闻彻，恶心日盛"。杨师操能将争讼打到府州，乃至"上表"以闻，足见其谙熟国家行政层级及办事程序❹。

第一编讨论京畿乡村居民结构时亦提及，本区域近名利地之长

---

❶ 杜牧《唐故灞陵骆处士墓志铭》，吴在庆校注《杜牧集系年校注》，第 756 页。
❷ 《旧唐书》卷一八八《元让传》，第 4923 页。
❸ 《新·陕》叁，第 8 页。
❹ 《法苑珠林》卷六七《感应略》，第 2008 页。

安，相对喧嚣熙攘的坊市，又清幽放旷，为求取仕进的读书人之首选；尤其终南山浅山地带的村落中，文化人聚集，必然会对当地的文化与风俗产生影响。从《奉先县怀仁乡敬母村经幢》的树立来看，当地的读书人，前乡贡明经郭谓在乡村的集体奉佛活动中有所助力❶。而一些甚至连贡举资格都未取得的读书人，会选择在乡村学校中执教以谋生，据《唐会要·学校》载贞元三年右补阙宇文炫上言"请京畿诸县乡村废寺，并为乡学"❷，可推测在京畿乡村区域的乡学建设较为完备，应有大量的教员，扮演文化传播者的角色。

宗族在两汉魏晋是推助基层社会运转的最主要力量，然而在唐代京畿区域，宗族的社会作用并不明朗。上一编以京畿两大家族韦氏、杜氏为个案的探讨显示，二姓族人大量迁入城市，精英人士少有居于城南乡里者，仅在退职后的暮年回归，且主要着力于经营自家产业，在乡村共同体中为公益事业贡献不多。

京畿乡村近帝城，权豪富民列布畿内，《松窗杂录》有一则故事形象地揭示了京郊豪家之盛：

> 上自临淄郡王为潞州别驾，乞假归京师，观时晦迹，尤用卑损。会春暮，豪家子数辈盛酒馔，游于昆明池，选胜方宴。上戎服臂小鹰于野次，因疾驱直突会前，诸子辈颇露难色。忽一少年持酒船唱令曰："宜以门族官品备陈之。"酒及于上，因大声曰："曾祖天子，父相王，临淄郡王某也。"诸少年闻之，

---

❶ 《奉先县怀仁乡敬母村经幢》，贞元五年六月八日立，《关中石刻文字新编》卷二，《石刻史料新编》第1辑，第22册，第16993—16995页。现藏蒲城县博物馆。
❷ 《唐会要》卷三五《学校》，第741页。

惊走四散，不敢复视于车服。❶

　　林文勋、谷更有在讨论唐宋时期乡村基层控制时曾提出自唐代后半期"富民"阶层的崛起，逐渐在地方社会扮演关键性角色❷，在作为全国经济重心的长安，这种"富民"的数量相当多。如唐玄宗朝的长安富人王元宝，"玄宗问其家财多少，对曰：'臣请以一缣系陛下南山一树，南山树尽，臣缣未穷'"，以至于玄宗都不得不感叹："我闻至富敌至贵。朕天下之主，而元宝天下之富，故见耳。"❸

　　富民除专心经营致富外，也能为长安社会的运转提供一些助益，扮演正面的角色。如《开元天宝遗事》记长安富民王元宝、杨崇义、郭万金等以钱财资助赴京应举的"四方多士"，并网罗其于门下，"每科场文士集于数家，时人目之为'豪友'"❹。这客观上促进了长安科举文化的繁荣。唐前期关中地区自然灾害多发，京畿富民在赈灾中亦有贡献，史载，高宗咸亨二年（671），关中雍、同等州旱、饥，灾民往诸州逐食，雍州人梁金柱上奏，请出钱 3000 贯，赈济贫人❺。

　　但不得不遗憾地说，大部分的长安豪族富民在基层社会是为恶乡里的形象。唐人文学作品中屡屡出现横行长安城乡，出入娼家，对近畿治安与国家法律构成威胁的豪族形象，如骆宾王《帝京篇》

---

❶ 唐李濬撰《松窗杂录》，《唐五代笔记小说大观》下册，上海古籍出版社，2000 年，第 1214 页。

❷ 参读林文勋、谷更有《唐宋乡村社会力量与基层控制》上篇《唐宋"富民"阶层的崛起》，第 3—112 页。

❸ 唐李冗撰《独异志》卷中，萧逸校点，《唐五代笔记小说大观》，第 932—933 页。

❹ 王仁裕《开元天宝遗事》卷上"豪友"，唐宋史料笔记丛刊本，第 17 页。

❺ 《旧唐书》卷五《高宗纪下》，第 95 页。

"倡家桃李自芳菲,京华游侠盛轻肥",卢照邻《长安古意》描述豪侠:"挟弹飞鹰杜陵北,探丸借客渭桥西。俱邀侠客芙蓉剑,共宿娼家桃李蹊。"**❶**豪族具有相当的社会特权。如果以为诗文中的游侠恶少是固定叙事模式,则历任皇帝戒敕京畿官员的所谓"肃清权右"**❷**"慎乃出令,以惩强猾"**❸**"豪强勿恣"**❹**明晰地提示了豪富的负面角色及政府的应对措施**❺**。

豪强富民除了破坏京畿社会治安外,还通过求影庇、影占等,挂名中央诸司、诸军及相关机构,以获取免除课役的特权。这是对正常社会秩序的破坏,而在德宗贞元以后尤为严重,唐刚卯先生认为以纳课为途径隶属于诸军诸使诸司的主要是长安城内的坊市百姓与商人**❻**,实际上,畿内乡村民众占籍纳课的数量亦多。元和十五年(820)二月、长庆二年(822)三月穆宗所发诏、敕中提及"诸军诸使诸司人等,在村乡及坊市居铺经纪者,宜与百姓一例差科,不得妄有影占"**❼**,"应属诸军诸司诸使人等,于城市及畿内村乡店铺经纪。自今已后,宜与百姓一例差科,不得妄有影占"**❽**,针对的人群看起来是诸军诸司诸使人等,而实际寻求影庇的是在城市、乡村从事商业活动的富户。一直到大和三年(829)十一月文宗《南郊赦文》中仍提及:"如闻近年以来,京城坊市及畿甸百姓等,多属

---

❶ 分别见《全唐诗》卷七七、卷四一,第834、519页。

❷ 语出常衮《授孟皞京兆尹制》,《文苑英华》卷四〇六,第2057页。

❸ 语出常衮《授贾至京兆尹制》,《文苑英华》卷四〇六,第2058页。

❹ 语出玄宗《赐京畿县令敕》,《全唐文》卷三四,第377页。

❺ 参读葛承雍《唐京的恶少流氓与豪雄武侠》,《唐史论丛》7辑,西安:陕西师范大学出版社,1998年,第198—214页。

❻ 参读唐刚卯《唐代长安的纳课户》,《中国唐史学会论文集》,西安:三秦出版社,1991年,第190—202页。

❼ 《册府元龟》卷四八八《邦计部·赋税二》,第5836页。

❽ 《唐会要》卷七二《京城诸军》,第1536页。

诸军诸使诸司，占补之时，都无旨救，差科之际，顿异编氓，或一丁有名，则一户合免。"❶ 大泽正昭曾条梳有关影占的史料，指出影占者的身份包括：1. 邸店经营者，2. 盐商（茶、油、盐商人），3. 受委托经营官方资本的富民❷。京畿富民求影庇的不良影响很大，除了导致京畿及近辅州诸县户口凋敝，无民可领外，纳课户不向国家缴纳两税，也加剧了中晚唐的财政危机。

二　乡村的"外来有力者"及其角色

有着上百万人口的巨型都市长安的正常运转，是有赖周边的乡村给予各项支持的，城市中的精英——有力者的利益自然而然会扩张至乡村社会，我们不妨将这种现象称为城市的"溢出效应"（Spillover Effect）。❸ 正是由于这种"溢出"，使得京畿乡村社会的权力结构呈现出与外州县不同的格局，"在地有力者"之外，似乎还存在一个可称为"外来有力者"的势力群。称"外来"，他们不属于世代扎根乡里的原住民，多数也不居住在乡村，称"有力者"，虽不"在地"，他们在乡村区域却能发挥很大的影响，也有着切身的利益。爬梳史料，可归为京畿乡村外来有力者的人群，大概包括：1. 皇宗亲戚（诸王、公主、驸马、其他宗室、外戚等），2. 宠幸近臣，3. 宦官（中使、内官、五坊等使），4. 京职官

---

❶ 文宗《南郊赦文》，《全唐文》卷七五，第793页。

❷ 大泽正昭《唐、五代の"影庇"問題とその周辺》，《唐宋变革研究通讯》第2辑，2011年，第1—22页。

❸ 原为经济学名词，中古史学者近年将其引入城市史研究，用以说明郊外发展的动力来自城市内部，参魏斌《南朝建康的东郊》，《中国史研究》2016年第3期。

员及在京诸司，5.禁军、神策军将，6.宗教人士，基本可归为权贵势力。如同豪强富民，这些势力在乡村社会扮演的主要是负面角色，体现在以下两方面：

一是对京畿府县资源的侵夺。京畿地狭，长安城内更是寸土寸金，除了列宫城、皇城以迎帝王，布局宫署、造坊里以居住官员、百姓之外，没有足够的耕地和园林苑囿用地，城内的达官权贵争相到畿内经营庄园别业。官人在近郊拥有别庄的情况，已有许多学者梳理❶。需要说明的是国家允许京畿士庶隐逸山林❷，乃至建庄宅、寺宇于村邑❸（乡村区域），因而城内官人通过合法途径（帝赐、他人赠予、出资购置、职田等）获得乡村的土地，并不构成"侵夺"。

但实际情况是城内的王公、贵族常依仗权势，在府县大量强夺百姓耕作用地，如《朝野佥载》记中宗与韦后女安乐公主，"夺百姓庄园，造定昆池四十九里，直抵南山，拟昆明池。累石为山，以象华岳，引水为涧，以象天津。飞阁步檐，斜桥磴道，衣以锦绣，画以丹青，饰以金银，莹以珠玉。又为九曲流杯池，作石莲花台，泉于台中流出，穷天下之壮丽"。定昆池从京城南一直延伸到终南山，把长安城郊的山水资源都括入，极尽壮丽，后韦氏被剪，安乐公主以"悖逆之败，配入司农"，定昆池引得"每日士女游观，车马填噎"❹。

唐时关中平原农业、畜牧业发达，人口萃聚，号为天府。农田

---

❶ 详本书导言部分的学术回顾。

❷ 如 S.1344《唐开元户部格》残卷载敕："诸山隐逸人，非规避等色，不须禁断，仍令所由觉察，勿使广聚徒众。"《敦煌社会经济文献真迹释录》第 2 辑，第 487 页。

❸ 《唐会要》卷四八《寺》载大中五年正月诏："京畿及郡县士庶，要建寺宇村邑，勿禁。"第 1000 页。

❹ 《朝野佥载》卷三，程中毅、赵守俨点校《隋唐嘉话　朝野佥载》，北京：中华书局，1979 年，第 70 页。

的灌溉，人、畜饮用等需要消耗大量水资源，环绕长安的河流为区域用水之源。但由于都城选址于龙首原，地势高昂，欲引外周河流供给中心之长安，是违反水流就下的规律的，因此需要为周边河流修建渠道，在渠道上设拦水堰提高水位，以便引导水流灌溉农田，供给民生❶。然而，上述在乡村拥有田庄的外来有力者，为解决本庄用水，常在渠道上私造碾硙，借助水力加工小麦等粮食，造成供水主渠道中水资源的严重流失，甚至水位下降，无法顺利下行。从唐初开始，这种现象就十分严重❷，《通典》记高宗永徽六年，时任雍州长史长孙祥奏："往日郑、白渠溉田四万余顷，今为富商大贾竞造碾硙，堰遏费水，渠流梗涩，止溉一万许顷。请修营此渠，以便百姓。"❸从《唐会要》卷八九"硙碾"条记载来看，长安城东北的重要灌溉渠道郑白渠、三白渠上碾硙林立，其拥有者包括王公、郡主、寺观、诸僧等；玄宗开元九年，代宗广德二年、大历十三年，宪宗元和六年、八年，因京兆府、县官上奏，朝廷曾屡令拆除渠道上私家碾硙，或归府县收管❹。

京畿区域最核心的资源当属人力资源。依国家的行政统治理念，官员之外，划为民的社会阶层应被编入户籍，属京兆府县管辖，有为国家纳租税、服差科的义务；也就是说，这些人力资源是属于国家的，由行政机器代为统领。然而，在某一时段内享有极大权势地位的外来有力者可以私人之力动用国家资源。《旧唐书·李

---

❶ 关于唐代长安的渠道堰塞等水利工程建设，参考史念海《环绕长安的河流及有关的渠道》，《中国历史地理论丛》1996 年第 1 期；廖幼华《史书所记唐代关中平原诸堰》，史念海主编《汉唐长安与关中平原》，第 149—178 页。

❷ 参读西嶋定生《碾硙寻踪——华北农业两年三作制的产生》，《日本学者研究中国史论著选译》第四卷，韩昇译，北京：中华书局，1992 年，第 358—377 页。

❸ 《通典》卷二《食货二》，第 39 页。

❹ 《唐会要》卷八九《硙碾》，第 1924—1925 页。

义府传》记权倾高、武一时的重臣李义府为改葬其父于三原县太祖永康陵侧，兴师动众，"三原令李孝节私课丁夫车牛，为其载土筑坟，昼夜不息。于是高陵、栎阳、富平、云阳、华原、同官、泾阳等七县以孝节之故，惧不得已，悉课丁车赴役"。更有甚者，"高陵令张敬业恭勤怯懦，不堪其劳，死于作所"●。

中晚唐时期，京畿户口为有力者所侵夺的情况更为严重，这就是上节提到的影占纳课。李春润、唐刚卯、大泽正昭等先生都集中讨论过这一现象，大致以为其在安史之乱后出现，两税法以后尤重。概言之，就是正户民为军政部门影占，避开国家差遣，仅向挂籍的各该部门纳钱●。这种现象之所以会泛滥，有两方面的原因：一是上节讲到的，京畿社会的富民阶层财力充足，但不愿受国家差役，主动寻求挂籍诸军诸使诸司；另一方面，唐前期掌闲、骡骑、三卫、丁匠等诸色人纳资于国家，以特种色役的身份而不必服正役，而代宗大历十四年（779），国家将纳资权下放诸色人等服役之本司●，这使得在京诸司影占富民有利可图，而诸军军将允许军外之人挂籍，不仅可收取其代役金（课），又可得到朝廷发给正额官健的衣粮。可谓影占的主体、客体两相情愿。

影占京畿民户的主体包括：诸军（金吾、骡骑、左右龙武等六军、威远营，神策军），在京诸司（盐铁、度支、户部并所属仓、场、院，太常，中书门下，公主邑司等），诸使（中使、五坊等使），寺观，皆应归入京畿乡村的外来有力者。他们对人力资源的

● 《旧唐书》卷八二《李义府传》，第 2768 页。
❷ 参阅李春润《杂职和两税法后的代役纳课》，《中南民族学院学报》1985 年第 2 期；唐刚卯《唐代长安的纳课户》，《中国唐史学会论文集》，第 190—202 页；大泽正昭《唐、五代的"影庇"问题及其周边》，《唐宋变革研究通讯》第 2 辑，2011 年。
❸ 《文苑英华》卷四三四《减征京畿丁役等制》记"其掌闲、骡骑、三卫及桥堰丁匠等，如本诏令作，有司须征资并纳钱三千，米六斗"，第 2198 页。

影占，导致京畿府县乃至近辅州编户的大规模流失。晚唐文人孙樵在此区域经过后感叹，"今京兆二十四县，半为东西军所夺"，"籍占编氓"导致"居民百一系县"❶。为抑制影占，自贞元十年（794）京兆尹杨於陵请置挟名❷至唐亡前的乾符二年（875），朝廷不断颁布诏、令、制、敕治理影占问题，努力将纳课户收归府县色役❸。

其次，外来有力者在京畿乡村的活动对府县乡的行政秩序造成干扰。外来有力者与京畿乡村本地的富户豪强有着相似的负面性格，为害乡里，对区域治安和社会稳定构成破坏。如宝历元年（825）春正月南郊、改元的关键时刻，中使属下的五坊人竟然在鄠县境内殴打百姓❹。元和十三年（818），长安之贾人负五坊利息，五坊使久征不获，有一使名杨朝汶者，"遂取张陟私家簿记，有姓名者，虽已偿讫，悉囚捕，重令偿之。其间或不伏者，即列拷捶之具于庭。平民恐惧，遂称实负陟钱，互相牵引，系囚至数十百人"。❺长安城乡唯有府县官和街使、金吾等才有抓捕权，有宦官身份的五坊使不仅取民众私家簿记，亦滥行抓捕讯狱，气焰相当嚣张。

甚至是这些有力者的依附群体，亦能为恶。《大唐新语》记"邠王守礼部曲数辈盗马"，长安县的几任令、长竟"不敢按问，奴辈愈甚，府县莫敢言者"，至崔皎为长安令，方才"设法擒捕，群

---

❶ 孙樵《寓汴观察判官书》《兴元新路记》，《全唐文》卷七九四，第 8324、8327 页。

❷ 《旧唐书》卷一六四《杨於陵传》载其上奏："每五丁者，得两丁入军，四丁、三丁者，各以条限。"第 4293 页。

❸ 乾符二年《南郊赦》提及："东畿之内，留守影占最多。稍富者不拣，城外村中，尽有一虚名文牒，犯罪者亦称此名。府县若追，但行牒却取，事小则推勘了牒送，事重者则与勒停委留，切不得遮夺，免致斗伤。其在京诸司，亦仰各依此例，如被抑屈，但具奏闻。"《唐大诏令集》卷七二，第 403 页。

❹ 《通鉴》卷二四三敬宗"宝历元年"，第 7840 页。

❺ 《唐会要》卷五二《忠谏》，第 1066 页。

奴潜匿王家，皎命就擒之"❶。大中十年（856），宣宗朝外戚郑光庄园的庄吏"恣横，积年租税不入"，历任京兆尹不敢责，韦澳上任后方"执而械之"❷。

德宗泾师之变中，宦官领导下的神策军成为平叛的主要力量，由于护驾有功，为奉天定难第一功臣，很快取代朔方军成为唐廷新嫡系部队❸。此后，神策军权倾一时，出镇畿内诸县，通欠赋税，滥行捉捕、影占人户，不仅县令、京兆尹不敢责，连宰相亦为其所屈，《通鉴》记大和九年（835）薛元赏为京兆尹：

> 常诣李石第，闻石方坐听事与一人争辩甚喧，元赏使觇之，云有神策军将诉事。元赏趋入，责石曰："相公辅佐天子，纪纲四海。今近不能制一军将，使无礼如此，何以镇服四夷！"❹

外来有力者只有少数在京畿乡村扮演正面角色，如在终南山及畿内隐居修行的僧道高士。《续高僧传》载周武法难，京师高僧大德皆避地终南，"时椳梓一谷三十余僧"；而唐会昌灭佛，亦有大量僧众由京城转移至山林。他们在乡村修行，必然与当地居民发生联系，以佛教的感应故事淳化乡村风俗，并以斋会、福会的名义组织公共活动。《释普安传》记载隋唐之际终南山中居民行盗窃，为害乡川者甚多，如索头陀、凫西魏村张晖等，普安以华严之力震慑之；山中居民多苦于病痛，普安致力于为贫民疗疾，使昆明池北白

---

❶ 刘肃撰《大唐新语》卷四，许德楠、李鼎霞点校，北京：中华书局，1984年，第69页。
❷ 《通鉴》卷二四九宣宗"大中十年"，第8059页。
❸ 关于奉天之围中关内各派系军事力量的表现与神策军的最终崛起，参考李碧妍的论述，氏著《危机与重构——唐帝国及其地方诸侯》，第133—208页。
❹ 《通鉴》卷二四五文宗"大和九年"，第7922页。

村失音百日之老母病愈如常，帮助程郭村之程晖和起死回生，等等❶。这些善行都有利于基层社会控制的达成；但宗教人士之善行，最终目的乃在于传播教义。

三　皇权、官僚制与控制达成

第一、二节爬梳了唐代京畿乡村的权力格局，处于这一格局中的权力阶层大概包括皇帝（皇权）、中央及京畿地方行政系统及其官僚，在地有力者（非官方）以及外来有力者，他们在京畿社会的日常运转中相互牵引，形成复杂的权力格局。

这看似复杂格局的顶点正是皇权。理论上讲，皇帝授予官僚系统行政力，间接给予活动在乡间的耆老、豪族等以有力者的身份，而同时允许皇宗亲戚、近臣、宦官、禁军等作为代言人在畿内开展相关活动，终极目的皆是通过各种途径在乡村社会达成治理之局。但统治者的良法美意在基层执行中往往发生扭曲，如上文的梳理，在地有力者与外来有力者侵夺乡村资源、干扰乡里秩序，在基层控制中扮演了负面角色。尤其是外来有力者，不仅破坏京畿地方行政秩序，还利用侧近皇权的优势，寻求最高统治者庇护，影响公断。

不过有唐三百年的大部分时间，京畿乡村社会粗能平稳运转，这其中积极的、正面的推助力主要来自哪里呢？本书以为，与外州县乡村不同，这股推助力直接来自皇权与官僚制的共谋。

---

❶ 《续高僧传》卷二九《释普安传》，《大正新修大藏经》第 50 册，财团法人佛陀教育基金会，1990 年，第 681 页上。

可通过个案透视。至德二载，籍贯在富平县，身为禁军军将的王去荣以私怨擅杀本县县令杜徽，当处死刑，肃宗惜之，以其善放抛石，能守城邑，特赦免死，令以白衣于陕郡效力，敕未即行下，"上下其事，令百官议之"，御史中丞崔器、太子太师韦见素、中书舍人贾至等高层官僚围绕王去荣杀人案展开了大讨论**❶**，崔器以"杀本部县令，而陛下宽之，王法不行，人伦道屈。臣等奉诏，不知所从"规劝**❷**；贾至提示肃宗欲整治辇毂，应自约其法，"今之律令，太宗之律令也，陛下不可惜小才而废祖宗之法也"。**❸** 在官僚体系及律令制的规矩下，王去荣终得其罚，畿内司法得到维护。

元和中，京兆尹许孟容欲惩治假长安富人钱三岁不偿的左神策军吏李昱，禁军"冤诉于上"，宪宗祖护禁军，"命中使宣旨，令送本军"，作为京畿地方官的许孟容奉公执法，不释放罪人，向皇帝表明决心："臣诚知不奉诏当诛，然臣职司辇毂，合为陛下弹抑豪强，钱未尽输，昱不可得。"宪宗最终"嘉其意，乃许之"**❹**。此后十年，畿内又发生五坊使杨朝汶因债务私捕贾人及债主，自行拷打的恶性事件，府县官不能治；御史中丞萧俛、宰臣裴度、崔群累上疏陈其暴恶，宪宗皇帝一开始采取回避态度，言"且欲与卿等商量用军，此小事我自处置"，裴度据理力争，"用兵小事也，五坊使追捕平人大事也。兵事不理，只忧山东；五坊使横暴，恐乱辇毂"，宪宗始不悦，后来醒悟，"召五坊使数之曰：'向者为尔使吾羞见宰臣。'遂杖杀之"。**❺**

---

❶ 参《通鉴》卷二一九肃宗"至德二载六月"条的记载，第 7144 页。

❷ 崔器《将军王去荣杀人议》，《全唐文》卷三三一，第 3356 页。

❸ 贾至《论王去荣打杀本部县令表》，《全唐文》卷三六七，第 3733—3734 页。

❹ 《旧唐书》卷一五四《许孟容传》，第 4102 页。

❺ 《唐会要》卷五二《忠谏》，第 1066 页。

为抑制王公、寺观等势力对京畿县乡水利资源的侵夺，唐代国家以行政力，通过颁布律令或行水规则进行规范（如《水部式》），但并未有效遏制京畿水资源径入豪家的境况；为此，如刘仁师这样的县官选择诣宰执、皇帝控诉，使得朝廷屡令拆除水渠上私家碾硙，或归府县收管❶。其中大历年间在清理京畿白渠上王公之家私立碾硙时，涉及代宗爱女昇平公主的两轮硙，公主诉于上，乞留，"上曰：'吾为苍生，尔识吾意，可为众率先。'遂即日毁之"。❷

上述事例中的宦官、军将、公主等与皇帝之间构筑了"信—任型君臣关系"❸，具体争端发生时，皇帝常易陷于感情因素，而一时无法给以公断；但经代表国家行政力的中央、府县官的提醒，最终能跳出私人感情，以"理性人"（rational people）❹ 的判断，在恩幸、私欲与国家公益之间做出抉择。上述皇权／国家权力与官僚制之间的相互依赖，互为钳制，是内嵌于帝制中国的一种自上而下的政治支配形式——君主官僚制❺ 的具体演绎。

❶ 《唐会要》卷八九《硙碾》，第 1924—1925 页。
❷ 《唐会要》卷八九《硙碾》，第 1925 页。
❸ "信—任型君臣关系"是侯旭东探讨西汉一朝君臣关系所提出的语汇，这里借用之，参氏著《宠：信—任型君臣关系与西汉历史的展开》，北京师范大学出版社，2018 年。
❹ 这里借用经济学的假定，即每一个从事经济活动的人所采取的经济行为都是力图以自己的最小代价去获得最大经济利益，这同样适用于政治学领域。
❺ "君主官僚制"，这里采纳周雪光的定义，指中国历史上皇权与官僚权力共生的支配模式，参周雪光《国家治理逻辑与中国官僚体制——一个韦伯理论视角》，《开放时代》2013 年第 3 期。

第 10 章

京畿乡里的户口控制
——以唐前期为中心

上文钩沉了唐政府对京畿乡村开展基层控制的层级与格局，现以户口控制为例，探讨国家指令如何贯彻至乡里社会。唐制"诸户以百户为里，五里为乡，四家为邻，（三）〔五〕家为保"❶，官方正是要通过乡里邻保网络，将民户紧紧附着于土地，防止流亡。在帝国心脏地带——京畿，安辑户口成为统治者对基层官员的首要要求。武周长安三年（703）"太后召（张）易之弟岐州刺史昌期，欲以为雍州长史"，遭到宰相反对，最主要的理由是"昌期少年，不闲吏事，向在岐州，户口逃亡且尽"，"太后默然而止"❷。而泾阳令韦涤则因辖内户无流亡的政绩，受到德宗皇帝特别的褒奖❸。

一 户口迁移之禁与开禁

唐前期，京畿在全国的政治、军事版图上有举足轻重的地位，

---

❶ 杜佑撰《通典》卷三《食货三》"乡党"条，王文锦等点校，第 63—64 页。
❷ 《通鉴》卷二〇七《则天皇后》，第 6563 页。
❸ 德宗《褒泾阳令韦涤诏》，《全唐文》卷五一，第 560 页。

既是天子所居、中央行政官署衙门列布，且归于十二卫名下的全部府兵兵力皆按道里远近，分番宿卫中央。京兆府辖内折冲府密布，数目达131府之多，重兵布列❶。统治者采取守内虚外的"关中本位"政策，也体现在对京畿乡里人口的控制上。唐《户令》有所谓的"乐住之制"，《唐六典》卷三"户部郎中员外郎"条载："乐住之制：居狭乡者，听其从宽；居远者，听其从近；居轻役之地者，听其从重。"❷ 所谓的宽狭之分，唐开元二十五年（737）令规定，"其州县界内所部受田，悉足者为宽乡，不足者为狭乡"❸，依唐《田令》民户受田标准为二十亩永业，八十亩口分❹，但实际往往不足此数。"乐住之制"强调百姓可由狭乡往宽乡，由边远徙中心，从役轻之地迁入役重之地。

京畿地区为狭乡，人均耕地面积远远达不到田令规定，依"乐住之制"，则畿民可就宽乡。唐初也发生过这样的案例，贞观年间，唐太宗巡京兆新丰县之零口，见其"村落偏侧"，受田严重不足，乃"诏雍州录尤少田者，给复，移之宽乡"❺。但关中民户徙宽乡之议，从一开始就遭到京畿官员的反对。贞观初，"陕州刺史崔善为上表曰：'畿内之地，是谓殷户，丁壮之民，悉入军府。若听移转，便出关外，此则虚近实远，非经通之义。'其事遂止。"❻ 为了"实关中"，形成举重驭轻的局面，京畿的人口外迁被禁止。禁令曰：

---

❶ 参考蒙曼《唐代前期北衙禁军制度研究》，北京：中央民族大学出版社，2005年，第20—35页；关于京兆府下折冲府名，参阅森部丰《唐京兆府内折冲府地理分布的初步研究》，史念海主编《汉唐长安与关中平原》，第359—380页；张沛《唐折冲府汇考》，西安：三秦出版社，2003年。

❷《唐六典》卷三《尚书户部》，第74页。

❸《通典》卷二《食货二》"田制下"引，第29页。

❹《通典》卷二《食货二》引"大唐开元二十五年令"，第29页。

❺《册府元龟》卷四二《帝王部·仁慈》，第477—478页。

❻《唐会要》卷八四《移户》，第1840页。

"畿内诸州不得乐住畿外，京兆、河南府不得住余州。其京城县不得住余县，有军府州不得住无军府州。"❶

有两种主要因素可能导致畿内民户自发向关外移动：一是京畿地狭，民口受田不足，又常为权势之家侵夺，失去土地的农人只有脱离户籍，寻找与新的土地再结合的机会；二是唐前期关中粮食供给严重不足，又常发生旱情与饥荒，山东、江南向关中输送粮食的渠道并不畅通，为此，皇帝不得不频频带领百官至洛阳就食❷。其实，京畿贫民大规模外出就食的底层流动，更为显眼。高祖未克天下时就曾下令疏散部分京师居民往剑南诸郡就食❸。贞观元年（627），"关内六州及蒲、虞、陕、鼎等复遭亢旱，禾稼不登，粮储既少，遂令分房就食"❹，有许多民户流亡商、邓，得到邓州刺史陈君宾的良好安置；转年，太宗亲下诏劳赏陈君宾❺。高宗时关中水旱频发，民出就食更为频繁，咸亨元年（670），"天下四十余州旱及霜虫，百姓饥乏，关中尤甚，诏雍、同、华、蒲、绛五州百姓乏绝者，听于兴、凤、梁等州逐粮"❻；永淳元年（682）六月，"国中

---

❶ 《唐六典》卷三《尚书户部》，第74页。

❷ 陈寅恪认为："夫帝王之由长安迁居洛阳，除别有政治及娱乐等原因，如隋炀帝、武则天等兹不论外，其中尚有一主因为本章所欲论者，即经济供给之原因是也。……故自隋唐以降，关中之地若值天灾，农产品不足以供给长安帝王宫卫及百官俸食之需时，则帝王往往移幸洛阳，俟关中农产丰收，然后复归还长安。"氏著《隋唐制度渊源略论稿》，第162页。

❸ 《册府元龟》卷四八七《邦计部·迁徙》记高祖为唐王时下令："比年寇盗，郡县饥荒，百姓流亡，十无一存一，贸易妻子，奔波道路，虽加周给，无救倒悬。京师仓廪，军国资用，罄以恤民，便阙支拟。今岷蟠款服，蜀汉沃饶，闾里富于猗陶，菽粟同于水火。……外内户口见在京者，宜依本土宽令以下，下官年领，就食剑南诸郡，所有官物，随至禀给，明立条格，务使稳便，秋收丰实，更听进止。"第5820页。

❹ 《旧唐书》卷一八五上《良吏传·陈君宾》，第4783—4784页。

❺ 太宗《劳邓州刺史陈君宾诏》，《全唐文》卷九，第105—106页。

❻ 《册府元龟》卷一四七《帝王部·恤下第二》，第1777—1778页。

大饥，蒲、同等州没徙家口并逐粮，饥馁相仍，加以疾疫，自陕至洛，死者不可胜数"❶。

这种大规模的迁徙逐粮，统治者希望灾荒结束后，流民能悉归原籍，但实际上极有可能导致畿内人口流亡不归。贞观初，"频年霜旱，畿内户口，并就关外，携负老幼，来往数千"，尚能"无一户逃亡，一人怨苦"❷。到高宗时，就食不归的情况屡有发生，故永淳关辅大饥，高宗令贫人散于商、邓逐食，时任雍州长史李义琰有"黎人流转，因此不还"之虑，"固争之"，由是忤旨。❸ 值得注意的是，高宗对于民户悉数归还，似乎很有自信，放开了国家的外迁之禁。尽管畿内人多地狭，赋税繁重，京畿民户似乎也不太愿意离乡土远徙。《唐（七世纪后期）判集》记，虽然"雍州申称地狭"，"每经申请，无地可给"，民户"其人并是白丁卫士，身役不轻"，但"即欲迁就宽乡，百姓情又不愿"❹。为什么会是这种情况？除安土重迁观念外，生产成本恐怕也在百姓考虑之内，试想京畿农户宁可在核心区精耕细作，也不大可能抛弃原有的基础，贸然至外州县谋发展。故而，唐朝前期官方京畿民户外迁之禁，在群众中也有相当基础。

户口外迁之禁约，由统治者制定，但也由其打破。长安与洛阳为唐王朝之东西两京，由于隋末唐初的动乱，导致洛阳一带人口流失，"茫茫千里，人烟断绝"（魏征《谏封禅事》）❺，属地广人稀之宽乡，而同时积天下之粟，为全国之经济重心，"长安府库及仓，

---

❶ 《旧唐书》卷三七《五行志》，第 1353 页。

❷ 魏征《十渐疏》，《全唐文》卷一四〇，第 1420 页。

❸ 《旧唐书》卷八一《李义琰传》，第 2757 页。

❹ 唐耕耦、陆宏基编《敦煌社会经济文献真迹释录》第 2 辑，第 601 页。

❺ 《唐会要》卷七《封禅》，第 95 页。

庶事空缺，皆籍洛京"❶，正可吸纳大量无地、少地的民户，但唐初诸帝秉承关中本位政策，虽至就食巡幸，事毕后旋返长安。

到武则天时，情况发生了逆转，武氏欲建立以洛阳为中心的周政权以取代唐祚，故有意营建神都，提高其政治地位，其执政22年，20年在洛阳，仅在长安年间短暂返京❷。在尊洛阳思想指导下，天授二年（691）七月，武后"徙关外雍、同、秦等七州户数十万以实洛阳"，对于京畿愿意徙往洛阳的民户给予各种优惠，"雍州旧管及同、太等州，土狭人稠，营种辛苦，有情愿向神都编贯者，宜听，仍给复三年。百姓无田业者，任其所欲。即各差清强官押领，并许将家口自随，便于水次，量给船乘，作般次进发，至都，分付洛州受领、支配安置讫，申司录奏闻"，"卫士杂色人等，并限百日内首尽，任于神都及畿内怀、郑、汴、许、汝等州附贯。给复一年，复满便依本番上下。其官人百姓，有情愿于洛、怀等七州附贯者，亦听"。武氏还对京畿州县的行政建制进行调整❸。这一徙民之诏，虽云取百姓自愿，实则难免强制，由京畿流向洛阳民户达十万之众，诚可谓唐前期京畿民户的一次最大规模迁移。朝臣对这次移民的目的颇为警觉，多以劳民为由，劝止此事，如徐坚在《请停募关西户口疏》中说，徙民的过程，"使者强送，傀偬进途，一人怨嗟，或伤和气，数千余户，深宜察之……"建议令雍、同等州已先在洛阳的工商户检括附籍；而"差定陪郭者"，则"各任还贯"❹。

---

❶ 《唐会要》卷二七《行幸》载武周洛阳县尉杨齐哲上书，第602—603页。
❷ 关于武周对洛阳、长安的定位，参考朴汉济《武则天和东都洛阳——试论武则天长期居住在洛阳的原因和都城构造的变化》，赵文润、李玉明主编《武则天研究论文集》，太原：山西古籍出版社，1998年，第11—20页；李永《武则天对长安的经营——以西京留守为中心》，北京师范大学博士学位论文，2012年。
❸ 武后《置鸿、宜、鼎、稷等州制》，《唐大诏令集》卷九九，第498—499页。
❹ 徐坚《请停募关西户口疏》，《全唐文》卷二七二，第2765页。

武周这次出于政治目的的移民，实际上打破了唐前期京畿不得迁移的旧有法令，为乡里户口控制弛禁之滥觞[1]。

但京畿户口外迁之开禁，并非随其后[2]。接着，武周朝开始了大规模检括浮逃户行动，证圣元年（695）凤阁舍人李峤上表，极陈全国逃户问题之严重，提出解决问题的可行性办法，主张中央直接派御史进行括户，并希望在实际执行时权衡变通，特别提及："所谓权衡者，逃人有绝家去乡，离失本业，心乐所在，情不愿还，听于所在隶名，即编为户。夫顾小利者失大计，存近务者忘远图，今之议者，或不达于变通，以为军府之地，户不可移，关辅之民，贯不可改；而越关继踵，背府相寻，是开其逃亡，而禁其割隶也。"[3]正说明，畿内移畿外，有军府州徙无军府州之禁，在当时依然存在并发挥效力。在随后长安三年（703）、玄宗开元九年至十三年（721—725）括户中，中央放弃了强迫逃户返回原籍的不现实做法，允许有田产之客户随"所在编附"，而一小部分人归本贯，这部分人来自"两州"[4]。这正说明，畿内户口迁移之禁至宇文融括户时仍顽强保留着。

然而，从地方括户进行的实例看，宇文融团队在具体案例处理时，已非如其宣称，倾向于全国统一标准，即外逃之浮逃户皆可于当地附贯，这等于默许了京畿乡里民户的外迁。比如吐鲁番出土

---

[1] 冻国栋指出，天授二年的迁徙打破了李唐皇朝京畿人口勿外徙之令，氏著《唐代人口问题研究》，武汉大学出版社，1993 年，第 251 页。

[2] 冻国栋以为对京畿之民的严格控制大致在开元时渐松，氏著《唐代人口问题研究》，第 243 页。

[3] 《唐会要》卷八五《逃户》，第 1850—1851 页。

[4] 《唐会要》卷八五《逃户》载开元十八年裴耀卿上奏，1853 页。"两州"，孟宪实以为即指京兆、河南府，见所撰《唐代前期的财政供职》，吴宗国主编《盛唐政治制度研究》，上海辞书出版社，2003 年，第 176—211 页；又可看同作者《唐前期括户研究》，北京大学硕士学位论文，1998 年。

《唐开元二十一年（733）西州都督府案卷为勘给过所事》中，有一份讯牒记载因过所遗失而被讯问的京兆人蒋化明之辩辞："化明辩：被问先是何州县人？得共郭林驱驴？仰答。但化明先是京兆府云阳县嵯峨乡人，从凉府与敦元暕驱驮至北庭。括客，乃即附户为金满县百姓。为饮贫，与郭林驱驴伊州纳和籴。"蒋化明为京畿乡民，由于未知原因先逃亡至凉州，又为郭姓地主驱驮至北庭，在北庭遇到括客，身为京兆人，却没有返回原籍，而是就地"附户为金满县百姓"❶。

另一例子见于敦煌写本《燕子赋》，赋文讲述了浮客户燕子夫妇辛苦营得之房舍被土著户雀儿霸占，燕、雀向百鸟之王的凤凰投诉，最后得以公断的故事。虽为文学作品，反映的却是现实制度与生活，作者用拟人手法，将燕子夫妇比作"浮逃户"，以雀儿为在籍"课户"之代表。朱雷先生对此有精到的分析❷。值得注意的是，在乙种写本中，雀儿曾恐吓燕子"问君行坐处，元本住何州？宅家今括客，特敕捉浮逃；黜儿别设诮，转急且抽头"，而作为客户的燕子竟毫不亏怯，"不由君事落荒（谎）。大宅居山所，此乃是吾庄"，并大方地承认"本贯属京兆，生缘在帝乡。但知还他窟，野语不相当。纵使无籍贯，终是不关君"，认为"我得永年福，到处即安身"❸。这说明，京畿乡里民众的外迁，不仅得到各级统治者默许，其迁出后"随处安身"，不必返回本贯，已经成为全国各地民

❶ 《吐鲁番出土文书》（图录本）肆，北京：文物出版社，1996年，第291页。

❷ 参见氏著《敦煌两种写本〈燕子赋〉中所见唐代浮逃户处置的变化及其他——读〈敦煌变文集〉札记（一）》，原载唐长孺主编《敦煌吐鲁番文书初探二编》，武汉大学出版社，1990年；收入《朱雷敦煌吐鲁番文书论丛》，上海古籍出版社，2012年，第301—326页。

❸ P.2653《燕子赋之二》，录文参照黄征、张涌泉校注《敦煌变文校注》，北京：中华书局，1997年，第413页。

众共知的处理通例。随着时代发展与社会变迁，唐初统治者基于理想状态制定的京畿乡里人口流动之禁，再也无法固守了。

由以上梳理可知，唐前期，政府秉持守内虚外，"实关中"之理念，禁止畿内人口外迁，但面对人均受田不足，粮食供应欠缺等严重的经济、社会问题，从武周天授二年在长安—洛阳间调整人口开始，至玄宗开元中，统治者对京畿户口控制渐松，直至允许畿内逃户就地附贯。

二　京畿乡里的客户与括户

唐长孺先生认为，所谓"浮客"的涵盖范围十分广泛，不仅指豪强土地上的佃家、居地不编户贯的逃亡者，还包括通过买卖或开垦荒地而获得小块土地的自耕农、流入城市的商贩和待雇的佣作、无固定职业的游食等❶，如此恰可概括京畿乡里客户的类型。

唐代京畿乡里不附籍的流寓人口远较外地为多，《长安志》记："长安县所领四万余户，比万年为多，浮寄流寓，不可胜计。"❷ 最根本性原因在于京畿地狭，大量人口无法与土地结合，只能做无根之浮动。依唐令，均田制下一个普通民众应受田百亩。但据汪篯研究，唐人占田数一般都不满百亩，尤其是在京畿地区❸。还是在唐初，太宗至新丰县零口，"问其受田，丁三十亩"。❹《旧唐

---

❶ 唐长孺《唐代的客户》，氏著《山居存稿》，中华书局，2011 年，第 133—170 页。

❷《长安志》卷一〇，《长安志　长安志图》，第 337 页。

❸ 汪篯《唐代实际耕地面积》，收入氏著《汪篯隋唐史论稿》，北京：中国社会科学出版社，1981 年，第 67 页。

❹《册府元龟》卷四二《帝王部·仁慈》，第 477—478 页。

书·袁高传》记安史乱后，朝廷"委京兆府劝课民户，勘责有地无牛百姓，量其地著，以牛均给之。其田五十亩已下人，不在给限"，袁高奏请"圣慈所忧，切在贫下。有田不满五十亩者尤是贫人，请量三两家共给牛一头，以济农事"❶，正说明京畿贫农有田不满50亩的情况甚为常见。《唐（七世纪后期）判集》揭示雍州地狭的情况，"少地者三万三千户，全无地者五千五百人"❷，无地农民只能寻找其他手段谋生，比如租佃地主富户土地耕种、缴纳高额地租（京畿乡村密布的官人庄园里，有许多庄客佃食），或者到城市、近郊从事手工业劳动；或者逃亡到宽乡。韩愈笔下的圬者王承福就是典型例证，"世为京兆长安农夫。天宝之乱，发人为兵，持弓矢十三年，有官勋，弃之来归，丧其土田，手镘衣食，余三十年"，因从军逾期，归来田宅全无的长安农人王承福只能到长安市上当泥瓦匠❸。另长安通化门外为车工聚集之所，这些车工很多是乡里失去土地的劳力❹。长安城内还有"客户坊"，居住相当数量流动人口❺。

无论佃户、商人、手工业者、逃户，皆不著名于民户籍，不便于国家掌握。为此，国家曾采取一系列措施解决京畿乡里的客户问题：首先是严格括检浮逃户。武周长安三年、玄宗开元中两次括户，并同时察色役伪滥，勘验无主田地。关于两次括客在地方的实施，借助敦煌文书《长安三年三月括逃使牒并敦煌县牒》，我们得以了解河西地方的括逃事务进展情况❻；但在京畿乡村实施效力

---

❶ 《旧唐书》卷一五三《袁高传》，第4088页。

❷ 唐耕耦、陆宏基编《敦煌社会经济文献真迹释录》第2辑，第601页。

❸ 韩愈《圬者王承福传》，屈守元、常思春主编《韩愈全集校注》，第1448—1449页。

❹ 《太平广记》卷八四"奚乐山"条，出《集异记》，第541—542页。

❺ 参看李永《〈唐摭言〉所见唐长安城"客户坊"小考》，《史学史研究》2012年第1期。

❻ 小田义久主编《大谷文书集成》第1卷，京都：法藏馆，1984年，第105—106页。

如何，史籍几无记载。仅知宇文融括户派出的近 30 名劝农判官中，有 11 位是京畿诸县的县尉、主簿❶。虽然他们是至外州县工作，但起码说明两点：第一，京畿的基层官员对于括客工作极为支持，做出了相当的贡献；第二，京畿应当是括户的重点区域，畿尉群体有处理浮逃户的工作经验。

再细检史料发现，《太平寰宇记》在述雍州属县建制时，保留了唐代京畿括户的第一手材料，卷二七雍州"乾祐县"条："（旧三乡，今四乡。）本汉洵阳县地。唐万岁通天元年分丰阳县及招谕、左绵等谷逃户以置安业县。景龙三年改属雍州。景云元年复隶商州。乾元元年改为乾元县，仍属京兆府。寻又归商州。汉乾祐二年又属京兆，便以年号名县。"❷ 从中可知，在长安三年括户之前，京畿乡村的户口检括活动就已经开始进行。万岁通天元年（696），有置新县以安置逃户之举，即京畿领全国括客之先，早在全国范围括户前，京畿基层官员已积累了丰富的户口管控经验。开元十一至十二年，京畿经验推广全国。

这段材料还展现了京畿括户的举措。《寰宇记》之乾祐县（安业县）在终南山之中，贾岛（779—843）有《题安业县》诗："一山未了一山迎，百里都无半里平。宜是老禅遥指处，只堪图画不堪行。"❸ 描述县境之崎岖难行。由于山区偏远，自然条件恶劣，王化

---

❶ 《通典》卷七《食货·历代盛衰户口》（第 151 页），《唐会要》卷八五《逃户》（第 1851—1852 页）都详细记载了劝农判官的名单，关于劝农判官群体的分析，参看山内敏辉《宇文融の括戸の組織構造について》，《東洋史苑》34・35，1990 年；《宇文融の括戸における勧農判官の群像——貴族制社会再編への一視点として》，《東洋史苑》42・43，1994 年。

❷ 乐史撰《太平寰宇记》，王文楚点校，第 586 页。

❸ 《全唐诗续补遗》卷五，出《关中胜迹图志》二五《商州地理》，《全唐诗》，第 10657 页。

难及，力求规避赋役的京畿民户常选择逃亡至此❶。朝廷在南山招谕、左绵等谷口展开了细密的户口检察活动，检出之南山逃户新编县乡安置，可见数量之多。鲁西奇认为，新乡应是按南山中的谷口编排，一谷一乡❷。

---

❶ 孟宪实先生提示，从全国范围看，逃户应主要涌入宽乡、山区，而在京畿狭乡内部，人口存在着由秦岭以北平原向秦岭山区的逃亡。

❷ 鲁西奇《新县的置立及其意义——以唐五代至宋初新置的县为中心》，《唐研究》第 19 卷，2013 年，北京大学出版社，第 155—232 页。

第四编

生活世界

第 **II** 章

家计共田园❶
——京畿乡村民众的经济生活与生计

霍布斯鲍姆（Eric Hobsbawm）曾提出一种"自下而上的历史"观（history from below），希望从民众的立场重新审视国家与权力，审视政治经济与社会体制的变化❷；作为英国新社会史学派的代表性理论，这与 20 世纪 80 年代在欧洲崛起的微观史学研究相呼应，共同把社会史的研究路径从大的社会群体和宏观的社会形态演进、社会转型研究，扭转为注意历史上的"当事人"，强调个人（个性）、独特性和突发事件。

中国史研究中亦有类似的省思。近年来在相关学者提倡下，传统的政治史、制度史研究之外，社会史领域的日常生活史、区域社会与宗族研究方兴未艾，亦影响了唐史学界。张广达先生在回顾近百年唐史研究路径时提出，已往研究唐代社会缺少对社会下层的考察，对人数众多、文化层次与社会地位较低的平民百姓着眼甚少，

---

❶ 唐杜荀鹤《题田翁家》："田翁真快活，婚嫁不离村。州县供输罢，追随鼓笛喧。盘飧同老少，家计共田园。自说身无事，应官有子孙。"《全唐诗》卷六九一，第 7930 页。

❷ Eric Hobsbawm，"On History from Below"，*On History*，New York：The New Press，1997，pp. 201-216.

"与研究唐代诗人的雅文化相比，对社会下层的俗文化的研究显得非常欠缺"，期冀"今后将会有人填补这些社会史的空白"❶。黄正建先生总结反思已往的唐人生活史研究，都是将政治、经济、民族、宗教、风俗、文物、科技等各领域有关物质、文化生活者分别介绍，很少将"日常生活"作为独立研究对象，叙事大多以"物"为中心，没有"人"的生活痕迹❷。

现存的唐代生活史、风俗史研究著作，即使力求以"人"为中心，也由于材料之局限，多谈王公贵族、士大夫阶层的生活；平民之"人伦日用"，还是一副相当模糊之图景。只有个别学者尝试贴近农民的日常经济生活，讨论农人的税役，或做精细的个案分析，估算农民家庭的收支。如韩国磐借助大谷文书《唐天宝二年交河郡市估案》提供的物价信息，对一户小农家庭一年的收入、纳税、消费用度情况进行量化，指出农民的收入仅够供给食用、衣着的一半，还有将近一半的费用无着落，佃农生活更苦❸。王士立透视了贞观年间农民生活状况❹，陈国生对天宝时关中农民上缴丁粮数目进行了估算❺。杨希义重点讨论了关中人民的赋役负担❻，陈仲安则关注两税法实行后，唐后期农民赋役的新变化❼。晚近的研究更具

❶ 张广达《关于唐史研究趋向的几点浅见》，胡戟主编《二十世纪唐研究》前言，北京：中国社会科学出版社，2002年，第4页。

❷ 黄正建《关于唐代日常生活史研究现状的思考》，《中国社会科学院院报》2004年9月14日第3版。

❸ 韩国磐《唐天宝时农民生活之一瞥——敦煌吐鲁番资料阅读札记之一》，《厦门大学学报》1963年第4期。

❹ 王士立《对贞观年间农民生活状况的初步探讨》，《河北师范大学学报》1983年第1期。

❺ 陈国生《天宝时关中农民上交丁粮考》，《中国历史地理论丛》1994年第4期。

❻ 杨希义《唐代关中人民的赋役负担》，《西北大学学报》1984年第4期。

❼ 陈仲安《试论唐代后期农民的赋役负担》，《武汉大学学报》1979年第2期。

有综合性，学者尝试对唐代中等收入农家的各项经济指标进行全面估算，但具体到小农家庭的户口数、户均耕地数、亩产量、纳税总额等各项数据，计算方法与结果各不相同❶。迄今为止，学界对于唐代农民家庭的经济状况究竟是入不敷出，是收支相抵，还是有所盈余，尚未形成一致的看法。

相比之下，李伯重所考察的六朝至隋唐江南农户年生产总值、户均赋税、年净产值等情况，要明晰许多❷；毛汉光借助出土文书对北朝至唐五代敦煌吐鲁番地区居民生产形态、分配田亩数、亩产量、生存权的研究，结论亦扎实可信❸。这些示范性研究提示我们，对唐代家庭收支的估算浮动、误差较大是由于没有插入时间与地域的限制因素，前一因素有些学者已注意到，在研究中对时间进行了限定❹，而问题实出于后者。

中国区域辽阔，所谓的华北、江南、关中、岭南，唐时分属各道，其社会、经济、文化、民俗各不相同，欲探求小农家庭的生计，尝试收缩空间边界，进行区域史下的家庭案例研究，更具可操作性和实际意义。中古以降，区域社会史研究者多钟情"江南"，然而正如有的学者指出的，不能把中国历史写成江南的扩大面❺；有唐三百年，虽然安史之乱后大规模的移民潮导

---

❶ 参读张安福《唐代农民家庭经济研究》，北京：中国社会科学出版社，2008 年；张国刚《唐代农村家庭生计探略》，《中华文史论丛》2010 年第 2 辑。

❷ 李伯重《唐代江南农业的发展》，北京大学出版社，2009 年，第 145—192 页。

❸ 毛汉光《敦煌吐鲁番居民生存权之个案研究》，原载项楚、郑阿财主编《新世纪敦煌学论集》，成都：巴蜀书社，2003 年，收入氏著《中国人权史·生存权篇》，桂林：广西师范大学出版社，2006 年，第 269—293 页。

❹ 如讨论农民赋役负担，前期与中后期有很大不同。

❺ 常建华《跨世纪的中国社会史研究》，氏著《观念、史料与视野：中国社会史研究再探》，北京大学出版社，2013 年，第 9—12 页；夏明方《什么是江南——生态史视域下的江南空间与话语》，《历史研究》2020 年第 2 期。

致江南的开发，但关中、中原区域始终是立国之根基；都城长安所在的京畿地区，"百役所出"❶"赋敛尤重"❷，已成为帝国日常统治中绕不开的难题。在这种背景下，近畿乡村普通农人的生产、生活状况究竟如何？让我们来走近这样一户京畿小农家庭以做观察。

一　一户标准小农家庭模型的构建

要数字化地精准摹写乡村农人的家计与生活，必得先有一个农民家庭模型。由于唐代长安基层社会运转产生的籍帐、授田文书等资料无存，我们只能尝试虚构，但非纯然空想，可以敦煌吐鲁番文书所见西北地区的家庭组成为参照。

首先，这是一户小农家庭。据相关研究，唐代的农民家庭大致可分为三类，一是乡村地主、庄园主和富庶农户；二是简单的自耕农和半自耕农，通过耕种自己的土地及其他经营，能够维持基本生活；三是佃种他人土地或通过雇佣劳动来养家糊口的贫农❸。在京畿乡村，由于存在大量的公廨田、官员职田等，抑配百姓佃种，佃农数量不少，但本章所言小农家庭，应以第二类即自耕农、半自耕农为主，约略对等于唐代九等户制划分中的下上、下中户（七等至九等）。

这类家庭的一般特点是：1.必拥有一定数量的土地以耕种。杨

---

❶ 玄宗《自东都还至陕州推恩敕》，《全唐文》卷三五，第 390 页。
❷ 代宗《改元大历赦文》，《全唐文》卷四九，第 544 页。
❸ 张国刚《唐代农村家庭生计探略》文。

际平认为，唐代占地 20—130 亩可看作自耕农❶，京畿乡村小农家庭的垦田耕地数目，下文将有估算。

2.有一定数量的剩余资财，包括有房舍、园宅、牛等，作为扩大再生产的储备，这类家庭的财产状况，可参照吐鲁番文书《唐开元二十一年（733）西州蒲昌县定户等案卷》中残留的四户下上户之情况：

18　户韩君行年七十二 老　部曲知富年廿九　宅一区　菜园坞舍一所

19　车牛两乘　青小麦捌硕　床粟肆拾硕

20　户宋克儁年十六 中　婢叶力年卅五 丁　宅一区　菜园一亩　车牛一乘

21　牸牛大小二头　青小麦伍硕　床粟拾硕

22　户范小义年廿三 五品孙　弟思权年十九　婢柳叶年七十 老　宅一区

23　床粟拾硕

24　户张君政年卅七 卫士　男小钦廿一 白丁　赁房坐　床粟伍硕❷

其中韩君行、宋克儁两户比我们的标准偏上，略显富足，而张君政户，需赁房居住，又稍偏低。这个标准，张国刚称之为中等水平农家❸，

---

❶ 杨际平等《中国经济通史》第 4 卷《隋唐五代卷》，长沙：湖南人民出版社，2003 年，第 221 页。

❷ 编号 73TAM509：8/20，8/3（a），唐长孺主编《吐鲁番出土文书》〔肆〕，北京：文物出版社，1996 年，第 312 页。

❸ 张国刚《唐代农村家庭生计探略》文。

可比拟为员半千《陈情表》中所言"贫穷孤露，家资不满千钱；乳杖藜糗，朝夕才充一饭；有田三十亩，有粟五十石"❶，储光羲笔下"种桑百余树，种黍三十亩。衣食既有余，时时会亲友"❷ 的农家。

3.男耕女织的生产模式。本章所言小农家庭，一定是以农作为第一谋生手段的，一年到头，男子在田地中劳作，而妇人为蚕桑纺绩，同时处理饮食等各种家务，即孟郊《织妇辞》所谓："夫是田中郎，妾是田中女。当年嫁得君，为君秉机杼。"❸ 事实上，虽然男耕女织模式是中古农村家庭生产生活之一般模式，但由于农作投入多，产出慢，近畿地区许多民众都不愿为之。如在畿县任职的中唐人姚合观察到："客行野田间，比屋皆闭户。借问屋中人，尽去作商贾。"❹ 农民弃农从工商比重相当大，渔采狩猎谋生亦大量存在。为此，从帝王到士大夫官员，都不断敦促农民回到田地，并适当减轻其赋役负担，尤针对京畿区域。

其次，小农家庭的类型与规模。学界对唐代家庭的类型与规模存在不同意见，或以为唐代中央政府提倡孝悌与大家庭，累世同居的主干与主干—联合家庭是常态❺；或以为唐代仍以人口较少、结构简单的小家庭为主，多世同居家庭仅存在于大官僚地主阶层，五

---

❶ 员半千《陈情表》,《全唐文》卷一六五，第 1682 页上。

❷ 储光羲《田家杂兴八首》,《全唐诗》卷一三七，第 1387 页。

❸ 《全唐诗》卷三七三，第 4187 页。

❹ 姚合《庄居野行》,《全唐诗》卷四九八，第 5661 页。

❺ 相关论点参读陈鲲化《唐宋时代家族共产制度和法律》,《法律评论》第 12 卷第 1、2 期，1934 年；杜正胜《传统家族试论》，黄宽重、刘增贵主编《家族与社会》，第 1—88 页。社会学家通常将家庭结构分为四种：核心家庭（夫妇两人及其未婚子女组成的家庭）、主干家庭（父母和一对已婚子女一起生活的家庭）、联合家庭（两个或两个以上已婚兄弟共同生活，或一对夫妇及其子女与其叔／伯叔子女一起生活的家庭）、其他家庭。杨际平、郭锋、张和平《五—十世纪敦煌的家庭与家族关系》一书在此基础上衍生十二类，第 12—13 页。

口之家为常态**❶**。

京兆府情况，正史及地志类文献均有记载，数据详本书第 5 章表 2-1，以京畿地区农民家庭户均五口，大略相差不远。

这五口的年龄、丁中情况如何？五六口之家，大略可以有夫妻加子女，夫妻加父母、子女，夫妻加父母、弟妹，夫妻加弟妹几种类型，但根据唐代户籍之实例，由夫妇两人及其未婚子女组成的典型核心家庭占绝对多数，三代同居的情况不多见，故我们虚拟的这户小农家庭，也权作核心家庭。

户主身份为白丁，年龄在唐代成丁年龄之后（23 岁以上）**❷**，其妻在户籍中注为白丁妻（唐代无丁女称谓，成年在室女保留中女称呼，而成年为人妻者称丁妻**❸**）。此对夫妇下一辈，假设有两男一女，其中一男年稍长，为中男，但年龄在 18 岁以下，唐令有中男年 18 岁以上受田同丁男之规定，但未知京兆府狭乡中男是否亦受田，这里构建的小农家庭，应只有户主（丁男）有受田之资格。中男下有一女，6—15 岁之间，为小女；家中最小的家口是年龄在 6 岁以下的小男。之所以对家中子女的年龄做如此详细地区分，是为

---

❶ 杨际平、郭锋、张和平依据户籍对唐沙州、西州两地家庭规模做统计，发现唐前期敦煌核心家庭在 60% 以上，主干家庭很少，西州的情况相似，参读《五—十世纪敦煌的家庭与家族关系》，第 12—62 页。持类似观点的还有魏承思《唐代家庭结构初探——兼论中国封建家庭结构变动规律》，《社会科学研究》1986 年第 2 期；冻国栋《唐代人口问题研究》，武汉大学出版社，1993 年，第 34 页；张国刚主编《中国家庭史》第二卷《隋唐五代时期》，广州：广东人民出版社，2007 年，第 10—19 页。

❷ 从武德七年定制以二十一岁为丁，此后唐代入丁年龄有提前、延后的情况，详参拙文《隋唐丁中制探源——从敦煌吐鲁番出土户籍文书切入》，《中华文史论丛》2011 年第 2 辑。不过这里的户主有一子为中男，若以二十岁左右生育，年龄也在四十上下，肯定是丁男。

❸ 参考罗彤华《"丁女"当户给田吗？——以唐〈田令〉"当户给田"条为中心》，《唐研究》第 14 卷，北京大学出版社，2008 年，第 139—154 页；张荣强《唐代吐鲁番籍的"丁女"与敦煌籍的成年"中女"》，《历史研究》2011 年第 1 期。

便利下文的量化，丁口以下的中口、小口一旦有细微的年龄改变，即涉及其口粮廩给标准的相应变化❶。

在构建起这一五口之家的小农家庭模型后，还有一点需要强调，虽然这个家庭有着明显的人为设计痕迹，但其结构、人口数量、成员年龄，都是尽量贴近当时历史之真实的。

二　财产与生产资料

一户中等收入水平的京畿乡村小农家庭日常生产生活之平稳运行，必得以一定的物质资料为基础。对于安土重迁的农人来说，需先有一处稳定的居所，即乡里的园宅，一般百姓宅基地的大小，按《唐令》规定："凡天下百姓给园宅地者，良口三人已下给一亩，三口加一亩；贱口五人给一亩，五口加一亩，其口分、永业不与焉（若京城及州、县郭下园宅，不在此例）。"❷ 但普通百姓的实际住宅面积都较此为小，敦煌文书 S.4707＋S.6067《马法律卖宅院契》记其宅院❸，参照黄正建的折算法❹，有堂一口 24.3 m²，东房子 18.35 m²，

---

❶ 从吐鲁番文书给粮帐以及天圣《仓库令》唐 5 条来看，男口给粮，除丁、中、老、小标准不一外，小男又分为 11 岁以上、7 岁以上、6 岁以下三个等级，中女又分为 18 岁以上、16—17 岁两个等级，小女分为 7 岁以上、6 岁以下两个等级，参读李锦绣《唐开元二十五年〈仓库令〉所载给粮标准考——兼论唐代的年龄划分》，《传统中国研究集刊》第 4 辑，上海人民出版社，2007 年，第 304—316 页。

❷ 《唐六典》卷三《尚书户部》，第 74—75 页。

❸ 定名及图版参《英藏敦煌文献（汉文佛经以外部分）》（6），成都：四川人民出版社，1992 年，页 247 上；释文见唐耕耦等编《敦煌社会经济文献真迹释录》第 3 辑，北京：全国图书馆文献缩微复制中心，1990 年，第 566 页。

❹ 折算比例为 1 唐尺＝0.31 m，此承黄正建先生来函见告，亦可参所撰《唐朝人住房面积小考》，《陕西师范大学学报》1994 年第 3 期，收入氏著《走进日常——唐代社会生活考论》，上海：中西书局，2016 年，第 147—150 页。

小东房子 8.5 m²，西房 13.97 m²，厨舍 16.86 m²，庑舍 16.44 m²，内门道 10.57 m²，外门曲 10.84 m²，院落 51.87 m²，总计 171.7 m²，只相当于唐亩的 1/3❶。

　　京畿住宅没有如敦煌那样详尽的数字，只有一些约略记载。如韦嗣立后人在长安城内坊里的宅邸占地十数亩❷，卜者寇廊在永平里西南购凶宅地约三亩❸；乡村农人的住宅大小，更缺乏文献记载，但既然京畿地狭，计口授田尚不足给，园宅地的面积肯定大打折扣。

　　房宅的建筑材料，一是取决于农人所在的地域，京畿乡村从地理上跨越了关中平原与秦岭山区，据张晓虹对近世陕西聚落景观的探讨，明清以来关中平原居民多住瓦屋或窑洞，而终南山民多就地取材，筑板屋或搭茅蓬❹，可为中古情况之参照。二是决定于农家的财力，富裕人家可用砖、瓦修造，如白居易描述自家住宅"接以青瓦屋，承之白沙台"❺；乡村农人的房舍，当主要以泥与茅草（茅茨）为材料，王梵志诗说西北乡里贫人"草屋足风尘，床无破毡卧"❻，戴书伦描述秋冬之际农人"结茅成暖室"❼，唐传奇《裴航》记长庆中落第之秀才裴航出长安城，"经蓝桥驿侧近"，见"茅屋

---

❶ 黄正建《敦煌文书所见唐宋之际敦煌民众住房面积考略》，《敦煌吐鲁番研究》第三卷，北京大学出版社，1998 年，收入氏著《走进日常——唐代社会生活考论》，第 151—165 页。
❷ 郑处诲《明皇杂录》卷下载杨贵妃姊虢国夫人夺韦嗣立后人宅，"而授韦氏隙地十数亩"，令其另建新宅。郑处诲撰、裴庭裕撰《明皇杂录　东观奏记》，第 29 页。
❸ 《太平广记》卷三四四《寇廊》，第 2725 页。
❹ 参张晓虹《陕西历史聚落地理研究》，《历史地理》第 16 辑，上海人民出版社，2000 年，第 75—88 页。
❺ 白居易《庭松》，朱金城《白居易集笺校》，第 617 页。
❻ 王梵志诗《草屋足风尘》，项楚《王梵志诗校注》，上海古籍出版社，1991 年，第 433 页。
❼ 戴书伦《郊园即事寄萧侍郎》，《全唐诗》卷二七三，第 3082 页。

图 4-1　榆林窟 3 号窟壁画 "茅庐"

三四间，低而复隘，有老妪缉麻苎"❶，恐怕是京畿乡村中常有的景象。

　　安西榆林窟 3 号窟西壁前图的局部，向我们展示了所谓 "茅屋三四间" 的真实构造，画面中是建于山间平地的三间草堂，中间有板门，两侧开方格，檐下平拱勾画草率，穹隆式顶上覆满茅草，中央有类似塔刹的装饰❷。（图 4-1）

　　房宅的规模、布局与内部结构，黄正建根据敦煌壁画、中堡村唐墓庭院遗址情况指出，北方民居一般是四合院式的，在坐北朝南的院中轴线上，分别是南向的大门、中堂、后院和寝房，东西两旁

---

❶　裴铏撰《裴航》，出《传奇》，《唐五代笔记小说大观》下册，第 1101 页。

❷　《敦煌石窟全集》21《建筑画卷》图 268 茅庐，香港：商务印书馆有限公司，2003 年，第 265 页。按：此窟虽为西夏时洞窟，但其山间民居形式可为参照。

图 4-2　敦煌壁画"农舍"

为厢房，或有厨房，富户院落旁有马厩❶，而普通农家应代之以一排鸡舍、猪窝或羊圈。韩愈《示儿》诗描述在长安营造的屋庐，也由中堂、庭、东堂、南亭、西偏屋、北堂组成❷。这种民居的形制，从上文提及的马法律住宅中可见一斑。

　　不过上述情况，即使是只有一重院落的四合院，也都非普通人家的住房，乡村农户"宅"之区域，应较此局促很多，唐《营缮令》依人群身份限定其堂屋规模，普通百姓一家不得过三间四架，

---

❶　黄正建《唐代衣食住行研究》，北京：首都师范大学出版社，1998 年，第118—119 页。

❷　韩愈《示儿》诗，讲述在长安辛苦经营三十年始得有自己的宅院，安排、治理院落的过程，限于篇幅，不具引。屈守元、常思春主编《韩愈全集校注》将其系于元和十年，第669 页。

门屋不得过一间两架❶；而《清异录》记录的贫人居处："以屋不露明，上安油瓦以窃微光。又或四邻局塞，则半空架版，迭垛箱筥，分寝儿女，故有假天假地之称。"❷

宅基之外，所谓的"园宅地"，农人的资产，还包括房舍周边的园、圃及场，有些农户的口分田也与宅舍园圃相接。一般而言，为保护家口及牧畜安全，农人会在房舍周边铺设篱笆（图4-2），此多见于描述乡村生活的农事诗，所谓"篱落栽山果，池塘养海鳞"，❸"城池连草墅，篱落带椒坡"❹。主要反映北方农业生产状况的（或以为长安附近）农书《四时纂要》❺，记载一二月农家杂事里皆有"竖篱落"，还详细介绍了种园篱的技术：

---

❶ 《唐会要》卷三一《舆服上·杂录》载大和六年敕文"又庶人所造堂舍，不得过三间四架"，第659—671页。天圣《营缮令》宋5条有对应条文，牛来颖将其复原为唐令，牛来颖《天圣营缮令复原唐令研究》，《天一阁藏明钞本天圣令校证（附唐令复原研究）》，第662页。

❷ 宋陶谷等撰《清异录》卷下，丛书集成初编本，第2846册，北京：中华书局，1991年，第203—204页。

❸ 戴叔伦《酬袁太祝长卿小湖村山居怀见寄》，《全唐诗》卷二七四，第3113页。

❹ 项斯《赠金州姚合使君》，《全唐诗》卷五五四，第6412页。

❺ 关于《四时纂要》的作者、成书年代，记载农事生产经验的地域性，学界存在争议。目前较普遍意见：作者为韩鄂，为9世纪末到10世纪初作品，由于作者居住于渭河及黄河下游一带、唐都长安或后梁都城开封洛阳附近，而书中引录的《氾胜之书》《四民月令》《齐民要术》等主要是北方农书，故书中的农事安排亦以长安等北方城乡为蓝本的（参缪启愉《四时纂要校释》，北京：农业出版社，1979年，第1—4页；董恺忱《试论月令体裁的中国农书》，《北京农业大学学报》1982年第1期）。但由于书中于种茶法记载特详，并谈及水稻、苎麻栽种，有学者以其反映的是唐末长江流域农业生产状况，如李伯重《唐代江南农业的发展》，尤其注意56页注2。对此，持北方说者提出了有力的反驳，认为书中留意种茶法，是由于唐末茶已于中国流行，南方老茶区栽植已久，而北方新茶区则急需了解其栽培技术经验；所记水稻三四月种，并非所谓"晚稻"，正是北方水稻的播种期；书中记载的农作物、绿肥作物、瓜果、蔬菜都是北方常见的品种；制牛衣这样的农事，也都是北方才有的（参范楚玉主编《中国科学技术史·农学卷》，北京：科学出版社，2000年，第443—445页）。本书以《四时纂要》内容佐证唐代京畿乡村农家的家计，相信应该出入不大，下文引是书，皆据缪启愉校释本。

凡作篱，于地畔方整深耕三垄，中间相去各三尺，剌榆荚垄中种之。二年后，高三尺，间斸去恶者，一尺留一根，令稀稠匀，行伍直。又至来年，剔去横枝，留距；如不留距，疮大即冬死。剔去讫，夹截为篱。来年更剔夹之，便足用焉。岂独蛇鼠不通，兼有龙凤之势，非直奸人惭笑，亦令行者嗟称。次以五茄、忍冬、罗摩植其下，采缀且免远求，又助藩篱蓊郁，尤宜存意。《山居要术》用枳壳，今谓之臭橘也，人家不宜此物为篱。❶

提及以剌榆树藩篱，要均匀培植，留下一定的行距，绕篱栽种的植物有剌榆、五茄和忍冬等，不宜用橘。

篱笆之外，屋前屋后，农户也喜欢栽种一些树木及花草，据唐《田令》规定，农户永业田内课植桑、榆、枣❷，这也是散植于屋舍近周的树种，如长安城南韦曲的农家"绕屋遍桑麻"❸，王建在关中平原见到农户"一家榆柳新"，"野桑穿井长，荒竹过墙生"❹。刘驾《桑妇》诗描述采桑妇先把环庐的桑叶采完之后再去桑园采叶的情节："墙下桑叶尽，春蚕半未老。城南路迢迢，今日起更早。"❺赵丰指出，专门的桑园位于水源丰富的江边、河边，或者也利用池塘淤泥栽培，但一般离家较远❻。《四时纂要》记载的北方农人，在自家宅院、田间种植的还有槐、柳、松柏、白杨等

❶ 韩鄂撰、缪启愉校释《四时纂要校释》，第40、69页。
❷ 《唐律疏议》卷一三《户婚律》引《田令》："户内永业田，每亩课植桑五十根以上，榆、枣各十根以上。土地不宜者，任依乡法。"刘俊文点校，第249页。
❸ 许浑《春日题韦曲野老村舍二首》，《全唐诗》卷五二九，第6051页。
❹ 王建《原上新居十三首》，王宗堂校注《王建诗集校注》，第249页。
❺ 《全唐诗》卷五八五，第6776页。
❻ 参读赵丰《唐代的桑蚕生产技术》，《中国农史》1991年第4期。

树木，桃、李、杏、梨等果树❶。因为植桑以及饱水植物的需要，民宅外不远往往有集中的水源和排水地，或为池塘，或为沟❷，许浑见到韦曲野老村舍外"烟草近沟湿，风花临路香"❸，章孝标笔下的长安秋夜是"池塘烟未起，桑柘雨初晴"❹。因人畜饮水需要，民户住宅中应有井，单个农家无力打井，多数是几家共享一口井，因而井当在屋外。

P.3121《万子、胡子田园图》（图4-3）显示❺，万子兄弟家的井在户外，在其宅门前，先是有夜间栏养家畜的门前圈，其侧之东园，以及图西侧曲尺形的"万子、胡子园场并道"，是供家内种植蔬菜、瓜果之地；而曲池形地兼作场，紧邻家内47亩、20.5亩的两处耕地，朱雷先生提示，场是供秋收后搬运至此的粮食作物脱粒、扬尘及翻晒之用❻。另值得注意的是，万子、胡子兄弟的耕地离园宅甚近，出家门便可耕作，但在实际授田中，许多农户所得之田都散在各处，吐鲁番文书中有农户与寺院因地理远近之故，相互租赁土地耕种的记录❼。京畿本来可耕地甚少，城外之良田又常被权贵豪强及寺院侵占，可能田地早被划分为一亩、两亩的零散单位，农民所得之田支离破碎，于耕作甚为不便。

---

❶ 韩鄂撰、缪启愉校释《四时纂要校释》，散见于十二个月中。

❷ 反映西汉晚期农家情况的河南内黄三杨庄村落遗址中3号庭院宅舍的旁侧就有椭圆形的池塘遗迹，见河南省文物考古研究所、内黄县文物保护管理所《河南内黄县三杨庄汉代庭院遗址》，《考古》2004年第7期。

❸ 许浑《春日题韦曲野老村舍二首》，《全唐诗》卷五二九，第6051页。

❹ 章孝标《长安秋夜》，《全唐诗》卷五〇六，第5754页。

❺ 示意图据《敦煌社会经济文献真迹释录》第2辑，第487页。朱雷定名为《万子、胡子田园图》，氏著《朱雷敦煌吐鲁番文书论丛》，第345页。

❻ 朱雷《敦煌所出〈万子、胡子田园图〉考》，《朱雷敦煌吐鲁番文书论丛》，第340—356页。

❼ 《唐天宝七载（748）杨雅俗与某寺互佃田地契》，《吐鲁番出土文书》肆，第567页。

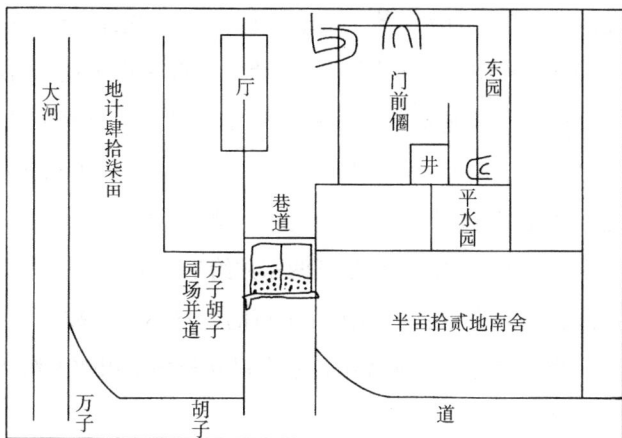

图 4-3　P.3121《万子、胡子田园图》

对于自耕农来讲，除了园宅外，最重要的家资及生产资料还有耕地与耕牛，京畿乡村一个小农家庭能够占有多少耕地呢？依唐《田令》正常情况下一丁受田可得永业田 20 亩，口分田 80 亩，共 100 亩，狭乡减半之❶。理想中的狭乡受田数为 50 亩，但京兆府的情况恐怕更为特殊，《隋书·食货志》记载开皇十二年（592），"时天下户口岁增，京辅及三河，地少而人众，衣食不给。议者咸欲徙就宽乡。其年冬，帝命诸州考使议之。又令尚书，以其事策问四方贡士，竟无长算。帝乃发使四出，均天下之田。其狭乡，每丁才至二十亩，老小又少焉"。❷ 隋初京畿丁男受田即严重不足。

唐初，全国人口尚未普遍增长时，贞观中太宗巡近畿昭应县零口，问其受田，已是丁三十亩，因而颇忧其不给❸。敦煌文献 P.3813V《唐判集》描述京畿地狭情况是"少地者三万三千户，全

---

❶ 《唐六典》卷三《尚书户部》引，第 74 页。

❷ 《隋书》卷二四《食货志》，第 682 页。

❸ 《册府元龟》卷四二《帝王部·仁慈》，第 477—478 页。

无地者五千五百人"❶。开元二十二年，玄宗曾令"免关内、河南八等以下户田不百亩者"一年租❷，看起来由于荒地的拓垦，京畿民众的人均耕地面积一度有所增加。然而关辅经安史乱后，"百姓贫乏，田畴荒秽"，贞元二年（786），朝廷委京兆府以牛均给之，田五十亩已下，不在给限，观察使袁高上疏，"有田不满五十亩者尤是贫人，请量三两家共给牛一头，以济农事"❸，可以推测，当时畿内有田不满五十亩的人户不在少数，故袁高提示不可一律忽略之。至元和中，京畿民众户均垦田数大约 41 亩，详见下文测算。

农户拥有的生产资料中，最贵重的是耕牛，一是由于牛价昂贵，据吐鲁番文书《天宝二年（743）交河郡市估案》的物价资料，细犍牛上者值钱 4200 文，次者 4000 文，下等 3800 文；次犍牛上者 3200 文，次者 3000 文，下者 2200 文❹，是同时期绢价的 10 倍，粟价的 100 倍！再者牛是耕作的动力，是农业生产的核心依靠力量，在摆脱木耕手耨的早期生产方式后，无论是二牛抬杠式、二牛三人式还是唐代江东新兴的单人单牛拉曲辕犁的耕作方式❺，牛都是田间生产不可或缺的畜力。

唐代屯田有耕牛的配给标准，是依据土地情况不同而酌给。《通典·食货典》"屯田"载唐开元二十五年令："诸屯田应用牛之处，山原川泽，土有硬软，至于耕垦用力不同。土软处每一顷

❶ 《敦煌社会经济文献真迹释录》定名作《唐（七世纪后期）判集》，第 2 辑，第 601 页。图版见《法藏敦煌西域文献》（28），上海古籍出版社，2004 年，页 153 上。
❷ 《新唐书》卷五《玄宗纪》，第 138 页。
❸ 《旧唐书》卷一五三《袁高传》，第 4088 页。
❹ 录文收入池田温《中国古代籍帐研究》，第 303—318 页。
❺ 参看杨向春《唐代的耕牛和牛耕》，陕西师范大学硕士学位论文，2010 年，第 69—75 页。

五十亩配牛一头，强硬处一顷二十亩配牛一头。即当屯之内有硬有软，亦准此法。其稻田每八十亩配牛一头。"❶ 京兆府农田趋于精耕细作，耕牛的配置密度较此为大，见前引《旧唐书·袁高传》，应是每田五十亩给耕牛一头。配给制并非普遍存在，自耕农所需耕牛，应由其自行从市场购得，仅在特殊时期，贫农无牛者，才由官给，除《袁高传》贞元二年事外，贞元七年，在"关辅牛疫死，十亡五六"的情况下，"上遣中使以诸道两税钱买牛，散给畿民无牛者"❷。因牛价甚昂，民间有采取结社互助形式获取耕牛的情况，如《新唐书·循吏传》载韦宙任永州刺史，"民贫无牛，以力耕，（韦）宙为置社，二十家月会钱若干，探名得者先市牛，以是为准，久之，牛不乏"。❸ 京畿的情况亦应类似。

农户田间劳作还需要一定数量的农具，比如用于平整土地的犁。据陆龟蒙《耒耜经》记载，唐时江东已使用曲辕犁，随之改变的是耕牛的挽拉方式，将横架在两牛肩上的横轭改成了单牛脖子上的曲轭❹，变二牛抬杠为一牛一人。不过从三原县唐李寿墓壁画耕作图来看（图 4-4），京畿地区二牛一犁一人的耕作方式还较为普遍，图中的犁还不是曲辕犁，但也不是直辕犁，较直辕犁先进得多，说明北方农耕技术处于发展改进阶段。李寿墓壁画还有耧播图（图 4-5），画面情景是一人驾一牛，拉两脚耧进行播种，耧犁的双辕通过曲轭连接到牛脖子上❺。耧车主要在耕地、播种时使用。陕西西安热电厂、西安秦川机械厂的唐墓发掘中，都发现有铁犁

❶ 杜佑《通典》卷二《食货二·田制下》，王文锦等点校，第 44 页。
❷ 《旧唐书》卷一三《德宗纪下》，第 371 页。
❸ 《新唐书》卷一九七，第 5631 页。
❹ 杨向春《唐代的耕牛和牛耕》，第 75—76 页。
❺ 陕西省博物馆、文管会《唐李寿墓发掘简报》，《文物》1974 年第 9 期，图二四。

图 4-4 唐李寿墓壁画牛耕图（局部）

图 4-5 唐李寿墓壁画耧播图（局部）

铧，应为当时关中农耕所用❶。许多农家使用镢、耙整土与碎土，用铲、耨、锄之类中耕除草。

收获工具有钐（一种长柄的大镰刀），主要是北方民众用于割麦❷；镰，陕西西安郊区白鹿原、热电厂唐墓中都出土有铁镰❸；当时关辅，尤其郑白渠流域广种稻田，因而农人又有一些灌溉工具如桔槔、戽斗、辘轳、水车、翻车、筒车等。北方灌溉旱田主要用立井式水车❹，北人对水车制造技术不甚熟悉，文宗大和二年（828）："京兆府奏，准内出样造水车讫。时郑、白渠既役，又命江南征造水军匠，帝于禁中亲指准，乃分赐畿内诸县，令依样制造，以广溉种。"❺这样造出的水车，"散给缘郑白渠百姓，以溉水田"❻。

---

❶ 陈文华《中国古代农业考古资料索引（十二）》，《农业考古》1987 年第 1 期。

❷ 关于中国古代农业机械的分类、形制、使用，参刘先洲《中国古代农业机械发明史》，北京：科学出版社，1963 年，第 10—84 页。

❸ 陈文华、张忠宽编《中国古代农业考古资料索引（三）》第二编《生产工具》，《农业考古》1982 年第 2 期。

❹ 参读唐耕耦《唐代水车的使用与推广》，《文史哲》1978 年第 4 期。

❺《册府元龟》卷四九七《邦计部·河渠》，第 5955 页上。

❻《旧唐书》卷一七上《文宗纪上》，第 528 页。

三　农桑生计

第一节已经说明，本章所言小农家庭必是以男耕女织，即农桑为主要谋生手段，但京畿乡村田园中的农、桑生计分别如何展开，还有一些图景有待勾画。

首先，京兆府的农田里种植什么农作物？据唐《仓库令》，唐代官定之主谷为粟，小麦、大麦、荞麦、稻米、大豆、小豆都列入"杂种"❶。粟是喜温耐旱作物，有较强适应性，唐代京兆府所在的黄土高原，是粟的传统生产区，关内道同、华、邠、宁、泾诸州所在的泾渭平原，也种植谷子。据统计，关内道二十四州府，除岐、灵、绥三州无载外，其余州府普遍产粟❷。京兆府粟产量大，唐开元中玄宗定关辅庸调："自今已后，关内诸州庸调资课并宜准时价变粟取米。"❸而文宗开成元年（836），京兆府二十三县输租、税粟八十万石❹，占当年赋税收入的80%，说明无论唐前后期，京兆府税收以纳粟居多。粟田的产量，据估计每亩 1—1.5 升❺。

京兆府辖 23 县，以及同、华、鄜、坊、宁、庆等州都盛产麦子，京兆府土贡麦、麸（大麦），不过由于唐代大部分时间没有成熟的粟麦复种技术，种禾之田就不能再下播麦苗，且麦子生长在田间需水量为谷之两倍，所以唐前期京畿麦之种植远远赶不上粟。中期以后，农田水利的开发，耕作技术的进步，促使小麦产量大增，

---

❶ 天圣令《仓库令》唐 1 条、唐 4 条校录本，《天一阁藏明钞本天圣令校证》，第 281—283 页。

❷ 参照华林甫《唐代粟、麦生产的地域布局初探》之统计，《中国农史》1990 年第 2 期。

❸ 《唐会要》卷八三《租税上》，第 1816 页。

❹ 《册府元龟》卷四八四《邦计部·经费》，第 5791 页上。

❺ 胡戟《唐代粮食亩产量——唐代农业经济述论之一》，《西北大学学报》1980 年第 3 期。

当然最主要的原因还是长安社会面食流行❶，胡饼、蒸饼等成为上自达官权贵、下至市肆平民普遍喜爱的食品；而长安周边庄园经营发展，用大型机械碾硙带动的小麦制粉加工业蓬勃发展，京畿人家，"多端以麦造面，入城货易"❷，搬运斛斗入城，使得粟产量下降，而麦上升。据统计，唐初雍州粟耕地面积86.56%，开成年间下降至80%，而大历三年（768）京兆麦田占耕地8.3%，开成元年上升到20%❸；尤其是8世纪末两税法实行后，整个华北地区的夏税系对冬小麦课税，而秋税对粟课税，以往以粟为主的征税体系被打破❹。麦田的产量，据估计每亩8—9斗❺。

据物候学、环境地理学家推测，唐时为历史上的温暖时期，平均气温较今天高出1—2℃，降雨亦较丰沛❻，因而，京兆府在当时是水稻的产区，乃至更北的同、华二州，亦生稻苗❼。但水稻生产耗水量极大，而关中水资源有限，故而水田多分布在较大的水利工程沿线。如郑白渠流域，"稻浸稑浇"❽"稻粱交阴，雨汙俱发"❾，据《通典》及《唐语林》记载，唐初溉田一万余顷，到代

❶ 西嶋定生《碾硙寻踪——华北农业两年三作制的产生》，原载《历史学研究》125，1946年，此据《日本学者研究中国史论著选译》第4卷，第358—377页。妹尾达彦《关中平原灌溉设施的变迁与唐代长安的面食》，史念海主编《汉唐长安与关中平原》，《中国历史地理论丛》1999年增刊，第42—64页。

❷ 《唐会要》卷九〇《和籴》，第1944页。

❸ 参见华林甫《唐代粟、麦生产的地域布局初探（续）》统计，《中国农史》1990年第3期。

❹ 妹尾达彦《关中平原灌溉设施的变迁与唐代长安的面食》，《汉唐长安与关中平原》，第48—50页。

❺ 参考张安福《唐代农民家庭经济研究》，第177页。

❻ 详细论述参本书第1章。

❼ 华林甫《唐代水稻生产的地理布局及其变迁初探》，《中国农史》1992年第2期。

❽ 《册府元龟》卷四九七《邦计部·河渠》，第5955页上。

❾ 王湾《对清白二渠判》，《全唐文》卷四〇二，第4106页上。

宗大历时水田六千二百余顷，"岁收稻二百万斛，京城赖之"❶；城南鄠杜，水塘池陂广布，有"稻花香泽水千畦"❷，其中汉陂水"任百姓灌溉平原等三乡稻田"❸；终南山区有水灌溉处是"荒畦九月稻叉牙，蛰萤低飞陇径斜"❹；京兆府北与黄土高原相接的栎阳等县"地多咸卤"，经引水冲浇灌溉"皆生稻苗"❺；咸阳县境亦有"万顷稻苗"❻。

唐廷重视水稻在近畿的培育，曾在内园种稻，并于开元十年（722）以京兆尹王鉷兼稻田判官，负责稻田事务❼。不过，唐诗中的描绘难免有夸张之嫌，张泽咸即指出，汉唐间华北地区水稻生产未占据过主要地位❽；而西嶋定生指出，唐后期放任耗水量巨大的碾硙加工业发展，乃是由于政府以内园之例意识到关中栽种水稻违背地理条件，收支不抵，而欲改水田为陆田❾。稻田产量为亩3石左右，远较陆田为高❿。

另据陆贽上《请依京兆所请折纳事状》所引京兆府奏"当管虫食豌豆，全然不收，请据数折纳大豆"⓫，可知还有一些民众专门，

❶ 《唐语林》卷一《政事上》，周勋初校证《唐语林校证》，北京：中华书局，1987年，第59页。
❷ 韦庄《鄠杜旧居二首》，《全唐诗》卷六九八，第8038页。
❸ 《册府元龟》卷四九七《邦计部·河渠》二，第5955页。
❹ 李贺《南山田中行》，《全唐诗》卷三九一，第4407页。
❺ 《册府元龟》卷一〇五《帝王部·惠民第二》所载开元二十六年正月制，第1261页上。
❻ 李华《咏史十一首》之十，《全唐诗》卷一五三，第1587页。
❼ 《旧唐书》卷一〇五《王鉷传》，第3229页。
❽ 关于汉唐间水稻在南北培植生长状况，参张泽咸《试论汉唐间的水稻生产》，《文史》第18辑，北京：中华书局，1983年，第33—68页。
❾ 西嶋定生《碾硙寻踪——华北农业两年三作制的产生》，《日本学者研究中国史论著选译》第4卷，第370页。
❿ 参李伯重《唐代江南农业的发展》，第111页。
⓫ 陆贽《请依京兆所请折纳事状》，王素点校《陆贽集》，第643页。

或在粟麦种植间隙插种绿肥作物。《四时纂要》提及北方种植的大田作物，还有大小豆、胡麻、荞麦、燕麦、黑麦等❶。

这里又涉及唐代关中平原的种植制度问题，绿肥作物是否与粮食作物轮作，粟、麦是否实现复种。京畿地狭，传统的一年一作，生产效力提升的空间恐怕有限，为增加粮食产量，只有在小块土地上精耕细作，从这个角度讲，京畿乡村的小农家庭需要向更高效的种植制度努力，尤其是亩产量高的稻作在此普遍推广的努力失败后❷。据《旧唐书·刘仁轨传》"禾下始拟种麦"❸的记载，学界比较普遍的意见是唐代中期以后已实现同一块土地上粟—麦—豆二年三作制，粟—豌豆—麦—绿豆三年四作制❹。有学者对三作制有所质疑，提出虽然麦八九月才种，而粟二三月种，值种麦前可收，但种麦须在五六月份即起耕、整地，让土地透气，种麦之前或没有夏季作物；而即使此轮作成立，因粟、麦都极费地力，吸肥力特强的粟后种麦也会导致磷肥极度不足，麦—粟轮种将没有足够的肥料❺。这个问题，需要专门的农学知识解释，也取决于当时京畿的土地地力、农业生产技术，但基本可以认为唐中后期京畿乡村实现了复种轮作，因而亩产量有所提高。

---

❶ 《四时纂要校释》，散见各月，亦可参考李浩《〈四时纂要〉所见唐代农业生产习俗》，《民俗研究》2003 年第 1 期。

❷ 西嶋定生《碾硙寻踪——华北农业两年三作制的产生》，《日本学者研究中国史论著选译》第 4 卷，第 373—375 页。

❸ 《旧唐书》卷八四《刘仁轨传》，第 2790 页。

❹ 参考西嶋定生《碾硙寻踪——华北农业两年三作制的产生》；米田賢次郎《齊民要術と二年三毛作》，《東洋史研究》17 卷 4 號，1959 年。古賀登《唐代両税·三限攷》，《東洋学報》第 44 卷 1 號，1961 年。

❺ 如李伯重、李令福的质疑，李令福将华北平原二年三作制形成时间之两汉、北魏、唐代后期说统统否定，以二年三熟至明中后期方得形成，见所撰《再论华北平原二年三熟轮作复种制形成的时间》，《中国经济史研究》2005 年第 3 期。这一估计过于保守。

相对于男口，家中的女口以桑麻纺绩为主要营生，这本没有例外，但奇怪的是，记录长安附近地主日常农事安排的《四时纂要》，竟无一条目提及妇女的蚕桑织染等家庭副业。而《册府元龟》也记载宣宗大中六年（852）十月中书门下奏："臣等今商量，伏以京邑元无土绢，市中所货，皆是外州将到。"[1] 这涉及关中是否寡桑蚕的问题。有学者根据开元二十五年庸调缴纳中"关内诸州庸调资课，并宜准时价变粟取米"[2] 的情况，以及《唐六典》卷三对诸州贡赋的记载，提出关中寡蚕桑与丝绢[3]。对此观点史念海[4]、杨希义[5]、卢华语等都提出了反驳，卢华语指出西起陇州、东至华州，整个秦中渭水流域蚕桑丝绸业十分兴旺发达[6]，只是京兆、同、华、岐四州调绵绢，其余州赋布、麻[7]。徐庆全虽持寡桑蚕说，但其对关中地区少种桑多种麻的解释值得信从，他注意到粗布以供军，绢绵是细物，几乎所有临边的，驻有军队的州郡，都不贡赋绢绵，而京兆府内折冲府密布，边军衣用亦需关内道负担，所以京畿的田地植桑少，种麻多[8]。

唐前期，家庭庸调缴纳的绢绵或布麻，唐后期两税法虽以纳钱为主，京兆府亦有以绢帛匹段并用的情况，此皆与家中女性的桑蚕纺绩劳动密不可分。唐诗中有不少京畿织妇昼夜辛勤的描述，白居

---

[1] 《册府元龟》卷六一六《刑法部·议谳三》，第 7410 页下。

[2] 《旧唐书》卷四八《食货志上》，第 2090 页。

[3] 《汪篯隋唐史论稿》，第 289—290 页；徐庆全《唐代关中地区寡蚕桑的原因试探——兼与杨希义同志商榷》，《辽宁大学学报》1989 年第 2 期。

[4] 史念海《陕西地区桑蚕事业盛衰的变迁》，《河山集·三集》，北京：人民出版社，1988 年，第 188—277 页。

[5] 杨希义《唐代关中无丝绢说质疑》，《人文杂志》1987 年第 4 期。

[6] 卢华语《唐代蚕桑丝绸研究》，北京：首都师范大学出版社，1995 年，第 47 页。

[7] 《唐六典》卷三《尚书户部》，第 64—66 页。

[8] 徐庆全《唐代关中地区寡桑蚕的原因试探——兼与杨希义同志商榷》文。

易《秦中吟·重赋》记载了长安附近农人因税限迫促，在"织绢未成匹，缲丝未盈斤"❶的情况下将桑蚕所产输税殆尽的情形。而由于绢帛制品价值较高，在隋唐两代为硬通货，远高于农作物收入，故而女性纺绩可以为小农家庭带来可观的经济收入。《隋书》记孝妇覃氏年十八夫亡，"事后姑以孝闻。数年之间，姑及伯叔皆相继而死，覃氏家贫，无以葬。于是躬自节俭，昼夜纺绩，蓄财十年，而葬八丧，为州里所敬"❷，以纺绩之功而"葬八丧"，足见这一生计致财之丰。

四 小农户的年收入

小农家庭以耕织为主业，虽如《四时纂要》所揭示的，还从事酿造、饮食加工、家畜饲养、器物制造与修补等副业，即许倬云在讨论汉代农业时归入"Z活动"之一类❸。活动所得，主要供家庭自己消费，且无法量化，因而论述小农户的年收入仍以粮食与绢布收入为主。

农户的粮食年生产量，取决于其实际耕地亩数与亩产量。关于京畿乡村民众的户均受田数量，第二节对史书中的记载有所列举，但都是一时一地的特殊情况。户均耕地数，还有一种计算方法，就是以京兆府的垦田总数除以府内户数。关于贞观、开元、天宝、元

---

❶ 《秦中吟》之《重赋》，《白居易集笺校》卷二，第82页。
❷ 《隋书》卷八〇《列女传·孝妇覃氏传》，第1810页。
❸ 许倬云在《汉代农业——中国农业经济的起源及特性》一书中引海默、热斯尼克《一个包含非农业活动的农业经济模型》(《美国经济学评论》第59卷第4期)，探讨了汉代农民在农业之外的选择，王勇译，桂林：广西师范大学出版社，2005年，第126页。

和中的京兆府户数，史料俱有记载，但其垦田数目，并无提及，今尝试做一曲折估算。

唐前期租庸调制下的地租、地税，后期两税法下的夏秋税斛斗、夏秋青苗钱、税草，皆是按亩征收的，只要知道亩纳税标准及京兆府的租税总额，便可估计出耕地总亩数。循着这一思路，先关注京兆府税收总额的记载：唐前期数据阙如，我们从青苗钱切入。元和十五年（820）景陵礼成所下《优劳德音》中提及"京兆府今年夏青苗钱，应合征共八万三千五百六十贯文，并宜放免"❶，但无法找到当年的秋青苗钱数，渡边信一郎认为当在八万贯左右❷，则元和十五年京兆府的耕地共纳青苗钱 163560 贯。

当时的青苗税税率如何，作为地税附加税之青苗钱始征于广德二年（764），京兆府的情况与外州县不同，京畿连地头钱共 35 文，此后大历三（768）、五、六、七年，标准皆有调整❸，到大历八年史载："敕天下青苗地头钱每亩十五文，率京畿三十文，自今一例十五文。"❹ 京兆府青苗钱与外州实现一致，而到贞元八年（792）又"初增税京兆青苗亩三钱，以给掌闲骦骑"❺，此后未见调整，应为 18 文。这一记载又可得到验证，李锦绣注意到德宗贞元十二年诏中"京兆府所奏奉先等八县旱损秋苗一万顷，计予三万六千二百石，青苗钱一万八千二百贯"❻ 的记载，据此推算八县青苗钱每亩

---

❶ 《唐大诏令集》卷七七，第 435—436 页。

❷ 渡边信一郎《唐代後半期の地方財政——州財政と京兆府財政を中心に》，收入所著《中國古代の財政と國家》，東京：汲古書院，2010 年，第 533 页。

❸ 大历中京兆府诸州青苗、地头钱的调整，详解洪旺所列《两税前中央对青苗地头钱整顿历程表》，见所撰《唐后期中央对京兆府税收政策研究》，黑龙江大学硕士学位论文，2010 年，第 20 页。

❹ 《旧唐书》卷一一《代宗纪》，第 301 页。

❺ 《旧唐书》卷一三《德宗纪》，第 374 页。

❻ 《册府元龟》卷四九一《邦计部·蠲复第三》，第 5870 页。

约合 18.2 文❶。则这里权以元和十五年时京兆青苗钱征收标准为 18
文，以 163560 贯（163560000 文）/18 文，可大致认为唐元和中京
兆府拥有耕地 9.09 万顷。

解洪旺在计算唐后期亩税草数时，以京畿田地为 10.3 万顷（并
未标明所据），并据此算出京畿田地亩税草 0.3 束，即 3 分❷，这与元
稹长庆初上《同州奏均田状》所记同州百姓田地为每亩税草四分的
情况相差不远❸，故 10.3 万顷的估计亦差不远。取 9.09 与洪氏所估
之平均，并考虑到秋税青苗钱数额实应大于 8 万贯，这里以元和中
京兆府耕地为 10 万顷。据《元和郡县图志》记载，元和中京兆府
有 24120 户❹，则耕地总数 / 总户数，可知当时京兆府户均垦田在 41
亩左右。当然以上只是约估，容有误差。

京畿田地的亩产量，取决于是种粟、种麦还是植稻，是否实行
轮作复种制等一系列问题。胡戟对唐代亩产量（以粟为代表）的研
究表明，陆田亩产在 1 石以上稍强❺。京兆府作物品种，种植制度
复杂，如何量化呢？这里借用 D. H. Perkins 在研究中国农业时提出
的，为李伯重应用于江南的亩产量计算公式：亩产量＝（按人平均
的粮食消费量 × 人口数）÷ 耕地亩数❻。唐人的粮食消费水平，从
《仓库令》中供役官府人群受廪给标准可见一斑，年龄不同，给粮
标准不同，下节农户支出部分再详论。但"少壮相均，人〔日〕食

❶ 参考李锦绣《唐代财政史稿》下卷，北京大学出版社，2001 年，第 689—691 页。
❷ 解洪旺《唐后期中央对京兆府税收政策研究》，第 28 页。
❸ 杨军主编《元稹集编年笺注·散文卷》，第 898—899 页。
❹ 李吉甫撰《元和郡县图志》卷一《关内道》，贺次君点校，第 2 页。
❺ 见胡戟《唐代粮食亩产量——唐代农业经济述论之一》文。
❻ Dwight H. Perkins, *Agricultural Development in China*, 1368—1968, Chicago: Aldine Pub. Co., 1969, p.14. 中译本《中国农业的发展：1368—1968 年》，宋海文等译，上海译文出版社，1984 年，第 25 页；李伯重《唐代江南农业的发展》，第 111—112 页。

米二升"❶，则每人每年消费米 7.2 石，折算为北方的主谷粟为 12 石❷，则唐元和中的亩产量＝（12 石 ×241202 户 ×5 人 / 户）÷ 10000000 亩≈1.45 石 / 亩，与前述胡戟的估测相合。

这样，我们可以计算唐中后期（以元和中为代表）京畿乡村一户小农家庭农耕所得的粮食收入了。但上述 41 亩田，应非全用来种粟，北朝隋唐均田制都规定一丁男受桑田（永业田）20 亩，并课种一定数量的桑榆枣果，唐《户婚律》引《田令》"户内永业田，每亩课植桑五十根以上，榆、枣各十根以上"❸，永业田与口分田比例为 1：4，依此比例，41 亩田中应有 8 亩桑麻，33 亩大田。但桑田非单一植桑麻，需套种粟、麦等农作物，李翱《平赋书》谈及大田作物与乔木套种的分寸"桑太寡则乏于帛，太多则暴于田"❹，8 亩套种之桑田也可取得一定的粮食收成，权以 3 亩数计；则大田共 36 亩，亩产 1.45 石，一年耕作共收入粟 52.2 石。

8 亩桑田还有纺织品收入。前文说过，虽然京兆府亦产绢帛，但为供军多课种麻，权以这 8 亩露田中有 3 亩植桑，5 亩种麻。桑田的产绢量取决于植桑密度，杨际平指出《通典》所引唐开元二十五年田令中"每亩课种桑五十根以上，榆枣各十根以上"之"每亩"为衍文❺，应是各户之户内永业田共植此数量❻。依《四时纂要》介绍之植桑法，一亩专业桑园大体上也只能植桑 9—10 株❼，杨

---

❶ 《新唐书》卷五四《食货志》四，第 1387 页。

❷ 折算比例为 6：10。

❸ 《唐律疏议》卷一三《户婚律》，第 249 页。

❹ 李翱《平赋书（并序）》，《全唐文》卷六三八，第 6439 页下。

❺ 《通典》卷二《田制》，第 30 页。

❻ 杨际平《唐田令的"户内永业田课植桑五十根以上"——兼谈唐宋间桑园的植桑密度》，《中国农史》1998 年第 3 期。

❼ 《四时纂要校释》卷一"正月"下之"种桑、移桑"条，第 23 页。

氏推测北方桑粮间作之桑田每亩植桑不过2—3根。据李翱《平赋书》："凡树桑人一日之所休者谓之功。桑太寡则乏于帛，太多则暴于田，是故十亩之田，植桑五功。一功之蚕，取不宜岁度之，虽不能尽其功者，功不下一匹帛。"❶是以一亩桑大概出帛半匹以上，李伯重又参照明清蚕桑生产情况微调，以每4株桑产绢1匹。若以3亩桑田共植桑10株，则共产绢2.5匹。麻田的情况，又据李伯重估算，北方大麻田亩产麻10斤，当布一端，则5亩麻田共产布5端❷。

至此，我们计算出京畿乡村一户小农家庭一年农耕得到粟52.2石，植桑麻和纺绩得到绢2.5匹，布5端。

需要注意的是，由于京畿地狭，农户垦田数少，这么看来京畿农户的收入似较外地为少，但以上估算出的也并不是农户年收入的全部，近畿地区的民众适应城市需要，积极发展多种经营，如养殖、捕鱼、樵采、狩猎。就是在自家的园宅地或大田中，农作物之外，也广泛栽植蔬菜、花卉、瓜果等。《齐民要术》"杂说"部分介绍了城郭附近农户的多种经营："如去城郭近，务须多种瓜、菜、茄子等，且得供家，有余出卖。只如十亩之地，灼然良沃者，选得五亩，二亩半种葱，二亩半种诸杂菜；似校［较］平者种瓜、萝卜。其菜每至春二月内，选良沃地二亩熟，种葵、莴苣。作畦，栽蔓菁，收子。"❸《四时纂要》共有70条介绍蔬菜的种植，与果树相关的16条❹。虽是富农之庄园经营，或许也反映了长安附近园圃业

❶ 《全唐文》卷六三八，第6439页下。
❷ 李伯重《唐代江南农业的发展》，第168—171页。
❸ 贾思勰著，缪启愉校释《齐民要术校释》，北京：中国农业出版社，1998年，第23—27页。论者皆以《杂说》非原本内容，系唐时纂入。
❹ 参照缪启愉之前言，韩鄂撰、缪启愉校释《四时纂要校释》，第5—8页。

发展的实况。

　　园艺业的收入远远高于农耕，因而俗语有"一亩园，十亩田"之说。农人将园圃所产搬运至长安城中出卖，获得颇丰。白居易在长安市中曾见到专门的花木养殖者，为所卖之花"上张幄幕庇，旁织笆篱护"，其花价值不菲，一丛深红竟抵得上"十户中人赋"❶；"咸阳亲戚长安里，无限将金买花子"，都市生活之需求，引得城南杜陵附近一整村人"不田稿"，弃农入终南山谷，寻找佳姿草木❷。

　　至于小农家庭开展多种经营的收入，限于资料，无法精确化，但对京畿乡村而言，这个比重可能较大。

五　小农户的年支出

1. 赋税支出

　　租庸调制下，有一丁之户，年交租二石，调绢（绸）二丈或布二丈五尺，力役二十天，如不服役，则收庸，每日三尺（绢），布则三尺七寸五分，实际上服役的情况很少，不役收庸成为常态。根据李锦绣研究，到开元中，庸调已合为一个色目，成为常税❸，故二十天应交庸绢六丈，庸调合计，共绢二匹。唐前期的常税还有地税，标准是："凡王公已下，每年户别据已受田及借荒等，具所种苗顷亩，造青苗簿，诸州以七月已前申尚书省；至征收时，亩别纳

---

❶ 《秦中吟》之《买花》，朱金城《白居易集笺校》，第 96 页。

❷ 刘言史《买花谣》，《全唐诗》卷四六八，第 5323 页。

❸ 参李锦绣《唐代财政史稿》上卷，北京大学出版社，1995 年，第 424—435 页。

粟二升，以为义仓。"❶ 户税，依户等计户出钱，《通典》以九等户纳钱的平均数为 250 文❷，这是最基本的赋税负担。

还有田租的附加税、租脚、摊征等各种加征，尤其对于京兆府的民众来说，尚需负担和籴、和市，名义是"官出钱，人出谷，两和商量，然后交易"❸，实为变相掠夺。据记载天宝八载（749），全国和籴总数为 1139530 石，关内道就达 509347 石，占一半以上❹。除此外另有职分田地租、公廨息钱、诸司税草、畿内诸县邮递、路次馆驿诸色征科等名目繁多的杂税❺，以及临时摊派❻。诸如此类，不胜枚举，但无法量化。只能说，唐前期京畿小农家庭的基本赋税支出为租 2 石粟，地税 $0.02 \times 41 = 0.82$ 石粟，共计 2.82 石粟。庸调绢 2 匹，户税钱 250 文。

两税法实行后情况更为复杂，已往讨论唐中后期民众赋役负担的学者大都根据《通典》所记建中元年（780）勘定两税时的税钱总额 3000 余万贯，粟 600 万斛❼，除以当时全国户数（310 万户）计算户均纳钱及粟数量。京兆府的税收项目除常税夏秋税钱、夏秋税斛斗外，还有青苗钱、榷酒钱、地税的附加税、税草等，远较外州县为复杂。但幸运的是，从史料中恰可追查出其具体数

---

❶ 《唐六典》卷三，84 页，按：地税在高宗时曾短暂按户等征收，旋即复旧。

❷ 《通典》卷六《食货六》："其八等户所税四百五十二，九等户则二百二十二。今通以二百五十为率。"第 110 页。

❸ 白居易《论和籴状》，朱金城《白居易集笺校》，第 3334—3335 页。

❹ 《通典》卷一二《食货典》"轻重"，第 291 页。

❺ 关于京兆府名目繁多之税种，参考杨希义《唐代关中人民的赋役负担》一文之介绍。

❻ 《新唐书》卷三《高宗本纪》记龙朔三年二月"赋雍、同等十五州民钱，以作蓬莱宫"，第 63 页。

❼ 《通典》卷六《食货六·赋税下》，第 111 页。原文为 1600 万斛，张国刚、张安福在估算时皆从之，渡边信一郎已指出《通典》原文"千"字衍，参所撰《唐代後半期的地方財政——州財政と京兆府財政を中心に》之《京兆府財政收支表》，《中國古代の財政と國家》，第 533 页。

额，渡边信一郎、解洪旺已做了许多工作，今不再一一援引史书，吸收其成果归纳如下：

表 4-1　唐后半期京兆府租税收入一览

税目	税额
两税总额	100 万贯石
夏税钱	224000 贯
秋税钱	276000 贯
夏税斛斗	29 万余石
秋税斛斗	（21 万余石）
夏青苗钱	83560 贯
秋青苗钱	（80000 贯）
榷酒钱（长安、万年）	15010 贯
税草	300 万束

其中夏税钱为贞元二年（786）数据，夏青苗钱为元和十五年（820）数据，税草数目为陆贽所奏，榷酒钱为大和八年（834）数据。

《元和郡县图志》记载的元和中京兆府户数 241202，与此时间相当，可用于计算。其中夏秋税钱、榷酒钱系据户征，则可算出唐后期京兆府户均纳税钱 2.07 贯（2070 文），榷酒钱 0.062 贯（62 文）。而夏秋税斛斗、青苗钱、税草为据地亩征收，上一节大致估算出元和中京兆府耕地数，以 10 万顷计，则亩纳斛斗 5 升，亩税草 3 分（0.3 束）。至于每亩之青苗钱，上节亦已交代，以 18 文计。这样本章拥有 41 亩地的京畿乡村小农家庭一年共需上缴税钱 2870 文（18×41＋62＋2070），斛斗（粟）2.05 石（0.05 石×41），税草 12.3 束（0.3×41）。这与元稹《同州奏均田状》所记长庆初同州百姓每亩税粟九升五合、草四分、地头榷酒钱二十一文的数目有一定差距，但元稹奏为赋役甚繁之特例❶。至于其他杂税如和籴、和市、官市、延资库钱、逃摊等支出暂不计入❷。

2. 口粮、食盐支出

已往学者估算唐人食量、食盐量❸，都是依据《唐六典》卷六"都官郎中员外郎"所记官奴婢给粮标准及卷一九《司农寺》"给公粮者，皆承尚书省符"条❹。《天圣令》发现后，李锦绣据《仓库令》唐3条发现《六典》所引为节文，而天圣《仓库令》给出了迄今最完整的唐人给粮及给盐标准❺。据此，本章虚拟的小农家庭中，丁男日给米2升、给盐2.5勺，丁妻、中男日给米1.5升、给盐2勺，6—15岁的小女日给米0.9升、给盐1勺，6岁以下的小男日给米0.6升、给盐0.5勺。则五口一家一日口粮6.5升米，全年口粮23石7斗3升，折粟为39.54石；一日食盐量共8勺，全年用盐29.2升。

粮食直接来诸自家田地所种，但食盐则必须到市场购买。唐前期盐价较稳定，每斗10文左右；安史之乱结束，盐专卖制度实行后，价格开始暴涨，至贞元中最高至370文，致使民众不得不淡

---

❶ 杨军主编《元稹集编年笺注·散文卷》，第898页。

❷ 杂税色目参照杨希义《唐代关中人民的赋役负担》文。

❸ 如丁骐哲《唐代人均食盐量及盐的使用范围》的估算，《唐史论丛》第10辑，西安：三秦出版社，2008年，第178—185页。

❹ 《唐六典》，第194、527页。

❺ 李锦绣复原此条令文最终为："诸给粮，皆承省符。丁男一人，日给二升米，盐二勺五撮。妻、妾及中男、女，（谓年十八以上者。）米一升五合，盐二勺。老、小男，（谓十一以上者。）中女，（谓年十七以下者。）米一升一合，盐一勺五撮。小男、女，（男谓年七岁以上者，女谓年十五以下。）米九合，盐一勺。小男、女年六岁以下，米六合，盐五撮。老、中、小男任官见驱使者，依成丁男给，兼国子监学生、针·医生，虽未成丁，依丁例给。"《唐仓库令复原研究》，《天一阁藏明钞本天圣令校证（附唐令复原研究）》下册，第486页。

食，这里权以每斗 300 文计❶，则农户每年购买食盐费用为 876 文。

3. 衣物支出

唐代亦有官奴婢、军人之给衣标准，平民所需衣着大概不比军人，这里暂从韩国磐估算❷，假定每人年需单衣一套，三年需冬衣一套，五人标准相同；单衣每套需布一丈，冬衣每套需布一丈八尺，则单衣五套需布一端，冬衣五套需布九丈（一端四丈）；每年需布三丈，则五口之家年需布一端三丈。冬衣还需要绵絮，全家每年还需一屯（六两）绵。

唐代平民的衣着简单，但头巾、鞋等亦为必需，假设此皆为三年一换，据吐鲁番出土天宝交河郡市估案物价材料，罗头巾上等 100 文，次等 90 文，下等 80 文，韩氏即以下者算，但罗为上等丝织品，普通民众当无须如此奢侈，大多着半旧不新的幞头，黄正建以为大概 20 文，则五顶头巾共需 100 文，每年大约 33；次鞋上等 90 文，韩氏以 70 文计，黄正建指出旧鞋下等仅 10 文❸，则五量鞋共需 50 文，每年大约 16.6 文。

4. 其他支出

第一节梳理农户资产时提及最重要的两项为房舍与耕牛，大多数情况下，它们都非官给亦非继承获得，而须农户经营以得。对于房屋而言，即使承自上一辈，也需要不断修茸，《四时纂要》正月、三月、十月的杂事中都有筑墙垣、治屋室，而四月则需"正屋

---

❶ 关于唐后期之盐价参照宁可主编《中国经济通史·隋唐五代卷》，北京：经济日报出版社，2000 年，第 525—527 页。

❷ 韩国磐《唐天宝时农民生活之一瞥——敦煌吐鲁番资料阅读札记之一》一文。

❸ 黄正建《唐代衣食住行研究》，第 95 页。

漏，以备暴雨"❶。房屋营建与修治是耗费人力、物力较多的一项大事。黄宗智介绍近世华北平原沙井村有人盖新房时，全村合力帮忙，出动约一百人，第一天打地基、立柱梁等，第二天筑墙、盖房基，全村男子皆有出力的义务，屋主负责大家三餐饮食❷。唐时个体农户人力、物力更有限，合作应更常见，但这项巨大的开支如何计算呢？敦煌文书宅舍买卖契约中显示的农民住房价在 70 石粮食左右❸，以房屋使用二十年计，相当于每年支出 3.5 石粟。耕牛的价格上文已述，即以最次等价 3000 文计，若使用期为十年，则每年支出 300 文。

除此而外，炊具、农具总是必需的。参照吐鲁番物价信息，以其中估为准，农具中犁具 500 文（以五倍于斧价计），耙 500 文（同犁价），锄一把 50 文，钢镰刀一张 50 文（这是最低水平）。炊具中釜一口 700 文，厨刀 80 文，日常生活中还用得上斧，大约 100 文❹，则此共需 1980 文。假设工具五年一折旧，则每年支出 396 文。

除此之外，为保证再生产，陆田每亩大约需留种 5 升，41 亩需粟约 2 石。农人日常饮食中除粮食外，大约 1/4 为肉类、蔬菜、瓜果、桑枣。《四时纂要》还记载家庭制酱、造饧、腌菜、制醋、酒、做曲等❺，由于京畿乡村农人生计多样化，家畜饲养业、园艺业占较大比重，权且以为农人这些食料皆自家所产，较少是由市场交换所得。

---

❶《四时纂要校释》，第 40、106、230 页。

❷ 黄宗智《华北的小农经济与社会变迁》，北京：中华书局，1986 年，第 230 页。

❸ 如 P.3331《丙戌岁十一月兵马使张骨子买舍契》记兵马使张骨子"买兵马使宋欺忠上件准尺数舍居住，断作舍价物计斛斗陆拾捌硕肆斗，内粟麦各半"。《法藏敦煌西域文献》（23），上海古籍出版社，2002 年，页 207 下。

❹ 此处物价信息参考韩国磐之估算，《唐天宝时农民生活之一瞥》文。

❺《四时纂要校释》，散见各月。

至此，我们可以将小农家庭的收入与支出情况对照一下，计算其剩余产品和年净产值。由于我们估测的户年收入是以唐元和中为准，所以对应支出也取两税法实施时的情况，现将唐中后期京畿乡村一户小农家庭的收入、支出对比列表如下：

表 4-2　唐中后期京畿乡村小农家庭年收入、支出情况一览

收支＼色目	粟（石）	绢（绵）	布	钱（文）	草（束）
收入项目	粮食收入 52.2	纺织收入 2.5 匹	5 端		
支出项目	夏秋税斛斗 2.05 口粮 39.54 住房支出 3.5 留种 2	制衣绵 6 两（1 屯）	制衣布 1 端 3 丈	夏秋税钱、榷酒钱 2870 食盐 876 头巾 33 鞋 16.6 耕牛 300 农具、炊具、生活用品 396	税草 12.3
结余	5.11	1.5 匹	3 端 2 丈	−4491.6	−12.3

说明：据唐开元二十五年令，诸课户之调，输绢絁者二丈当绵三两，则六两绵当绢四丈即一匹。

由于农家所产项目与政府税收项目并不完全对应，现尝试全部折为钱。唐后期物价资料不多，但谷、帛价格较前期有所上升。据宋杰研究，德宗至宣宗时帛每匹 700—1100 钱，而均价在 800 文，以 800 文计[1]；元和末的粮价大致在每斗 50 文，故一石粟以 500 文计[2]，布一端亦以 500 文计，则粮食布帛结余部分共抵钱 5355 文，扣除 4491.6 文的税费，还剩下 863.4 文的盈余。至于 12 束左右的税

---

[1] 宁可主编《中国经济通史·隋唐五代卷》第五章《货币与物价》，宋杰撰，第 514—515 页。

[2] 张国刚亦以为两税法后粟每斛 500 文，见所撰《唐代农村家庭生计探略》一文。

草，主要来自农户所种谷类作物的秸秆，系农家所出。

我们可以知道唐中后期，近畿一户小农家庭一年春耕夏耘，秋获冬藏，辛勤在田间地头劳作的结果是，除了满足衣、食、住、农业生产、再生产这些基本需要外，还能有一定的盈余。这近1000文的结余，农家可以拿来作为宗教信仰、子女教育、婚丧嫁娶之资，不过在当时婚嫁与丧葬耗费较大，这点结余恐亦不敷。《四时纂要》正月条下记："男女初生，各乞与小树二十株种之。泊至成立，嫁娶所用之资，粗得充事。"❶父母很早就开始为儿女婚嫁费用积蓄。而从敦煌社文书可以看出，婚、丧这类大项开支，民间一般以结社互助的形式解决❷。

本章勾画的这幅京畿区农民家庭的经济生活图景，与20世纪七八十年代经济史著作中描述的食不果腹，衣不蔽体，挣扎在低贫生活边缘，被迫转为盗寇流散四方的农人生活状况相比❸，似更能代表社会之一般情形。毛汉光对唐代西北农民家庭的考察，也得出类似结论❹。我们有理由相信，唐代极盛时期"耕者益力，四海之内，高山绝壑，耒耜亦满，人家粮储，皆及数岁，太仓委积，陈腐不可校量"❺"稻米流脂粟米白，公私仓廪俱丰实"❻的富庶，非旧史之虚美，而正是这一户户小农家四时辛劳，妥善经营成果的总汇。

对于本章所考察的京畿地区的农户，还有两点需要特别说明。

---

❶《四时纂要校释》卷一，第30页。

❷ 参宁可、郝春文《敦煌社邑的丧葬互助》，《首都师范大学学报》1995年第6期。

❸ 如韩国磐《唐天宝时农民生活之一瞥——敦煌吐鲁番资料阅读札记之一》一文之结论；又王士立《对贞观年间农民生活状况的初步探讨》一文。

❹ 据毛汉光研究，敦煌地区的家庭，在小康生活线以上的占36%，在生存线以上的占40%，在生存线下的占24%，在吐鲁番，此比例分别是24%和40%、36%，《敦煌吐鲁番居民生存权之个案研究》，氏著《中国人权史·生存权篇》，第269—293页。

❺ 元结《问进士（永泰二年通州问）第三》，《全唐文》卷三八〇，第3860页上。

❻ 杜甫《忆昔二首》，仇兆鳌《杜诗详注》，第1161页。

第一，畿内苛捐杂税名目繁多，除上文提及之项目外，又实行过一段时间的间架税、除陌税、地头钱等。表面看来，农民生活更为辛苦，但也应注意到，由于靠近王畿，民众亦经常得到优复蠲免。有学者统计，从两税法后的兴元元年（784）到唐亡前的天复元年（901），朝廷对于京兆府百姓的蠲免达43次之多**❶**。

第二，农户在唐前期为纳户税钱，以及两税法实施后为交夏、秋税钱及生活零用，时时需要用农产品到市场换取一定数目的钱币（现钱），这从吐鲁番发现的记录唐长安新昌坊及开远门外乡村贫民典当情况的《唐质库帐历》中可见一斑。帐目中居民送去典当的都是日常所用物品，如破黄绌里、故缦紫红小缬裙、故白布衫、皂绌破单幞里、故绯罗领巾等，典得也不过几十文、一两百文的零钱**❷**。作为全国最大城市的长安及其周边，需要存在如质库这样能随时将实物转化为钱币的信贷机构。可见京畿农民与市场的联系密切。

---

❶ 解洪旺《唐后期中央对京兆府税收政策研究》所列《两税法后京兆府蠲免赋税详表》，第31—33页。

❷ 《吐鲁番出土文书》贰，第328—340页。

第 **12** 章

环长安区域的民众信仰与神鬼世界

一　一方土地，两重世界

长安研究不仅是中国中古城市史之分支，最大的魅力在于，长安就像一座拉开了帷幕的舞台，举凡中古时期政治、文化、经济、礼仪、宗教、文学、社会生活诸"剧目"，皆可以这座城市为底色，在坊里空间渐次呈现❶。十几年来，荣新江先生主持的"长安读书班"（《两京新记》读书班）的成员各尽其专长，从自己的研究领域解读"长安"，取得了丰硕的成果。其中孙英刚重拾起中古笔记小说、佛道文献中以长安为原型讲述的鬼异事迹与感应、灵验故事，将作为"讲故事"背景的相关信息在长安坊里复原，发现在真实的城市生活空间之外，完全可以拼合出一幅以鬼神为主体的冥界空间图景，虽然它只存在于长安僧俗、精英及大众的"头脑里"，但按诸坊里巷曲，竟然也真实可触❷。

---

❶ 荣新江《关于隋唐长安研究的几点思考》，《唐研究》第 9 卷，第 1—8 页。

❷ 孙英刚《想象中的真实：隋唐长安的冥界信仰和城市空间》，《唐研究》（转下页）

孙氏的想法极具启发意义，但他的工作仅留步于城市内部空间。《法苑珠林》卷六二引《长阿含经》阐释了佛教的鬼神分布思想："一切人民所居舍宅，皆有鬼神，无有空者；街弄道陌、屠脍市肆，及诸山冢，皆有鬼神，无有空处；凡诸鬼神皆随所依，即以为名。"❶冥界与人世空间、思想与真实世界的二元对立，凡兆民（思想者）活动所及，无所不在，但由于史料之局限性，未必皆可剥离与呈现。通读唐人笔记，由于故事的原始讲述者、传播者，故事最终成诸文本的表述者，大都有生活于长安或往返长安的真实经历，故鬼怪神异事件十有六七都与长安及其周边地域勾连，但相比于长安城内严肃森然的上层政治、礼仪文化与秩序，城外的山野川原、郊郭牧野，更是神鬼魅怪、狂乱的宗教想象滋生的温床。渭北北山山地，城南秦岭山脉北坡的终南、太白诸山，由灞、浐、沣、潏、涝、黑等水南流下切而成的诸谷口等地，既是首都圈名僧高道、方外人士的栖止地，又是逃犯、逃户，所谓"社会型盗匪"的避难所❷。在原始的自然崇拜推动下，这里的山川池沼、草木鸟兽，或被官方立庙祭祀，或被民间狂热崇拜，奉为神祇，更应当成为宗教社会史学者关注的地域。

唐传奇中以长安为背景的神怪故事的具体发生地点，除城内坊里外，还集中在两片区域：一是城南终南、太白山区，二是由长安东行，经长乐驿—滋水驿—灞桥—昭应—骊山—新丰—戏水—华阴—

（接上页）第 15 卷，北京大学出版社，2009 年，第 137—169 页。

❶《大正新修大藏经》第 53 册，财团法人佛陀教育基金会，1990 年，第 753 页上栏。

❷ 取自霍布斯鲍姆（Eric Hobsbawm）的说法，social bandits 意指逗留乡间社会的不法之徒，虽是官府、地主眼中的罪犯，却是同乡百姓心中的大英雄，见 E. J. Hobsbawm, *Bandits* (Revised Edition), New York: Pantheon Books, 1981, pp. 17-30。

华山—华岳庙这近 200 里的行程中[1]。

之所以如此，与唐人山岳信仰关系密切，华山为五岳之一，大约从上古时代即享有祭祀，但秦汉时地位并不通显，远在把持世人生死予夺之权的泰山之下。盛唐时，玄宗以华岳当其本命，封华岳为"金天王"，金天王显赫一时，被关中地区民众奉为至高神祇，可掌人及动物生死，安排神、鬼界职官，预知生人前程，乃至为人送子……几乎无所不能[2]。

人类学学者武雅士（Arthur P. Wolf）在研究中国的神鬼世界时，曾颇有感慨地指出其不过是现实世界的倒影[3]。唐代统治者以府州、县、乡、里的行政层级治民，将民众系于乡里编户以防逃亡，长安周边民众属京兆府统辖；相应的鬼魂也由各地分辖，所谓"鬼神不越疆"[4]，如唐传奇中被女鬼缠身、欲外出避难的婢女小金于梦中得到老人的指点，"夫鬼神所部，州县各异，亦犹人有逃户"，环长安地区的鬼神，也自成"所部"[5]。《广异记》中有太乙神奉天帝令点阅关中鬼神，召书生仇嘉福共观的场景，正是区域鬼神的集会[6]。但这个区域范围似非严格以人间的行政地理辖区为界，而更侧重于世俗文化的联系，华岳虽在京东之华州华阴县，不在京兆府

---

[1] 长安—华州是长安—洛阳驿道的第一程，华州是由长安东出第一大州，严耕望曾对其途经驿站、城镇进行考证，指出长安至华州里程在 180 里以上，见氏著《唐代交通图考》，"中研院"历史语言研究所专刊之 83，1985 年，第 17—35 页，第 90 页后附图《唐代长安洛阳道驿程图》之长安至华州部分。

[2] 贾二强先生对唐代华山信仰的兴起及华山神的神格，民众赋予其之功能有精彩考证，氏著《唐宋民间信仰》上篇之华山神信仰，福州：福建人民出版社，2002 年，第 39—52 页。

[3] Arthur P. Wolf, "Gods, Ghosts and Ancestors", in Wolf ed., *Religion and Ritual in Chinese Society*, Stanford：Stanford Univ. Press, 1974, pp. 131-182.

[4] 《太平广记》卷三三八《卢仲海》条引《通幽录》，第 2681 页。

[5] 《太平广记》卷三四〇《卢顼》，出《通幽录》，第 2695 页。

[6] 《太平广记》卷三〇一《仇嘉福》，出《广异记》，第 2390 页。

统驭下，但华岳信仰是京畿地区的核心信仰，华山是京畿民众思想世界的灵魂，所以以长安为地域中心而展开的鬼神世界，在疆界上还当包括同、华、虢等近辅州，略等同于本书开篇所划定的京畿乡村的研究范围，而总以"环长安区域"概括之。

上一章尝试搜集散碎资料，重构京畿乡村民众的物质生活与生计，与此相对应，我们也关心他们的精神生活，关心民众头脑中的神、鬼、妖、魅、精、怪等交错排列出的信仰谱系、神鬼世界，以及其中现实生活的倒影。

二 环长安神鬼的分类、分布及其活动范围

贾二强指出中国古代民间信仰最鲜明的特点之一为多样性，人们所崇拜的有自然神、有各种动植物，人死后的灵魂，幻想出的很多自然物或人工物的"精灵"，超自然力、天命，各种行业神，恶魔厉鬼，等等[1]。这是统而言之，神鬼又往往有地域特色。据姜伯勤、余欣对敦煌"万神殿"的分析，沙州城乡连续体在自然崇拜上有金鞍、三危等山神，也有川源、水池等水泉雷雨之神，相比内地，突出的特点是因祆教、景教、摩尼信仰而有其祭祀（如祆神祠），又因对农业生产的重视，而特别祈祭诸蚕神与马社[2]。余欣还尝试对敦煌神鬼进行分类，并列出佛—菩萨—罗汉—杂类鬼神—人鬼—精怪这一阶梯状诸神谱[3]。

---

[1] 贾二强《唐宋民间信仰》之《绪言》，第3—5页。

[2] 姜伯勤《唐敦煌城市的礼仪空间》，《文史》2001年第2辑。

[3] 余欣重点以 S.2144《结坛散食回向发愿文》为例对敦煌万神殿进行了结构性分析，氏著《神道人心：唐宋之际敦煌民生宗教社会史研究》，第57—72页。

本章探讨环长安区域的神鬼谱，是完全基于文本所传达的融合多种宗教、文化传统的民间思想，或言长安本土思想，必然受到儒、释、道思想潜移默化的影响，但笔者有意与其做一区隔，与余欣杂糅诸教、以佛为首的诸神谱不同❶。这里拟将环长安区域的神鬼谱划为神、鬼、精怪几类，先对区分标准加以说明。

"神"，分为自然神与人造神。自然神为人生活环境中天地日月星辰、风雨雷电、虹霓云霞、水火山石等自然物，在京畿地区，包括在长安周边官方祭祀的风师、雨师等天神❷；关内道列入国家祭祀的名山大川，太白、九嵕、吴山、岐山、梁山、泰华之岳，泾、渭、灞、浐之川❸；或由京兆地方官府承认支持，民众建立，并经申报的其他山川。人造神，本章意指两类，一是为后人纪念、祭祀的帝王、名臣、先贤、义士、孝妇、烈女，即"人鬼神"；二是围绕非大自然所有的人为造设所形成的崇拜。上述都对京畿民众思想世界的构建起到了关键作用。

而"神"与"鬼"的界限，其实并不够清晰，尤其是在小说等偏民间文本的叙述中；贾二强就曾注意到唐传奇叙事中前言某"神"，后改称"鬼"的情况，并以为在更古观念中，神与鬼并无严格区别。若以死去之人为鬼，则历代又存在奉祀先贤名士为神，甚至是官祭的情况，即所谓的"人鬼神"。不过贾氏指出，鬼要成为神，关键环节是必须立庙享受祭祀，则暂且以这一标准区分❹。至于

❶ 余欣《神道人心：唐宋之际敦煌民生宗教社会史研究》，第 68—72 页。
❷ 《大唐郊祀录》卷七记载，风师坛先在长安通化门外道北二里，后移至城外通化门外十三里浐水东道南，雨师坛设于金光门外一里半道南，《大唐开元礼》（附《大唐郊祀录》），东京：古典研究会、汲古书院，1972 年，第 776—777 页。
❸ 《唐六典》卷三"户部郎中员外郎"条，第 64—72 页。
❹ 贾二强《唐宋民间信仰》中篇之《鬼神之间》，作者注意到《太平广记·顾邵》记其至豫章见庙中供奉庐山神，后却又一概称之为"鬼"，第 247—252 页。

精怪，是人鬼之外的自然或人为之物幻化的怪物；古人秉持万物有灵的观念，举凡自然界之植物、动物、矿物、其他人造器物等，皆可为怪，而又或称为妖❶。游自勇指出，"妖"包容了中国古代思想观念里的众多内容，与精、怪、鬼、神等纠缠在一起❷。

下面先依类列出据地志、小说、诗文搜集到的环长安区域神鬼精怪名称，并对其出现地点略作提示（下文将有详论之鬼神，此处暂不出注）：

1. 神

（1）自然神：风伯、雨师❸、诸星（太乙神）❹

土地系统：社神❺、土地、太岁（城东狗架箐）❻、后土祠（在宫

---

❶ 关于精怪的定义，参照贾二强《唐宋民间信仰》，第253—254页；韩瑜《唐代小说与唐代民间信仰》，北京：中国社会科学出版社，2013年，第73—78页。

❷ 游自勇《天道人妖：中古〈五行志〉的怪异世界》，首都师范大学博士学位论文，2006年，第88—90页。

❸ 《大唐郊祀录》卷七，《大唐开元礼》（附《大唐郊祀录》），第776—777页；沈亚之《祈雨文祠汉武帝》中提及风伯、雨师为汉武帝下属，《沈下贤集校注》卷一二，第269—270页。

❹ 《太平广记》卷三〇一《仇嘉福》记其出京赴洛应举，于途中遇白氏贵人，同行至华岳庙，贵人自称奉天帝之命案点关中鬼神，并从华岳神处救出仇嘉福和邓州崔司法妻，故事末尾，嘉福知其为太乙神。第2390页。按"太乙"应即"太一"，太一神在两汉为主神，地位颇高，到魏晋六朝，地位下降为普通星神。

❺ 唐代春秋二社固定在二、八月上戊举行，既是民间祭祀社稷、庆祝丰收并相聚宴饮的盛大节日，也演变为国家礼仪，《大唐开元礼》中有相关仪注的规定。韩愈《游城南》诗描绘长安城南民众"共向田头乐社神"的景象，《游城南十六首·赛神》，屈守元、常思春主编《韩愈全集校注》，第696页。

❻ 唐代地神的存在十分普遍，城郭、乡村、寺庙、宅屋，随处可见其踪，段成式《酉阳杂俎续集》卷一《支诺皋上》记长安崇贤坊有土地，称为"地界"，"长才三尺，巨首儋耳，唯伏其前"（方南生点校，第205页），已与后世神魔小说中土地的形象颇为相似。土地似为乡村通用说法，城市多有"城隍"，城外又称为"太岁"（见《太平广记》卷三六二工部员外张周封于城东别庄筑墙事，第2878页）。

城之北十四里，后土夫人）**❶**、地祇（主京兆三百里内人口丧葬）**❷**、地神**❸**、地仙（在骊山、蓝田之间）**❹**

山神：华山（华岳金天王、华岳第三子、第三女）、昭应山（骊山）、终南山（南山）、太白山、尧山（圣母祠）**❺**、金山神庙（蓝田县南十里辋谷口金山前）**❻**、炭谷神**❼**、九嵕山、梁山**❽**

---

❶ 参考雷闻《郊庙之外：隋唐国家祭祀与宗教》，北京：三联书店，2009 年，第 56—60 页。后土神在民间多以后土夫人闻名，《太平广记》卷二九九《韦安道》讲述了武周时后土夫人因冥数与洛阳士人韦安道结缡，终黯然分手的经过（出《异闻录》），故事中后土夫人活动地在神都洛阳，第 2375—2379 页。

❷ 《太平广记》卷三〇六《卢佩》记京兆府地祇为女身，先妻渭南县丞卢佩，又为靖恭坊李谘议妇的故事，出《河东记》，第 2425 页。

❸ 杜光庭《录异记》卷四记家在渭水之滨的崔生，其身为仙官之表丈人告崔生"今年地神所申，渭水泛溢，伾庄当漂坏，上下邻里一道所损三五百家，已令为伾护之"。萧逸校点，《唐五代笔记小说大观》上册，第 1526 页。

❹ 李绰《尚书故实》载卢钧述表弟韦卿材因赴任出京，行至灞浐间，忽入"林木葱蒨，似非人间"之异境，谒避乱之上公并得到其馈赠的故事，故事终了时，韦氏意识到"约其处，乃在骊山蓝田之间。盖地仙也"。萧逸校点，《唐五代笔记小说大观》下册，第 1163—1164 页。

❺ 尧山，在蒲城县（唐奉先县）北，东北、西南走向，隔渭河与华山相望，康熙《蒲城县志》称山上原有唐咸通年间古碑，碑文称祠庙自古灵应一方；据中法联合调查，尧山祠庙东北石壁上存唐贞元、元和年间奉先县令裴均等摩崖题刻，有"暮雨"字样，彼时尧山庙已为地方官祈雨之所；贞元十四年尧山庙规模扩大，庙基向周围凿山扩展，参秦建明、吕敏编著《尧山圣母庙与神社》（陕山地区水资源与民间社会调查资料集第二集），北京：中华书局，2003 年，第 12—13、189—199 页。

❻ 《长安志》卷一六《蓝田县》下记："金山神庙，在县南十里辋谷口金山之前。《旧图经》曰：黄帝时风后灭蚩尤之众于此，盖风后之祠。"《长安志　长安志图》，第 490 页。

❼ 《太平广记》卷六九《马士良》（出《逸史》）载马士良因事亡命南山炭谷湫岸，因偷食灵药而被乡界追命，为双鬟小女救，并结为夫妻，双鬟曰"我谷神之女也，守护上仙灵药，故得救君耳"，第 428 页。

❽ 二山为《唐六典》卷三"户部郎中员外郎"条所载畿内名山，官为祭祀，推测应有山神，第 64—65 页。

江河湖湫：曲江神、昆明池神（池中有龙）、浐水神❶、渭川神❷、泾水神、灞水神❸、华山龙移湫（神）、炭谷湫（有龙、神）❹、澄源夫人湫庙（在炭谷）❺、太乙湫（在炭谷）、乾湫（神禾原皇甫村东）❻、太白山三湫、仙游潭（黑潭龙、神）❼

玉兔仙（云英，于蓝桥驿）、树神（南山中）

（2）人造神：汉武帝祠（栎阳）❽、关三郎、王母祠（骊山玉蕊峰头）❾、韩太傅萧望之祠（万年县）、汉御史大夫张汤母祠（万年县）、汉元帝冯昭仪祠（咸阳县）❿、三皇五帝祠（两京）、三皇道君、

---

❶ 孙广宪《北梦琐言》卷一二："唐黄寇奔冲，有小朝士裴，移挈妻子，南趋汉中。才发京都，其室女路次暴亡，兵难挥霍，不暇藏瘗，其为悲悼，即可知也。行即骆谷，夜闻其女有言，不见其形。父母怪而诘之，女曰：'我为浐神之子强暴，诱我归其家。厥父责怒，以妄杀生人，遽行咎责，兼追谢抚慰，差人送来。缘夕旦未有托，且欲随大人南行。'"贾二强校点，北京：中华书局，2002 年，第 264 页。

❷ 《广异记》"三卫"条记三卫为华岳第三新妇，往北海传书，得绢三匹以为报，在长安市中以高价卖之，买者称"今以渭川神嫁女，用此赠遗"。《冥报记　广异记》，方诗铭辑校，北京：中华书局，1992 年，第 50—51 页。

❸ 为《唐六典》卷三"户部郎中员外郎"条所载畿内大川，官为祭祀之，推测应有水神，第 65 页。

❹ 《太平广记》卷四二三《华阴湫》叙华阴县龙移湫与终南山灵应台三娘湫之感应故事，出《剧谈录》，第 3444 页。

❺ 《长安志》卷一一《万年县》记："澄源夫人湫庙。按今县有显应夫人庙，所在与此正同，当是澄源改封。在终南山炭谷，去县八十里，唐封澄源夫人湫池尚在。"《长安志　长安志图》，第 373 页。

❻ 张礼《游城南记》张自注："乾湫在神禾原皇甫村之东。旧传，有龙移去南山炭谷，原之湫水遂涸，故谓之乾湫。炭谷之水遂著灵异，历代崇为太乙湫。"史念海、曹尔琴校注《游城南记校注》，西安：三秦出版社，2003 年，第 154 页。

❼ 详白居易《黑潭龙》诗，此黑潭，陈寅恪以为在炭谷湫村（《元白诗笺证稿》，北京：三联书店，2009 年，第 297—298 页），朱金城以为在龙首山（《白居易集笺校》，256—257 页），笔者以为《长安志》所记盩厔县南之仙游潭。

❽ 长庆三年正月栎阳尉沈亚之奉京兆尹命祈雨汉武帝之祠下，有《祈雨文祠汉武帝》，《沈下贤集校注》卷一二，第 269—270 页。

❾ 《长安志》卷一五《临潼／昭应／会昌县》，《长安志　长安志图》，第 463 页。

❿ 上三条详雷闻所制《天宝七载忠臣、义士、孝妇、烈女祠祭表》，《郊庙之外：隋唐国家祭祀与宗教》，第 260—261 页。

太古天皇、中古伏羲女娲❶、四皓庙（终南山）、唐杜相公祠❷、石父庙（石炭堰神庙）、石婆神庙（昆明池）❸、秦樗里公庙、秦始皇帝（李斯、王翦配享，官祀，咸阳）、周文王（鬻熊、齐太公望配享，咸阳）❹、敷水桥神、先代帝王庙、火祆祠（两京火祆）❺

2. 鬼： 吕不韦冢（京城东，一说秦庄襄王冢）❻、黄衫者（往返长安华山，执送关中死人名籍之吏）、田中之鬼（奉天县外）、白衣老人（渭南士人庄中，杀其妻柳氏）、钟馗（明皇夜梦，后关中普遍崇奉）❼、山猿化形为人（渭南县郊外）

3. 精怪： 狐妖（党元超于华山罗敷水南遇女子❽；进士计真

---

❶ 《唐会要》卷二二《先代帝王》载至德二载（757）八月道士李国贞奏于昭应置数类祠堂，昭应县令梁镇上疏反对，但有些祠堂是原本存在的，第502页。

❷ 《长安志》卷一一《万年县》："四皓庙。在终南山，去县五十里。唐元和八年重建。唐杜相公祠。……咸通六年建。"《长安志　长安志图》，第373页。

❸ 《长安志》卷一二《长安县》："石炭堰神庙。在县西南四十里荆任邨。唐贞元十四年置。石父庙、石婆神庙。并在县西南三十五里昆明池右。"《长安志　长安志图》，第395页。

❹ 详雷闻所制《天宝七载先代帝王祭祀表》，氏著《郊庙之外：隋唐国家祭祀与宗教》，第82页。

❺ 《新唐书》卷四六《百官志》祠部"两京及碛西诸州火祆，岁再祀，禁民祈祭"，第1195页。

❻ 刘𫗧《隋唐嘉话》卷中："京城东有冢极高大，俗谓吕不韦冢。以其锐上，亦谓之尖冢。咸亨初，布政坊法海寺有英禅师，言见鬼物，云秦庄襄王过其舍求食，自言是其冢，而后代人妄云不韦也。"刘𫗧、张鹭撰《隋唐嘉话　朝野佥载》，北京：中华书局，1979年，第30页。

❼ 沈括《梦溪笔谈》补笔卷三："禁中旧有吴道子画钟馗，其卷首有唐人题记曰：明皇开元讲武骊山，幸翠华还宫，上不怿，因痁作，将逾月。巫医弹伎，不能致良。忽一夕，梦二鬼，一大一小。……其大者戴帽，衣蓝裳，袒一臂，鞾双足，乃捉其小者，刳其目，然后擘而啖之。上问大者曰：'尔何人也？'奏云：'臣钟馗氏，即武举不捷之士也。誓与陛下除天下之妖孽。'"胡道静校正《新校正梦溪笔谈》，上海人民出版社，2011年，第223—224页。虽为宋人记载，钟馗信仰在唐已流行，每逢除日、腊日、新年等，禁中给侍官员所得赐物中常有其注历与钟馗像。

❽ 牛僧孺撰《玄怪录》卷四《华山客》，穆公校点，《唐五代笔记小说大观》上册，第410—411页。

妻❶）、灯（昭应县石瓮寺文殊院西幢之灯）、水银精（商山中）❷、怪（角駊之像，涌出为人，身长丈余，在蓝田县孝义坊西原）、宅边木神（醴泉县民吴偃家）、夜叉、巨虺（太白山谷中）❸、枨枨（嗜血怪物，杀人取肝以祀天狗）❹、虎、牛为怪（终南山下）❺

与敦煌的地域神鬼谱相比较，两地皆有山川河流、风雨雷电而形成的自然神，但环长安区域的人造神数量明显较多。敦煌仅是唐代的一所边城，而长安是依凭周秦汉故都建立的帝国的都城，先代之人物事迹，在这块地域层累性地堆积，而浇筑出众多的神灵、先贤崇拜，这是完全可以理解的。而与长安城内坊里祭拜的鬼神相比，乡村区域也表现出独特性：第一，对社神、土地的崇拜更加热烈，农民的农耕生活、农事生产，与土地关系密切，二、八月的上戊日，民间例行社日，庆祝社神庇佑下的丰收，祭祀社神。唐代，春秋二社成为乡村社会的官方礼仪，《大唐开元礼》中有所谓的"诸州祭社稷""诸县祭社稷""诸里祭社稷"之仪注规定❻。

民宅的建筑，须要遵循伏龙的游走规律，不得随意动土；《酉阳杂俎》记工部员外郎张周封在长安城东南的狗架觜别业修缮：

---

❶《太平广记》卷四五四《计真》，出《宣室志》，第3707页。
❷《龙城录》记长安任中宣家所畜宝镜系"水银阴精，百炼成镜"，"商山樵者石下得之"，曹中孚校点，《唐五代笔记小说大观》上册，第143页。
❸《太平广记》卷三五六《韦自东》记其在太白山段将军庄与夜叉、巨虺搏斗事（出《传奇》），第2820页。
❹《新唐书》卷三五《五行志》载唐贞观十七年七月，长安民间讹传官府派遣枨枨四出杀人，第921页。有唐一代京师发生类似讹言有四次，详参游自勇《天道人妖：中古〈五行志〉的怪异世界》，第139—145页。
❺《太平广记》卷四三四《宁茵》记其于大寮南山庄假居，夜遇斑、特二处士到访，实为虎、牛事（出《传奇》），第3525页。
❻《大唐开元礼》卷六八、七〇、七一、七三，《大唐开元礼》（附《大唐郊祀录》），第351—354、358—359、361—365、369—370页。

"尝筑墙于太岁上，一夕尽崩。且意其基虚，工不至。率庄客指挥筑之，高未数尺，炊者惊叫曰：'怪作矣！'遽视之，饭数斗悉跃出藏地，著墙匀若蚕子，无一粒重者，蟊墙之半如界焉。因谒巫醮地谢之，亦无他焉。"❶ 可见长安乡村中土地神力量之大。

环绕民宅又有所谓"宅内七神"，余欣以为即《佛说安宅神咒经》所谓"门吏户陌，井灶精灵、堂上、户中、溷边之神"❷，这些神祇皆属于围绕土地一系的小神，而与乡村居民的日常生活息息相关。

第二，自然神崇拜更加盛行。由于环长安区域的地理环境多样化，长安城以北的渭北属黄土高原边缘的台地，表现为醴泉、奉先、奉天、美原、三原县境的一系列低山丘陵；唐长安城正处关中平原，为三面环山向东敞开的河谷盆地，除渭水横穿中部外，又有泾、渭、灞、浐、沣、滈、潏、涝八水环绕；长安城南的鄠县，东南的蓝田、新丰，西南部武功、盩厔县处秦岭北坡，境内树立着王顺山、骊山、太白山、终南山等高山，这些山体山间河流众多，河水冲刷下形成自南向北延伸的河谷，即峪道，或称谷口，既是山中的人口聚居点，又有着湖沼湫潭等深邃奇妙的景观。这样丰富的自然禀赋，为环长安区的自然神崇拜提供了良好的素材。

若从地域上统计，长安城南、秦岭北坡的终南山区，是神鬼分布最密集的区域。终南山区距长安最远的太白山，海拔 3674 m❸，为秦岭最高峰，因对暖湿气流的阻滞作用最强，最易降雨，山顶常

---

❶ 段成式《酉阳杂俎》，方南生点校，第 143 页。

❷ 余欣《神道人心：唐宋之际敦煌民生宗教社会史研究》，第 202—205 页。《大正新修大藏经》第 21 册，第 911 页下。

❸ 数据采自王安泉主编，《周至县志》编纂委员会编《周至县志》，第 347 页。

年积雪，因而成为环长安区域祈雨最为灵验的处所之一。关于太白山神的信仰，至迟在北魏时已出现❶，据《水经注》记："（太白）山上有谷春祠，春，栎阳人，成帝时病死，而尸不寒，后忽出栎南门及光门上，而入太白山，民为立祠于山岭，春秋来祠中止宿焉。山下有太白祠，民所祀也。"❷ 天宝八载玄宗封太白山为神应公，四时祭祀❸，贞元十二年以时旱重建，柳宗元有《太白山祠堂碑》❹。

太白山神庇护下，还有树神和湫神。《广异记》载巴人从褒中伐木直至秦岭北坡的深山中：

> 至太白庙。庙前松树百余株，各大数十围。群巴喜曰："天赞也。"止而伐之。已倒二十余株，有老人戴帽拄杖至其所，谓巴曰："此神树，何故伐之？"群巴初不辍作。老人曰："我是太白神。已倒者休，乞君未倒者，无宜作意。"巴等不止。老人曰："君若不止，必当俱死。无益也。"又不止。老人乃登山呼斑子。俄尔有虎数头，相继而至，噬巴殆尽，唯五六人获免。❺

当有伐木者因利益所诱欲侵害太白山下属松树神时，为山神驱虎所噬。

所谓湫、湫池，是因大自然地形变化而积水形成的大水潭，短

---

❶ 详情参张晓虹、张伟然《太白山信仰与关中气候》，《自然科学史研究》2000 年第 3 期。

❷ 郦道元《水经注》卷一八《渭水中》，陈桥驿点校，上海古籍出版社，1990 年，第 324—325 页。

❸ 《旧唐书》卷九《玄宗纪》，第 223 页。

❹ 柳宗元《太白山祠堂碑（并序）》，《柳宗元集》校点组《柳宗元集》卷五，第 130 页。

❺ 《太平广记》卷四二六《巴人》，第 3472 页。

时期内地理的升沉、水量的堆积，本身具有神话色彩，如《剧谈录》记载华山龙移湫的形成："唐咸通九年春，华阴县南十里余，一夕风雷暴作，有龙移湫，自远而至。先其崖岸高，无贮水之处，此夕徙开数十丈。小山东西直南北，峰峦草树，一无所伤。碧波回塘，湛若疏凿。京洛行旅，无不枉道就观。有好事者，自辇毂蒲津，相率而至。车马不绝音，逮于累日。"湫潭深不见底，又因山中气候变化多端，高山深谷中的湫不时会发生漂没人口的情状，如终南山炭谷附近灵应台的三娘（子）湫：

> 水波澄明，莫测深浅。每秋风摇落，常有草木之叶，飘于其上。虽片叶纤芥，必飞禽衔而去。祷祈者多致花钿锦绮之类，启视投之，歘然而没。乾符初，有朝士数人，同游于终南山，遂及湫所，因话灵应之事。其间不信者，试以木石投之，寻有巨鱼跃出波心，鳞甲如雪。俄而风雨晦暝，车马几为暴水所漂。尔后人愈敬伏，莫有犯者。❶

时人无法给此以科学解释，便自然衍生了湫中有神龙的传说。慧琳在《一切经音义》中解释："湫者，大龙池也，多在山林丘壑、摧崖堰谷作大深池，龙神所居，深水渊也，人畜莫敢犯触，或祈祷有灵，时起风雷；或降澍甘雨，沃润田苗。"❷

唐代环长安地区的池潭湫神崇拜十分盛行。曲江有水伯，其形象为人面兽身，牵控两龙，窟宅百谷，"故敕伦于元气之液，弄权于坤舆之窍"，生性恶毒，常吞没才子、进士游曲江者❸；昆明池

---

❶ 《太平广记》卷四二三《华阴湫》，出《剧谈录》，第3444—3445页。
❷ 《正续一切经音义》卷三八，上海古籍出版社，1988年，第1512页。
❸ 樊铸《檄曲江水伯文》，《全唐文》卷三六三，第3691—3692页。

中有龙，且有龙宫，如《酉阳杂俎》记西域僧因大旱受诏于昆明池结坛祈雨，欲缩尽池中水以捣毁池龙，龙化身老人向宣律师和尚求救，和尚推荐其问诸孙思邈："老人因至思邈石室求救。孙谓曰：'我知昆明龙宫有仙方三千首，尔传与予，予将救汝。'老人曰：'此方上帝不许妄传，今急矣，固无所吝。'有顷，捧方而至。孙曰：'尔第还，无虑胡僧也。'自是池水忽涨，数日溢岸，胡僧羞恚而死。"❶ 终南山炭谷的炭谷湫、太乙湫、太白山三湫，神禾原的乾湫，鄠邑的仙游潭，皆有龙出没之记载，皆立祭祀。白居易的《黑潭龙》诗描述仙游潭附近民众对潭龙的祭祀颇丰："家家养豚漉清酒，朝祈暮赛依巫口。神之来兮风飘飘，纸钱动兮锦伞摇。神之去兮风亦静，香火灭兮盃盘冷。肉堆潭岸石，酒泼庙前草。"❷

  第一部分提出神鬼亦各有疆界部域所领，如山神只统辖保护山界内的生命，而河川湖湫神的统驭力应只在其水域，所司区域狭隘者，至如敷水桥神，只掌华州敷水所架桥上之迎来送往❸；村民宅中之树神、灶神、门神等，活动范围都不出一户。但神鬼世界的流动性不可谓不强，神鬼的活动踪迹不可谓不广，一般来说，处于神鬼谱系顶端的大神，行踪最为自如，华岳神可轻松进入天庭赴会，又行游东、北、南、中岳，与南岳博戏，中秋夜与天庭群仙相会嵩岳，观岳神嫁女，又自娶北海海神之女为三夫人，可说是上天入地，为所欲为❹。而汉武帝身后为天界仙官，称刘君，品秩职位皆不在华岳神之下，亦可出栎阳武帝祠，至嵩岳赴会❺。

---

❶ 段成式《酉阳杂俎》前集卷二，第 19 页。

❷ 《黑潭龙　疾贪吏也》，朱金城《白居易集笺校》，第 256—257 页。

❸ 《太平广记》卷三一一《进士崔生》，出《录异记》，第 2463—2464 页。

❹ 参考贾二强《唐宋民间信仰》，第 39—66 页。

❺ 华岳神与汉武帝至嵩岳赴会事件，详《太平广记》卷五〇《嵩岳嫁女》，出《纂异记》，第 309—312 页。

某些位分卑微之神，或相当于人间之驱走吏，由于职掌的缘故，也需往来奔波，行色匆匆，甚至寄人篱下，如掌管京兆府三百里人家丧葬地的地祇（女性），时常在长安城内、外及远郊诸县间往返，在野外拣择墓田，策划穴地，因工作所需，"长须在京城中作生人妻，无自居"，在先嫁入渭南丞卢佩家，居常乐里，遭到卢家猜疑后，只能再嫁入靖恭坊官宦之家。在这样的轮换中，男女结合的情爱意味恐早已下降到极次要位置❶。又如前生为宣城县脚力，亡于华阴，被冥府录用为传送关中死籍之吏的黄衫人，需时时往返长安—华山—东岳泰山的漫长路途，虽已托身神界，然"递符之役，劳苦如旧"，想亦常食不果腹，衣不蔽体；在华阴县之店受到浮梁张令羔羊美酒的款待后，竟至感叹"四十年前，曾于东店得一醉饱，以至今日"；在张令询其所愿时，表达了请为阍人，"则吾饱神盘子矣"的愿望❷。

三　唐人头脑中环长安神祇世界的谱系与统治秩序

鬼魅，尤其是妖妄、精怪，处于神鬼世界之最边缘，日常生活中之山川土木、飞鸟游鱼、走兽爬虫等都可因年岁长久而成为精怪，其与乡村人民的日常生活关系也最为密切，张鷟在《朝野佥载》中描述唐代乡村"狐"崇拜之盛行："唐初以来，百姓多事狐神，房中祭祀以乞恩，食饮与人同之，事者非一主。当时有谚曰：

❶《太平广记》卷三〇六《卢佩》，出《河东记》，第2425页。
❷《太平广记》卷三五〇《浮梁张令》，出《纂异记》，第2775页。

'无狐魅，不成村。'"❶ 狐等精怪，虽被百姓呼为"神"，但其既不为国家祀典所尊奉，也不被纳入从上古以来不断演进的民间信仰的谱系，故本节的讨论将以神仙（神祇）为中心。

韩瑜在研究唐人小说时指出，唐代民间信仰发生了新变，其与佛、道二教架构起千丝万缕的关联。唐代百姓把更多的尊崇与敬畏给了有主流意味的佛、道各路神灵，如泰山府君的冥界主管之位为佛教之阎罗王侵夺，体现在基本素材上，《太平广记》收录的民间神灵故事 25 卷，而"神仙"类（道教中的神），包括单独成卷的 5 卷女仙故事，就有 60 卷之多❷。本书力图还原一个儒、佛、道以外，环长安本土的神仙世界，尽量依据唐人小说中的纯民间神灵故事，基本不采纳佛、道为主题的故事；但道教系由本土信仰发展而来，对民间神仙世界的影响潜移默化，鲁迅尝言"中国根柢全在道教"❸，故下文将构建的环长安神祇世界，仍可见道教仙官的影子。

武雅士说"神是帝国官僚的超自然化身"❹，刘屹在研究中古道教信仰时也感叹"古代信仰世界是一个与现实世界平行存在的世界"❺，现实世界中，中央集权制下层级分明的官僚序列和行政建制自然而然映射到神祇世界，使诸神也有了管辖区域（"鬼神不越疆"）及等级之分。种种民间文本的叙事表明，在时人头脑中，环

❶ 《隋唐嘉话　朝野佥载》，第 143—144 页。
❷ 韩瑜《唐代小说与唐代民间信仰》，第 26—27 页。
❸ 鲁迅《1918 年 8 月 20 日致许寿裳》，《鲁迅书信》，北京：人民文学出版社，2006 年，第 56 页。
❹ Arthur P. Wolf, "Gods, Ghosts and Ancestors", in Wolf ed., *Religion and Ritual in Chinese Society*, pp. 131-182.
❺ 刘屹《神格与地域：汉唐间道教信仰世界研究》之《前言》，上海人民出版社，2011 年，第 10 页。

长安区域处于权力金字塔顶端的是华山神，即岳神、金天王。华岳在秦汉时即已享皇帝亲祭，但它能为长安周边区域的主神，实由于唐玄宗的大力提倡，史载"（玄宗）先天二年七月正位，八月癸丑，封华岳神为金天王"❶，后遍封五岳，传统信仰中最尊崇的冥府之渊薮泰山，亦与中、南、北岳屈随金天王之后❷。得之于一时拔擢之荣宠，自然不够稳固，晚唐五代后，随政治中心的东移，华岳神的地位一落千丈，在战事频仍的情况下，百姓的生活水平尚没有保障，山神亦威严扫地，甚至面临供给不足的尴尬。如韦庄《秦妇吟》记载黄巢之乱后，长安城中某官员家中之侍妾独自一人出城东，欲往洛阳，经霸陵、骊山、新丰，行至华阴县金天王庙时见到的情形却是：

> 路旁试问金天神，金天无语愁于人。庙前古柏有残桥，殿上金炉生暗尘。一从狂寇陷中国，天地晦冥风雨黑。案前神水咒不成，壁上阴兵驱不得。闲日徒歆莫餢恩，危时不助神通力。我今愧恧拙为神，且向山中深避匿。寰中箫管不曾闻，筵上牺牲无处觅。旋教魔鬼傍乡村，诛剥生灵过朝夕。

女子不禁有"神在山中犹避难"之叹❸。不过唐人小说中展现的，都是金天王全盛时期，称霸一方、呼风唤雨的景象。

　　本书关注的是华岳作为环长安区域主神的表现与作为：首先，华岳在环长安神祇世界有最高权力，其最核心职掌有二，一是掌治

---

❶ 《旧唐书》卷二三《礼仪三》，第904页。

❷ 参雷闻所制《唐代山川神加封人爵表》，氏著《郊庙之外：隋唐国家祭祀与宗教》，第43—44页。

❸ 韦庄著、聂安福笺注《韦庄集笺注》，上海古籍出版社，2002年，第318页。

关中八百里世人生死大权，握有区域内当死人员之籍簿（关中死籍），直接接受天曹（天帝）以及太山府君的命令（太行主者牒金天府），追讨命尽之人入冥❶。华岳为长官，协助其处理具体事务的尚有刺官。由于华岳神耽于女色（关于金天王及其第三子强抢良家女子为妇，或虐待新妇的故事比比皆是）、玩乐（如与南岳博戏不胜，输二十万）❷，对所辖事务不甚明了，当太乙神询问其簿台村仇嘉福妇是否命数当尽时，"神初不之知，有碧衣人，云是刺官，自后代对曰：'此事天曹所召，今见书状送'"❸；华岳神对治人生死之权，并没有严肃恭谨的态度，浮梁张令"贪财好杀，见利忘义"，运数当尽，华岳却为偿还南岳二十万钱的债务，接受张令的馈赠，驰书于谪居莲花峰的仙官刘纲，由刘纲上书天帝，为张令疏通关节以延命。刘纲与华岳神狼狈为奸，虽担心"莫又为上帝谴责否"（可见金天王常因贪赃枉法、玩忽职守见责于天界最高神明），不过二人奏函竟得到天帝应允，由刘君（汉武帝刘彻）判案，许延张令寿五年。张令见事成，抱怨以二万之资"私谒于土偶人"，更重要的原因恐怕是，张令初许华岳神千万，实际只付两万，不够补其亏空，华岳便再令黄衫吏赍牒送其入冥❹。华岳的作为如此荒谬，也难怪天帝之使者太乙神见面便对其"呼责数四"了❺。

其次，华岳神统辖下有一个庞大的关中神祇系统，诸神需定期或不定期诣华岳庙，备岳神或天帝之使者"点名阅视"。书生仇嘉福因与太乙神有旧，得以目睹群神的朝觐，"遍召关中诸神，点名

❶《太平广记》卷三五〇《浮梁张令》，出《纂异记》，第2773—2775页。
❷ 参考王梦鸥《唐人小说校释》之《浮梁张令》叙录，台湾：正中书局，1983—1984年，第246—251页。
❸《太平广记》卷三〇一《仇嘉福》，第2390页。
❹ 情节详《太平广记》卷三五〇《浮梁张令》，第2773页。
❺《太平广记》卷三〇一《仇嘉福》，第2390页。

阅视。末至昆明池神，呼上阶语"❶。关中神谱中，此处提及位分较卑的昆明池神。而杜光庭《录异记》所述崔生由长安至关东赴举故事中，还出现有南山赀神、敷水桥神、地神❷，可以类推，以关中名山大川、江河湖沼为灵迹所在的神，见于上文总结的昭应山、太白山、终南山神，炭谷神、曲江神、浐水神、灞水神、渭川神、漱神、潭神，以及京兆府地祇等，都在赴华岳朝会的神祇谱系之中。只是由于材料匮乏，无法得知其具体列位。

华岳神对属下群神的选任迁转有绝对权力，而与人间相仿，关中群神亦有官品序列、等级秩序，其迁转，亦遵循一定的规律。《录异记》记崔生的表丈人死后为敷水桥神（华山罗敷水），"倦于送迎而窘于衣食，穷困之状，迨不可济"，为群神之卑者，求告崔生，欲换南山赀神，小说借天官侍御之口说出了此职之美："赀神似人间遗补，极是清资。"崔生表丈人正是愿循此迁转之捷径，冀"此后迁转，得居天秩"❸。这与唐人由秘著校正，畿赤簿尉选任御史、遗、补，再登台阁的迁转路径极类。无论如何，群神需有岳神补署之牒文，方可上任。岳神统下群神品秩相当于唐世之官，而神祇系统中亦有吏，由身份卑微的神或鬼充当，如《浮梁张令》中部送死籍之黄衫吏，其实是宣城县钟姓脚力的亡魂（鬼），吏亦自有其迁转体系，此仍由华岳神掌握，黄衫吏曾对张令有"酬金天王愿曰：请置子为阍人，则吾饱神盘子矣"的嘱托❹。

还必须明了的是，华岳管下的环长安神祇世界，只是中古信仰世界的很小一部分，华岳神在区域内有最高权力，但其权力仍时时

❶ 《太平广记》卷三〇一《仇嘉福》，第 2390 页。
❷ 《录异记》卷之四《鬼神》，《唐五代笔记小说大观》下册，第 1525 页。
❸ 《录异记》卷之四《鬼神》，《唐五代笔记小说大观》下册，第 1526 页。
❹ 《太平广记》卷三五〇《浮梁张令》，第 2773 页。

受到来自神界最高统治者——天帝的监督和掌控，因而不得不论及华岳神以上的神界统治秩序。

中国自殷周开始就有最高神的观念，"帝""上帝""昊天""皇天"等称呼即代表最高神，但这一概念极模糊，到汉代，上帝的形象、职能趋向人格化，太一神成为上帝的化身，从而取得万神殿中主神的资格，但太一的独尊神格地位到魏晋开始下降，到唐代，太一（太乙）神不再被视为天神，而只是星神❶。从仇嘉福故事来看，太乙神是天帝的下属，"吾非常人，天帝使我案天下鬼神"，小说称为"贵人"，可以对华岳呼斥呵责，又"遍召关中诸神，点名阅视"，颇有天帝特使的意味❷。

唐人小说中亦屡屡提及"天帝""天曹""上帝"等，此时的最高主神，是抽象的，还是有一具体神位呢？《浮梁张令》故事中，金天王与仙官刘纲共以玉函致书天帝，"凡食顷，天符乃降，其上署'彻'字，仙官复焚香再拜以启之"，下书判词，不录❸，在天符署"彻"字的是否天帝呢？"彻"又是何神？刘纲为张令上书延命的环节，正巧又出现在《嵩岳嫁女》故事中，故事发生在中秋夜的洛阳建春门下，璆、韶两位书生被仙官卫符卿、李八百延入以中岳为主地举办的群仙会中作礼生，有幸见到茅盈、麻姑、谢自然、西王母等众仙：

俄有一人驾鹤而来，王母曰："久望。"刘君笑曰："适缘

---

❶ 关于太一信仰在汉代的全盛以及随着汉魏六朝由敬天到崇道信仰观转变而淡出国家祀典的情况，参考刘屹《神格与地域：汉唐间道教信仰世界研究》，第3—52、92—103页。

❷ 《太平广记》卷三〇一《仇嘉福》，第2390页。

❸ 《太平广记》卷三五〇《浮梁张令》，第2773页。

莲花峰士奏章，事须决遣，尚多未来客，何言久望乎？"王母曰："奏章事者，有何所为？"曰："浮梁县令求延年矣。以其人因贿赂履官，以苛虐为政，生情于案牍，忠恕之道蔑闻，唯锥于货财，巧为之计更作，自贻覆悚，以促余龄。但以莲花峰叟，狗从于人，奏章甚恳，特纡死限，量延五年。"璆问："刘君谁？"曰："汉朝天子。"

对照两处情节，可知负责处理张令一案的仙官正是汉武帝刘彻，但刘君并不是众仙迎候的天帝。待穆天子来，"群仙皆起，王母避位拜迎，二主降阶，入幄环坐而饮"❶，穆天子与西王母方是本场宴会的主角，据此推测，在唐人心目中，穆天子正是神界最高主神天帝的化身。

华岳神在天界诸神中处于何等地位呢？从"浮梁张令""嵩岳嫁女""仇嘉福""崔生"故事综合来看，华岳神似可相当于天界之中层官员，直接上司为冥府主管太山，称为天孙，太山直辖西、南、北、中四岳神，华岳与其四岳地位平等，私交亦好，闲时与南岳博戏，或至中岳参加其嫁女仪式。华岳以上，更接近于天帝的神职，可见刘君（汉武帝）、李君（唐玄宗）❷、太乙神、天官崔侍御，以及仙官刘纲。刘纲即传奇《裴航》中云英之姊、与裴航同船由鄂渚抵襄汉的樊夫人云翘之夫❸，樊夫人为玉皇女吏，刘纲与樊夫人皆道教人物，据《云笈七签》卷四录道教相承次第，"第三十一代女

---

❶《太平广记》卷五○《嵩岳嫁女》，第 311 页。

❷《嵩岳嫁女》故事叙："璆问：'刘君谁？'曰：'汉朝天子。'续有一人，驾黄龙，戴黄旗，道以笙歌，从以嫔嫱，及瑶幄而下。王母复问曰：'李君来何迟？'……书生谓璆、韶：'此开元天宝太平之主也。'"《太平广记》卷五○，第 310 页。

❸《太平广记》卷五○《裴航》，出《传奇》，第 313 页。

仙樊忠和，忠和授二人。唯一人系代：刘纲东陵母"，又第三十三代刘纲为"樊夫人弟子，又其夫也"❶。这正是道教人物进入中古信仰谱系之明证。

四　人界与神界的交汇

神鬼与生人同在一片地域活动，神界鬼道与人界亦非相隔悬远，而时常有交集。关于人、鬼的交往，以往学者探讨较多❷，除鬼妨害人的故事外，《太平广记》中出现最多的情节是人鬼相恋，对其叙事模式，唐代文史学者有较多探讨。有学者将其分为四类，即类冥婚故事，亡女复活型相恋故事，路遇式相恋故事，禁忌型相恋故事；并认为"禁忌—惩罚：男子遇见女鬼—男子气色有异—道士出场—符咒—女鬼绝—男子恢复"为其最经典的模式❸。人神交往，材料相对少一些，鬼多为作祟的消极形象，而神多为正直形象，其交往形式，当与人鬼有差异，下面讨论发生在环长安周边区域的人神交汇。

笔者共收集到关东崔生、青州三卫、陈郡谢翱、裴航、浮梁张令、仇嘉福六则故事，其中除裴航故事先以鄂渚下荆汉舟中邂逅樊夫人为场景，后又移幕汉南至长安的蓝田道中❹，其余五个故事，皆发生在长安—洛阳道往返途中；而人神遇合的地点，除谢翱与仙姝

---

❶ 张君房编《云笈七签》卷之四，蒋力生等校注，北京：华夏出版社，1996 年，第 21 页。

❷ 如孙英刚《幽明之间："见鬼人"与中古社会》，《中华文史论丛》2011 年第 2 辑。

❸ 韩瑜《唐代小说与唐代民间信仰》第二章《鬼魂信仰与唐代小说中的"情"》，第 39—65 页。

❹《太平广记》卷五〇《裴航》，出《传奇》，第 313 页。

相见于长安城南，远眺终南山之处外❶，无一例外在华山华岳庙附近。由于环长安神界的核心在此，最高神金天王居此，诸神往来公干朝谒，出没的频率较高。

从小说记载看，凡人得遇神仙，似乎是一些很偶然的契机，如崔生行至潼关外，五鼓时分，两度遇到二百余人的队仗，通过向迟行的步健询问，并由其引荐，便得到天官崔侍御的热情招待，崔生表丈人亦以其侄与天官侍御相善，有宗姓之分❷。陈郡谢翱寓居长安升道坊，因耽赏山色，出坊门，南行百步，得遇双鬟、青衣三四人，引入美人之室共赏名花❸。仇嘉福在由富平应举入洛的途中遇同行白姓贵人，同载至华岳庙，贵人言"君命相与我有旧"，后知为太乙神❹。

但实际上，人神遇合，有更深的机理。人之生老病死，按照民间信仰之说法，皆为最高统治者天帝所掌握，天帝以此事专付泰山府君，而泰山下四岳各掌部内人之寿夭，人生之终了，必得入冥府，见执掌幽冥之神，而欲洗恶延命，以求长生，必得求助于神界❺。仇嘉福拯救当死之妻，张令之自救，皆因在神界打通了关节，此人界有求于神界处。

神祇并非万能，中古的神界信仰打上了浓重的现世生活烙印。连关中主神华岳金天王都会因与南岳博戏而背负二十万的债务，神殿底端的小神"倦于送迎而窘于衣食"❻，吏为"递符之役，劳苦如

❶ 《太平广记》卷三六四《谢翱》，出《宣室志》，第 2892 页。

❷ 《录异记》卷之四《鬼神》，《唐五代笔记小说大观》下册，第 1525—1526 页。

❸ 《太平广记》卷三六四《谢翱》，出《宣室志》，第 2892 页。

❹ 《太平广记》卷三〇一《仇嘉福》，第 2390 页。

❺ 参考贾二强《唐宋民间信仰》上篇《泰山信仰》，第 13—39 页。

❻ 敷水桥神言，见《录异记》卷之四《鬼神》"崔生"，《唐五代笔记小说大观》下册，第 1525 页。

旧"❶，就很可理解了。困窘或落难之神常求助于人，如黄衫吏见张令之海陆珍美，毫不客气地"据盘而坐"，得到张令一饭之恩，称此般醉饱，仅于四十年前得之；华岳为偿清债务也很乐意接受了张令的馈赠，并为其通关节至天庭❷；敷水桥神为换得清要之位，求告还在阳间的表侄崔生❸；北海海神之女、华岳第三新妇因受夫婿虐待，"家在北海，三年无书信"，求番满归青州之三卫为其致书信，"若能为达，家君当有厚报"❹。故而神界也有求于人界。两个世界的交汇，多是一种各取所需的模式。

除此外，与鬼界相仿，还存在人神相恋的模式，但与人、鬼常有的因色而动、缠绵交欢不同，人神之间往往存在一种超越了男欢女爱的深沉情感。裴航于荆汉舟中遇樊夫人，慕其国色，初"言语问接，帏帐昵洽"，并略其侍妾袅烟，以诗致达。樊氏见诗若不闻，后召航晓谕："妾有夫在汉南，将欲弃官而幽栖岩谷，召某一诀耳，深哀草扰，虑不及期，岂更有情留盼他人？的不然耶，但喜与郎君同舟共济，无以谐谑为意耳。"正点醒裴航，至航后因因缘际会，于蓝桥驿惊艳遇仙，求娶云英，此固亦本于平凡之好色心，但能以坚定之意志，往返长安与蓝桥驿，"于坊曲闹市喧衢，而高声访其玉杵臼"，携归蓝桥，后又为老妪捣药百日，"意愈坚"，最终方得与云英"神化自在，趋为上仙"❺。正是这超越色情的持之以恒精神与必信必果之行谊，融通了人界与神界之隔阂。

与此相较，进士谢翱与美人的邂逅与倾慕，却处处碍于人界与

❶ 黄衫吏言，《太平广记》卷三五〇《浮梁张令》，第 2775 页。
❷ 《太平广记》卷三五〇《浮梁张令》，第 2773 页。
❸ 《录异记》卷之四《鬼神》，《唐五代笔记小说大观》下册，第 1525—1526 页。
❹ 《广异记》之"三卫"条，《冥报记　广异记》，方诗铭辑校，第 50—51 页。
❺ 《太平广记》卷五〇《裴航》，第 313—315 页。裴航故事之主题详参王梦鸥解析，《唐人小说校释》，第 315—317 页。

神界之悬隔。谢翱在长安城南与美人一见倾心，互书绛笺，诗歌酬唱，然美人以"某家甚远，今将归，不可久留此矣"，"顾左右撤帐帟，命烛登车。翱送至门，挥泪而别。未数十步，车与人马俱亡见矣"。隔年春再下第东归，却忆美人，又得于长安—新丰道中有一面之见，谢翱请美人舍逆旅，又知美人将之弘农，邀其同路，美人辞以"行甚迫，不可"，再度诗歌酬唱后，消失于音尘中。谢翱竟因此段情感结怨而卒。可见人、神本属于两个世界，各有其生存之道；虽可互有恩报，各取所需，但情爱一事，却是禁区，正美人所谓"相思无路莫相思"❶。

五　长安乡村之鬼怪害人

乡村与城市相比，处于国家行政统治的边缘，或称为帝国统治之边隙地带，由于乡村居住人口稀少，居民思想文化蒙昧，又崇尚传统礼俗，举凡自然界风雨雷电、山河移位之变化，动物、植物之生长变异，以及日常生活中无法解释之现象，都极易被乡村民众认定为鬼怪。为避祸免灾而祈祝之。李肇曾形象描述了乡野信仰诞生的过程：

> 每岁有司行祀典者，不可胜纪。一乡、一里，必有祠庙焉。为人祸福，其弊甚矣。南中有山洞，一泉往往有桂叶流出，好事者因目为"流桂泉"。后人乃立栋宇，为汉高帝之神，尸而祝之。又有为伍员庙之神像者，五分其髯，谓之"五髭须

---

❶ 《太平广记》卷三六四《谢翱》，第 2892 页。

神"。如此皆言有灵者多矣。❶

张鷟也感叹："唐初以来，百姓多事狐神，房中祭祀以乞恩，食饮与人同之，事者非一主。当时有谚曰：'无狐魅，不成村。'"❷ 都强调鬼魅精怪在乡村的流行。相对于神祇护佑一方的正面形象而言，鬼怪大都成"妖"而为害人世，这在环长安区域的乡村里也不例外。

乡村民众日常生活环境中的动植物、器物等幻化为精怪害人之例甚多，这种情况下，只要找到为害之物源而翦除之，受害者便可平复。如《酉阳杂俎》记会昌五年（845），奉天县国盛村刘姓村民突然"病狂，发时乱走，不避井堑"，家人为其迎请村中禁咒人诊治，刘却独立"杖薪担至田中，袒而运担，状若击物，良久而返。笑曰：'我病已矣，适打一鬼头落，埋于田中。'兄弟及咒者，犹以为狂，遂同往验焉。刘掘出一骷髅，戴赤发十余茎，其病竟愈"❸。妨害刘氏的是其家农田中之不明鬼，被其打落。

与此相仿，醴泉县田野间的平民吴偃家中十余岁的女儿在一天傍晚突然失踪，数日后，吴偃夜梦其父来告知："汝女今在东北隅，盖木神为祟。"吴偃在其住宅东北隅细寻，果有呼吟声，结果发现女儿被困"一穴内，口甚小，然其中稍宽敞。傍有古槐木，盘根极大"，其女苏醒后自语："地东北有槐木，木有神，引某自树腹空入地下穴内，故某病。"吴偃"于是伐其树。后数日，女病始愈"❹。进士杨祯为应举借住昭应石瓮寺文殊院，夜见红裳歌人作怪，被其

❶ 李肇《唐国史补》卷下，《唐五代笔记小说大观》上册，曹中孚校点，第201页。
❷ 《朝野佥载》卷六，《隋唐嘉话　朝野佥载》，第167页。
❸ 段成式《酉阳杂俎续集》卷一《支诺皋上》，方南生点校，第203页。
❹ 《太平广记》卷四一六，出《宣室志》，第3388页。

乳母发觉为寺西幢之明灯，"因扑灭，后遂绝红裳者"。❶

乡村里鬼怪害人，有时并没有什么理由，但手段往往很惨酷。传奇记载了大历中发生在士人渭南别庄中的恐怖故事，柳氏因夫卒于京，携其幼子至夫家别庄郊居，"夏夜，其子忽恐悸不眠。三更后，忽见一老人，白衣，两牙出吻外，熟视之。良久，渐近床前。床前有婢眠熟，因扼其喉，咬然有声，衣随手碎，攫食之。须臾骨露，乃举起饮其五脏。见老人口大如簸箕，子方叫，一无所见，婢已骨矣"。这惊险的一幕发生数月后，一天日暮，"柳氏露坐逐凉，有胡蜂绕其首面，柳氏以扇击堕地，乃胡桃也。柳氏遽取玩之掌中，遂长。初如拳、如碗，惊顾之际，已如盘矣。曝然分为两扇，空中轮转，声如分蜂。忽合于柳氏首，柳氏碎首，齿著于树"❷。

京城东南五十里孝义坊外的村人任皋亦讲述了番满由京城南归，经此之飞骑的遭遇："忽见空中有物，如角駄之像。飞骑刀刺之，角駄涌出为人，身长丈余，而逐飞骑。飞骑走，且射之，中。怪道少留，又来踵，飞骑又射之，乃止。既明，寻所射处，地皆有血，不见怪。"此次搏怪后不久，飞骑即遇疾身亡❸。

一般而言，横死之鬼更容易为害生人，如由关羽信仰衍生出的关三郎，便是厉鬼之代表，关三郎为各地祭祀❹，也在京畿地区出没。《北梦琐言》记："唐咸通乱离后，坊巷讹言关三郎鬼兵入城，家家恐悚，罹其患者，令人寒热战栗，亦无大苦。"为避时疫，京

---

❶ 《太平广记》卷三七三《杨祯》，出《慕异记》，第2964页。

❷ 段成式《酉阳杂俎》前集卷一四《诺皋记上》，第134页。

❸ 《太平广记》卷三六一《牛成》，出《纪闻》，第2869页。

❹ 唐代叫三郎的鬼神颇多，至于关三郎，焦杰据《云溪友议》《北梦琐言》记载以其为关羽本人，见所撰《关索并非关三郎》，《中国典籍与文化》1999年第4期；而刘占召以为关三郎是关羽三子关索，见所撰《说三郎——与焦杰先生商榷》，《中国典籍与文化》2003年第3期。

城士人杨玭携全家出长安，自骆谷道入洋州，当行及秦岭，回望京师时，不由长出一口气，想"此处应免关三郎相随也"，"语未终，一时股慄"，再度被厉鬼追随❶。

除人死为鬼外，杂类鬼、动物幻化而成之妖，往往没有人性，并不懂得恩报，常常为祸一地。因举孝廉至京的士人陈岩因好心收留了自称为夫家新妇所害，流落渭南山林的白衣妇人侯氏，并携其同归京师永崇里，未料侯氏"其始甚谨，后乃不恭，往往诟怒，若发狂之状"，并裂毁陈岩之衣资，"爪其面，啮其肌，一身尽伤，血沾于地，已而嗥叫者移时"，引来里中民聚观。后里中善视鬼之居士以墨符治之，妇人乃化为猿而死❷。

由此可见，与神祇相比，鬼怪如狐魅往往得不到世人良好的评价，是自有原因的。

---

❶《北梦琐言》卷一一，贾二强校点，第244页。

❷《太平广记》卷四四四《陈岩》，出《宣室志》，第3632页。

结　语

　　本书力图在资料相对匮乏的中古时期，开展区域社会史的研究，有感于学界对唐帝国三百年繁华所系之地——首都长安的研究，甚至比不上西陲小城敦煌、高昌；从"边缘"回到"核心"，搜集传世与出土文献中有关长安及其周边区域的记载，书写既是行政中枢所在，又具有京兆与近辅州地方立场的京畿，尤其是作为"都市核"（urban core）"边缘"❶ 的乡村地域的社会发展全景。

　　全书四编 12 章，关注到京畿区的自然环境、人口结构、社会网络、民众生活、信仰等层面，通过具体话题的梳理，重点解决如下问题：

　　一、遵循整体史的研究理念，从京畿看唐帝国。唐帝国并非一个均质的政治与社会文化实体，而是由政治控制、经济发展不均衡、族群构成、社会结构千差万别的各区域不断互动而整合成的一个有机体。作者选定的京畿区域，是否可以代表多样化的唐帝国？

---

❶ "都市核"，参妹尾达彦《唐長安の都市核と進奏院——進奏院狀（P.3547、S.1156）をてがかりに——》，土肥義和、氣賀澤保規编《敦煌・吐魯番文書の世界とその時代》，东京：汲古書院，2017 年，第 157—186 页；"边缘"，参考鲁西奇的讨论，氏著《中国历史的空间结构》，桂林：广西师范大学出版社，2014 年，第 232—265 页。

如果不能，京畿具有怎样的社会性质，与其他区域比有何特殊性，在帝国处于怎样的位置？

二、长安是统治阶层的驻地，王朝国家的政治控制波，从长安（核心区）向外围辐射，远达边疆（边缘区），强度递减，是为"同心圆式结构"[1]；但即使在核心区，也存在国家控制力相对薄弱的"内地的边缘"——长安及畿县城郭外的乡村地带。由于唐朝建国不久就废除了由中央任命的乡官，县以下基层社会的运转，主要由里正负责，并由三老、乡望等在地力量协助[2]，我们关心的是，在首都圈的"边缘"，国家行政力与皇权如何在核心区的集权与基层的放权中找到平衡？在乡里社会的"自在生活"中，王朝国家是否在场？

三、在我们生活着的后工业化时代，城市与乡村有着清晰的畛域，而古代中国，尤其是唐宋城市革命发生之前，城、乡在政治、经济、礼仪与社会文化中的角色似未有别。如果信从城乡"连续统一体"（Continuum）的阐释框架[3]，则本书以物理形态之别，划出京、畿县城郭外的乡村区域，究竟有多大意义？如果坚持乡村，尤其是国家核心区的乡村有单独讨论的必要，则应致力于揭示乡村的特性，中古时代超大都市与周边乡野在自然形态之外的其他差异。

有关于上述疑点的讨论，散见于全书，在此将相关史料与论点串联起来，作为本书的结语。

---

[1] 鲁西奇认为，运用空间观念分析历史发展的过程与结构，中华帝国的"同心圆式结构"是一种可用范式，氏著《中国历史的空间结构》，第61—62页。

[2] 唐代的乡官与乡的运转，详本书第8章的介绍。

[3] 详第7章对"城乡连续体"的介绍。

一　京畿在唐帝国

1. 唐帝国有机体论

在各异的人文地理环境支配下，首都/首都圈在东、西方文明中的重要程度往往有差别。在由城邦发展而来的欧洲各国，总是会出现一座"国家城市"（national city），即举国政治文化可由这座城市单独支配，如罗马共和国、帝国时期的首都罗马城和君士坦丁堡，大革命及复辟时期法国的首都巴黎。政治思想家托克维尔描述，在欧洲各国中，法国成为这样的国家，其首都已取得压倒外省的重要地位，并汲取全国的精华❶。而在东方的中华帝国，由于疆域的辽阔，地理的阻隔，政治、经济、文化的多样性，以及农业的独尊地位，导致"中国人从没有要创建一座能表达、体现他们城市理想的大城市的冲动"❷。长安，作为中古时代世界范围最大的都城之一，仍不足以代表具有多元风貌的唐帝国❸。

那么，首都长安及其所在的京畿，在唐帝国中扮演怎样的角色？通晓全国行政运转关节的高层文官，德宗朝位至宰执的陆贽有如下观察：

---

❶ 参托克维尔《旧制度与大革命》第七章，冯棠译，第111—115页。

❷ 牟复礼坚持认为，中国的政治文化不可能由一个城市单独支配，见所著《元末明初时期南京的变迁》，叶光庭译，收入施坚雅主编《中华帝国晚期的城市》，第112—175页。

❸ 依照牟复礼的标准，一座城市要想争得国内大城市的特权，需独揽如下都市活动：1. 制定时装式样，2. 为文化、艺术创作、发展提供场所，3. 以图书馆与艺术收藏的形式集中文化成果。按，如果仅是如上标准，7至9世纪的长安完全符合。《元末明初时期南京的变迁》，《中华帝国晚期的城市》，第117页。

立国之权，在审轻重，本大而末小，所以能固。故治天下者，若身使臂，臂使指，小大适称而不悖。王畿者，四方之本也；京邑者，王畿之本也。其势当京邑如身，王畿如臂，而四方如指，此天子大权也❶。

将"天下"（唐帝国）设想为人的躯体，以身体指挥手臂、手臂指挥五指的有机体驱动模式比喻京邑与王畿在带动帝国行政末端（四方）运转中发挥的关键作用。类似构拟方法，欧洲学者发展为地缘政治学的一个基本理论——"国家有机体论"，强调国家是一种生物有机体组织，其社会行为遵循生物规律，不同的国家组织分别相当于头脑、腹心、躯体和四肢，大脑指挥四肢、保护腹心和躯干，躯干则储存能量，各自具有特定的功能❷。

其中最重要的部位，大脑与心脏，麦金德将其比拟为国家的中心区、核心区，并提出了"心脏地带"（heartland）的概念❸，冀朝鼎在"基本经济区"概念基础上，进一步就汉唐国情概括，"谁控制关中，谁就能控制中原，谁控制中原，谁就能控制中华帝国"，关中就是统治者想要维护的基本区域❹。京畿地处关中，毫无疑问是唐帝国有机体的"腹心地"。

❶《新唐书》卷一五七《陆贽传》，第4912—4913页。
❷ 国家有机体论的主要观点参考张文奎《地缘政治学——西方政治地理学中最重要的派别》，江树芳编《张文奎人文地理论文选集》，长春：东北师范大学出版社，1993年，第119—141页。
❸ Halford J. Mackinder, *Democratic Ideals and Realities: A Study in the Politics of Reconstruction*, New York: Henry Holt and Company, 1919.
❹ 冀朝鼎《中国历史上的基本经济区与水利事业的发展》，朱诗鳌译，北京：中国社会科学出版社，1992年，第8—15页。

2. 京畿核心区的特质

受历史地理学的核心与边缘理论影响，鲁西奇在冀朝鼎"基本经济区"的基础上提出了中国历史上的"核心区"概念，认为中华帝国控制地方的强度有疏密，而总是急于利用一个具有特别意义的地区，保持其相对于全国其他地区的优势，以实现对全国的控制；将这一概念对应历史各时期，他认同陈寅恪先生"关中本位"政策的论述，以关陇（关中）为隋唐前期的核心区❶。本书将唐帝国"核心区"延伸为关中—京畿—雍州（京兆府）—长安一系列由广至狭的地理概念，并通过具体问题的讨论分别呈现了京畿城、乡社会的特质，在此做一归纳：

一、唐代京畿区具有中国历代"核心区"的共性❷，即王朝国家施政中的"核心区"本位。在国家治理层面，帝王视京畿区为行政堡垒之中核，多次特诏府县官至朝廷诫勉❸，希望通过京畿善治为外州县树立准则。而实际上，涉及全国范围具有普遍性的问题，统治者常以京畿为本，依其例解决。如本书第10章讨论的武周长安三年、玄宗开元九年全国范围大规模的勘检户口田地活动，实际上是京畿括客经验推广至全国的过程，包括宇文融在内的12位劝农使、判官，都有在京、畿县处理浮逃户的工作经验；又如第7章揭示，德宗建中元年两税征钱的新规，乃是厘定税制的杨

---

❶ 参读鲁西奇《中国历史上的核心区》《中国历代王朝的核心区》，收入所著《中国历史的空间结构》，第143—230页。

❷ 鲁西奇认为冀朝鼎提出的基本经济区主要是农耕意义上的，经济要素并不必然导致控制力，而在分析历代王朝统治关键区域基础上，提出了核心区的四点共性：1. 兵甲所出之区，2. 财富汇聚之都，3. 人才所萃之地，4. 正统所寄之望。见氏著《中国历史的空间结构》，第148—173页。

❸ 详本书第8章的有关论述。

炎等财政官基于长安城市（核心区）铜钱成为最主要流通介质的情况而推行的全国一体化；第8章《唐景龙三年（709）九月尚书省比部符》显示，京畿区奉天县令请停征勾征悬逋的奏请由中央采纳，逐级下颁，在边远的西州地区亦得到实施。这种现象，在唐代政治文化中被归纳为"京师四方则"❶"京畿为四方政本"❷等，而为君臣上下所熟知。

在区域发展层面，集中各类资源"实关中"，形成居重驭轻的局面，第10章提及，国家征发关陇集团及全国范围的强干之士，整合在府兵体制下，归于十二卫名下的全部府兵兵力皆按道里远近，分番宿卫中央，并布列东西自渭水武功至黄河，北至郑、白渠，南至秦岭的"核心区"。据统计，唐前期关内、河东、河南、陇右四道军府数占全国军府总数的85.7%，而京兆府辖折冲府数达131❸；府兵制废弛后，从全国招募的"彍骑"，也有相当数量在京师；中唐后在京城及京西行营则有神策军驻守。

核心区本位，不仅体现在控制兵甲，也同时控制普通人力资源，防止流失。京畿人多地狭，人均耕地面积远不足《田令》规定，而尽管全国范围有由狭乡徙宽乡的"乐住之制"，唐政府却禁止京畿民众外徙，如第10章观察，人口流动之禁一直到浮逃户伪滥，成为严重社会问题的武周、玄宗开元年间，才逐渐放松。

"关中本位"政策下，全国范围内财富、物产、赋粮等也汇集于京畿。唐前期，关中可耕地不足，自然灾害多发，导致粮食产量

---

❶ 白居易《赠友五首》之四，朱金城《白居易集笺校》，第98—99页。
❷ 唐《韦应物墓志》,《碑林新藏续》，第420—421页。
❸ 相关数据来自森部丰《唐京兆府内折冲府地理分布的初步研究》，史念海主编《汉唐长安与关中平原》,《中国历史地理论丛》1999年增刊，第359—380页；张沛《唐折冲府汇考》，第23—193页。

不足供应，"故常转漕东南之粟"，洛阳为赋粮转输关中的中心；但粮食由山东西运至长安，由于三门峡一带河道狭窄，并不畅通。玄宗开元中，裴耀卿改进漕运之法，"使江南之舟不入黄河，黄河之舟不入洛口。而河阳、柏崖、太原、永丰、渭南诸仓，节级转运"，来自江南及河北诸州的物资得以大规模汇聚和供应核心区。

京畿财富之丰，从文献记载的长安令韦坚在漕运抵京之所、长安东郊长乐坡举办的"商贸博览会"盛况中，可见一斑：

> 又于长乐坡濒苑墙凿潭于望春楼下，以聚漕舟。坚因使诸舟各揭其郡名，陈其土地所产宝货诸奇物于袱上。先时民间唱俚歌曰"得体纥那邪"。其后得宝符于桃林，于是陕县尉崔成甫更《得体歌》为《得宝弘农野》。坚命舟人为吴、楚服，大笠、广袖、芒屩以歌之。成甫又广之为歌辞十阕，自衣缺后绿衣、锦半臂、红抹额，立第一船为号头以唱，集两县妇女百余人，鲜服靓妆，鸣鼓吹笛以和之。众艘以次辇楼下，天子望见大悦，赐其潭名曰广运潭❶。

二、除了共性外，本书还重点揭示了唐代京畿区人多地狭、社会流动性强的特质。传世史籍多处描述唐帝国的核心区"地狭人稠，耕植不博"❷的状况，这只是一种定性的描述，缺乏可落实的数字。虽然敦煌保留唐判文中也提及 7 世纪后半期京畿"少地者三万三千户，全无地者五千五百人"❸的具体数字，但缺乏可供比较的其他数据，不少学者仍以约估视之。本书第 5 章搜集各类

---

❶《新唐书》卷四三《食货志三》，第 1367 页。
❷《旧唐书》卷七八《高季辅传》载其上封事，第 2701 页。
❸《唐（七世纪后期）判集》，《敦煌社会经济文献真迹释录》第 2 辑，第 601 页。

地志、户口资料，引入经济学计量分析法，估算出唐前期京畿乡村户口总数有 150 万左右，连同城内 100 万左右的人口，占到当时全国人口的 5%。而第 11 章又据两税法后京兆府的财政数据及户口数，估算出元和中京兆府户均垦田数在 41 亩左右。依唐制，正常情况下丁男受田百亩，京畿地区户均受田数不及一半，可见其"狭乡"之义。

京畿频繁的社会流动，体现在两个层面，一是人的空间流动。选官、教育制度的变化导致唐代望族向两京迁移，萃处京畿；长安作为世界文明中心，也吸引西域、中亚等各国人民前来；京畿是全国容纳流动人口最多的区域，人口流入量惊人。而人口流出方面，虽然唐前期官府在守内虚外的理念下，禁止畿内人口外徙，开元后对户口控制渐松，准许浮逃户就地附贯，导致部分民众流动至外州县，详见第 10 章的分析；在京畿区内部，也存在由乡村涌向长安，或相反从城市走向山林的流动人群。二是社会阶层的流动。京畿有更多政治机遇，全国范围寻求进身之路的个人和家庭，多以进驻京畿为目标；而在区域内部，近畿的居民也有更多机会脱离白丁身份，踏入仕途，实现"社会流动"。详见导言部分以京畿民辅恒，第 6 章以京兆韦、杜家族，第 7 章以白居易为例开展的个案研究。

二　唐帝国在京畿乡村

京畿核心区是帝王所居，中央各级行政衙署列布，王朝国家秉持"守内虚外""关中本位"政策，对区域内县级行政的细节也深度干预。我们关心的是，在这块国家控制力最深入的区域，乡里基层社会的运转遵循怎样的规律，是否还能保有非官方色彩，是否还存在独立于国家权力的"地域秩序指导者" ❶？

本书第三编集中讨论了这个问题。首先，遵循自上而下的角度，梳理由朝廷经府、县直至乡、里、村的行政管理层级和政令传达路径；特别指出，虽然由朝廷任命的乡官只在贞观年间短暂存在，但乡仍作为职掌户籍编制、赋役征派、田地收受等事务的一级行政单位而存在；而相关事务主要由更基层的里正、村正等来执行。里正、村正、坊正等管理者，虽不经尚书省吏部除授，但绝非行政体制外的边际人员，其选任、考课、迁转全由县司负责，乡里社会的耆老等非官方力量无权推举。皇权通过这种间接责任制，紧密把控着地域社会。

京畿的情况更有所不同，由于身处行政金字塔各层级的人物都生活在这个区域，跨越层级，由乡里民众与府、县官，甚至是最高统治者实现直接沟通的情况时有发生；而帝王也时常借巡视近畿之机，察问风俗、教化乡民、处理冤狱、蠲免赋役等，对乡里社会进行直达式指导。

第二，采用日本学者提出的"地域社会论"来分析国家行政力之外的京畿地方社会秩序的指导者，本书称为"在地有力者"。划归为"有力者"层的社会力量包括乡老、父老等乡里名望家，在地官员（乡里的卫、勋、散官及退职官员），未出仕的读书人，宗族与富民阶层。与南宋以降，尤其是明清以来地域

---

❶ 森正夫指出，地域社会包括实体概念上的地域（伴以一定的地理界限）和方法概念上的地域社会，被统一于共同的指导者或集团的指导之下，参所著《中国前近代史研究中的地域社会视角——"中国史研讨会'地域社会——地域社会与指导者'"主题报告》，收入沟口雄三、小岛毅主编《中国的思维世界》，孙歌等译，南京：江苏人民出版社，2006年，第503页。

社会乡绅、士绅称为指导者的状况不同^❶，这些有力者在京畿乡村共同体中所做公益事业不多，相反常扮演为恶乡里的角色；地域内的公共事务，如水利工程兴建、生产秩序的维持、社会物资的创造，仍主要由国家承担。唐代京畿乡村，是国家指导下的地域共同体。

第三，注意到区域内城市向乡村的"溢出"，由于以长安为代表的超大都市地狭人众，城郭之内利益格局复杂、资源紧缺，使得一些利益集团转向乡村寻求生存空间，而成为乡村的"外来有力者"。本书梳理了"外来有力者"的类型，分析了这一阶层对京畿乡村地方秩序的影响（亦多为负面），认识到其本质特征是"皇权侧近"，外来有力者在乡村的"在场"，实质上即"皇权在场"；而他们对区域统治秩序的不良影响，最终为君主与官僚相制衡的理性政治模式所削弱。

在京畿乡村，无论是乡官里吏，还是"外来有力者"阶层，都与皇权有千丝万缕的联系。而由于科举制、官员选拔制的变革，推动了原本生活在乡里，最有可能成为社会秩序指导者的宗族大规模涌入城市，分散式城居，丧失在原居住地的领导权与话语权。我们在其他在地有力者中，再也找不到一个全面掌控再生产权与舆论导向的指导阶层。国家权力在核心区的乡村，打上了深刻的烙印。这与学者观察到的明清民国以来，我国行政实践中"皇权不下县"，县以下由乡绅等民间势力控制，"皇帝无为而天下治"的乡村治理

---

❶ 森正夫总结了地域社会论的四种代表观点，包括：1.家族、同族基轴论，2.地主指导型地域社会论，3.士大夫指导型地域社会论，4.国家中心论，《中国前近代史研究中的地域社会视角——"中国史研讨会'地域社会——地域社会与指导者'"主题报告》，《中国的思维世界》，第499—524页。

模式❶有别。

三　从京畿区看中古城乡关系

1.阐释中国古代城乡关系的模式

后工业化时代，城乡差距的拉大成为我国全面建设小康社会道路上的一大障碍。这种"城乡二元结构"是何时形成的，是否适用于描述中国历史上所有时期的城乡关系？可以肯定地说，前工商业时代，在以农立国、四民分业的理念影响下，我国的城乡关系呈现决然不同的面目。

对于漫长古代中国的城市与乡村，许多社会思想家及历史学家提出过思考。马克思指出，亚细亚古代的城市，并非经济、工商业发展的产物，而通常仅仅作为行政中心、宗教中心而存在，城市居民大部分还从事农业，"亚细亚的历史是城市和农村的一种无差别的统一（真正的大城市在这里只能看作王公的营垒，看作真正的经

---

❶ 讨论近世中国的基层治理，代表论著如 Hsiao Kung-ch'uan, *Rural China: Imperial Control in the Nineteenth Century*, Seattle：University of Washington Press, 1960； 费孝通《再论双轨政治》，收入《乡土重建》，《费孝通文集》四，北京：群言出版社，1999 年，第 343—364 页；Prasenjit Duara, *Culture, Power, and the State: Rural North China, 1900-1942*, Stanford University Press, 1991；罗志田《地方的近世史："郡县空虚"时代的礼下庶人与乡里社会》，《近代史研究》2015 年第 5 期；胡恒《皇权不下县？——清代县辖政区与基层社会治理》，北京师范大学出版社，2015 年。无论是否同意"皇权不下县"的治理情境，都基于宋以后中国"郡县空虚"的判断。"郡县空虚"与汉唐大一统时代县、乡被纳入国家行政体制，皇权深入基层的情况判然有别，秦晖在以走马楼吴简研究三国江南基层社会时就发现，"国家政权"在县以下活动十分突出，乡村是编户的乡村而非宗族的乡村，见所撰《传统中华帝国的乡村基层控制：汉唐间的乡村组织》，收入氏著《传统十论》，上海：复旦大学出版社，2004 年，第 1—44 页。

济结构上的赘疣）"**❶**，强调城市多因国家政治力而崛起，而由于其消费性，必得与代表农耕生产的乡村连为一体；侯外庐**❷**、张光直**❸**等都有类似的观察。这种观点为牟复礼发展为"城乡连续统一体"（Urban-Rural Continuum）的框架，并用来阐释明初南京城的地位**❹**。牟复礼指出，与西方比较，中国城市没有城市大建筑，没有"市民"，没有与周围乡村分开的政府，乃至建筑样式、空地利用、服装样式、饮食方式、交通工具、日常生活其他显见的方面，都未显示城乡特有区分；旧中国城乡一统**❺**。

上述观察统言古代中国，实际上，在不同的历史发展阶段，城、乡关系也有着或显或隐的变化；其中，唐宋之际的城市变革是一个转折点，虽则其核心论点如官市崩坏、坊墙倒塌等近来引起学界的再思**❻**，但工商业的解禁确乎改变了传统城市的经济地位，商业取代农业成为城市的主要经济动力。因政治、军事、宗教等原因建立的城市，得以摆脱"寄生性"与单向消费性，而大部分依靠本地的商品生产、市场流通来满足自身需要，甚至将商业经营扩大至城

---

❶ 马克思《资本主义生产以前的各种形式》，收入《政治经济学批判（1857—1858年手稿）》，《马克思恩格斯全集》第30卷，北京：人民出版社，1995年，第473—474页。

❷ 侯外庐《周代"城市国家"及其亚细亚特性》，氏著《中国古代社会史论》，北京：人民出版社，1963年，第173—199页。

❸ 张光直认为，中国早期的城市不是经济发展的产物，而是政治领域的工具，是统治阶级用以获取和维护政治权力的工具，所撰《关于中国初期"城市"这个概念》，《文物》1985年第2期。

❹ Frederick W. Mote, "The Transformation of Nanking, 1350-1400", in G. William Skinner ed., *The City in Late Imperial China*, Stanford University Press, pp. 101-154.

❺ 观点见牟复礼《元末明初时期南京的变迁》，叶光庭译，施坚雅主编《中华帝国晚期的城市》，第112—175页。

❻ 参读鲁西奇《"城墙内的城市"？——中国古代治所城市形态的再认识》，《中国社会经济史研究》2009年第2期；包伟民《以历史思维看唐宋城市史》，《光明日报》2017年6月11日《光明讲坛》。

外的郊区、农村，促成了郊区市镇及乡村草市的繁荣。

《都城纪胜》描绘南宋杭州"城之南、西、北三处，各数十里，人烟生聚。市井坊陌，数日经行不尽，各可比外路一小州郡，足见行都繁盛"❶，这与本书介绍的唐都长安郊区由墓田、寺院、道观、地主庄园、官人别业、平民耕地构成的自然景观，形成反差。在市场体系发展基础上，城、乡经济互动频繁，出现了宋人所谓"城郭、乡村之民交相生养，城郭财有余则百货有所售，乡村力有余则百货无所乏，城郭富则国富矣"❷的新型城乡关系。

那么，我们还关心唐宋变革分水岭之前，"城市"与"乡村"的关系问题，如是否各自成为独立的地域单元，承载的社会功能有何联系与区别？能否找到思考早期城乡关系的另一框架，本书以唐代京畿区的城市与乡村为例，进行了说明。

2."非均质"的统一体

本书第2、3、4章对唐代京畿区域的基层聚落形态进行了全面考察，核心观点是，自战国秦以来，基层的聚落就有城邑与散布的自然聚落之分；到六朝时"村"成为乡野聚落的通称；唐帝国以律令的形式将聚落名称规范为"村"与"坊"，从制度上实施统一管理，从而形成了物理形态上的"城"与"村"之别。由于"百户为里，五里为乡"的联户组织实行于村聚，故唐人对城郭之外地理的表述中，常常乡里村、乡村连称，以"乡村"与"城市"对举，应符合唐人表达习惯。

---

❶ 灌圃耐得翁《都城纪胜》"坊院"条，王民信主编《西湖老人繁胜录三种》，台北：文海出版公司，1981年，第88页。

❷《续资治通鉴长编》卷三九四载哲宗元祐二年殿中侍御史孙升言，北京：中华书局，2004年，第9612页。

我们以京畿的情况，试论中古城、乡关系。在行政上，国家采取城乡并管，万年、长安两京县，县治设于外郭城内，而县域则突破了外郭城限制，延伸至郊外乡村，西至沣水，东抵蓝田县境，南至终南山；长安城与城周边的乡村，皆属县辖。在经济上，城、乡皆遵从唐政府重农抑商、四民分业的管理理念，城内除官僚与宿卫系统外，还应居住有平民，平民主要从事农耕，《长安志》记载城南居住密度较小，"自兴善寺以南四坊，东西尽郭，虽时有居者，烟火不接，耕垦种植，阡陌相连" ❶。而由于城内可耕地相对不足，国家制度还规定，"其城居之人，本县无田者，听隔县受" ❷，可推测农耕仍然是城居者的主要生产方式；城内也有从事手工业、商业的居民，但其商业活动被局限在两市和坊内。乡村区域，以工商为业者远不及农人，无论是大土地所有者，还是自耕农，当都以耕、织等农业经营为经济作业方式，详本书第 11 章的讨论。

需要进一步说明的是，长安有多面性，政治性是其最本质的性格，虽然文献记载告诉我们，城内也有农业生产活动，但这些零星的生产所得，远不足供应作为东亚乃至世界范围精英萃聚之所、户口数在一百万以上的巨型都市。长安城市消费，除部分粮食、紧缺物资由江淮、河洛、河北等地供应外，宫廷及高级官僚所需生活物资，一般由本地相应之官署至畿内采购；而城内士庶对粮食、副食、药物、薪炭等的需求量更大，主要从入城贩卖的乡民处购得。城市与城内各类官、私设施的建设，劳力主要来自近畿；开元后拱卫京师的禁军、彍骑，多取京兆府及近辅州白丁；连在京执役诸色人，也多出京兆府。

---

❶ 《长安志》卷七，《长安志 长安志图》，第 260 页。
❷ 《通典》卷二《食货典》载开元二十五年令，第 32 页。

唐长安成为这样一座城市，它的消费性远大于生产性，一方面它的壮丽城池、强健甲兵、丰实仓廪、新样艺文、富足藏书为世界所称道；另一方面，它却只是国家倾尽关中、京畿人力、物力所供养的"寄生虫"。长安以无上的政治权威统御乡村，而乡村作为城市的经济腹地，供应并制约着城市，就这样形成了一个城、乡统一体。

珠宝鉴定中有一个专门术语"非均质集合体"，本书借"非均质"来描述京畿的城乡关系。这种统一体，是不平衡的，具有积极属性的资源，如士族精英、能工巧匠、粮食、物产、财富等，往往由乡村区域流向京城；而京城所无法容纳的一些消极属性资源，如豪强、游侠、恶少、逃户、罪犯，则溢出至郊区，为害乡里，造成了"内地边缘"的盗匪型社会[1]。城市的溢出（Spillover Effect），还包括城市中的精英到乡村，通过经营园林别业、碾硙等水利事业，与乡村区域的在地势力抢夺自然、人力资源，进行寻租。虽然唐帝国的最高统治者也注意到这种城、乡之间的非均质流动，并在适当时候予以介入[2]，但在长安城与周边乡村天平的城市一边加上重量级砝码的，也正是以首都为权力寄居地的这位统治者，皇权高于一切。

3. "长安傲态"的形成

牟复礼在研究中华帝国晚期的城市时，用傲态（superiority）来形容城市之于乡村的优越感，并指出由于乡村成分规定了中国的生

---

[1] 取自霍布斯鲍姆（Eric Hobsbawm）的说法，E. J. Hobsbawm, *Bandits* (Revised Edition), New York: Pantheon Books, 1981, pp. 17-30。

[2] 详参本书第9章的讨论。

活方式，中国文明里没有城市"傲态"**❶**。的确，古代中国因政治、军事防卫等因素建立的城市，被包围在乡村的海洋中，大部分的人口居住乡村；而城居或乡居，村自村、坊自坊，是民众的自来生存状态而已，并未经过刻意选择。秦汉时代大部分农民生活在城郭中的闾里，构成"都市社会"；在汉帝国崩溃过程中，农民由于各种契机离开了城市，在山野建立新聚落；而到六朝时代，生活于田野之中的，有侨民，也有山东贵族，贵族通过"村"结合成社会网络，通过控制乡论，成为乡里名望家，赢得乡民的倚重，也获得出仕的资格**❷**。唐以前的各时期，似并不存在士族城居、农民乡居的固定搭配，但世入隋唐，情况发生了变化。

大历年间，左监门卫录事参军刘秩的总结"隋氏罢中正，举选不本乡曲，故里闾无豪族，井邑无衣冠，人不土著，萃处京畿，士不饰行，人弱而愚"**❸**，向我们精要提示了选官制度变化所导致的士族居住地变化。九品中正制创立以来，乡里社会的名望家把持着察举官僚的权力；而当大一统重新出现，专制王朝致力于加强中央集权之际，科举制度应运而生，唐帝国通过大兴科举、重建中央官学体制、整理儒家经典等举措，确立了国家对文化的主导权。

城居，于官僚家族而言，既便于日常政务的处理，与同僚、文士交游，获取官场资源；又便于子孙脱离乡里村学的浅陋习气，接受官方学校的教育，日后更顺利应科举，进入官僚梯队。在此感召下，士族阶层中的精英逐渐向政治、文化的中心地——城市，尤其

---

❶ 牟复礼《元末明初时期南京的变迁》，《中华帝国晚期的城市》，第 117—119 页；Frederick W. Mote，"The Transformation of Nanking，1350-1400"，in G. William Skinner ed.，*The City in Late Imperial China*, pp. 103-104.

❷ 参读谷川道雄《六朝时代城市与农村的对立关系——从山东贵族的居住地入手》，牟发松译，《魏晋南北朝隋唐史资料》第 15 辑，1997 年，第 1—18 页。

❸《通典》卷一七《选举五》，第 417 页。

是帝国的两京聚集。毛汉光梳理了中古十姓十三家八十三著房籍贯的迁移情况，发现这些姓氏，无论郡望何在，终唐之世，多数著籍于长安、洛阳[1]；而本书第 6 章也讨论了籍贯原在京畿的京兆韦、杜氏家族经营策略的变化，发现他们多数已不再生活在城南韦曲、杜曲的乡村家，由于仕宦的需要，移居长安，实现了在城内坊里的散居或聚居。这股士族城居的潮流，自隋唐一直持续到两宋，对城市与乡村的文化地位产生了影响[2]，乃至重塑了社会精英的城乡观念。

本书第 7 章所引白居易《与元九书》"仆志在兼济，行在独善"片段，某种程度上代表了中古士族精英的人生理想，韩愈也以"不得于朝则山林而已矣"表达人生选择[3]；"兼济"对应的场域是朝廷，而"独善"对应的场域则是山林，又分别可以联系至城市与乡村。

城居与乡居，原是士人人生理想之两端，并无优劣之分，唐帝国广大乡村区域依然充盈着未出仕的读书人，处士、僧道等文化人士，依然是"堂皇壮丽的礼的世界"[4]；但于多数士人而言，"独善"毕竟是"兼济"其次的选择，在人生的上升阶段，为了实现辅佐人王、裨补时弊的政治理想，就只有城居，为帝王近臣。首都长安近帝王居，正以无限的政治机遇，超越其郊乡，为仕进之首选。

---

❶ 毛汉光《从士族籍贯迁移看唐代士族之中央化》，收入氏著《中国中古社会史论》，第234—333 页。
❷ 学界对宋代士族到底倾向城居还是乡村在地化有争论，但城居确已成为一种普遍的社会现象，参梁庚尧《南宋官户与士人的城居》，《新史学》1 卷 2 期，1990 年，收入氏著《宋代社会经济史论集》，台北：允晨文化实业股份有限公司，1997 年，第165—218 页。
❸ 韩愈《后廿九日复上书》，屈守元、常思春主编《韩愈全集校注》，第 1254 页。
❹ 语出谷川道雄《六朝时代城市与农村的对立关系——从山东贵族的居住地入手》，牟发松译，《魏晋南北朝隋唐史资料》第 15 辑，第 16 页。

而一旦离开这个政治文化中心，即使近在城门外的乡村，也形同放逐。比白居易出仕稍早的刘禹锡曾描述走出帝京的心态，"莫道两京非远别，春明门外即天涯"❶。这在某种程度上成为唐代士人的一般观念。

长安，在政治上统辖乡村，在经济生活中汲取乡村的资源与养分，在文化上傲视乡村，从而形成了一种全方位的优越感，我们称之为"长安傲态"。这种傲态，或许可视为一种早熟的城乡分别。

需要说明的是，社会精英的思想总是走在时代前列，制度化的城、乡分离（城乡居民职业结构分化），唐中后期元和中肇始，直至宋代方才完成❷。

---

❶ 刘禹锡《和令狐相公别牡丹》，卞孝萱校订《刘禹锡集》，第 558 页。

❷ 相关研究如谷更有《唐宋时期从"村坊制"到"城乡交相生养"》，《思想战线》2004年第 6 期。

附表 -1 唐雍州 / 京兆府领县沿革

武德元年 （618）	万年、长安、蓝田、新丰、三原、富平、栎阳、高陵、泾阳、云阳、始平、鄠、武功、醴泉、盩厔、平陵、石门、温秀，计18县
武德二年	万年、芷阳、长安、蓝田、白鹿、新丰、三原、富平、栎阳、高陵、鹿苑、泾阳、云阳、始平、鄠、武功、醴泉、好畤、盩厔、终南、粟邑、石门、温秀、咸阳，计24县
武德三年	万年、芷阳、长安、蓝田、宁人、玉山、新丰、三原、富平、栎阳、高陵、鹿苑、泾阳、云阳、始平、鄠、醴泉、终南、粟邑、咸阳，计20县
武德四年	万年、芷阳、长安、蓝田、宁人、玉山、新丰、池阳、富平、栎阳、高陵、鹿苑、泾阳、云阳、始平、鄠、醴泉、终南、粟邑、咸阳，计20县
武德五年	万年、芷阳、长安、蓝田、宁人、玉山、新丰、池阳、富平、栎阳、高陵、鹿苑、泾阳、云阳、始平、鄠、醴泉、终南、粟邑、咸阳、渭南，计21县
武德七年	万年、长安、蓝田、宁人、玉山、新丰、华池、富平、栎阳、高陵、鹿苑、泾阳、云阳、始平、鄠、醴泉、终南、粟邑、咸阳、渭南，计20县
贞观元年 （627）	万年、长安、蓝田、新丰、三原、富平、栎阳、高陵、泾阳、池阳、始平、鄠、武功、好畤、盩厔、终南、粟邑、咸阳、渭南、上宜、云阳，计21县
贞观八年	万年、长安、蓝田、新丰、三原、富平、泾阳、栎阳、高陵、云阳、始平、鄠、武功、好畤、盩厔、咸阳、渭南，计17县
贞观十年	万年、长安、蓝田、新丰、三原、富平、栎阳、高陵、泾阳、云阳、始平、鄠、武功、醴泉、好畤、盩厔、咸阳、渭南，计18县

贞观十七年	万年、长安、蓝田、华原、同官、新丰、三原、富平、栎阳、高陵、渭南、泾阳、云阳、始平、鄠、武功、醴泉、好畤、盩厔、咸阳，计20县
贞观二十年	万年、长安、蓝田、华原、同官、新丰、三原、富平、栎阳、高陵、渭南、泾阳、云阳、始平、鄠、武功、醴泉、好畤、盩厔、咸阳、宜君，计21县
永徽二年（651）	万年、长安、蓝田、华原、同官、新丰、三原、富平、栎阳、高陵、渭南、泾阳、云阳、始平、鄠、武功、醴泉、好畤、盩厔、咸阳，计20县
总章元年（668）	万年、明堂、长安、乾封、蓝田、华原、同官、新丰、三原、富平、栎阳、高陵、渭南、泾阳、云阳、始平、鄠、武功、醴泉、好畤、盩厔、咸阳，计22县
咸亨二年（671）	万年、明堂、长安、乾封、蓝田、华原、同官、新丰、三原、富平、栎阳、高陵、渭南、泾阳、云阳、始平、鄠、武功、醴泉、好畤、盩厔、咸阳、美原，计23县
文明元年（684）	万年、明堂、长安、乾封、蓝田、华原、同官、新丰、三原、富平、栎阳、高陵、渭南、泾阳、云阳、始平、鄠、武功、醴泉、好畤、盩厔、咸阳、美原、奉天，计24县
垂拱二年（686）	万年、明堂、长安、乾封、蓝田、永安、同官、庆山、三原、富平、栎阳、高陵、渭南、泾阳、云阳、始平、鄠、武功、醴泉、好畤、盩厔、咸阳、美原、奉天，计24县
天授二年（691）	万年、明堂、长安、乾封、蓝田、鄠、咸阳，计7县
大足元年（701）	万年、明堂、长安、乾封、蓝田、永安、同官、庆山、三原、富平、栎阳、高陵、渭南、泾阳、云阳、始平、鄠、武功、醴泉、好畤、盩厔、咸阳、美原、奉天，计24县
长安二年（702）	万年、长安、蓝田、永安、同官、庆山、三原、富平、栎阳、高陵、渭南、泾阳、云阳、始平、鄠、武功、醴泉、好畤、盩厔、咸阳、美原、奉天，计22县
神龙元年（705）	万年、长安、蓝田、华原、同官、新丰、三原、富平、栎阳、高陵、渭南、泾阳、云阳、始平、鄠、武功、醴泉、好畤、盩厔、咸阳、美原、奉天，计22县
景龙三年（709）	万年、长安、蓝田、华原、同官、新丰、三原、富平、栎阳、高陵、渭南、泾阳、云阳、始平、鄠、武功、醴泉、好畤、盩厔、咸阳、美原、奉天、永寿、安业，计24县

景云元年（710）	万年、长安、蓝田、华原、同官、新丰、三原、富平、栎阳、高陵、渭南、泾阳、云阳、金城、鄠、武功、醴泉、好畤、盩厔、咸阳、美原、奉天，计22县
开元四年（716）	万年、长安、蓝田、华原、同官、新丰、三原、富平、栎阳、高陵、渭南、泾阳、云阳、金城、鄠、武功、醴泉、好畤、盩厔、咸阳、美原、奉天、奉先，计23县
天宝元年（742）	万年、长安、蓝田、华原、同官、新丰、三原、富平、栎阳、高陵、渭南、泾阳、云阳、金城、鄠、武功、醴泉、好畤、宜寿、咸阳、美原、奉天、奉先，计23县
天宝三载	万年、长安、蓝田、华原、同官、新丰、三原、富平、栎阳、高陵、渭南、泾阳、云阳、金城、鄠、武功、醴泉、好畤、宜寿、咸阳、美原、奉天、奉先、会昌，计24县
天宝七载	万年、长安、蓝田、华原、同官、新丰、三原、富平、栎阳、高陵、渭南、泾阳、云阳、金城、鄠、武功、醴泉、好畤、宜寿、咸阳、美原、奉天、奉先、昭应、真符，计25县
天宝十一载	咸宁、长安、蓝田、华原、同官、三原、富平、栎阳、高陵、渭南、泾阳、云阳、金城、鄠、武功、醴泉、好畤、宜寿、咸阳、美原、奉天、奉先、昭应，计23县
至德二载（757）	咸宁、长安、蓝田、华原、同官、三原、富平、栎阳、高陵、渭南、泾阳、云阳、兴平、鄠、武功、醴泉、好畤、盩厔、咸阳、美原、奉天、奉先、昭应，计23县
至德三载	万年、长安、蓝田、华原、同官、三原、富平、栎阳、高陵、渭南、泾阳、云阳、兴平、鄠、武功、醴泉、好畤、盩厔、咸阳、美原、奉天、奉先、昭应、乾元，计24县
大历五年（770）	万年、长安、蓝田、华原、同官、三原、富平、栎阳、高陵、渭南、泾阳、云阳、兴平、鄠、武功、醴泉、好畤、盩厔、咸阳、美原、奉天、奉先、昭应、鄜，计24县
乾宁二年（895）	万年、长安、蓝田、华原、同官、三原、富平、栎阳、高陵、渭南、泾阳、云阳、兴平、鄠、武功、醴泉、好畤、盩厔、咸阳、美原、奉先、昭应，计22县
乾宁三年	万年、长安、蓝田、华原、同官、三原、富平、栎阳、高陵、渭南、泾阳、云阳、兴平、鄠、咸阳、美原、奉先、昭应，计18县
天祐三年（906）	万年、长安、蓝田、华原、同官、三原、富平、高陵、渭南、泾阳、兴平、鄠、咸阳、昭应，计14县

附表 -2　全书引用墓志资料缩略语对照

书名	缩略语
周绍良主编《唐代墓志汇编》，上海古籍出版社，1992 年	《汇编》
吴钢主编《全唐文补遗》（1—9 辑），西安：三秦出版社，1994—2007 年	《补遗》
中国文物研究所、陕西省古籍整理办公室编《新中国出土墓志》（陕西·壹），北京：文物出版社，2000 年	《新·陕》壹
周绍良、赵超主编《唐代墓志汇编续集》，上海古籍出版社，2001 年	《汇编续集》
中国文物研究所、陕西省古籍整理办公室编《新中国出土墓志》（陕西·贰），北京：文物出版社，2003 年	《新·陕》贰
赵力光主编《西安碑林博物馆新藏墓志汇编》，北京：线装书局，2007 年	《碑林新藏》
西安市长安博物馆编《长安新出墓志》，北京：文物出版社，2011 年	《长安》
赵君平、赵文成编《秦晋豫新出墓志蒐佚》，北京图书馆出版社，2012 年	《秦晋豫》
胡戟、荣新江主编《大唐西市博物馆藏墓志》，北京大学出版社，2012 年	《西市》
赵力光主编《西安碑林博物馆新藏墓志续编》，西安：陕西师范大学出版总社，2014 年	《碑林新藏续》
故宫博物院、陕西省古籍整理办公室编《新中国出土墓志》（陕西·叁），北京：文物出版社，2015 年	《新·陕》叁

书名	缩略语
赵文成、赵君平编《秦晋豫新出墓志蒐佚续编》，北京：国家图书馆出版社，2015年	《秦晋豫续》
胡戟编《珍稀墓志百品》，西安：陕西师范大学出版总社，2016年	《百品》
陕西省考古研究院编《长安高阳原新出土隋唐墓志》，北京：文物出版社，2016年	《高阳原》

附表 -3　唐万年县乡、里、村名一览表

编号	乡名	里名	村名	乡界内其他	对应今地
1	浐川乡	郑村里、崇义里、观（管）台里、务政里、春明里、浐川里、北姚里、上傅里	北姚村、上（尚）傅村、郑村、韩傅村、王村、陈村、南姚村、长乐村、蛇村、古城村	白鹿原、浐川原、长乐原、郑墟、安国寺	浐河东西两侧韩森寨、十里铺、席王村、郭家滩一带
2	长乐乡	春明里、纯化里、王柴里、张寿里、陈张里、长乐里、南窑里、古城里、寿春里	南姚（窑）村、故（古）城村、王途（徐）村、张寿村、王寨（柴）村、王栅村、陈张村、郑村、长乐村？	春明门外、龙首原、长乐原、长乐坡、隋长乐宫旧址、白鹿原、青龙原、城东原、宋侯之西原、镇国寺	韩森寨、高楼村、王家坟、十里铺
3	龙首乡	神鹿里、成义里、青门里、净福里	袁蔺村、孟村、蔺村、西陈村、东陈村、南陈村	凤栖原、龙首原、因圣寺、延兴门	跨浐水东西两岸岳家寨、马腾空、神鹿坊、长安区大兆乡

349

编号	乡名	里名	村名	乡界内其他	对应今地
4	崇道乡	只（质）道里、夏里、齐礼里、安乐里、感德里、蛇村里、崇道里	夏侯村、蛇村、大蛇村、西赵村、李姚村、崇道村、滋阳村？	白鹿原、洛女原、神鹿原、西赵原、崇原	东郊郭家滩、席王、新兴堡、热电厂，横跨灞、浐水
5	义丰乡	更始里	田冶（冶）村、孙村	铜人原、灞陵原，义丰府地团	灞桥以东洪庆村、路家湾、惠家村
6	灞（霸）城乡	招贤里、细柳里（坊）	南窑村	灞陵原、新店原	霸城故城，在灞水东
7	渭阴乡	洪陂里			紧靠渭河
8	龟川乡			细柳原	邵平店北
9	铜（同）人（仁）乡	铜人里、信义里	仇白村	铜人原	洪庆村、惠家村
10	庆义乡			嵩原	韩森寨附近嵩原，临浐河
11	宁安乡	曲池里、通安里、杜光里、三兆里、宁安里、龙游里、青明里	姜尹村、度光村、社季村、三赵村、王角村、方赵村	凤栖原，义善寺	雁塔区曲江池村、三兆村、金滹沱村、中兆村
12	洪固乡	延信里、胄贵里、永贵里、顿丘里、兴宁里、寿贵里、韦曲里、黄沟里、福润里、洪固里	李永村、王岳村、李尹村、韦曲村、大韦村、北韦村、司马村	少陵原、神禾原、毕原、高平原、李元原、韦曲，明德门南七里	韦曲北少陵原上，南至今长安区韦曲镇，北至西安南郊三爻村一带
13	高平乡	高望里、平泉里	西焦村、姜村、焦村、夏侯村	少陵原、凤栖原	韦曲北焦村、大兆乡三益村一带

编号	乡名	里名	村名	乡界内其他	对应今地
14	山北（北山）乡	长原（元）里、归明里		神禾原、樊川、杜曲	杜曲街道附近
15	大陵乡			少陵原上	汉宣帝杜陵附近，或以大陵为汉成帝筑而未成之昌陵
16	洪（弘）原乡	邑阳里、丰仁里、黄渠里、延信里、洪济里、揖阳里	曹赵村、曹村、小赵村、张村、张屈村、庞流村、司马村、大赵村	少陵原、小陵原，杜氏墓地所在	曲江池西南，今司马村一带，北至东曹村、杜曲
17	义善乡	鸿原里、义善里、兴寿里、鲍陂里、小仵里、高望里	大仵村、东仵村、鲍村、王李东村、曹村、鲍陂村、小仵村、王斜村	凤栖原、义善寺	杜陵乡三府井村、三益村范围
18	黄台乡	黄台里	樊村、张戈村	少陵原	今兴教寺周边
19	崇义乡	怀信里、南姚里	南姚村、胡村	白鹿原、浐川西原	西安市灞桥区红旗街道
20	灵泉乡			独嘉嘴坡	今太乙宫街道
21	白鹿乡			履中川	东郊郭家滩、浐灞之间的白鹿原
22	永宁乡			白鹿乡西	郭家滩
23	云门乡				郭家滩
24	义川乡			少陵原	大峪
25	加川乡			狗枷川	浐水上游，库峪河
26	芙蓉乡	龙游里		芙蓉苑	曲江池与慈恩寺之间

编号	乡名	里名	村名	乡界内其他	对应今地
27	进贤乡			白鹿原、凤栖原	韩森寨东南、十里铺西南、杜陵
28	御宿乡			御宿川，便子谷，大韦曲，神禾原	韦曲西北、百塔寺
29	大明乡				韩森寨附近
30	安盛乡				郭家滩
31	神禾乡	兴盛里	孙村	毕原，神禾府，有澄襟院、华严寺，朱坡	神禾原上、华严寺一带
32	乐游乡	嘉德里		乐游府	乐游原上，小雁塔南
33	安福乡				
34	上好乡	上好里		洪平原	
35	平原乡	吉迁里			韦曲东洪固原
36	青盖乡	交原里、乐儿里			
37	少陵乡	临川里	中刘村		汉宣帝许皇后陵附近
38	薄陵乡				汉文帝薄太后陵附近
39	东陵乡				邵平店附近
40	苑东乡				
41	丰润乡		王村		灞桥区务庄
42	滋川（水）乡			横霸原	唐都医院、官厅村附近
43	鹑首乡	通化里			
44	积福乡	积德里			

编号	乡名	里名	村名	乡界内其他	对应今地
45	崇德乡	文圆里		孝文原，近霸陵	
46	金龟乡	卧龙里		兴国寺	西杨村一带
47	长安乡	长安里			
48	凤栖乡			少陵原	
49	淳风乡	务政里			
50	卢陵乡				
51	细柳乡		故郡村	新店原	灞河以东，与龟川乡相邻
52	智原乡			少陵原	
53	酆国乡？	沩汭里？			
54	尚书乡			细柳原	在长安区，与临潼区接壤
55	平泉乡		焦村		
未知属乡的里与村	侯宋村、阎村（灞渭之间）、米仓村（光泰门外）、神霞村（苑墙）、樊乡（长安南下杜）、杨村、李姚村（白鹿原）、小阳村、小王村、王祁村（延兴门外）、第五村、午村、上好村、朱赵村、兰村、长郝村（少陵原）、中赵村				

附表 -4 唐长安县乡、里、村名一览表

编号	乡名	里名	村名	乡界内其他	对应今地
1	龙首乡	兴台里、龙首里、金光里、隆安里、未央里、祁村里、小严里	祁村、王阳村、歧村、田门村、小严村、严祁村、石首村、兴台村、南漕村	开远门外西三里、龙首原、白帝坛、安门原	土门、枣园
2	龙门乡	怀道里	石井村、栾（峦）村、栾里村、南漕村	龙首原、石井店、龙门原、临皋驿	枣园、车刘村附近、阿房村东北
3	承平乡	灵安里、昌合里	小刘村、小杨村、张杜村、史刘村、大严村、南刘村、李村	龙首原、小杨原、西距阿城（阿房宫）	今西安市钢厂、简家村、贺家村附近
4	青槐乡			阿城原	阿房宫遗址附近
5	万春乡		杜永村	神禾原、香积寺	杜永村附近
6	居德乡	崇征里			
7	义阳乡	正文里、贵安里、安化里、平原里、义阳里、姜翟里	第五村、邓村、小郭村、宋满村、南姜村、郭杜村	义阳原、左威卫义阳府、高阳原	郭杜街道岔道口村、茅坡村、第五桥村、陕西师范大学长安校区

编号	乡名	里名	村名	乡界内其他	对应今地
8	永寿乡		姜村、姜尹村、大韦村、杜城村	毕原、高阳原、永尹原、尊善寺	今斗门街道、姜村附近马腾空
9	永平乡	灵安里		阿房殿之墟	阿房殿遗址附近，贺家村
10	丰乐乡				西濒丰水，东靠阿房宫遗址
11	丰谷乡		史村	福水（交水）南	
12	丰邑（宜）乡	龙台里	冯籍村	马邬原	丰水以西张家坡
13	孝悌乡	孝悌里	程刘村、九子村		西十里铺
14	清官乡	遵善里		沣、福二水之南	净业寺附近
15	清化乡				
16	高阳乡	积德里	小梁村		近今郭杜街道
17	灵台乡				近沣水入渭处
18	龙泉乡	金光里		马祖原、金光门外	小土门村
19	居安乡	清明里、张度里	杜河村	高阳原	郭杜街道居安村，今西北大学长安校区
20	礼成乡	洽恩里			西郊权杨村
21	修仁乡				西郊权杨村
22	合郊乡	修福里			
23	渭阳乡				渭水南
24	司农乡				在定昆池遗址南
25	大统乡		居贤村	昆明池南	斗门街道
26	醴泉乡	承嗣里			

编号	乡名	里名	村名	乡界内其他	对应今地
27	华林乡	居安里			郭杜街道附近
28	苑西乡	崇微里		禁苑以西	
29	善政乡	安化里、布政里			
30	同乐乡	宁安里、仁智里		细柳原	高庙村
31	务德乡	安化里		马祖原	
32	福阳乡	修德里、福阳里、安定里、脩福里、阳原里	任村、邓村	高阳原	郭杜街道
33	高平乡				韦曲
34	洞口乡	震泽里			
35	昆明乡		魏村、白村、严村		斗门街道
36	安国乡				枣园村
37	布政乡	大郭里	大郭村	龙首原	西安钢厂附近
38	归化乡		李东村、蒿口村		
39	神泉乡			马祖原	西安南郊山门口响堂村
40	细柳乡				长安区王寺村
41	积德乡	居安里	胡赵村	高阳原、胡赵原	长安区郭杜街道长里村，今紫薇田园都市住宅区
42	福民乡	德义里	胡赵村	高阳原	长安区郭杜街道
43	务道乡	冯胡里		马祖原	
44	梁升乡	兰陵里			
45	新昌乡				
46	弘政乡	敬仁里			

编号	乡名	里名	村名	乡界内其他	对应今地
47	怀阴乡			近城郭西北角之普宁坊	
48	弘安乡			延平门外	
49	上林乡	绍信里、弘德里			
50	福水乡			高阳原	西北大学长安校区
未知属乡的里与村	小姜村（高阳原）、府娄村（高阳原）、尹村（神禾原）、尚冠里、姜尹村（长安县南原）、缋德里（高阳原）、袁村、府胄村、社角邨、皇甫邨、宫张邨、江留邨、董邨、中桥邨、荆任邨、张恭邨（《长安志》载，爰宕元以为唐村）				

附表 –5　唐京兆府畿县辖乡、里、村名表

县	乡名	里名	村名	县境其他地理名称	古今位置、备注
鄠	□福乡				
	八步乡		解村		在县东南五里八部泽地（周回五十里）
	宜善乡		庞保村、中庞村		宋代有宜善乡，连县郭管陈平里
	平原乡				近渼陂，在今西安市鄠邑区西 2.5 km 渼陂陂头
	灌钟乡				县东北二十五里钟官故城，一名灌钟城，漕南之原
	鄠东乡		蒲池村		在县东，沣水西
	封峦乡	长乐里			或因汉武建元中在甘泉宫外立封峦观得名
		平原里			
蓝田	节妇乡				《长安志·蓝田》"贺若妇冢"条，在县西南十五里贺若妇冢
			钟刘村		
咸阳	延陵乡				得名于汉成帝延陵，在县西北十五里，今咸阳市北部偏西 4 km

358

县	乡名	里名	村名	县境其他地理名称	古今位置、备注
咸阳	奉贤乡	大和里、静民里			洪渎川、洪渎原，咸阳市东北部 12 km，底张湾北原
	义陵乡				得名于汉哀帝义陵，在县北（西）八里，北原
	渭陵乡				爰宕元以近县东三十里之汉渭阳五帝庙，得名于汉元帝渭陵，在县东北十三里
	五云乡				县东三十五里，唐兴宁陵所在，周五里
	长陵乡				得名于汉高祖长陵，而唐为武则天为父母所建顺陵所在乡，在县东北二十五里，周二里
	杜尤乡				
	平城乡				在今咸阳市秦都区双照街道庞村
	渭城乡				
				咸阳原	
醴泉	东阳乡				
	美泉乡		阳陆村		在县南
	安乐乡	平美里、普济里	东赵村		昭陵陵区，今礼泉县烟霞镇东周新村、上营村一带
	白鹿乡		井谷村		在昭陵陵区北侧，九嵕山后三十里叱干村
	长乐乡				昭陵陵区
	瑶台乡				在昭陵区，昭陵西瑶台寺
	修文乡				县东北十八里肃宗建陵所在

县	乡名	里名	村名	县境其他地理名称	古今位置、备注
醴泉	谷口乡				在九嵕山以东、仲山以西，泾水流经的山间平地，汉有谷口县城，在县东北四十里
	神迹乡	常丰里			在昭陵陵区，今礼泉县昭陵镇庄河村南
		东時里			
			祁村		
三原	万寿乡	清池里			乡有长坳，县（西）北十八里，景皇帝永康陵所在，本乡亦有北周以来氏宗族墓地
	洪寿乡				在万寿乡西侧，在今三原县城东北 16.7 km
	长坳乡				在永康陵东南 13 km，在今三原县城东 16.7 km 有村名长坳堡
	古鼎乡	高池里			
	弘化乡				临近洪寿乡
	落泉乡			长平原	
	囗原乡				在三原县东，与富平县接壤
	仁化乡（出）				本三原县乡，开成五年六月因奉文宗章陵，析出此乡隶富平县
	太平乡				应在敬宗庄陵附近，宋有胡村
	善化乡（入）				大和元年奉庄陵从云阳县来属
	淳化乡（出）				德宗初奉代宗元陵，将此乡割隶富平
	清平乡（入）				奉文宗章陵，会昌元年以高陵县清平乡来属

县	乡名	里名	村名	县境其他地理名称	古今位置、备注
三原	尝乐乡（入）				大和元年奉庄陵，从泾阳县来属
	万福乡（入）				大和元年奉庄陵，从高陵县来属
	从化乡（入）				大和元年奉庄陵，从富平县来属
			吕村、任村、王村、刘村、朱村、唐禄村、房村、袁吕村、谢村		高祖献陵内，在县东十八里
				万寿原、孟侯原	分别对应今三原县焦村、今富平县吕村乡留古村一带
泾阳	众善乡		孙王村		约相当于宋宜善乡位置
	慈口乡				
	尝乐乡（出）				在县东北，大和元年因奉敬宗庄陵编入三原县
	仙同乡				宋会仙乡下有仙洞里，应即此地
	仙圃乡		张保村	仙圃原	有六渠店，因汉代开凿六辅渠而得名
	杜原乡				
	录泽乡		五袴村		在县西北
	善明乡				在白渠之北
		神孤里（隋）			
		闻义里			在县东
栎阳	修善乡				在栎阳县北
	大泽乡（出）				元和元年析出隶富平奉顺宗丰陵

县	乡名	里名	村名	县境其他地理名称	古今位置、备注
栎阳	万年乡（出）				在县东北，因汉高祖父太上皇之万年陵得名，元和十五年析此乡隶奉先，奉宪宗景陵
	五陵乡				
	龙泉乡	凉台里			
高陵	乐安乡				县西南
	佐辅乡				
	万福乡（出）				在县北，大和元年析此乡隶三原奉敬宗庄陵
	清平乡（出）				在县北，与万福乡接壤，会昌元年析此乡隶三原奉章陵
	临泾乡	临泾里			
	修真乡				在县东一里
				奉政原、鹿苑原	
奉先	漫泉乡	保章里			在县西十五里漫源村漫浴池
	怀仁乡		敬母村		在县东北三十里玄宗泰陵
	神泉乡（出）				元和元年析此乡隶富平奉顺宗丰陵
	宣化乡		积善村		在睿宗桥陵，县西北三十里
	丰阳乡		吴村、胡村		在县东北，域内有让皇帝惠陵、宪宗景陵
	宁康乡		普济村、延兴村		在县北二十里穆宗光陵
	龙乐乡				县西三十里蟠龙神原上
	万年乡（入）				元和十五年奉宪宗景陵以栎阳县万年乡来属

县	乡名	里名	村名	县境其他地理名称	古今位置、备注
奉先	丰水乡（入）				长庆四年奉宪宗景陵以富平县丰水乡来属
	龙原乡（入）				元和十五年奉景陵以美原县龙原乡来属
			京遥村		
		昌宁里			
奉天	梁山乡		丈八村、青仁村、垞子村		三村在县西北五里高宗乾陵界内，今乾陵陵园区东南隅丈八头
	岑阳乡			鸡子堆	在县东北十五里僖宗靖陵，与乾陵隔豹谷相对
	井东乡				与岑阳乡相邻，县东北二十里陆贾墓
	平原乡				
			国盛村、小李村		
富平	丰水乡（出）				长庆四年析此乡隶奉先县奉先宗景陵
	周文乡		郭门村		在县西北十四至十五里，中宗定陵、北周文帝成陵所在
	永闰乡		管村		县西北二十至三十里，文宗章陵、代宗元陵所在
	会善乡		范村		在县西北四十里懿宗简陵所在
	通关乡		修善村、义同村、公孙村		县东北二十三里顺宗丰陵所在
	淳化乡（入）				德宗初奉代宗元陵，从三原县来属
	赤阳乡	毘山里			

县	乡名	里名	村名	县境其他地理名称	古今位置、备注
富平	从化乡（出）				大和元年因奉敬宗庄陵析此乡隶三原县
	薄台乡		薄台村	荆阳原	在县西南，宋亦有薄台乡，乡域略扩大
	大泽乡（入）				元和元年奉顺宗丰陵从栎阳县来属
	神泉乡（入）				元和元年奉顺宗丰陵从奉先县来属
	仁化乡（入）				开成五年奉文宗章陵从三原县来属
	义林乡（入）				元和元年奉丰陵以美原县二乡来属
	旌义乡（入）				
	义亭乡			中慎原	
	脾阳乡	永固里		荆阳原	
			石保村	贾家山	在县北
				牌阳原	今富平县吕村乡留古村
金城（兴平、始平）	汤台乡			始平原	在县西北八里春秋荡邑之汤台遗址，今兴平市西北约 5 km 有北汤台、南汤台村
	三陂乡				县西二十五里百顷泊、二十一里宋泊、西南十五里曲泊，三泊之间的泽地
	茂陵乡				肺浮原，在县东北十七里汉武帝茂陵
	扶风乡				在县东北二十里之醴泉，唐贞观十二年涌出
	汤祠乡				在县西北二十里商汤祠
	槐里乡				在兴平西二十五里（13.5 km）的槐里故城

县	乡名	里名	村名	县境其他地理名称	古今位置、备注
金城（兴平、始平）	龙泉乡				在县东北二十四里，今兴平市定周村、于史村左近
	延寿乡	临泉里			约对应今兴平市西郊月斯村一带
华原	观相（想）乡	通洛里		鹳雀原	
	升仙乡	贸仙里			
	待贤乡	弘善里		白草原	
	宜川乡	弘善里		白草原	
				白草原、烛龙原、杈栩原	今铜川市新区
云阳	嵯峨乡				在县东北一十里嵯峨山，德宗崇陵亦在乡界
	龙云乡	修德里			嵯峨山西南
	金龟乡	卧龙里、石洪里	集阳村		唐梨园镇，宋淳化县城在此
	平泉乡				
	古鼎乡				在嵯峨山下，与嵯峨乡临近，在云阳县北境
	谷口乡				县西北四十里宣宗贞陵，在今泾阳县城西北 24 km，云阳镇西北 14 km，贞陵东北 4 km
	善化乡（出）				大和元年因奉敬宗庄陵编入三原县
	青龙乡	青龙里、向义里			
武功	三畤乡				在县西南二十里三畤原，西邻凤翔府扶风县
	邰城乡				在县西南二十三里邰城址

县	乡名	里名	村名	县境其他地理名称	古今位置、备注
武功	立节乡	丰义里			
	义丰乡				以上四乡均近庆善宫，在县南十八里
		扶风里			在县东
				菩萨原、毕陌原	今陕西咸阳市武功县
盩厔	龙岸乡				县城西二里
	德义乡		苏城村		
	神就乡	闻仙里			县东南三十七里，宗圣观所在
	阳化乡				
	仙游乡		任原村、薛良村	仙游观	在县南二十里
	望仙乡	望仙里			县东南四十里，有望仙泽、望仙观
美原	永宁乡				
	龙原乡（出）				元和十五年因奉宪宗景陵编入奉先县
	义林乡（出）				元和元年因奉顺宗丰陵编入富平县
	旌义乡（出）				
	频阳乡	黄崖里			在县南
渭南	长源乡				
	王尚乡				或因县西十五里之王尚泽得名
	神佑乡	张武里			
				广乡原	在渭南县东南十里
同官	凤安乡	光明里		光明原、伯乐谷	
			武定村		

县	乡名	里名	村名	县境其他地理名称	古今位置、备注
新丰（昭应、会昌）	故叠乡	修文里			
	露台乡			奉天皇帝齐陵	在县东南骊山一带
	坑儒乡				在县西南五里，始皇坑儒处，后改名旌儒乡
	尚书乡		昌稼村		
				广乡原、铜人原	

说明：1.表中出现里计，如无特别说明，均来自《长安志》所记唐宋里数

2.表中各县对应位置，标明"今"者为当下地理信息，其余为唐宋地理信息

3.本表标示了因奉陵缘故，在各畿县之间流转的乡，"入"表示编入本县，"出"表示划归他县

参考文献

一　传世文献

《白居易集笺校》，白居易著，朱金城笺校，上海古籍出版社，1988 年

《北梦琐言》，孙光宪撰，贾二强校点，北京：中华书局，2002 年

《长安志　附长安志图》，宋敏求撰，丛书集成初编本，第 3210—3212 册，
　　北京：中华书局，1991 年据经训堂丛书本影印

《长安志　长安志图》，宋敏求撰、李好文撰，辛德勇、郎洁点校，西安：
　　三秦出版社，2013 年

《册府元龟》，王钦若等编，北京：中华书局，1960 年

《岑参集校注》，岑参著，陈铁民、侯忠义校注，上海古籍出版社，1981 年

《传奇》，裴铏撰，穆公校点，《唐五代笔记小说大观》，上海古籍出版社，
　　2000 年

《大唐開元禮》（附《大唐郊祀録》），東京：古典研究會、汲古書院，1972 年

《登科记考》，徐松撰，赵守俨点校，北京：中华书局，1984 年

《杜牧集系年校注》，杜牧著，吴在庆校注，北京：中华书局，2008 年

《杜诗详注》，杜甫著，仇兆鳌注，北京：中华书局，1979 年

《杜阳杂编》，苏鹗撰，阳羡生校点，《唐五代笔记小说大观》，上海古籍出

版社，2000 年

《法苑珠林校注》，释道世撰，周叔迦、苏晋仁校注，北京：中华书局，
2003 年

《韩愈全集校注》，韩愈著，屈守元、常思春编，成都：四川大学出版社，
1996 年

《汉书》，班固撰，北京：中华书局，1959 年

《后汉书》，范晔撰，北京：中华书局，1973 年

《金石录》，赵明诚撰，金文明校证，上海书画出版社，1985 年

《旧唐书》，刘昫等撰，北京：中华书局，1975 年

《剧谈录》，康骈撰，萧逸校点，《唐五代笔记小说大观》，上海古籍出版
社，2000 年

《开元天宝遗事　安禄山事迹》，王仁裕撰、姚汝能撰，曾贻芬点校，北
京：中华书局，2006 年

《类编长安志》，骆天骧撰，黄永年点校，北京：中华书局，1990 年

《李德裕文集校笺》，李德裕著，傅璇琮、周建国校笺，石家庄：河北教育
出版社，2000 年

《两京新记辑校·大业杂记辑校》，韦述撰、杜宝撰，辛德勇辑校，西安：
三秦出版社，2006 年

《刘禹锡集》，刘禹锡著，卞孝萱校订，北京：中华书局，1990 年

《柳宗元集》，柳宗元著，柳宗元集校点组，北京：中华书局，1979 年

《陆贽集》，陆贽著，王素点校，北京：中华书局，2006 年

《录异记》，杜光庭撰，萧逸校点，《唐五代笔记小说大观》，上海古籍出版
社，2000 年

《明皇杂录　东观奏记》，郑处诲撰、裴庭裕撰，田廷柱点校，北京：中华
书局，1994 年

《冥报记　广异记》，唐临撰、戴孚撰，方诗铭辑校，北京：中华书局，
1992 年

《南齐书》，萧子显撰，北京：中华书局，1974 年

《南山谷口考校注》，毛凤枝撰，李之勤校注，西安：三秦出版社，2006 年

《齐民要术校释》，贾思勰著，缪启愉校释，北京：中国农业出版社，1998 年

《权德舆诗文集》，权德舆著，郭广伟校点，上海古籍出版社，2008 年

《全唐诗》，彭定求等编，北京：中华书局，1960 年

《全唐文》，董诰等编，北京：中华书局，1983 年

《入唐求法巡礼行记校注》，圆仁撰，小野胜年校注，白化文等修订校注，
　　石家庄：花山文艺出版社，1992 年

《三辅黄图校释》，何清谷校释，北京：中华书局，2005 年

《沈下贤集校注》，沈亚之著，肖占鹏、李勃洋校注，天津：南开大学出版
　　社，2003 年

《石林燕语》，叶梦得撰，侯忠义点校，北京：中华书局，1984 年

《四时纂要校释》，韩鄂撰，缪启愉校释，北京：农业出版社，1979 年

《松窗杂录》，李濬撰，阳羡生校点，《唐五代笔记小说大观》，上海古籍出
　　版社，2000 年

《宋高僧传》，赞宁撰，范祥雍点校，北京：中华书局，1987 年

《隋书》，魏征、令狐德棻等撰，北京：中华书局，1974 年

《隋唐嘉话　朝野佥载》，刘𫗧撰、张鷟撰，程中毅、赵守俨点校，北京：
　　中华书局，1979 年

《太平广记》，李昉等编，北京：中华书局，1961 年

《太平御览》，李昉等编，北京：中华书局，1960 年

《太平寰宇记》，乐史撰，王文楚等点校，北京：中华书局，2007 年

《唐才子传笺证》，辛文房撰，周绍良笺证，北京：中华书局，2010 年

《唐大诏令集》，宋敏求编，北京：商务印书馆，1959 年

《唐会要》，王溥撰，上海古籍出版社，1991 年

《唐两京城坊考》，徐松撰，北京：中华书局，1985 年

《（最新增订）唐两京城坊考》，徐松撰，李健超增订，西安：三秦出版社，
　　2019 年

《唐令拾遗》，仁井田陞编，栗劲等译，长春出版社，1989 年

《唐六典》，李林甫等编，陈仲夫点校，北京：中华书局，1992 年

《唐律疏议》，长孙无忌等撰，刘俊文点校，北京：中华书局，1983 年

《唐摭言》，王定保撰，上海古典文学出版社，1957 年

《通典》，杜佑撰，王文锦等点校，北京：中华书局，1988 年

《王梵志诗校注》，项楚校注，上海古籍出版社，1991 年

《王建诗集校注》，王建著，王宗堂校注，郑州：中州古籍出版社，2006 年

《王右丞集笺注》，王维著，赵殿成笺注，上海古籍出版社，1998 年

《韦应物集校注》（增订本），韦应物著，陶敏、王友胜校注，上海古籍出
    版社，2011 年

《韦庄集笺注》，韦庄著，聂安福笺注，上海古籍出版社，2002 年

《魏书》，魏收撰，北京：中华书局，1974 年；点校本二十四史修订本，北
    京：中华书局，2017 年

《文苑英华》，李昉等编，北京：中华书局，1982 年

《新唐书》，欧阳修、宋祁等撰，北京：中华书局，1975 年

《艺文类聚》，欧阳询撰，汪绍楹校，上海古籍出版社，1982 年

《雍录》，程大昌撰，黄永年点校，北京：中华书局，2002 年

《游城南记校注》，张礼撰，史念海、曹尔琴校注，西安：三秦出版社，
    2003 年

《遊城南記／訪古遊記》，張禮撰、趙嶙撰，愛宕元訳注，京都大学学術出
    版会，2004 年

《酉阳杂俎》，段成式撰，方南生校点，北京：中华书局，1981 年

《元和郡县图志》，李吉甫撰，贺次君点校，北京：中华书局，1983 年

《元稹集编年笺注·诗歌卷》，元稹著，杨军主编，西安：三秦出版社，
    2002 年

《元稹集编年笺注·散文卷》，元稹著，杨军主编，西安：三秦出版社，
    2008 年

《张九龄集校注》，张九龄著，熊飞校注，北京：中华书局，2008 年

《张说集校注》，张说著，熊飞校注，北京：中华书局，2013 年

《资治通鉴》，司马光撰，胡三省音注，北京：中华书局，1956年

二 新出文献及文物考古资料

《北京大学图书馆藏历代墓志拓片目录》，胡海帆、汤燕、陶诚编，上海古
　　籍出版社，2013年

《北京图书馆藏中国历代石刻拓本汇编》，北京图书馆金石组编，郑州：中
　　州古籍出版社，1989年

《长安碑刻》，吴敏霞主编，宋英编著，西安：陕西人民出版社，2014年

《长安高阳原新出土隋唐墓志》，陕西省考古研究院编，北京：文物出版
　　社，2016年

《成都杜甫草堂唐—宋遗址发掘报告》，成都市文物考古研究所、成都杜甫
　　草堂博物馆，《成都考古发现》，北京：科学出版社，2002年，第210—
　　265页

《从撒马尔干到长安：粟特人在中国的文化遗迹》，荣新江、张志清主编，
　　北京图书馆出版社，2004年

《敦煌契约文书辑校》，沙知录校，南京：江苏古籍出版社，1998年

《敦煌社会经济文献真迹释录》第1—5辑，唐耕耦、陆宏基编，北京：全
　　国图书馆文献缩微复制中心，1986—1990年

《敦煌石窟全集》25《民俗画卷》，谭蝉雪主编，香港：商务印书馆，1999年

《高陵碑石》，董国柱编著，西安：三秦出版社，1993年

《河南内黄县三杨庄汉代庭院遗址》，河南省文物考古研究所、内黄县文物
　　保护管理所，《考古》2004年7期

《户县碑刻》，吴敏霞主编，西安：三秦出版社，2005年

《花舞大唐春——何家村遗宝精粹》，齐东方、申秦雁主编，北京：文物出
　　版社，2003年

《金石萃编》，王昶编，北京：中国书店影印扫叶山房本，1985年

《秦晋豫新出墓志蒐佚》，赵君平、赵文成编，北京：国家图书馆出版社，2012 年

《秦晋豫新出墓志蒐佚续编》，赵文成、赵君平编，北京：国家图书馆出版社，2015 年

《全唐文补编》，陈尚君辑校，北京：中华书局，2005 年

《全唐文补遗》第 1—9 辑，吴钢主编，西安：三秦出版社，1994—2007 年

《陕西石刻文献目录集存》，李慧等编，西安：三秦出版社，1990 年

《陕西南北朝隋唐及宋元明清考古五十年综述》，陕西省考古研究院隋唐考古研究部，《考古与文物》2008 年第 6 期

《石刻史料新编》第 1—4 辑，台北：新文丰出版公司，1979、1982、1986、2006 年

《隋代墓志铭汇考》，王其祎、周晓薇主编，北京：线装书局，2007 年

《隋仁寿宫·唐九成宫：考古发掘报告》，中国社会科学院考古研究所编著，北京：科学出版社，2008 年

《隋唐五代石刻文献全编》，国家图书馆善本金石组编，北京图书馆出版社，2003 年

《唐代墓志汇编》，周绍良主编，上海古籍出版社，1992 年

《唐代墓志汇编续集》，周绍良、赵超主编，上海古籍出版社，2001 年

《唐代长安城考古纪略》，中国科学院考古研究所西安发掘队，《考古》1961 年第 11 期

《唐华清宫》，骆希哲编著，北京：文物出版社，1998 年

《唐李寿墓发掘简报》，陕西省博物馆、文管会，《文物》1974 年第 9 期

《唐睿宗桥陵陵园遗址考古勘探、发掘简报》，张建林等，《考古》2011 年第 1 期

《唐玄宗泰陵陵园遗址考古勘探、发掘简报》，陕西省考古研究院、蒲城县文物局，《考古与文物》2011 年第 3 期

《唐长安城安定坊发掘记》，中国社会科学院考古研究所西安唐城工作队，《考古》1989 年第 4 期

《唐长安城崇化坊遗址发掘简报》,冉万里、刘瑞俊,《文物》2006 年第 9 期

《唐长安城地基初步探测》,陕西省文物管理委员会,《考古学报》1958 年
　　第 3 期

《唐长安城兴化坊遗址钻探简报》,陕西省博物馆、文管会钻探组,《文物》
　　1972 年第 1 期

《唐长安城明德门遗址发掘简报》,中国社会科学院考古研究所西安唐城工
　　作队,《考古》1974 年第 1 期

《天一阁藏明钞本天圣令校证(附唐令复原研究)》,天一阁博物馆、中国
　　社会科学院历史研究所编,北京:中华书局,2006 年

《吐鲁番出土文书》图录本〔壹〕、〔贰〕、〔叁〕、〔肆〕,中国文物研究所、
　　新疆博物馆、武汉大学历史系编,北京:文物出版社,1992、1994、
　　1996 年

《西安碑林博物馆新藏墓志汇编》,赵力光主编,北京:线装书局,2007 年

《西安碑林博物馆新藏墓志续编》,赵力光主编,西安:陕西师范大学出版
　　总社有限公司,2014 年

《西安市汉唐昆明池遗址的钻探与试掘简报》,中国社会科学院考古研究所
　　汉长安城工作队,《考古》2006 年第 10 期

《新编　唐代墓誌所在総合目錄》,氣賀澤保規編,東京:明治大學アジア
　　石刻文物研究所・汲古書院,2017 年

《新出唐墓志百种》,赵君平、赵文成,杭州:西泠印社出版社,2010 年

《新出魏晋南北朝墓志疏证》(修订本),罗新、叶炜主编,北京:中华书
　　局,2016 年

《新中国出土墓志》(陕西・壹),中国文物研究所、陕西省古籍整理办公
　　室编,北京:文物出版社,2000 年

《新中国出土墓志》(陕西・贰),中国文物研究所、陕西省古籍整理办公
　　室编,北京:文物出版社,2003 年

《新中国出土墓志》(陕西・叁),故宫博物院、陕西省古籍整理办公室编,
　　北京:文物出版社,2015 年

《长安新出墓志》，西安市长安博物馆编，北京：文物出版社，2011 年

《中国文物地图集·陕西分册》，国家文物局主编，西安地图出版社，1998 年

《中國古代寫本識語集録》，池田温编，東京大學東洋文化研究所，1990 年

《咸阳碑石》，张鸿杰主编，西安：三秦出版社，1990 年

《昭陵碑石》，张沛编著，西安：三秦出版社，1993 年

《珍稀墓志百品》，胡戟编，西安：陕西师范大学出版总社，2016 年

三　今人论著

（一）中、日文部分

《アジア遊学》第 20 號《(特集) 黄土高原の自然環境と漢唐長安城》，東
　　京：勉誠出版，2000 年

《アジア遊学》第 60 號《(特集) 長安の都市空間と詩人たち》，東京：勉
　　誠出版，2004 年

愛宕元《中国の城郭都市—— 殷周から明清まで》，東京：中央公論社，
　　1991 年

愛宕元《唐代地域社会史研究》，京都：同朋舎，1997 年

岸本美緒《明清交替と江南社会：17 世紀中国の秩序問題》，東京大学出
　　版会，1999 年

坂上康俊《唐代の都市における郷里と坊の關係について》，《東北亞歷史
　　財団企畫研究》51《8 世紀東アジアの歴史像》，2011 年，《论唐代城
　　市乡里与坊的关系》，周东平、朱腾主编《法律史译评》，北京大学出
　　版社，2013 年，第 89—117 页

包伟民《宋代地方财政史研究》，上海古籍出版社，2001 年

包伟民《宋代城市研究》，北京：中华书局，2014 年

包伟民《中国近古时期"里"制的演变》，《中国社会科学》2015 年第 1 期

包伟民《陆游的乡村世界》，北京：社会科学文献出版社，2020 年

毕波《中古中国的粟特胡人——以长安为中心》，北京：中国人民大学出版社，2011 年

滨口重国《论隋的所谓废止乡官》，黄正建译，刘俊文主编《日本学者研究中国史论著选译》第四卷《六朝隋唐》，北京：中华书局，1992 年，第 315—333 页

曹尔琴《论唐代关中的农业》，《中国历史地理论丛》1989 年第 2 期

常建华《观念、史料与视野：中国社会史研究再探》，北京大学出版社，2013 年

常建华《中国社会史研究十年》，《历史研究》1997 年第 1 期

陈呈《唐两京乡村地名考论》，西南大学硕士学位论文，2016 年

陈登武《从人间世到幽冥界：唐代的法制、社会与国家》，北京大学出版社，2007 年

陈国灿《宋代江南城市研究》，北京：中华书局，2002 年

陈明光《汉唐财政史论》，长沙：岳麓书社，2003 年

陈弱水《隐蔽的光景——唐代的妇女文化与家庭生活》，桂林：广西师范大学出版社，2009 年

陈寅恪《元白诗笺证稿》，北京：三联书店，2009年

陈寅恪《金明馆丛稿初编·二编》，北京：三联书店，2009年

陈寅恪《隋唐制度渊源略论稿》，北京：三联书店，2009年

陈寅恪《唐代政治史述论稿》，北京：三联书店，2009年

陈仲安、王素《汉唐职官制度研究》，北京：中华书局，1993 年；增订本上海：中西书局，2018 年

成一农《里坊制及相关问题研究》，《中国史研究》2015 年第 3 期

程存洁《唐代城市史研究初编》，北京：中华书局，2002 年

程义《隋唐长安辖县乡里考新补》，《中国历史地理论丛》2006 年第 4 期

池田温《中国古代籍帐研究》，北京：中华书局，2007 年

川合康三著《终南山的变容——中唐文学论集》，刘维治、张剑、蒋寅译，上海古籍出版社，2007 年

大澤正昭《唐末・五代の在地有力者について》，《中国の伝統社会と家族——柳田节子先生古稀記念》，汲古書院，1993 年

大澤正昭《唐、五代の"影庇"問題とその周辺》，《唐宋変革研究通訊》第 2 辑，2011 年，第 1—22 页

邓小南《祖宗之法——北宋前期政治述略》，北京：三联书店，2006 年，修订版 2014 年

刁培俊《官治、民治规范下村民的"自在生活"——宋朝村民的生活世界初探》，《文史哲》2013 年第 4 期

冻国栋《唐代人口问题研究》，武汉大学出版社，1993 年

冻国栋《中国中古经济与社会史论稿》，武汉：湖北教育出版社，2005 年

杜文玉《长安吏治》，西安出版社，2003 年

杜文玉《唐代长安佛教经幢题记与题名研究——以佛教信众的社会结构为中心》，《人文杂志》2012 年第 6 期

杜正胜《编户齐民——传统统治社会结构之形成》，台北：联经出版事业公司，1990 年

渡辺信一郎《白居易の慙愧 –唐宋変革期における農業構造の発展と下級官人層》，《京都府立大学学術報告・人文》36 號，1984 年

渡辺信一郎《北宋天聖令による唐開元二十五年賦役令の復原並びに訳注（未定稿）》，《京都府立大学学術報告：人文・社会》57 號，2005 年

渡辺信一郎《唐代後半期の地方財政——州財政と京兆府財政を中心に》，收入氏著《中国古代の財政と国家》，東京：汲古書院，2010 年，第 500—550 页

费尔南・布罗代尔著《菲利普二世时代的地中海和地中海世界》，唐家龙、曾培耿等译，北京：商务印书馆，1996 年

费省《唐代人口地理》，西安：西北大学出版社，1996 年

费孝通《乡土中国》，北京：人民出版社，2008 年

高明士《东亚古代的政治与教育》，台北：喜玛拉雅基金会，2003 年

葛承雍《唐京的恶少流氓与豪雄武侠》，《唐史论丛》7 辑，西安：陕西师

大出版社，1998年，第198—214页

葛剑雄、吴松弟编写《中国移民史》第三卷《隋唐五代时期》，福州：福建人民出版社，1997年

龚国强《隋唐长安城佛寺研究》，北京：文物出版社，2006年

龚胜生《唐长安城薪炭供销的初步研究》，《中国历史地理论丛》1991年第3期

沟口雄三、小岛毅主编《中国的思维世界》，孙歌等译，南京：江苏人民出版社，2006年

谷川道雄著《中国中世社会与共同体》，马彪译，北京：中华书局，2002年

谷川道雄著《六朝时代城市与农村的对立关系——从山东贵族的居住地入手》，《魏晋南北朝隋唐史资料》第15辑，牟发松译，1997年，第1—18页

谷更有《唐宋国家与乡村社会》，北京：中国社会科学出版社，2006年

谷更有等《唐宋时期的乡村控制与基层社会》，天津古籍出版社，2013年

郭声波《隋唐长安的水利》，《唐史论丛》第4辑，西安：三秦出版社，1988年，第268—286页

郭声波《中国行政区划通史·唐代卷》（修订本），上海：复旦大学出版社，2017年

郭正忠《三至十四世纪中国的权衡度量》，北京：中国社会科学出版社，1993年

韩国磐《唐天宝时农民生活之一瞥——敦煌吐鲁番资料阅读札记之一》，《厦门大学学报》1963年第4期

韩茂莉《十里八村：近代山西乡村社会地理研究》，北京：三联书店，2017年

韩明士（Robert Hymes）著《道与庶道：宋代以来的道教、民间信仰和神灵模式》，皮庆生译，南京：江苏人民出版社，2007年

韩森（Valerie Hansen）著《变迁之神：南宋时期的民间信仰》，包伟民译，杭州：浙江人民出版社，1999年

韩昇《南北朝隋唐士族向城市的迁徙与社会变迁》,《历史研究》2003 年第 4 期

韩昇《中古社会史研究的数理统计与士族问题——评毛汉光先生〈中国中古社会史论〉》,《复旦学报》2003 年第 5 期

韩香《隋唐长安与中亚文明》,北京:中国社会科学出版社,2006 年

郝春文《中古时期社邑研究》,台北:新文丰出版公司,2006 年;上海古籍出版社,2019 年

侯旭东《五、六世纪北方民众佛教信仰——以造像记为中心的考察》,北京:中国社会科学出版社,1998 年;北京:社会科学文献出版社,2015 年

侯旭东《北朝村民的生活世界——朝廷、州县与村里》,北京:商务印书馆,2005 年

侯旭东《近观中古史:侯旭东自选集》,上海:中西书局,2015 年

胡戟、张弓、李斌城、葛承雍主编《二十世纪唐研究》,北京:中国社会科学出版社,2002 年

胡戟《唐代粮食亩产量——唐代农业经济述论之一》,《西北大学学报》1980 年第 3 期

胡恒《皇权不下县?——清代县辖政区与基层社会治理》,北京师范大学出版社,2015 年

胡可先《新出石刻与唐代文学家族研究》,北京大学出版社,2017 年

户崎哲彦《柳宗元の故郷と唐長安城:柳宗元の故郷・荘園をめぐる唐代長安城里坊・長安県郷里に関する歴史地理学的考察の試み》(上),《彦根論叢》296,1995 年

户崎哲彦《柳宗元の荘園と唐長安県:柳宗元の故郷・荘園と唐代長安城・長安県に関する歴史地理学的考察の試み》(下),《滋賀大学経済学部研究年報》2,1995 年

户崎哲彦《唐京兆府万年县乡里补考》,《中国历史地理论丛》2010 年第 2 辑

华林甫《唐代粟、麦生产的地域布局初探》,《中国农史》1990 年第 2 期

华林甫《唐代水稻生产的地理布局及其变迁初探》,《中国农史》1992 年第
　　2 期

黄宽重主编《中国史新论：基层社会分册》,台北：联经出版公司,
　　2009 年

黄盛璋《西安城市发展中的给水问题以及今后水源的利用》,《地理学报》
　　1958 年第 4 期

黄新亚《消逝的太阳——唐代城市生活长卷》,长沙：湖南出版社,1996 年

黄正建《韩愈日常生活研究》,《唐研究》第 4 卷,北京大学出版社,1998
　　年,第 251—274 页

黄正建《唐代衣食住行研究》,北京：首都师范大学出版社,1998 年

黄正建《走进日常——唐代社会生活考论》,上海：中西书局,2016 年

黄宗智《华北的小农经济与社会变迁》,北京：中华书局,1986 年

黄宗智《长江三角洲的小农家庭与农村发展》,北京：中华书局,2000 年

季爱民《隋唐长安佛教社会史》,北京：中华书局,2016 年

冀朝鼎《中国历史上的基本经济区与水利事业的发展》,北京：中国社会
　　科学出版社,1992 年

加藤繁著《中国经济史考证》第一卷,吴杰译,北京：商务印书馆,1959 年

贾二强《唐宋民间信仰》,福州：福建人民出版社,2002 年

静永建著《白居易写讽谕诗的前前后后》,刘维治译,北京：中华书局,
　　2007 年

鞠清远《唐代财政史》,台北：食货出版有限公司,1978 年

菊池英夫《中国都市・聚落史研究の動向と“城郷（都鄙）関係”問題に
　　ついての展望》,日本唐代史研究会编《中国の都市と農村》,東京：
　　汲古書院,1992 年

科大卫著《皇帝和祖宗——华南的国家与宗族》,卜永坚译,南京：江苏
　　人民出版社,2009 年

堀敏一《中国古代の家と集落》,東京：汲古書院,1996 年

赖瑞和《唐代基层文官》，北京：中华书局，2008 年

赖瑞和《唐代中层文官》，北京：中华书局，2011 年

赖瑞和《唐代高层文官》，北京：中华书局，2017 年

劳格文、科大卫编《中国乡村与墟镇神圣空间的建构》，北京：社会科学
　　文献出版社，2014 年

勒华拉杜里著《蒙塔尤：1294—1324 年奥克西坦尼的一个山村》，许明龙、
　　马胜利译，北京：商务印书馆，1997 年

雷闻《郊庙之外——隋唐国家祭祀与宗教》，北京：三联书店，2009 年

李碧妍《危机与重构——唐帝国及其地方诸侯》，北京师范大学出版社，
　　2015 年

李斌城等《隋唐社会生活史》，北京：中国社会科学出版社，1998 年

李炳武总主编，武复兴分卷主编《长安学丛书·武伯纶卷》，西安：三秦
　　出版社，2010 年

李伯重《唐代江南农业的发展》，北京：农业出版社，1990 年；北京大学
　　出版社再版，2009 年

李浩《唐代园林别业考论》（修订版），西安：西北大学出版社，1996 年

李浩《唐代关中氏族与文学》，西安：中国社会科学出版社，2003 年

李浩《论唐代乡族势力与乡村社会控制》，《中国农史》2010 年第 1 期

李剑农《魏晋南北朝隋唐经济史稿》，北京：中华书局，1963 年

李健超《汉唐两京及丝绸之路历史地理论集》，西安：三秦出版社，2007 年

李锦绣《唐代财政史稿》上、下卷，北京大学出版社，1995 年、2001 年

李锦绣《唐代制度史略论稿》，北京：中国政法大学出版社，1998 年

李令福《关中水利开发与环境》，北京：人民出版社，2004 年

李令福《古都西安城市布局及其地理基础》，北京：人民出版社，2009 年

李令福《唐长安城郊园林文化研究》，北京：科学出版社，2017 年

李睿《世袭、婚姻与佛教——唐代韦氏家族之研究》，北京大学历史学系
　　硕士学位论文，2002 年

李淞《陕西古代佛教美术》，西安：陕西人民教育出版社，2000 年

李淞《长安艺术与宗教文明》，北京：中华书局，2002年

李孝聪主编《唐代地域结构与运作空间》，上海辞书出版社，2003年

李孝聪《中国城市的历史空间》，北京大学出版社，2015年

李孝悌《恋恋红尘：中国的城市、欲望和生活》，上海人民出版社，2007年

李孝悌编《中国的城市生活》，北京：新星出版社，2006年

李永《武则天对长安的经营——以西京留守为中心》，北京师范大学历史
　　学院博士学位论文，2012年

励波护撰《唐代的县尉》，黄正建译，刘俊文主编《日本学者研究中国史
　　论著选译》第四册，北京：中华书局，1992年，第566—567页

梁方仲《中国历代户口、田地、田赋统计》，上海人民出版社，1980年

梁庚尧、刘淑芬主编《城市与乡村》，台湾学者中国史研究论丛，北京：
　　中国大百科全书出版社，2005年

林枫珏《唐代的乡里制与村制》，《早期中国史研究》2卷2期，2010年

林文勋、谷更有《唐宋乡村社会力量与基层控制》，昆明：云南大学出版
　　社，2005年

刘庆柱《地下长安》，北京：中华书局，2016年

刘芳《唐代文人与终南山》，暨南大学硕士学位论文，2007年

刘淑芬《六朝的城市与社会》，台北：学生书局，1992年

刘淑芬《五至六世纪华北农村的佛教信仰》，《"中研院"史语所集刊》第
　　63本3分，1993年

刘淑芬《中古佛教政策与社邑的转型》，《唐研究》第13卷，北京大学出
　　版社，2007年，第233—291页

刘兴云《唐代中州乡村社会》，兰州：甘肃人民出版社，2007年

刘屹《神格与地域：汉唐间道教信仰世界研究》，上海人民出版社，2011年

刘玉峰《唐代工商业形态论稿》（增订），济南：山东大学出版社，2012年

刘再聪《唐朝"村"制度研究》，厦门大学博士学位论文，2003年

刘章璋《唐代长安的居民生计与城市政策》，台北：文津出版社，2006年

刘志伟《在国家与社会之间——明清广东地区里甲赋役制度与乡村社会》，

北京：中国人民大学出版社，2010年

龙登高《施坚雅的中国社会经济史研究述评》，《国外社会科学》1998年第
　　2期

卢华语《唐代蚕桑丝绸研究》，北京：首都师范大学出版社，1995年

鲁西奇《"城墙内的城市"？——中国古代治所城市形态的再认识》，《中
　　国社会经济史研究》2009年第2期

鲁西奇《城墙内外：古代汉水流域城市的形态与空间结构》，北京：中华
　　书局，2011年

鲁西奇《古代乡村聚落形态研究的理路与方法》，《历史学评论》第一卷，
　　北京：社会科学文献出版社，2014年，第200—227页

鲁西奇《中国历史的空间结构》，桂林：广西师范大学出版社，2014年

陆敏珍《唐宋时期明州区域社会经济研究》，上海古籍出版社，2007年

陆扬《清流文化与唐帝国》，北京大学出版社，2016年

陆扬《孤独的白居易：九世纪政治与文化转型中的诗人》，《北京大学学
　　报》2019年第6期

罗宏才《中国佛道造像碑研究　——以关中地区为考察中心》，上海大学出
　　版社，2008年

罗凯《隋唐政治地理格局研究——以高层政治区为中心》，复旦大学博士
　　学位论文，2012年

罗志田《地方的近世史："郡县空虚"时代的礼下庶人与乡里社会》，《近
　　代史研究》2015年第5期

吕卓民《长安韦杜家族》，西安出版社，2005年

马新、齐涛《汉唐村落形态略论》，《中国史研究》2006年第2期

马长寿《碑铭所见前秦至隋初的关中部族》，桂林：广西师范大学出版社，
　　2006年

毛汉光《中国中古社会史论》，上海书店出版社，2002年

毛汉光《中国中古政治史论》，上海书店出版社，2002年

毛汉光《中国人权史·生存权篇》，台湾：佛光人文社会学院，2004年；

桂林：广西师范大学出版社，2006年

妹尾達彦《唐代長安近郊の官人別荘》，唐代史研究会編《中国都市の歴史的性格》，東京：刀水書房，1988年，第125—136页

妹尾達彦《唐長安人口論》，《堀敏一先生古稀記念論集・中国古代の国家と民衆》，東京：汲古書院，1995年，第561—597页

妹尾達彦《長安の都市計画》，東京：講談社，2001年；中译本《长安的都市规划》，高兵兵译，西安：三秦出版社，2012年

妹尾达彦《9世纪的转型——以白居易为例》，《唐研究》第11卷，北京大学出版社，2005年，第485—524页

妹尾达彦《韩愈与长安——9世纪的转型》，《唐史论丛》第9辑，西安：三秦出版社，2007年，第1—28页

妹尾達彦《隋唐長安城と郊外の誕生》，橋本義則編《東アジア都城の比較研究》，京都大学学術出版会，2011年，第106—140、269—329页

妹尾達彦編《都市と環境の歴史學〔増補版〕》第1集，東京：中央大学文学部東洋史学研究室，2016年

妹尾达彦著《隋唐长安与东亚比较都城史》，高兵兵、郭雪妮、黄海静译，西安：西北大学出版社，2019年

孟宪实、荣新江、李肖主编《秩序与生活：中古时期的吐鲁番社会》，北京：中国人民大学出版社，2011年

孟宪实《宇文融括户与财政使职》，《唐研究》第7卷，北京大学出版社，2001年，第357—388页

孟宪实《敦煌民间结社研究》，北京大学出版社，2009年

牟发松主编《社会与国家关系视野下的汉唐历史变迁》，上海：华东师范大学出版社，2006年

牟发松《汉唐历史变迁中的社会与国家》，上海人民出版社，2011年

牟复礼《元末明初时期南京的变迁》，叶光庭译，施坚雅主编《中华帝国晚期的城市》，北京：中华书局，2000年，第112—175页

宁可主编《中国经济通史・隋唐五代经济卷》，北京：经济日报出版社，

2000 年

宁欣《唐代长安流动人口的举选人群体：唐代长安流动人口试析之一》，《中国经济史研究》1998 年第 1 期

宁欣《由唐入宋城关区的经济功能及其变迁——兼论都市流动人口》，《中国经济史研究》2002 年第 3 期

宁欣《唐宋都城社会结构研究——对城市经济与社会的关注》，北京：商务印书馆，2009 年

牛来颖《论唐长安城的营修与城市居民的税赋》，《唐研究》第 15 卷，北京大学出版社，2009 年，第 91—110 页

牛润珍《古都邺城研究——中世纪东亚都城制度探源》，北京：中华书局，2015 年

平冈武夫主编《唐代的长安与洛阳·索引》，上海古籍出版社，1989 年

平冈武夫主编《唐代的长安与洛阳·地图》，上海古籍出版社，1989 年

平冈武夫主编《唐代的长安与洛阳·资料》，上海古籍出版社，1989 年

平冈武夫《白居易——生涯と歳時記》，京都：朋友书店，1998 年 6 月

齐东方《魏晋隋唐城市里坊制度——考古学的印证》，《唐研究》第 9 卷，北京大学出版社，2003 年，第 53—84 页

齐涛《魏晋隋唐乡村社会研究》，济南：山东人民出版社，1995 年

氣賀澤保規《唐の長安の人口と兵士》，《法史学研究会会報》2 號，1997 年

氣賀澤保規編《中国石刻资料とその社会——北朝隋唐期を中心に》，東京：汲古書院，2007 年

秦晖《田园诗与狂想曲：关中模式与前近代社会的再认识》，北京：中央编译出版社，1996 年

秦晖《传统中华帝国的乡村基层控制：汉唐间的乡村组织》，氏著《传统十论》，上海：复旦大学出版社，2004 年，第 1—44 页

清木场东《唐代财政史研究（运输编）》，福冈：九州大学出版会，1996 年

清木场东《帝赐の构造》（唐代财政史研究·支出编），京都：中国书店，1997 年

清水盛光《中國鄉村社會論》，東京：岩波書店，1951 年

荣新江《隋唐长安——性别、记忆及其他》，香港：三联书店，2009 年

荣新江主编《唐代宗教信仰与社会》，上海辞书出版社，2003 年

荣新江、王静《隋唐长安研究文献目录稿》，《中国唐史学会会刊》第 22
　　期，2003 年，第 57—86 页

荣新江、王静《韦述及其〈两京新记〉》，《文献》2004 年第 2 期

山内敏輝《宇文融の括戸の組織構造について》，《東洋史苑》34·35，
　　1990 年

商兆奎《唐代乡村治理问题研究》，西北农林科技大学博士学位论文，
　　2011 年

沈艾娣著《梦醒子：一位华北乡居者的人生（1857—1942）》，赵妍杰译，
　　北京大学出版社，2013 年。

沈睿文《唐陵的布局：空间与秩序》，北京大学出版社，2009 年

施坚雅著《中华帝国晚期的城市》，叶光庭等译，北京：中华书局，2000 年

石田干之助著《长安之春》，钱婉约译，北京：清华大学出版社，2015 年

石野智大《唐初村落制度の“新史料”——西安碑林博物館蔵〈荔非明達
　　等四面造像題名〉の再檢討》，《明大アジア史論集》17，2013 年，第
　　1—36 页

史念海主编《西安历史地图集》，西安地图出版社，1996 年

史念海《环绕长安的河流及有关的渠道》，《中国历史地理论丛》1996 年第
　　1 期

史念海《唐长安城外龙首原上及其邻近的小原》，《中国历史地理论丛》
　　1997 年第 2 期

史念海主编《汉唐长安与黄土高原》，西安，1998 年

史念海主编《汉唐长安与关中平原》，《中国历史地理论丛》1999 年增刊

斯波义信著《宋代江南经济史研究》，方键、何忠礼译，南京：江苏人民
　　出版社，2001 年

斯波義信《中國都市史》，東京大學出版會，2002 年；中译本布和译，北

京大学出版社，2013 年

斯坦利·威斯坦因（Stanley Weinstein）著《唐代佛教》，张煜译，上海古籍
　　出版社，2010 年

宿白《隋唐城址类型初探（提纲）》，北京大学考古系编《纪念北京大学考古
　　专业三十周年论文集》，北京：文物出版社，1990 年，第 279—285 页

孙国栋《唐代中央重要文官迁转途径研究》，上海古籍出版社，2009 年

孙继民主编《河北新发现石刻题记与隋唐史研究》，石家庄：河北人民出
　　版社，2006 年

孙继民、宋坤《光业寺碑与唐代村落史研究》，《光明日报》2015 年 2 月 25
　　日第 14 版

孙英刚《想象中的真实：隋唐长安的冥界信仰和城市空间》，《唐研究》第
　　15 卷，北京大学出版社，2009 年，第 137—169 页

孙英刚《神文时代：谶纬、术数与中古政治研究》，上海古籍出版社，
　　2014 年

谭凯著《中古中国门阀大族的消亡》，胡耀飞、谢宇荣译，北京：社科文
　　献出版社，2017 年

汤用彤《隋唐佛教史稿》，北京大学出版社，2010 年

唐代史研究會编《中国の都市と農村》，東京：汲古書院，1992 年

唐代史研究會编《中国聚落史の研究：増補中国聚落史關係研究文献目
　　録》，東京：刀水書房，1990 年

唐刚卯《唐代长安的纳课户》，《中国唐史学会论文集》，西安：三秦出版
　　社，1991 年，190—202 页

唐耕耦《唐代水车的使用与推广》，《文史哲》1978 年第 4 期

唐耕耦《房山石经题记中的唐代社邑》，《文献》1989 年第 1 期

唐长孺《唐长孺文集·山居存稿》，北京：中华书局，2011 年

唐长孺《唐长孺文集·山居存稿续编》，北京：中华书局，2011 年

唐长孺《唐长孺文集·魏晋南北朝隋唐史三论》，北京：中华书局，2011 年

童丕著《敦煌的借贷：中国中古时代的物质生活与社会》，余欣、陈建伟

译，北京：中华书局，2003 年

汪篯《汪篯隋唐史论稿》，北京：中国社会科学出版社，1981 年

王德权《从"汉县"到"唐县"——三至八世纪河北县治体系变动的考察》，《唐研究》第 5 卷，北京大学出版社，1999 年，第 16—218 页

王静《唐代长安新昌坊的变迁——长安社会史研究之一》，《唐研究》第 7 卷，北京大学出版社，2001 年，第 229—248 页

王静《终南山与唐代长安社会》，《唐研究》第 9 卷，北京大学出版社，2003 年，第 129—168 页

王静《唐代长安社会史研究——从社会流动的角度来观察》，北京大学历史学系博士学位论文，2004 年

王静《城门与都市——以唐长安通化门为主》，《唐研究》第 15 卷，北京大学出版社，2009 年，23—50 页

王静芬著《中国石碑：一种象征形式在佛教传入之前与之后的运用》，毛秋瑾译，北京：商务印书馆，2011 年

王灵《隋代两京城坊及其四郊地名考补》，陕西师范大学硕士学位论文，2007 年

王其祎、周晓薇《高望天下：唐代京兆杜氏再考察——以长安新出唐杜式方墓志为案例》，《唐史论丛》第 17 辑，西安：陕西师范大学出版社，2014 年，第 206—233 页

王社教《论唐都长安的人口数量》，史念海主编《汉唐长安与关中平原》，《中国历史地理增刊》，1999 年，第 88—116 页

王伟《唐代关中本土文学群体研究》，北京：中国社会科学出版社，2013 年

王永平《道教与唐代社会》，北京：首都师范大学出版社，2002 年

王勇《延康坊记事——长安市民的世界》，《文博》2005 年 3 期

王原茵《隋唐墓志的出土时地与葬地》，《碑林集刊》第 6 集，西安：陕西人民美术出版社，第 185—206 页

王钟杰《唐宋县尉研究》，保定：河北大学出版社，2009 年

王仲荦《敦煌石室地志残卷考释》，北京：中华书局，2007 年

王子今《论元康四年"诏复家"事兼及西汉中期长安及诸陵邑人口构成》，
　　杨振红、井上彻编《中日学者论中国古代城市社会》，西安：三秦出版
　　社，2007年，第68—94页

王子今《西汉长安居民的生存空间》，《人文杂志》2007年第2期

王子今《西汉长安的公共空间》，《中国历史地理论丛》2012年第1期

魏斌《南朝建康的东郊》，《中国史研究》2016年第3期，第67—84页

魏斌《"山中"的六朝史》，北京：三联书店，2019年

魏明孔《隋唐手工业研究》，兰州：甘肃人民出版社，1999年

翁俊雄《唐代的州县等级制度》，《首都师范大学学报》1991年第1期

翁俊雄《唐后期民户大迁移与两税法》，《历史研究》1994年第3期

翁俊雄《唐代区域经济研究》，北京：首都师范大学出版社，2001年

沃尔特·克里斯塔勒著《德国南部中心地原理》，常正文、王兴中等译，
　　北京：商务印书馆，1998年

吴宏歧《隋唐时期关中地区的温暖气候及其影响》，《汉唐长安与关中平
　　原》，1999年，第317—336页

吴宏歧《西安历史地理研究》，西安地图出版社，2006年

吴丽娱《唐代的皇帝丧葬与山陵使》，《魏晋南北朝隋唐史资料》第24辑，
　　2008年，第110—137页

吴玉贵《中国风俗通史·隋唐五代卷》，上海文艺出版社，2001年

吴宗国《唐代科举制度研究》，沈阳：辽宁大学出版社，1992年；北京大
　　学出版社，2010年

五井直弘《中国古代の城郭都市と地域支配》，東京：名著刊行会，2002年

武伯纶《唐代长安郊区的研究》，《文史》第3辑，1963年，第157—183页

武伯纶《唐代长安东南隅》上、中、下，《文博》1984年第1期，1984年
　　第2期，1984年第3期

武伯纶《古城集》，西安：三秦出版社，1987年

西山良平《都市平安京》，京都大学出版会，2004年

西嶋定生《碾硙寻踪——华北农业两年三作制的产生》，《日本学者研究中

国史论著选译》第四卷《六朝隋唐》，北京：中华书局，1992 年，第
　　358—377 页

夏炎《唐代州级官府与地域社会》，天津古籍出版社，2010 年

肖建乐《唐代城市经济研究》，北京：人民出版社，2009 年

向达《唐代长安与西域文明》，北京：三联书店，1957 年

萧楼《夏村社会：中国"江南"农村的日常生活和社会结构（1976—2006）》，
　　北京：三联书店，2010 年

谢弗（Edward Schafer）著《唐代的外来文明》，吴玉贵译，北京：中国社会
　　科学出版社，1995 年；北京：社会科学文献出版社，2016 年

谢昆苓《长安与洛阳：汉唐文学中的帝都气象》，上海古籍出版社，2013 年

辛德勇、中村圭尔编《中日古代城市研究》，北京：中国社会科学出版社，
　　2004 年

辛德勇《隋唐两京丛考》，西安：三秦出版社，1991 年

辛德勇《古代交通与地理文献研究》，北京：中华书局，1996 年；北京：
　　商务印书馆，2018 年

辛德勇《隋大兴城坊考稿》，《燕京学报》新 27 期，2009 年，北京大学出
　　版社，第 10—40 页

邢义田、刘增贵主编《古代庶民社会：第四届国际汉学会议论文集》，台
　　北："中研院"，2013 年

许倬云著《汉代农业：中国农业经济的起源及特征》，王勇译，桂林：广
　　西师范大学出版社，2005 年

薛平拴《陕西历史人口地理》，北京：人民出版社，2001 年

薛平拴《长安商业》，西安出版社，2005 年

严耕望《唐代交通图考》1—6 卷，"中研院"史语所专刊之 83，1985 年

严耀中编《唐代国家与地域社会研究：中国唐史学会第十届年会论文集》，
　　上海古籍出版社，2008 年

杨波《长安的春天：唐代科举与进士生活》，北京：中华书局，2007 年

杨鸿年《隋唐两京坊里谱》，上海古籍出版社，1999 年

杨际平、郭锋、张和平《五—十世纪敦煌的家庭与家族关系》，长沙：岳麓
　　书社，1997 年

杨际平《唐田令的"户内永业田课植桑五十根以上"——兼谈唐宋间桑园
　　的植桑密度》，《中国农史》1998 年第 3 期

杨宽《中国古代都城制度史研究》，上海人民出版社，2003 年

杨联陞《国史探微》，台北：联经出版社，1983 年

杨念群主编《空间·记忆·社会转型：新社会史研究论文精选集》，上海
　　人民出版社，2001 年

杨希义《唐代关中农业经济的主要产品及其地理分布》，《西北大学学报》
　　1986 年第 1 期

杨希义《唐代关中人民的赋役负担》，《西北大学学报》1984 年第 4 期

杨希义《唐代关中无丝绢说质疑》，《人文杂志》1987 年第 4 期

杨向春《唐代的耕牛和牛耕》，陕西师范大学硕士学位论文，2010 年

杨月君《唐代京畿地区治安管理研究》，北京：中国社会科学出版社，2014 年

叶炜《南北朝隋唐官吏分途研究》，北京大学出版社，2009 年

叶骁军《中国都城历史图录》（第一、二、三、四集），兰州大学出版社，
　　1986 年

游自勇《汉唐时期"乡饮酒"礼制化考论》，《汉学研究》第 22 卷 2 期，
　　2004 年

游自勇《天道人妖：中古〈五行志〉的怪异世界》，首都师范大学博士学
　　位论文，2006 年

余蔚、祝碧衡《唐代长安城内土地利用形式的转换》，《中国历史地理论
　　丛》2001 年第 4 期

余欣《神道人心——唐宋之际敦煌民生宗教社会史研究》，北京：中华书
　　局，2006 年

余欣《中古异相：写本时代的学术、信仰与社会》，上海古籍出版社，
　　2011 年

詹宗祐《隋唐时期终南山区研究》，台湾中国文化大学史学研究所博士学

位论文，2003 年

张安福《唐代农民家庭经济研究》，北京：中国社会科学出版社，2008 年

张国刚《唐代政治制度研究论集》，台北：文津出版社，1994 年

张国刚《唐代农村家庭生计探略》，《中华文史论丛》2010 年第 2 辑

张继海《汉代城市社会》，北京：社会科学文献出版社，2006 年

张剑光《唐五代江南工商业布局研究》，南京：江苏古籍出版社，2003 年

张沛《唐折冲府汇考》，西安：三秦出版社，2003 年

张荣芳《唐代京兆尹研究》，台北：学生书局，1987 年

张荣芳《唐代京兆府僚佐之分析——司录、判司与参军》，《东海学报》第
　　30 卷，1989 年，第 85—94 页

张荣芳《唐代京兆府领京畿县令之分析》，黄约瑟、刘健明编《隋唐史论
　　集》，香港大学亚洲研究中心，1993 年，第 118—160 页

张天虹《物流与商流：唐长安——变动中的都城社会》，北京师范大学硕
　　士学位论文，2005 年

张天虹《再论唐代长安人口的数量问题——兼评近 15 年来有关唐长安人口
　　研究》，《唐都学刊》2008 年第 3 期

张晓虹《陕西历史聚落地理研究》，《历史地理》第 16 辑，上海人民出版
　　社，2000 年，第 75—88 页

张玉兴《唐代县官与地方社会研究》，天津古籍出版社，2009 年

张蕴《西安南郊毕原出土的韦氏墓志初考——平齐公房和郇公房成员》，
　　《文博》1999 年第 6 期

张泽咸《试论汉唐间的水稻生产》，《文史》第 18 辑，北京：中华书局，
　　1983 年，第 33—68 页

张泽咸《唐五代赋役制度史草》，北京：中华书局，1986 年

张泽咸《唐代阶级结构研究》，郑州：中州古籍出版社，1996 年

张总《初唐阎罗图像及刻经——以"齐士员献陵造像碑拓本"为中心》，
　　《唐研究》第 6 卷，北京大学出版社，2000 年，第 1—17 页

赵丰《唐代的桑蚕生产技术》，《中国农史》1991 年第 4 期

赵俊玠等编注《唐代诗人咏长安》，西安：陕西人民出版社，1982—1983 年

赵璐璐《里正与唐代前期基层政务运行》，中国人民大学硕士学位论文，2007 年

赵璐璐《唐代县级政务运行机制研究》，北京：社会科学文献出版社，2017 年

赵世瑜、邓庆平《20 世纪中国社会史研究的回顾与思考》，《历史研究》2001 年第 6 期

赵世瑜《狂欢与日常——明清以来的庙会与民间社会》，北京：三联书店，2002 年；北京大学出版社，2017 年

赵世瑜《小历史与大历史：区域社会史的理念、方法与实践》，北京：三联书店，2006 年；北京大学出版社，2017 年

赵天改《关中地区湖沼的历史变迁》，陕西师范大学硕士学位论文，2001 年

郑炳林主编《敦煌地理文书汇辑校注》，兰州：甘肃教育出版社，1989 年

郑雅如《"中央化"之后——唐代范阳卢氏大房宝素系的居住形态与迁移》，《早期中国史研究》2 卷 2 期，2010 年

周繁文《长安与罗马——公元前后三世纪欧亚大陆东西帝国的双城记》，北京：商务印书馆，2016 年

朱金城《白居易研究》，台北：文史哲出版社，1992 年

朱雷《朱雷敦煌吐鲁番文书论丛》，上海古籍出版社，2012 年

竺可桢《中国近五千年来气候变迁的初步研究》，《中国科学》1973 年第 2 期

筑山治三郎《唐代の京兆尹とその統治について》，《京都府立大学学術報告·人文》第 17 號，1965 年

足立喜六著《长安史迹研究》，王双怀、淡懿诚、贾云译，西安：三秦出版社，2003 年

佐藤武敏著《长安》，高兵兵译，西安：三秦出版社，2013 年

（二）西文部分

Beattie, Hilary J., *Land and Lineage in China: A Study of T'ung-ch'eng County, Anhwei, in the Ming and Ch'ing Dynasties* , Cambridge : Cambridge University Press, 1979.

Chen, Jinhua, *Monks and Monarchs, Kinship and Kingship:Tanqian in Sui Buddhism and Politics*, Kyoto: Italian School of East Asian Studies, 2002.

Chen, Jinhua, *Philosopher, Practitioner, Politician: the Many Lives of Fazang (643-712)*, Leiden: E.J.Brill, 2007.

Davis, Richard L., *Court and Family in Sung China,960-1279: Bureaucratic Success and Kinship Fortunes for the Shih of Ming-chou*, Durham, NC: Duke University Press , 1986.

Eberhard, Wolfram, *Conquerors and Rulers: Social Forces in Medieval China*, Leiden:Brill, 1965.

Elvin,Mark and Skinner,William,eds., *The Chinese City Between Two Worlds,* California: Stanford University Press, 1974.

Fraser, Sarah E., *Performing the Visual: The Practice of Buddhist Wall Painting in China and Central Asia, 618-960*, Stanford University Press, 2004.

Hansen,Valerie, "Gods on Walls: A Case of Indian Influence on Chinese Lay Religion?" , in Patricia Ebrey and Peter Gregory eds., *Religion and Society in T'ang and Sung China*, Honolulu: University of Hawaii Press, 1993, pp. 75-113.

Hansen, Valerie, *Negotiating Daily Life in Traditional China: How Ordinary People Used Contracts, 600-1400* , New Haven :Yale University Press, 1995.

Hymes, Robert P., *Statesmen and Gentlemen: The Elite of Fu-chou, Chiang-hsi, in Northern and Southern Sung*, Cambridge University Press, 1986.

Knapp, Keith Nathaniel, *Selfless Offspring: Filial Children and Social Order in Medieval China*, University of Hawaii Press, 2005.

Tackett, Nicolas, *The Destruction of the Medieval Chinese Aristocracy*, Cambridge: Harvard University Asia Center, 2014.

Thilo, Thomas, *Chang'an: Metropole Ostasiens und Weltstadt des Mittelalters 583-904.* Teil: Die stadtanlage, Wiesbaden: Otto Harrassowitz, 1997.

Thilo,Thomas, *Chang'an:Metropole Ostasiens und Weltstadt des Mittelalters 583-904.*

Tei2: Gesellschaft und Kultur, Wiesbaden: Harrassowitz Verlag, 2006.

Wang Tao, "City with Many Faces: Urban Development in pre-Modern China", in R. Whitfield and Wang Tao eds., *Exploring China's Past: New Discoveries and Studies in Archaeology and Art,* London, 1999, pp. 111-121.

Wolf, Arthur P., "Gods, Ghosts and Ancestors", in Arthur P. Wolf ed., *Religion and Ritual in Chinese Society,* Stanford University Press ,1974, pp. 131-182.

Xiong, Cunrui, *Sui-Tang Chang'an: A Study in the Urban History of Medieval China,* Ann Arbor: Center for Chinese Studies, The Press of Michigan University, 2000.

Xu, Chang, " Managing a Multicurrency System in Tang China: The View from the Center", *Journal of The Royal Asiatic Society,* Series 3, 23, 2 (2013).

后 记

这本小书由我的博士论文修改而成，却是我学术生涯的一段"插曲"。我自初入史学门庭，就得专家引导，进入出土文献整理的工作一线，先后参与新出土及海内外散藏吐鲁番文献、大唐西市博物馆藏墓志及长沙走马楼三国吴简的整理；而第一份工作也是在北京师范大学从事历史文献，尤其是出土文献的教学与科研。

围绕出土文献展开的工作自有特点，做或许不甚恰当的比喻，仿佛新出土一副野生动物的骨架，工作是依据这个残缺骨架复原出一个完整动物，需要摸索其全身的骨序，将错位、遗落骨块填充进去，对缺骨部分进行想象性修补（整理工作）；在此基础上填充肉与皮毛，丰满骨架（历史研究工作）。

2010 年我到北京大学历史学系攻读隋唐史方向的博士生，原想发挥特长，勾连起新出秦汉、三国户口簿籍类简牍与敦煌吐鲁番籍帐文书，探讨国家控制基层民众的手段在汉唐间发生的变化。但在断代史各立疆界，不同介质出土文献研究缺乏对话的当时，我"狐狸" ❶

---

❶ 以赛亚·柏林（Isaiah Berlin）在古希腊诗人阿尔齐洛科斯（Archilochus）"狐狸知道很多的事，但刺猬则只知道一件大事"的比喻基础上，试图以狐狸（Fox）和刺猬（Hedgehog）区分一切思想家和作家。

式的贯通幻想很快成为 mission impossible。后因参与大唐西市博物馆藏墓志的整理，有感石刻文献中蕴含着丰富的中古时期长安周边史地、家族、人物等信息，欲仿效侯旭东先生北朝乡村史的研究理路，在众人瞩目的唐长安城市研究以外，开出自己的一片学术领地——京畿乡村社会史。

在博士论文的开题报告会上，有专家担心支撑这一构想的史料不足，我却觉得"根本不是事儿"，正当我悠然周旋于传世长安文献、西安出土唐代石刻、汉唐长安考古成果之间时，另一重焦虑却日渐浮现，即如何寻找京畿乡村社会中可以展开的具体议题。熟悉上述"填骨架"工作模式的我，如同面临一种性质全然不同的任务：去拍摄一部乡村题材的电影。如何构建叙事的框架？乡村有很多特点，不同的景观，要展现它的哪些图景？通过怎样的手段？着实难倒了我。

为寻找灵感，我着意学习与乡村研究相关的一些社会学、人类学、区域史的理论范式，阅读年鉴学派对法兰西乡村、地中海等区块的代表著作，了解日本学界的"地域社会论"与中国"华南学派"提倡的历史人类学；甚至践行田野考察，走近历史现场，多次至西安，探访唐城及坊里、宫殿、寺院遗迹，并赴周边的长安区、鄠邑区、高陵区，以及周至、蒲城、咸阳等地，远至汉中，进行石刻调查。

这些努力最终呈现在文本上，并不是一部面面俱到的京畿区域史，而是对核心区社会特质的深描（thick description）。如，在首都乡村相当数量的居民与家族耻于世代为农，循常规、非常规手段，取得社会阶层的晋升，而这种机遇，也吸引外州县、举国乃至世界范围的精英人士涌入本区。"社会流动"，正是京畿乡村社会的灵魂。在整体描述流动趋势外，我尝试以京畿农人辅恒、文人官员白居易、王建及京兆韦、杜家族的长安城、乡活动为个案，描绘京畿居民在社会急流中的生活画面；从而提醒读者思考京畿与外州县、与唐帝国的互动，城市与乡村之间的关系等课题。此外，还借助经济学的计量分析，社会学的结构分析，呈现本区地狭人稠、赋役繁重、社会控制严密等特点，详本书结语部分的归纳。

不得不感叹的是，在以马克思主义唯物史观和社会经济理论为指导的时代，唐史学者围绕唐代经济形态、土地制度、农工商业等展开热烈讨论；而当今的中古史研究中，经济史、农业史、人口史、乡村史等领域都受到冷遇。我曾尝试将博士论文的一些篇章修改投稿核心刊物，亦多"不遇"。由于工作的需要，2014年后，我多往返于北京—长沙之间，进行长沙吴简竹木牍的整理与研究，又开始了轻车熟路的"填骨架"。虽无意以今日之"我"否定昨日之"我"，京畿乡村的研究，暂时搁置下来。

鼓励我重拾旧业，将博士论文修订出版的是北师大的杨共乐、宁欣、张荣强先生。但我视此为畏途，在勉强启动的修订中，时常焦灼而痛苦，错过了机会，后幸得荣新江师推荐，与北京三联书店商讨出版事宜。三联·哈佛燕京学术丛书的编辑对导言与结语的撰写、篇章结构、学术立意、行文风格等与学术品质攸关的方方面面，提出建议；匿名审稿专家对书稿的整体结构、资料征引亦有实用的审读意见。自2017年投稿至今，经过数个来回的打磨，书稿较博士论文早已面目全非；不断增补新刊石刻资料的同时，这些年我在学术研究中的一些新想法，也在本书中有所体现。

书稿的撰写与改定，曾先后得到王子今、王小甫、黄正建、宁欣、魏明孔、李鸿宾、孟宪实、鲁西奇、孟彦弘、侯旭东、陆扬、赖瑞和等前辈的指正，史睿、夏炎、张达志、王庆卫、张天虹、裴成国、罗帅、石洋、董涛、管俊玮、黄庭硕等先生也提供过一些关键性资料；书前插图的制作，多亏首都博物馆李兰芳、四川大学罗凯、地图出版社王俊友的热情帮助；在美国的文欣、沈琛学兄审核了英文目录，钟芳华、南芳学兄通读修订稿并帮忙做史料校核工作。这都是值得感念的。

妹尾达彦、侯旭东、李鸿宾、孟宪实四位先生对书稿做了推荐，是我的荣幸。在将定稿交编辑的信中，我说：

> 韩茂莉先生在新作《十里八村》里所说的"希望通过学术研究，走进村民世界"，我心亦有戚戚。这样一个选题在中国中古史领域，本身就是具有"叛逆性"的尝试，呈现出的图景虽过于细碎，拼凑起来，亦能窥见有关唐帝国、有关中古城乡关系的大问题。

当然，"图景"中不完美之处太多，责任均在我个人。

小书献给业师荣新江先生，感谢他引导我走上学术之路，并容忍我一贯的固执己见。

小书也送给舍妹徐达，纪念我们已逝的青葱岁月。

2018 年 7 月 5 日
于京南枣园

2018 年夏将书稿交付后，我得到浙江大学人文高等研究院的邀请，作为秋冬季驻访学者，在杭州之江、西湖度过了难忘的四个月；其间曾先后在浙大历史系、高研院，杭师大报告对唐都长安及周边聚落形态的研究心得，得到同期访问学者及杭州中古史同行的良多提示。返京后，书稿的完善与出版又得到王素先生的关照，耿元骊教授及国家社科基金重大项目"古代中国乡村治理与社会秩序研究"（18ZDA171）的支持。谭徐锋兄对书名的选取有所提示，学棣李希珺、郑蓉帮忙复核资料。全书最后修订于 2020 年初，时因新冠肺炎疫情闭户。

2020 年 2 月 6 日补记于宛城

出版后记

当前，在海内外华人学者当中，一个呼声正在兴起——它在诉说中华文明的光辉历程，它在争辩中国学术文化的独立地位，它在呼喊中国优秀知识传统的复兴与鼎盛，它在日益清晰而明确地向人类表明：我们不但要自立于世界民族之林，把中国建设成为经济大国和科技大国，我们还要群策群力，力争使中国在 21 世纪变成真正的文明大国、思想大国和学术大国。

在这种令人鼓舞的气氛中，三联书店荣幸地得到海内外关心中国学术文化的朋友们的帮助，编辑出版这套《三联·哈佛燕京学术丛书》，以为华人学者们上述强劲呼求的一种纪录，一个回应。

北京大学和中国社会科学院的一些著名专家、教授应本店之邀，组成学术委员会。学术委员会完全独立地运作，负责审定书稿，并指导本店编辑部进行必要的工作。每一本专著书尾，均刊印推荐此书的专家评语。此种学术质量责任制度，将尽可能保证本丛书的学术品格。对于以季羡林教授为首的本丛书学术委员会的辛勤工作和高度责任心，我们深为钦佩并表谢意。

推动中国学术进步，促进国内学术自由，鼓励学界进取探索，是为三联书店之一贯宗旨。希望在中国日益开放、进步、繁盛的氛围中，在海内外学术机构、热心人士、学界先进的支持帮助下，更多地出版学术和文化精品！

生活·读书·新知三联书店

一九九七年五月

三联·哈佛燕京学术丛书

[一至十七辑书目]